"十四五"职业教育国家规划教材

计算机应用技能培养系列规划教材

安徽省"十四五"首批高等职业教育规划教材

主　审◎孙晓雷

办公自动化技术可视化教程

第3版

主　编◎邵　杰

副主编◎杨自香　曹玉娜　李春秋　鲁　宁　邱意敏

编　者◎（按姓氏笔画排序）

　　　李春秋　杨自香　邱意敏　汪朝霞　陈　晨
　　　邵　杰　邵静岚　曹玉娜　鲁　宁　谢　朱

BANGONG ZIDONGHUA JISHU
KESHIHUA JIAOCHENG

图书在版编目(CIP)数据

办公自动化技术可视化教程/邵杰主编. —3版. —合肥:安徽大学出版社,2025.1

计算机应用技能培养系列规划教材

ISBN 978-7-5664-2809-7

Ⅰ.①办… Ⅱ.①邵… Ⅲ.①办公自动化－高等职业教育－教材 Ⅳ.①C931.4

中国国家版本馆CIP数据核字(2024)第069929号

办公自动化技术可视化教程(第3版) 邵 杰 主编

出版发行:	北京师范大学出版集团 安 徽 大 学 出 版 社 (安徽省合肥市肥西路3号 邮编230039) www.bnupg.com www.ahupress.com.cn
印　　刷:	合肥杏花印务股份有限公司
经　　销:	全国新华书店
开　　本:	787 mm×1092 mm　1/16
印　　张:	21
字　　数:	600千字
版　　次:	2025年1月第3版
印　　次:	2025年1月第1次印刷
定　　价:	63.00元

ISBN 978-7-5664-2809-7

策划编辑: 刘中飞　宋　夏　　　　**装帧设计:** 李　军
责任编辑: 刘中飞　宋　夏　　　　**美术编辑:** 李　军
责任校对: 陈玉婷　　　　　　　　**责任印制:** 赵明炎

版权所有　侵权必究

反盗版、侵权举报电话:0551—65106311
外埠邮购电话:0551—65107716
本书如有印装质量问题,请与印制管理部联系调换。
印制管理部电话:0551—65106311

前言

为贯彻落实《中华人民共和国国民经济和社会发展第十四个五年规划和 2035 年远景目标纲要》，以及教育部关于"十四五"职业教育国家规划教材建设的要求，全面提升教材质量，充分发挥教材在提高人才培养质量中的基础性作用，我们在总结了多年教学经验的基础上，针对办公自动化技术的特点，采用全新的编写思路与叙述方式，开发出这本将案例与知识点有机融合的创新特色教材，极大地提高了教材的易学性，满足了特色化教学的需求。

本书具有如下特点。

1. 突出教材的易用性。根据软件学习的核心是掌握操作步骤这一特点，用简练的文字突出操作要点，便于读者快速阅读和记忆。

2. 注重学习的趣味性。根据本课程知识点的学习规律，精心设计了相应的案例，把知识点有机地融合在案例中，以达到引人入胜的效果。

3. 采用独特翔实的图解标注法，将界面与对话框的每一步操作精确、清晰、直观地表示在图中，使每一步的操作和界面都能呈现在读者眼前，使学习变得轻松简单。

4. 条理清楚、循序渐进、由浅入深，并根据学习规律设计了科学的教学路径和实用的教学案例。

5. 提供本书中相关素材，使读者对每一个知识点的学习与操作均无障碍。读者可以扫描右侧二维码，从京师 E 课下载获取。

6. 提供全部知识点的教学视频，为学生自学与复习提供全天候的宝贵资源。

素 材

7. 配套教学管理云平台（蓝墨云班课），供读者在计算机或手机上使用。读者可扫描右侧二维码下载蓝墨云班课手机 APP，注册并登录。教师可创建多个班级，并上传视频、音频、图片等各类文件。学生可在线使用，也可下载或上传文件。在教学管理上，云

蓝墨云班课

I

平台具有数据分析和统计功能,可导出统计数据或生成统计数据图形;云平台还具有课堂点名、抢答、随机抽取、指定学生回答、实时评分、设置分组、分组评价、布置作业、设计投票问卷、举办头脑风暴、在线答疑讨论等功能。使用本书的教师可与主编联系,咨询如何创建蓝墨云班课(http://www.mosoteach.cn/)。

8. 在安徽省网络课程学习中心(e 会学,http://www.ehuixue.cn/)免费提供"办公自动化技术"慕课。读者可在 e 会学网站搜索"办公自动化技术"(http://www.ehuixue.cn/index/Orgclist/course?cid=30640)注册学习,也可扫描右侧二维码下载安装 e 会学手机 APP。

慕课

本书由邵杰担任主编,由杨自香、曹玉娜、李春秋、鲁宁、邱意敏担任副主编。汪朝霞、邵静岚、谢朱、陈晨参与本书编写。芜湖职业技术学院邵杰和安徽职业技术学院王雅雯制作本书视频。安徽交通职业技术学院孙晓雷教授担任本书主审,提出了许多宝贵的建议。在此,我们对以上专家表达诚挚的谢意!

本书编者所在的单位分别如下。邵杰、杨自香、曹玉娜、陈晨:芜湖职业技术学院;邵静岚:芜湖市城市运行管理服务中心;汪朝霞:安徽机电职业技术学院;邱意敏:安徽工程大学;李春秋:安徽商贸职业技术学院;鲁宁:河南职业技术学院;谢朱:芜湖国际会展中心运营管理有限公司。

由于编者水平有限,书中疏漏之处在所难免,敬请读者朋友批评指正。如发现错误,请通过电子邮箱 714758043@qq.com 或微信 zhangping188498 联系编者,敬谢为感!

编　者

2024 年 3 月

目 录

第1章　办公自动化概述 …………………………………………………… 001

1.1　办公自动化简介 …………………………………………………… 002
　1.1.1　办公自动化的定义 ………………………………………… 002
　1.1.2　办公自动化的特点 ………………………………………… 003
　1.1.3　办公自动化的功能 ………………………………………… 004
　1.1.4　办公自动化的意义 ………………………………………… 006
　1.1.5　办公自动化的发展趋势 …………………………………… 007

1.2　办公自动化系统的组成与安全保障 ……………………………… 008
　1.2.1　办公自动化系统的组成 …………………………………… 008
　1.2.2　办公自动化系统的安全保障 ……………………………… 009

第2章　办公常用工具软件 ………………………………………………… 012

项目1　数字图像处理 …………………………………………………… 012
　任务1　初识悟空图像 …………………………………………… 012
　任务2　下载与运行 ……………………………………………… 013
　任务3　使用文字生成图片（闪变艺术家）…………………… 013
　任务4　快速抠图与图片合成 …………………………………… 017
　任务5　用AI闪绘作画 …………………………………………… 018
　任务6　智能擦除 ………………………………………………… 022
　任务7　智能线稿上色 …………………………………………… 023
　任务8　证件照换色 ……………………………………………… 024
　任务9　智能替换 ………………………………………………… 025
　任务10　图像区域换色 ………………………………………… 026
　任务11　模糊图片清晰化 ……………………………………… 027

I

　　　　任务 12　图片裁切 029
　　　　任务 13　图片亮度与对比度调整 029
　　　　任务 14　图片配文字 031
　项目 2　压缩软件 032
　　　　任务 1　文件压缩 032
　　　　任务 2　文件解压 033
　项目 3　杀毒软件 034
　　　　任务 1　火绒安全软件的使用 034
　　　　任务 2　杀毒软件的升级 038
　项目 4　音视频编辑处理 038
　　　　任务 1　剪辑师的用户注册 039
　　　　任务 2　录制屏幕视频 040
　　　　任务 3　编辑视频 041
　　　　任务 4　分离视频中的音频 045
　　　　任务 5　剪辑音频 047
　　　　任务 6　合并音频 050
　　　　任务 7　将视频文件转为 MP4 051
　　　　任务 8　其他视频格式间的相互转换 053

第 3 章　高效汉字输入技术 054

　项目 1　用搜狗拼音输入法输入汉字 054
　　　　任务 1　整句输入汉字 054
　　　　任务 2　按词输入汉字 056
　　　　任务 3　学用其他功能 057
　项目 2　快速输入与校对审核 063
　　　　任务 1　语音输入汉字 063
　　　　任务 2　扫描输入汉字 064
　　　　任务 3　校对与审核文稿 067
　　　　任务 4　在线翻译 068
　　　　任务 5　翻译网页与文字 069

第 4 章　办公文字处理 071

　项目 1　编辑与保存技巧 071
　　　　任务 1　文字的编辑技巧 071

任务 2　文档的保存技巧 ……………………………………………… 073
　　　任务 3　文字的选定技巧 ……………………………………………… 075
　　　任务 4　文字的移动、复制与删除 …………………………………… 077
　　　任务 5　查找和替换 …………………………………………………… 077
　　　任务 6　插入符号与撤销操作 ………………………………………… 079
　项目 2　排版小论文 …………………………………………………………… 079
　　　任务 1　美化文字 ……………………………………………………… 083
　　　任务 2　美化段落 ……………………………………………………… 084
　　　任务 3　添加项目符号与编号 ………………………………………… 086
　　　任务 4　插入脚注与尾注 ……………………………………………… 087
　　　任务 5　插入页眉、页脚与页码 ……………………………………… 088
　　　任务 6　格式刷的应用 ………………………………………………… 090
　项目 3　课表的制作 …………………………………………………………… 091
　　　任务 1　简单表格的制作 ……………………………………………… 092
　　　任务 2　行(列)的处理 ………………………………………………… 093
　　　任务 3　单元格的合并与拆分 ………………………………………… 095
　　　任务 4　表格线的设置 ………………………………………………… 097
　　　任务 5　斜线表头的设置 ……………………………………………… 098
　　　任务 6　表格底纹的设置 ……………………………………………… 099
　　　任务 7　设置表格中字符的位置 ……………………………………… 100
　项目 4　制作具有立体感的销售表 …………………………………………… 101
　　　任务 1　立体感表的设置 ……………………………………………… 102
　　　任务 2　平均值函数的应用 …………………………………………… 104
　　　任务 3　求和函数的应用 ……………………………………………… 105
　　　任务 4　排序销量 ……………………………………………………… 105
　　　任务 5　用图表展示数据 ……………………………………………… 106
　　　任务 6　插入 Excel 表 ………………………………………………… 107
　　　任务 7　表格手绘工具的使用 ………………………………………… 109
　项目 5　贺卡的制作 …………………………………………………………… 111
　　　任务 1　页面设置 ……………………………………………………… 112
　　　任务 2　图片的插入与处理 …………………………………………… 112
　　　任务 3　艺术字的插入与处理 ………………………………………… 115
　　　任务 4　文本框的插入与处理 ………………………………………… 118
　　　任务 5　设置页面边框与页面颜色 …………………………………… 120

项目 6　电脑报的制作 ··· 121
　　任务 1　图形的插入与设置 ······································· 123
　　任务 2　图形上字符的添加与设置 ······························· 128
　　任务 3　设置表格的属性与多种线型 ····························· 129
　　任务 4　艺术字的填充、边框与变形设置 ························· 132
　　任务 5　图片的裁剪、大小与文字关系设置 ······················· 133
　　任务 6　设置文字的边框与底纹 ··································· 135
　　任务 7　表格字符的竖排与效果设置 ····························· 137
　　任务 8　联机图片的插入与设置 ··································· 138
　　任务 9　文本框的环绕与边框设置 ································· 140
　　任务 10　设置首字下沉 ··· 143
　　任务 11　设置分栏效果 ··· 144
　　任务 12　设置页面背景 ··· 145

第 5 章　办公电子表格处理 ··· 146

项目 1　数据类型与输入 ··· 146
　　任务 1　输入各类数据 ··· 147
　　任务 2　设置单元格的数据类型 ··································· 150
　　任务 3　数据输入技巧 ··· 152
项目 2　制作成绩表 ··· 153
　　任务 1　调整行高与列宽 ··· 153
　　任务 2　设置字符格式 ··· 154
　　任务 3　单元格的选定 ··· 155
　　任务 4　自动填充序列 ··· 156
　　任务 5　加密保存工作簿 ··· 158
　　任务 6　新建工作簿 ··· 159
　　任务 7　合并单元格 ··· 160
　　任务 8　表格线设置 ··· 160
　　任务 9　设置表格底纹 ··· 162
项目 3　制作能进行数据运算的成绩表 ····································· 166
　　任务 1　引用、运算符与公式 ······································· 166
　　任务 2　平均函数的使用 ··· 170
　　任务 3　求和函数的使用 ··· 171
　　任务 4　最大值函数的使用 ··· 171
　　任务 5　最小值函数的使用 ··· 172

任务6　函数(公式)的复制 …………………………………… 172
　　　任务7　格式刷的应用 …………………………………………… 173
　　　任务8　条件函数的应用 ………………………………………… 174
　　　任务9　不同表格间数据的引用 ………………………………… 175
　项目4　图表应用与表格编辑 ………………………………………… 178
　　　任务1　创建图表 ………………………………………………… 178
　　　任务2　美化图表 ………………………………………………… 179
　　　任务3　添加、删除行与列 ……………………………………… 180
　　　任务4　设置列宽与行高 ………………………………………… 182
　　　任务5　修改公式 ………………………………………………… 183
　项目5　数据处理与分析 ……………………………………………… 183
　　　任务1　突出显示特定数据 ……………………………………… 184
　　　任务2　冻结窗口查看数据 ……………………………………… 184
　　　任务3　数据排序 ………………………………………………… 185
　　　任务4　数据筛选 ………………………………………………… 186
　　　任务5　数据汇总 ………………………………………………… 187
　　　任务6　用数据透视表分析数据 ………………………………… 189
　项目6　工作表处理与保护 …………………………………………… 192
　　　任务1　工作表的重命名 ………………………………………… 193
　　　任务2　工作表的复制与删除 …………………………………… 193
　　　任务3　工作表的移动与插入 …………………………………… 194
　　　任务4　工作表的保护与撤销保护 ……………………………… 195
　　　任务5　工作簿的保护、撤销保护与自动保存 ………………… 196

第6章　办公演示文稿应用 ………………………………………………… 198
　项目1　利用模板制作幻灯片 ………………………………………… 198
　　　任务1　利用主题模板制作幻灯片 ……………………………… 198
　　　任务2　利用联机模板制作幻灯片 ……………………………… 199
　项目2　企业介绍幻灯片的制作 ……………………………………… 201
　　　任务1　幻灯片的添加、复制、移动与删除 …………………… 201
　　　任务2　文本框的复制、插入、移动与删除 …………………… 202
　　　任务3　文本框段落与字符格式设置 …………………………… 203
　　　任务4　文本框中编号与项目符号的设置 ……………………… 205
　　　任务5　图片的插入与设置 ……………………………………… 206
　　　任务6　艺术字的插入与设置 …………………………………… 209

任务7　视频、音频的插入与设置 …………………………………… 212
　　　任务8　表格、图表的插入与设置 …………………………………… 214
　　　任务9　设置幻灯片背景 ……………………………………………… 217
项目3　**多媒体幻灯片的制作** ……………………………………………………… 219
　　　任务1　设置图片的层次 ……………………………………………… 219
　　　任务2　多种图形的插入与设置 ……………………………………… 220
　　　任务3　设置图片的大小与抠图 ……………………………………… 226
　　　任务4　视频的播放设置与剪裁 ……………………………………… 226
　　　任务5　GIF动画的插入与设置 ……………………………………… 227
　　　任务6　表格线型、底纹设置与图表的插入设置 …………………… 228
项目4　**制作含动画的幻灯片** …………………………………………………… 234
　　　任务1　添加与设置退出类动画效果 ………………………………… 234
　　　任务2　设置动画的时间顺序与配音 ………………………………… 236
　　　任务3　添加与设置进入类动画效果 ………………………………… 236
　　　任务4　添加与设置强调类动画效果 ………………………………… 237
　　　任务5　添加与设置动作路径类动画效果 …………………………… 238
项目5　**制作广告幻灯片** ………………………………………………………… 241
　　　任务1　幻灯片配乐技巧 ……………………………………………… 242
　　　任务2　幻灯片的配音解说 …………………………………………… 243
　　　任务3　制作配乐解说的幻灯片 ……………………………………… 244
　　　任务4　制作自动循环播放的配音广告 ……………………………… 244
　　　任务5　演示文稿的打包 ……………………………………………… 245
项目6　**形式多样的幻灯片放映手段** …………………………………………… 247
　　　任务1　幻灯片的放映 ………………………………………………… 247
　　　任务2　幻灯片切换效果的设置 ……………………………………… 248
　　　任务3　分组放映幻灯片 ……………………………………………… 248
　　　任务4　实现幻灯片间的直接跳转 …………………………………… 250
　　　任务5　在放映时用超链接打开其他文档 …………………………… 251
　　　任务6　幻灯片自动放映的设置 ……………………………………… 252

第7章　网络办公 ……………………………………………………………… 254

项目1　**网络资源下载** …………………………………………………………… 254
　　　任务1　搜索引擎的使用 ……………………………………………… 254
　　　任务2　从网上下载资料 ……………………………………………… 254
项目2　**QQ的使用** ……………………………………………………………… 255

项目3　远程会议的使用 ································· 258
　　　　任务1　腾讯会议的下载与安装 ····················· 258
　　　　任务2　腾讯会议的注册与登录 ····················· 258
　　项目4　线上多人协同文档编辑 ························· 260

第8章　激光投影机 ································· 263

　　项目1　激光投影机的选购与使用 ······················· 263
　　　　任务1　激光投影机的选购 ························ 267
　　　　任务2　激光投影机的安装 ························ 269
　　　　任务3　激光投影机的基本调整 ···················· 272
　　　　任务4　激光投影机投影方式的调整 ················ 273
　　　　任务5　激光投影机画面的几何校正 ················ 273
　　　　任务6　激光投影机亮度、对比度的调整 ············ 275
　　　　任务7　激光投影机颜色的调整 ···················· 276
　　　　任务8　激光投影机喇叭与麦克风音量的调整 ········ 277
　　项目2　投影机的基本维护与保养 ······················· 278

第9章　激光打印机 ································· 279

　　项目1　激光打印机的选购 ····························· 279
　　　　任务1　激光打印机的分类 ························ 279
　　　　任务2　激光打印机的主要技术指标 ················ 280
　　　　任务3　激光打印机的特点 ························ 280
　　项目2　激光打印机的安装和使用 ······················· 281
　　　　任务1　激光打印机的安装 ························ 281
　　　　任务2　激光打印机驱动程序的安装 ················ 281
　　　　任务3　激光打印机的使用 ························ 283
　　项目3　激光打印机的维护 ····························· 286
　　　　任务1　硒鼓的维护 ·············dotdotdot········ 286
　　　　任务2　添加碳粉 ················· ·············· 287
　　　　任务3　卡纸故障的排除 ·········· ················ 288

第10章　数码复印机 ································· 289

　　项目1　数码复印机的选购与使用 ······················· 289
　　　　任务1　数码复印机的选购 ························ 289
　　　　任务2　数码复印机的使用 ························ 290
　　项目2　数码复印机的基本维护与保养 ··················· 294

第 11 章　数码相机 ··· 296

项目 1　数码相机的选购与使用 ································ 296
- 任务 1　数码相机的选购 ·· 296
- 任务 2　数码相机的基本使用 ····································· 299
- 任务 3　数码相机的高级使用 ····································· 305

项目 2　数码相机的维护与保养 ································ 309

第 12 章　数码摄像机 ··· 310

项目 1　数码摄像机的选购与使用 ···························· 310
- 任务 1　数码摄像机的选购 ··· 310
- 任务 2　数码摄像机的使用 ··· 311
- 任务 3　摄像技巧的运用 ·· 317

项目 2　数码摄像机的维护与保养 ···························· 318

第 13 章　多功能一体机 ·· 320

项目 1　多功能一体机的选购与使用 ························· 320
项目 1　多功能一体机的维护与保养 ························· 320

第 14 章　传真机 ·· 321

项目 1　传真机的选购与使用 ···································· 322
项目 2　传真机的维护 ··· 322

第 15 章　一体化速印机 ·· 323

项目 1　一体化速印机的选购与使用 ························· 323
项目 2　一体化速印机的维护与保养 ························· 323

附录　MS Office 2016 案例集萃与使用技巧视频 ········ 324

第1章 办公自动化概述

办公自动化是信息技术革命的产物,习近平总书记在党的二十大报告中强调:要"高举中国特色社会主义伟大旗帜,全面贯彻新时代中国特色社会主义思想,弘扬伟大建党精神,自信自强、守正创新,踔厉奋发、勇毅前行,为全面建设社会主义现代化国家、全面推进中华民族伟大复兴而团结奋斗。"要实现全面建设社会主义现代化国家、全面推进中华民族伟大复兴的目标就必须紧跟信息技术革命的潮流。

办公设备、计算机技术、通信技术、网络技术等的快速发展,为办公自动化的实现和办公效率的提高提供了坚实的技术支持和设备保障。办公自动化技术是为现代化产业体系服务的,也是现代化产业体系的一个部分。为此,习近平总书记在党的二十大报告中指出"建设现代化产业体系。坚持把发展经济的着力点放在实体经济上,推进新型工业化,加快建设制造强国、质量强国、航天强国、交通强国、网络强国、数字中国。实施产业基础再造工程和重大技术装备攻关工程,支持专精特新企业发展,推动制造业高端化、智能化、绿色化发展。巩固优势产业领先地位,在关系安全发展的领域加快补齐短板,提升战略性资源供应保障能力。推动战略性新兴产业融合集群发展,构建新一代信息技术、人工智能、生物技术、新能源、新材料、高端装备、绿色环保等一批新的增长引擎。构建优质高效的服务业新体系,推动现代服务业同先进制造业、现代农业深度融合。加快发展物联网,建设高效顺畅的流通体系,降低物流成本。加快发展数字经济,促进数字经济和实体经济深度融合,打造具有国际竞争力的数字产业集群。优化基础设施布局、结构、功能和系统集成,构建现代化基础设施体系。"这就要求我们运用好办公自动化技术,为建设我国的现代化产业体系添砖加瓦。

同时，随着社会的发展，市场需求的旺盛，用现代化的办公自动化技术装备办公体系，完善办公功能和结构，改进办公人员的信息处理方法，大大提高工作效率和质量，已是大势所趋。因而办公自动化作为一门综合性新兴学科，已经越来越引起人们的重视。

作为一门综合性新兴学科，社会对这一学科的人才需求自然是需要通过教育和培训来满足的。党和政府对各类技术人才的培养给予了高度重视，习近平总书记在二十大报告中指出"我们要坚持教育优先发展、科技自立自强、人才引领驱动，加快建设教育强国、科技强国、人才强国，坚持为党育人、为国育才，全面提高人才自主培养质量，着力造就拔尖创新人才，聚天下英才而用之。"

习近平总书记在二十大报告中还提出了人才强国战略，强调要"深入实施人才强国战略。培养造就大批德才兼备的高素质人才，是国家和民族长远发展大计。功以才成，业由才广。坚持党管人才原则，坚持尊重劳动、尊重知识、尊重人才、尊重创造，实施更加积极、更加开放、更加有效的人才政策，引导广大人才爱党报国、敬业奉献、服务人民。完善人才战略布局，坚持各方面人才一起抓，建设规模宏大、结构合理、素质优良的人才队伍。加快建设世界重要人才中心和创新高地，促进人才区域合理布局和协调发展，着力形成人才国际竞争的比较优势。加快建设国家战略人才力量，努力培养造就更多大师、战略科学家、一流科技领军人才和创新团队、青年科技人才、卓越工程师、大国工匠、高技能人才。加强人才国际交流，用好用活各类人才。深化人才发展体制机制改革，真心爱才、悉心育才、倾心引才、精心用才，求贤若渴，不拘一格，把各方面优秀人才集聚到党和人民事业中来。"

在党和国家的支持下，我们应掌握并创新办公自动化技术，努力推进落实"全面建设社会主义现代化国家、全面推进中华民族伟大复兴"这一时代赋予我们的光荣使命。

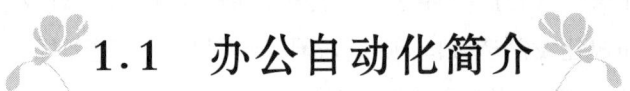

1.1　办公自动化简介

1.1.1　办公自动化的定义

最早提出办公室自动化概念的是美国通用汽车公司的职员 D·S·哈德(D. S. Harder)，他在 1936 年提出了"办公室自动化"的建议和构想。

使用机器来处理办公业务，起初只是出现在美国的部分企业中。因此被称为"办公室自动化"。随着社会经济和科学技术的发展，办公室自动化早已超出了狭窄的单一办公室范畴，而是囊括了有关办公与管理的所有领域，因此称为"办公自动化"(Office Automation，OA)。

20世纪70年代,麻省理工学院教授 M·C·齐斯曼(M. C. Zisman)为办公自动化进行了最初的定义:办公自动化就是将计算机技术、通信技术、系统科学及行为科学应用于传统的数据处理技术难以处理的、数量庞大且结构不明确的、包括非数字型信息的、办公事务处理的一项综合技术。从世界范围来看,办公自动化的发展经历了三个阶段:1975年以前为第一阶段,采用单机设备(文字处理机、复印机、传真机、交换机等)完成单项工作;20世纪70年代后期到80年代初期为第二阶段,一些综合设备(如专业交换机、局域网等)进入办公领域,使得数据和设备在一定范围内被共享成为现实;20世纪80年代之后为第三阶段,数据、文字、声音、图像等多媒体信息,通过广域网被传输、处理和存储,从而在更大范围内实现了资源共享。到了20世纪90年代,办公自动化又被赋予了新的概念,就是将现代办公设备与国际互联网结合起来,形成一种全新的办公方式,即"办公自动化系统"。

随着技术的快速发展,有专家对"办公自动化"提出了新的理解,认为:办公自动化是利用先进的科学技术,使一部分办公业务活动物化于人以外的各种设备中,并使这些设备与办公室人员构成服务于某种目标的人机信息处理系统;其目的是尽可能充分利用信息资源,辅助决策,提高生产率,达到既定的目标。

综上所述,本书认为:办公自动化是以先进的科学技术,如计算机技术、通信技术、系统科学和行为科学为支柱的综合性学科,通过使先进的科学技术、设备与办公人员结合,构建成服务于办公目标的人机信息处理系统,提高办公活动自动化的程度,最终实现提高办公效率和办公质量的目的。

可以注意到,办公自动化强调:①利用先进的科学技术与设备;②是人、机、信息结合的处理系统;③以提高办公效率和办公质量为目的。

1.1.2 办公自动化的特点

办公自动化是信息社会化和社会信息化的重要标志之一,它具有以下特点。

1. 办公自动化是飞速发展的一门综合性新兴学科

办公自动化的理论基础是行为科学、管理科学、系统科学、社会学、统计学、人机工程学等,其技术基础是计算机技术、通信技术、自动化技术等,其中计算机技术、通信技术、系统科学、行为科学是办公自动化的四大支柱(或称四大支撑)。办公自动化以行为科学为主导,以系统科学为理论基础,综合运用计算机技术和通信技术,完成各项办公业务。它不是简单的自动化学科的分支,而是信息化社会的时代产物,是一门综合的学科。

2. 办公自动化是一个人机信息系统

在办公自动化系统中,"人"是决定因素,是信息加工的设计者、指导者和成果享用者;而"机"是指各种办公设备,它是办公自动化的必要条件,是信息加工的工具和手段;"信息"是办公自动化中被加工的对象。办公自动化充分体现了人、机和信息三者的关系。一个典型的办公自动化系统应包括信息采集、信息加工、信息传递和信息保存四个基本环节。

3. 办公自动化实现了办公信息一体化处理

信息通常有以下几种主要形式。

①文字:包括各种文件、信函、档案、手稿等。

②数据:包括数据文件、报表等。

③语音:包括电话、声音邮件、多媒体文件等。

④矢量:包括照片、统计图表、传真图像、扫描文件等静态图形。

⑤图像:各种视频等动态图像。

办公自动化系统把基于不同技术的办公设备用联网的方式组成一个整体,以计算机为主体,将各种形式的信息组合在一个系统中,使办公室真正具有综合处理各类信息的功能。

4. 办公自动化以提高办公效率和办公质量为目标

办公自动化使办公设备成为智能处理信息的工具,是人们生产更高价值信息的手段之一。它将许多独立的办公职能一体化,并提高自动化程度,从而提高办公效率和办公质量。

1.1.3 办公自动化的功能

根据办公实际需要,办公自动化系统的基本功能包括以下几个部分。

1. 文字处理

文字处理是办公自动化的基础。长期以来,办公人员依靠纸、笔等工具来完成文字工作,主要包括文字的编辑、修改、存储等。随着社会经济的快速发展,加快文字处理速度,设计更完善的文字处理系统已成为提高办公效率的重要环节。文字处理是指用计算机等现代化输入/输出设备处理文字资料,包括文字的输入、校对、打印输出、存档等。利用电子编辑技术可以直观、便捷地对文字进行修改。

2. 数据处理

办公室的大量工作都与信息的收集和整理有关,而数据是信息的主要形式之一,因此对数据的处理就显得尤为重要。数据处理是将原始数据资料通过现代化的办公设备收集起来,输入计算机、平板、手机等设备中,利用计算机程序对其进行处理,由计算机等设备来完成数据的增加、删除、存储、修改、分类、查询和检索。最常见的数据处理有事务调度、日程安排、人事安排、设施管理等。

3. 语音处理

在日常的办公活动中,语音信息与文字信息一样重要。人们收发信息的主要手段之一就是语音。语音处理的对象包括网络电视、电话会议的录音,以及线下的报告、培训、讲座、交流、谈判等的录音。把这些语音信息数字化并存储在光、磁介质上供以后检索使用,在指定的需求人发出请求时,将这些数字化信息传送到指定地点。

4. 图形图像处理

为了进一步提高办公效率与办公质量,使办公中收集和提供的资料图文并茂,就要求办公自动化系统能完成图形和图像的处理,这也是当今计算机多媒体技术研究开发的目的之一。图形处理是指用计算机等设备来完成各种图形的制作,它不但保证了图形的精确度,还能提高工作效率。图像处理主要是指用计算机等设备完成图像的输入和输出,并对数字图像进行处理,增强和改善图像的质量,在处理大量信息时,还能具备检测、识别、寻找目标的图像分析功能。同时,还可以利用光学字符阅读器直接将字母和数字输入计算机,用光电扫描仪或数字化仪将图形文字输入计算机。

5. 表格处理

办公人员由于业务的需要,常常需要编制各种各样的表格。传统的方法是由人工制表、运算、汇总和填数,效率不高。电子表格是用计算机软件来完成表格的设计、处理和制表等操作,不仅可以使办公人员摆脱烦琐的工作、避免大量重复的抄写整理工作,还可以快捷准确地得到美观的信息表格。

6. 通信

办公自动化系统可以把各种设备连成通信网络,实现办公信息的共享、远程访问、节省通信费用、方便获取信息与无纸化办公等目标。

7. 电子邮件收发

电子邮件是计算机网络技术高速发展给人类传递信息带来的一项重大变革。电子邮件系统是可以利用计算机网络,将声音、数据、文字、图形图像及其组合信息,由一个地方快速地传输到另一个,或多个地方的通信系统。随着计算机技术的发展、电子签名技术的应用和个人信用的提高,电子邮件给传统的邮件和传真等办公通信业务带来巨大的冲击,它能更好地为用户服务,极大地提高办公效率。目前广泛使用的办公收发电子邮件工具有 Outlook、Foxmail 等。

8. 人事管理

人事管理是办公自动化工作的重要内容。人事管理的主要内容有人员的信息、照片、履历、档案、职务和角色设置等。通过办公自动化系统可以及时、快速、方便地进行日常管理,提高人事管理工作的效率和质量。

9. 论坛管理

"论坛"类似现实生活中的公告板,用于系统内部人员发布信息。论坛管理主要负责对信息进行分类、更新等工作,可供用户发布各种通知或其他公用信息,也可在内部开通电子邮件,供用户与系统外部乃至互联网进行信息交流。各级领导和业务人员可以在统一的图形化环境里,方便地得到与其工作相关的信息,即使是在家中或出差也可不间断工作。

10. 综合信息管理

综合信息管理可以提供单位职工的电话号码查询,增进职工与单位和外界的沟通;提供国内外相关法律、法规查询,并提供相关咨询服务。综合信息服务不仅能实现单位内部信息资源的共享,还可以让社会各界共享政府、企事业单位公开发布的信息,如企业形象宣传等。

1.1.4 办公自动化的意义

随着社会的发展,市场需求越来越多样化和复杂化,市场竞争日趋激烈和残酷。用现代化的科学技术装备办公体系,将会大大提高工作效率和质量,节省人力、物力和财力。办公自动化建设具有以下重要意义。

1. 关系到国家政治、经济的安全与效率

习近平总书记在党的二十大报告中提出"健全国家安全体系。坚持党中央对国家安全工作的集中统一领导,完善高效权威的国家安全领导体制。强化国家安全工作协调机制,完善国家安全法治体系、战略体系、政策体系、风险监测预警体系、国家应急管理体系,完善重点领域安全保障体系和重要专项协调指挥体系,强化经济、重大基础设施、金融、网络、数据、生物、资源、核、太空、海洋等安全保障体系建设。健全反制裁、反干涉、反'长臂管辖'机制。完善国家安全力量布局,构建全域联动、立体高效的国家安全防护体系。"办公自动化技术会应用到国家的政治、经济、社会等各个领域,关系到国家治理、经济发展等各个层面的安全和效率。因此掌握好、应用好办公自动化技术,对于保证我国顺利发展经济、建设民生以及实现第二个百年奋斗目标,都有着重要意义。

2. 实现办公活动的高效率、高质量

现代化的技术、设备、理念进入办公领域,使参与办公活动的人员能够使用新的技术来改变传统的信息生成、传输、处理的手段和方法,提高办公效率和质量。例如,改变公文的交换形式,实现电子文档交换和网上交换;改变办公事项的审批方式,实现网上办公事项的审批;快速保管和检索文件电子档案;实现电子化收集、统计、打印和复印信息等。

3. 实现办公信息处理的大容量和高速度

以计算机为处理中心、其他办公设备为辅助的办公信息处理系统,可以实现办公信息处理的大容量和高速度,在相应的软件配合下,还可以向办公人员提供多形式(纸质、电子、图片、视频、声音)、多层次的服务。

4. 实现办公活动的智能化

在办公自动化中,人和机器设备是重要的组成部分。办公自动化系统是人机合一的系统,而办公自动化中所采用的智能化的机器设备可以代替工作人员来完成那些重复的、琐碎的、需要进一步思考和具有一定技能才能完成的工作,以提高办公的速度和准确性。

1.1.5 办公自动化的发展趋势

办公自动化的迅速发展在一定程度上满足了人们改革办公条件、减轻工作负担、提高办公效率的要求,但也更加刺激了人们对更先进的自动化系统的渴求。随着计算机、通信和网络技术的发展,未来办公自动化系统将呈现以下发展趋势。

1. 办公环境网络化

办公自动化系统能把多种办公设备连成局域网,再将局域网连接到互联网,实现更大范围的数据通信和资源共享,使办公人员真正做到"秀才不出门,尽知天下事"。办公环境网络化使数据通信快捷且费用低廉,实时性和交互性功能更加强大。

2. 办公操作无纸化

近年来,我国纸张消费水平急剧上升,成为世界第二大纸张消费国,这与建设节约型社会背道而驰。办公环境的网络化改变了传统的信息传递方式,不仅可以节约纸张,而且速度快、准确性高,便于将办公文档编排和复用,非常符合电子商务和电子政务的办公需要。

3. 办公服务无人化

无人办公适合那些办公流程及作业内容相对稳定,工作比较枯燥、易疲劳、易出错、劳动量大的工作场合。配置具有自动化功能的先进设备,就可以实现办公服务无人化,如自动存取款、自动充值、自动复印、夜间传真及电子邮件自动收发等业务。

4. 办公业务集成化

许多单位的办公自动化系统最初往往只是单机运行,一般是各个部门分别构建自己的操作系统。由于所采用的软、硬件出自多家厂商,其功能、数据结构、界面等会有所不同,导致信息在交流和使用过程中产生较大的障碍。因此,人们对办公业务集成性的要求越来越强烈,具体有以下四个方面的要求:一是网络的集成,即实现不同系统下的数据传输,这是整个系统集成的基础;二是应用程序的集成,以实现不同的应用程序在同一环境下运行或同一应用程序在不同环境下运行;三是数据的集成,不仅要实现相互交换数据,而且要实现数据的相互操作,以实现数据共享;四是界面的集成,以实现不同系统下操作环境和操作界面的相似,甚至是一致。

5. 办公设备移动化

人们可借助便携式办公自动化设备,如笔记本电脑,通过无线上网轻而易举地与外界连接,完成信息交换、指令传达、工作汇报,实现移动办公。同时,利用移动存储设备可以便捷地将数据从一处移到另一处。

6. 办公信息多媒体化

多媒体的核心词是媒体(medium),它包含媒质和媒介两个方面的含义。媒质是指存储信息的实体,如磁盘、光盘和闪存等;媒介是指表示和传递信息的载体,即信息的表现形式,例如,一个信息既可以用文字的形式表现,也可以用声音、图像、动画和视频等形式表现。多媒体技术在办公自动化中的应用,使人们处理信息的手段和内容更加丰富,使数据、文字、图形图像、音频及视频等各种载体的信息均能使用计算机或其他办公设备获取和处理,它更加符合人们喜欢以视觉、听觉、感觉方式获取及处理信息的习惯。目前,在人事档案库中增添个人照片、历史档案材料的光盘存储等就是其典型应用。

7. 办公系统智能化

给机器赋予人的智能,这一直是人类的梦想。人工智能是当前计算机技术研究的前沿,已经取得了阶段性成果。这些成果虽然还远未达到让机器像人一样思考和工作的程度,但已经可以在很多方面对办公活动进行辅助。办公系统智能化包括:手写输入、语音识别、语音合成、图形识别、文字识别、基于自然语言的人机界面、多语互译、事务处理和辅助决策的专家系统等。

1.2 办公自动化系统的组成与安全保障

1.2.1 办公自动化系统的组成

办公自动化系统能把基于不同技术的办公设备用联网的方式组成一个整体,将文字、语音、数据、图像、视频处理等功能组合在一个系统中,使现代办公具有综合处理信息的功能。办公自动化系统主要由办公人员、办公信息、办公流程和办公设备组成。

1. 办公人员

办公人员是办公自动化系统的核心组成要素,包括高层领导、中层干部、基层员工、系统管理员、软硬件维护人员、录入员等。他们应当具有现代科学技术知识、现代管理知识与业务技能。他们的个人素质、业务水平、敬业精神、对系统的使用水平和了解程度,对系统的运行效率乃至系统的运行成败都是至关重要的。

2. 办公信息

办公信息是各类办公活动的处理对象和最终获得的结果。办公实际上就是处理办公信息,这些信息对不同的办公活动提供支持与服务,它们可以为事务工作提供基础数据与信息,为研究工作提供素材,还能为管理工作提供服务,为决策工作提供依据。办公自动化系统是进行信息处理并提供大量信息的人工系统,包括信息收集、输入、处理、存储、交换和输出。

3. 办公流程

办公流程是有关办公业务处理、办公过程和办公人员管理的规章制度与管理规则,它是构建办公信息系统的依据之一。办公流程的科学化、系统化和规范化,将会使办公活动的各项业务易于纳入到自动化处理的轨道上。应该注意的是,由于办公信息系统往往要实际模仿具体的办公过程,如果办公流程或者组织机构发生变化,也必然会导致办公系统的变化。同时,在新系统运行之后,也会出现一些新要求、新规定和新的处理方法。这就要求办公系统与现行办公流程之间要进行平稳的过渡与切换,并做到良好的衔接。

4. 办公设备

办公设备是决定办公质量与效率的物质基础。在传统的办公活动中,人们只能借助于笔、墨、纸、砚、记事本、记录本、电话等工具,而在现代化的办公系统中,办公设备包括计算机、互联网、打印机、扫描仪、电话、智能手机、传真机、复印机、投影机、数码相机、数码摄像机、数码一体机以及各类办公软件。办公自动化要求办公设备主要以现代化设备为主。

1.2.2 办公自动化系统的安全保障

办公自动化系统与各项业务工作密切结合且应用广泛,其安全性问题日益突出,如何做好办公自动化系统的安全控制已经成为至关重要和紧迫的课题。

1. 办公自动化系统安全

办公自动化是政府、企业和事业单位信息化的重要组成部分,是它们正常运营的保障。如果病毒大规模爆发,系统崩溃,就会使众多基于办公自动化的业务无法正常运行,导致人力、物力、财力产生巨大的损失,甚至倒闭。其中的原因有本身安全防范的不周与疏忽,也有办公自动化系统自身安全防范功能的不足。因此,办公自动化系统的安全性问题必须引起人们的高度重视。

办公自动化系统安全是指计算机系统的硬件、软件和数据受到保护,不因自然的、技术的和人为的原因而遭到破坏、更改和泄露,办公自动化系统能连续正常运行,即包括硬件安全、软件安全、数据安全和运行安全。

要落实习近平总书记在党的二十大报告中关于"完善国家安全力量布局,构建全域联动、立体高效的国家安全防护体系。"的要求,加强计算机系统的硬件、软件和数据的保护,防止信息被窃取、破坏、更改和泄露。

2. 办公自动化系统经常出现的问题

(1)病毒感染。计算机病毒(computer virus)是编制者在计算机程序中插入的破坏计算机功能或者数据的代码,能影响计算机的正常使用,能自我复制的一组计算机指令或者程序代码。计算机病毒具有传播性、隐蔽性、感染性、潜伏性、可激发性、表现性和破坏性等特点。计算机病毒可以通过网络扩散与传染,一旦办公自动化系统中的某一环节感染了病毒,那么整个系统将会很快被感染,造成系统的崩溃,损失是难以估价的。

随着计算机和网络技术的不断进步和应用,计算机病毒不断出现,而且其破坏性不断增强。如2006年出现的"熊猫烧香"病毒,当年如洪水猛兽般威胁着整个社会的网络,造成了网络的大面积瘫痪,以及文件和数据的丢失。

(2)黑客入侵。在信息安全里,"黑客"指研究智取计算机安全系统的人员。利用公共通信网络,如互联网和电话系统,在未经许可的情况下,载入对方系统,或调试和分析计算机安全系统。"黑客"一词最早用来称呼研究盗用电话系统的人士。

目前的办公自动化网络多以以太网为基础,在同一以太网中任何两个节点之间的通信数据包不仅可以被这两个节点的网卡所接受,同时还可以被处在同一以太网中的其他任一节点的网卡所截取。为了工作方便,一般的办公自动化网络都具备与外网互相连接的出入口,因此外网中的黑客完全有可能捕获到发生在某一以太网上的所有数据包,然后对其进行解包分析,窃取情报信息。网络安全被称为"没有硝烟的战争"。目前,互联网已经深度渗透到经济、政治、文化、社会等领域,成为事关国家安全的基础设施和斗争"阵地"。随着"斯诺登"事件的曝出,一些国家刻意组织黑客入侵、窃取情报信息的行为已不是秘密。

(3)数据破坏。在办公自动化网络中,有很多因素可能导致数据被破坏。

①病毒破坏。病毒可能会攻击系统中的原始数据,删除、更改、替换文件,还有可能攻击破坏CMOS中的数据。

②黑客入侵。黑客基于各种原因入侵网络,其中恶意入侵对网络的危害是多方面的,其中一种危害就是盗取和破坏数据,如删除和覆盖原始数据库、破坏应用程序数据、破坏服务器数据、盗取数据库中的各种数据等。

③意外丢失。由于自然灾害、偶发事件、误操作等原因造成数据被破坏。

3. 办公自动化系统安全对策及措施

(1)入侵防范。入侵防范要实行内外网隔离、访问控制、内部网络隔离和分段管理。在内部的办公自动化网络和外网之间设置物理隔离,以实现内外网的隔离,是保护办公自动化网络安全最主要、最有效、最经济的措施之一。

(2)技术保障。技术保障要进行物理防备和安全防护,系统的重要数据库要采取加密和验证措施,用户对数据的存取要有明确的授权策略。

(3)物理保护与数据备份。为了防止数据被破坏,要在网络核心设备上设置物理保护措施,包括设置电源冗余模块、交换端口冗余备份及数据备份。

(4)加速立法。建立完善的计算机信息系统安全法律体系是系统安全的法律基石,主要包括:由国家最高领导部门组织制定计算机安全方针、政策,颁布法令;建立计算机安全法律体系,加快信息系统法制化进程。

(5)宣传教育。开展计算机信息系统安全的宣传和教育工作,使全体人员了解计算机信息系统安全的重要性,提高个人修养,加强职业道德,培养良好的系统使用习惯,是保障信息系统安全、杜绝隐患的重要工作内容。

第 2 章
办公常用工具软件

项目 1　数字图像处理

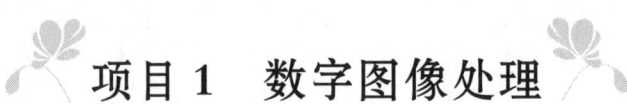
项目任务描述与分析

企事业单位和各种团体组织的政治活动、商务活动、娱乐活动,以及技术研讨活动等等,往往都需要使用数码相机或智能手机拍摄记录,并以图片或视频等电子形式保存。因此,用数码相机或者智能手机拍摄和记录相关活动并形成电子资料十分普遍。这些电子资料除了存档之外,时常还需要放到网站上展示,于是对图片进行浏览、选择与处理成为了文秘人员日常要做的工作。这些工作通常是通过相应的软件来完成的。下面就以"悟空图像"为例介绍相关的处理办法,读者可以在北京亦心科技有限公司官网:www.photosir.com 下载"悟空图像"安装文件。

任务 1　初识悟空图像

悟空图像是一款便捷好用的,可以替代 Adobe Photoshop 的国产图像处理软件。它拥有简洁的页面设计,集成最新的 AI 技术,助力图像创意设计、图片编辑处理、后期特效调整和海报制作;集图像编辑、涂鸦、合成、特效、滤镜、拼图、浏览、个性创作等功能于一体,采用"云+端"模式,方便一键分享与传播;拥有一百多种画笔,使用户创作起来得心应手;其中的海量素材和模板更大大提高了用户的出图效率,使用户在创作时不必从零开始。在悟空图像中,用户的每一幅作品都可以在线发布和交易。其宗旨是让每个人都成为创意大师,任何人都可以通过悟空图像创作出专业的作品。

在功能各异的图像处理软件市场中,悟空图像是一个独特的存在。它支持 50 亿像素级超大图片处理,允许用户对图像的每一个小细节进行修饰,从而达到最完美的效果。悟空图像除了允许编辑现有照片以外,还允许用户从无到有地创作图像、嵌入字体、进行向量图案制作等。同时,悟空图像中的图层面板在后期处理图片的过程中也可以提供诸多便利,它可以帮助用户更好地开展相应的图片处理工作,允许用户对图片进行分层处理,也允许用户合并图层,进行统一剪辑。这一独特的功能设计可以使相关操作独立存在,而不会对图像中的其他部分产生影响。它对于对摄影、设计感兴趣的人是非常友好的工具。悟空图像具有较好的兼容性,支持导入 JPEG、PNG、GIF、WEBP、TIFF、HID 等多种格式的图片。它还内置了大量特效、贴纸、图像等素材供用户使用,允许用户将需要的素材直接加进图片。

任务 2 下载与运行

打开浏览器,输入 www.photosir.com,进入北京亦心科技有限公司官网,在首页点击"下载 & 教程"进入下载页面,即可选择适合自己的版本下载。

悟空图像是国内首款可以双向兼容 Photoshop Document(PSD)格式文件的图像处理软件,既可以实现对 PSD 的读取兼容,也可以实现保存为 PSD 格式;支持多层操作,支持不同对象层的顺序互换,合并输出;同时支持矢量图形的嵌入,方便用户进行矢量图形设计。

悟空图像支持多平台操作系统,如 Windows 操作系统、Linux 操作系统、麒麟操作系统、统信 UOS 操作系统、方德操作系统、优麒麟操作系统等,支持国内外主流 CPU,如飞腾 CPU、龙芯 CPU、兆芯 CPU、海光 CPU、华为麒麟 CPU、Intel、AMD 等。

任务 3 使用文字生成图片(闪变艺术家)

1. 根据描述文字生成图片

步骤 1 双击桌面上的【悟空图像】图标【】,打开悟空图像,如图 2.1.1 所示。

图 2.1.1

步骤 2 单击【AI作画】(见图2.1.1),进入图2.1.2所示的AI作画主界面。

图 2.1.2

步骤 3 单击【添加对象】选项卡(见图2.1.2),出现图2.1.3所示界面。

图 2.1.3

步骤 4 ①输入想要生成图片的提示词:森林中有一只小鹿、三朵彩色的蘑菇、五朵小花。小鹿在奔跑,小草高高的。②单击【自定义】按钮。③单击【锁】按钮【 】,解开高度和宽度锁定,以便后面能够自由设定生成图片的高度和宽度。④输入宽度值【2000】。⑤输入高度值【2000】。⑥单击【开始生成】按钮,悟空图像即开始人工智能生成图片的过程。在两三分钟后,生成如图2.1.3所示的图像。⑦单击【确定】。

步骤 5 ①单击【保存】。②输入【林中小鹿】。③单击选择文件格式为

【JPEG文件(*.jpg *.jpeg *.jfif)】。④单击【保存】。⑤单击【是】。⑥单击【确定】(见图2.1.4)。

图 2.1.4

2. 利用提示词百科大全生成图片

当用户没有关于提示词的灵感,或者不知道什么样的提示词可以生成好的内容时,可以利用"提示词百科大全"生成图片,方法如下。

步骤1 ①单击界面右边的【提示词百科大全】按钮 【提示词百科大全】。②单击【环境】。③单击【春天】。④单击【彩虹】。⑤向下拖动滚动条(见图2.1.5),出现图2.1.6。

步骤2 ①单击【公园】。②单击【花海】。③向上拖动滚动条(见图2.1.6),出现图2.1.7。

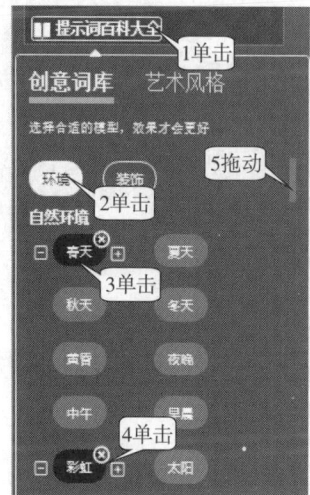 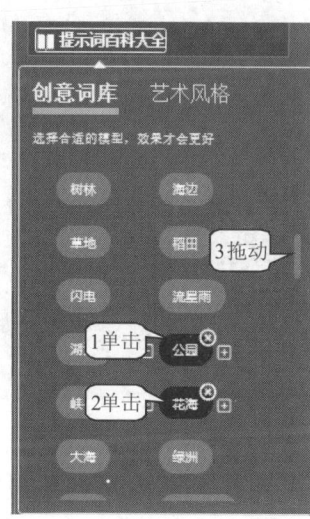 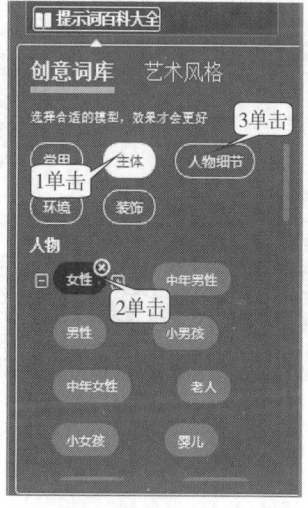

图 2.1.5　　　　图 2.1.6　　　　图 2.1.7

步骤3 ①单击【主体】。②单击【女性】。③单击【人物细节】(见图2.1.7),出现图2.1.8。

步骤4 ①向下拖动滚动条。②单击【水汪汪大眼】。③单击【微笑】(见图2.1.8),出现图2.1.9。

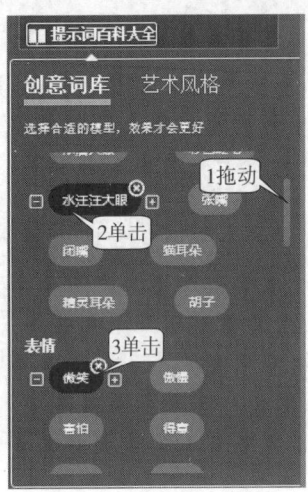

图2.1.8

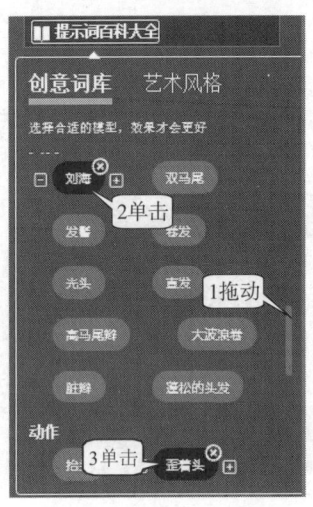

图2.1.9

步骤5 ①向下拖动滚动条。②单击【刘海】。③单击【歪着头】(见图2.1.9),这样上面选中的所有词都会出现在图2.1.10所示的提示词框中。

图2.1.10

步骤6 ①单击提示词输入框。②单击选择【照片写实】按钮。③单击【锁】按钮【 ○ 】,解开高度和宽度锁定,以便后面能够自由设定生成图片的高度和宽度。④输入高度值【2000】。⑤输入宽度值【2000】。⑥单击【开始生成】按钮,悟空图像即开始人工智能生成片图片的过程,等待两三分钟,得到生成后的图像。⑦单击【确定】(见图2.1.10)。

任务 4　快速抠图与图片合成

步骤1　①单击【在线抠图】,弹出图2.1.11所示的【打开】对话框。②双击要进行抠图的文件,等待十几秒,完成抠图,效果见图2.1.12。

图 2.1.11

图 2.1.12

步骤2　①单击【添加对象】。②单击【打开文件添加图片】,弹出图2.1.12所示的【打开】对话框。③双击要与抠图文件合成的背景图片文件,导入背景图片,见图2.1.13。

图 2.1.13

步骤 3 ①单击【对象属性】。②在展开的属性参数设置窗口单击【宽高锁定】按钮【 】解锁。③输入宽度值【505】。④输入高度值【332】,输入这两个数值的目的是使导入的背景图大小和抠图得到的图像保持一致。不同的抠图和不同的背景输入的参数是不一样的。其原则是使抠图出来的图片和背景图片大小保持一致。⑤拖动图片使背景图片与抠图图片重合。⑥右击背景图片。⑦单击【下移一层】(见图 2.1.13),将背景图片移到最底层,将抠图图片提到最高层,结果见 2.1.14。

图 2.1.14

步骤 4 ①单击选中抠图得到的图片。②拖动抠图图片控点调整图片的大小。③拖动抠图图片调整位置(见图 2.1.14),最终完成图片的合成,结果见图 2.1.14。

任务 5 用 AI 闪绘作画

步骤 1 打开一个手绘图或自己在软件中绘制图形。

步骤 2 ①单击【AI 闪绘】按钮【 】。②在提示词框中输入【太阳,向日葵,金色的龙】,表示按这些提示生成图片。③单击【提取线稿】按钮。④单击选择【照片写实】。⑤单击【生成】按钮,开始生成图片,结果见图 2.1.15 中【实时预览】框中的图片。⑥单击【插入】按钮,图片被插入,见图2.1.16。

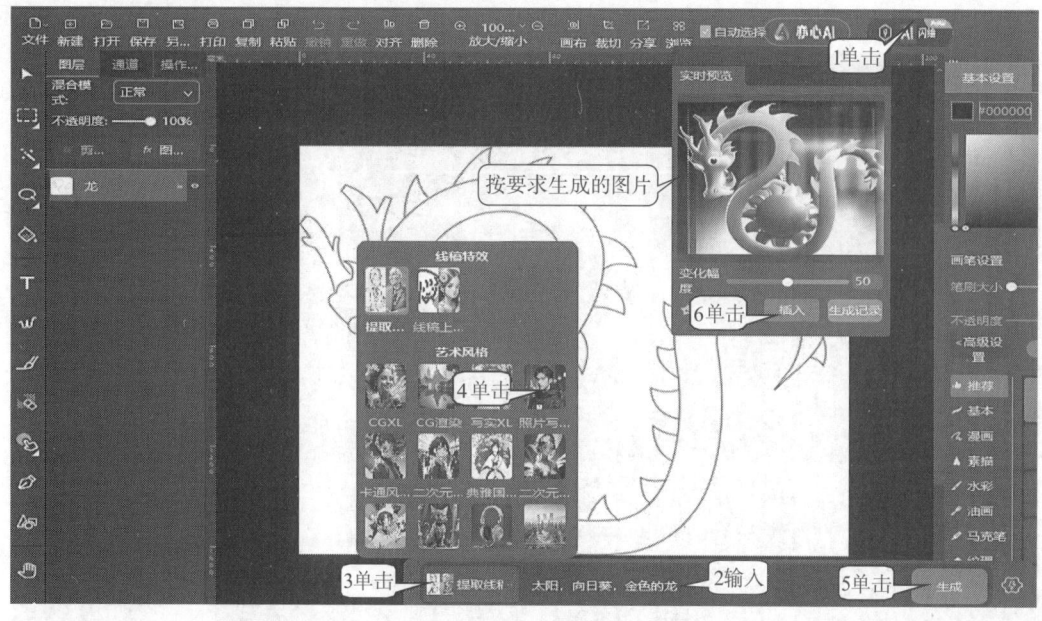

图 2.1.15

步骤3 ①单击【生成】按钮,会继续生成图片,结果见图2.1.16中【实时预览】框中的图片。②单击【插入】按钮(见图2.1.16),图片被插入,结果见图2.1.17。

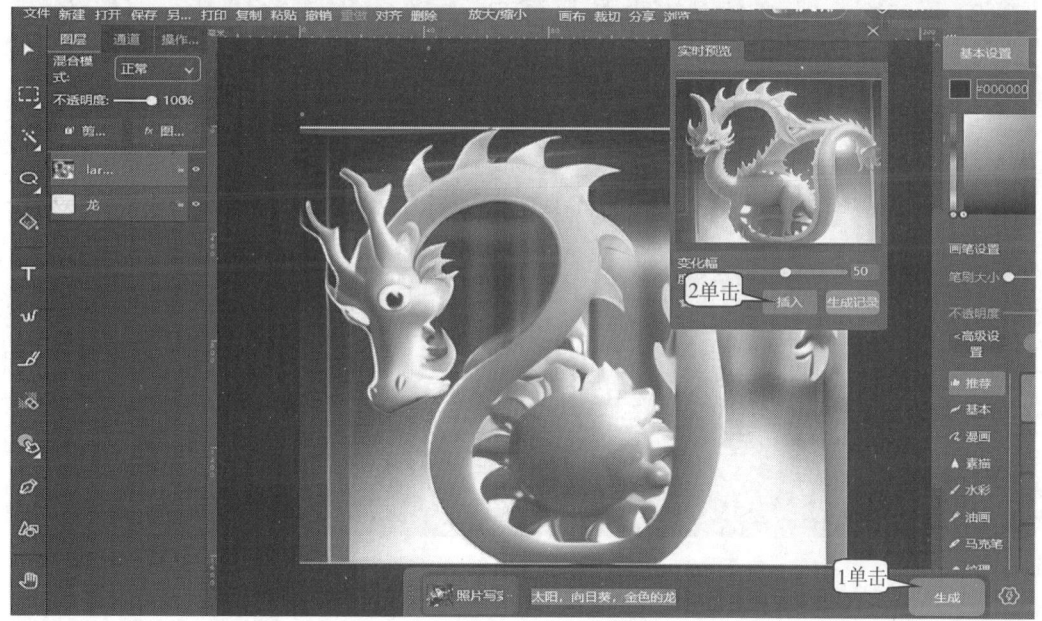

图 2.1.16

步骤4 单击【生成】按钮（见图2.1.17），会继续生成图片，结果见图2.1.18中【实时预览】框中的图片。

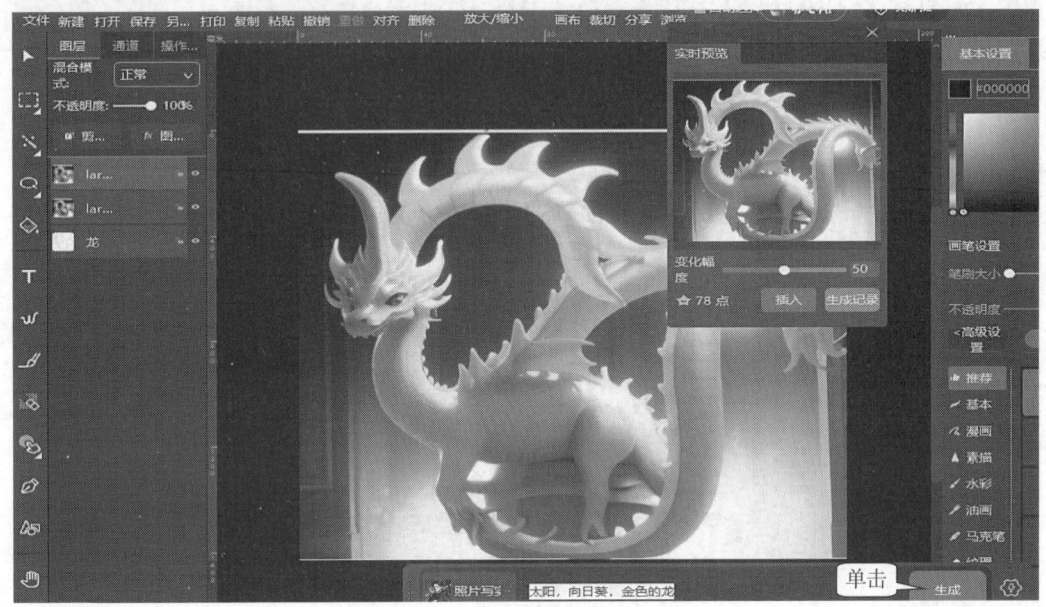

图 2.1.17

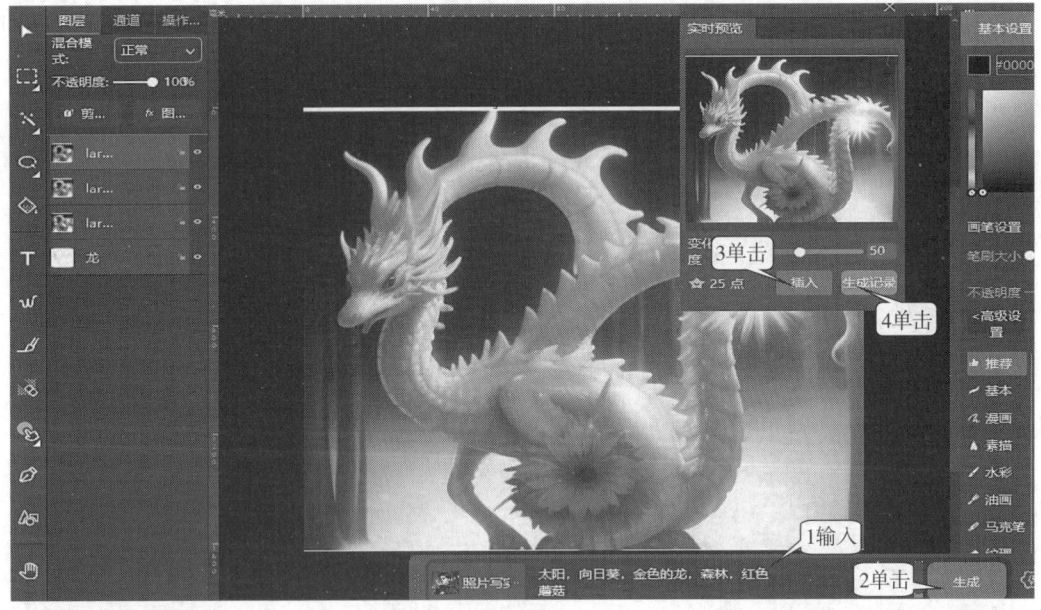

图 2.1.18

步骤5 如果对生成的图片不满意，可以再次单击【生成】按钮，这样多次进行下去会不断生成新的图片。

步骤6 ①输入新的提示词【森林,红色蘑菇】。②单击【生成】按钮,软件可以根据新的要求继续生成。③单击【插入】按钮,软件将在插入的图片基础上继续生成新的图片。④单击【生成记录】按钮,出现图2.1.19所示界面。我们可以看到实时预览框中多次生成的图片。

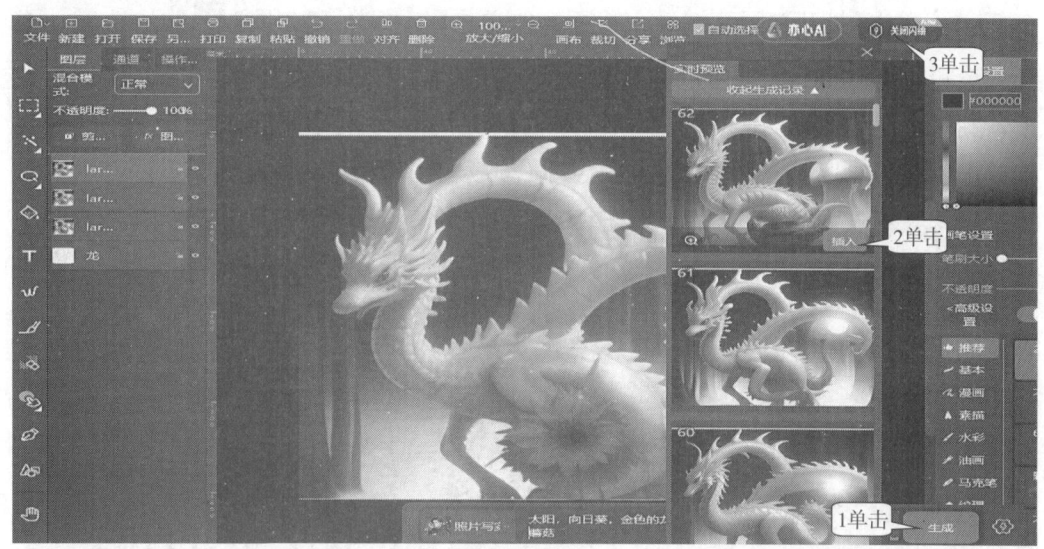

图 2.1.19

步骤7 ①单击【生成】按钮,会继续生成图片,结果见图2.1.19【实时预览】框中最上面的图片。②如果满意就单击【插入】按钮。③单击【关闭闪绘】按钮【关闭闪绘】(见图2.1.19),出现图2.1.20所示界面。

步骤8 ①单击【保存】按钮,弹出图2.1.20所示的【保存】对话框。②单击选择路径。③输入文件名。④单击选择保存类型。⑤单击【保存】按钮(见图2.1.20)。

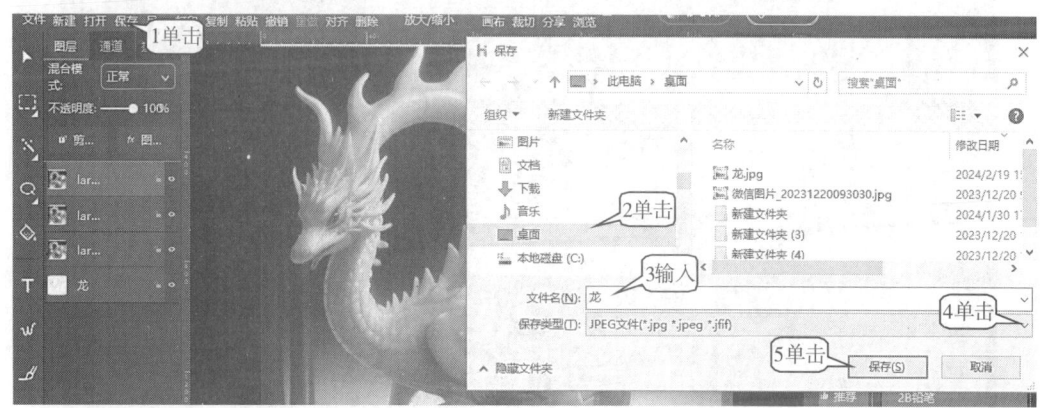

图 2.1.20

任务 6 智能擦除

步骤 ①单击【打开】,弹出如图 2.1.21 所示的【打开】对话框。②单击【平板车3】。③单击【打开】,图片被导入界面。④单击【矩形选区】工具，然后滚动鼠标的滚轮,直到可以看到【智能擦除】为止。⑤拖动选中图中的人物。⑥输入【红色汽车,轮胎,水泥地】,表示人物擦除后,人物部分用红色汽车、轮胎、水泥地来替代。⑦单击【擦除】(见图 2.1.21),悟空图像即开始人工智能擦除过程,结果见图 2.1.22。

图 2.1.21

图 2.1.22

任务 7 智能线稿上色

步骤1 ①单击【打开】,弹出如图 2.1.23 所示的【打开】对话框。②单击选择文件路径。③单击【线稿上色】文件。④单击【打开】,图片被导入界面。⑤右击导入的图片。⑥单击【亦心 AI 线稿上色】,则右边窗口就会变为图 2.1.23 所示界面。⑦输入提示词【女孩,金色头发,白皮肤,紫色眼镜,蓝色眼睛】,表达对上色人物的要求。⑧单击【风格模型】。⑨单击选择【照片写实】(见图 2.1.23),滚动鼠标滚轮,出现图 2.1.24 所示界面。

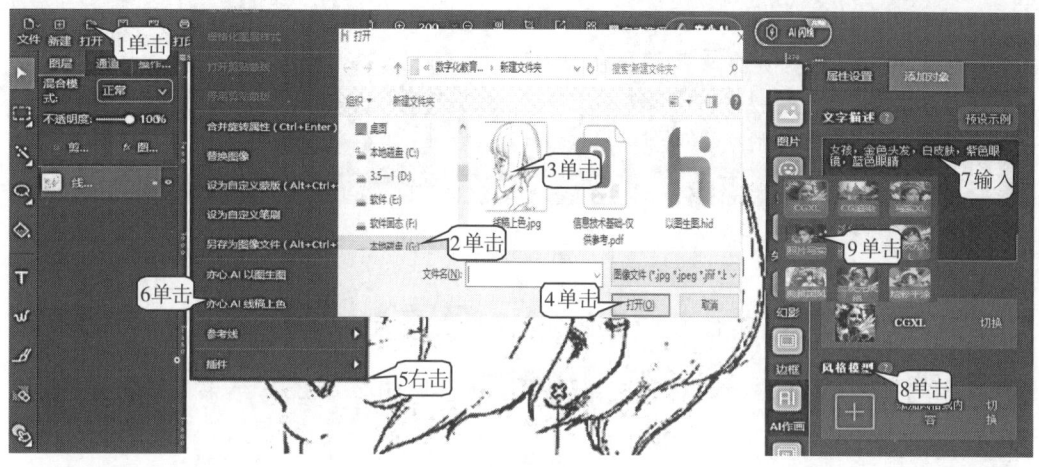

图 2.1.23

步骤2 ①拖动【强度】滑块,设置强度。②单击【开始生成】(见图 2.1.24),悟空图像即开始人工智能生成图片的过程,等待两三分钟,得到生成的图像,见图 2.1.24。

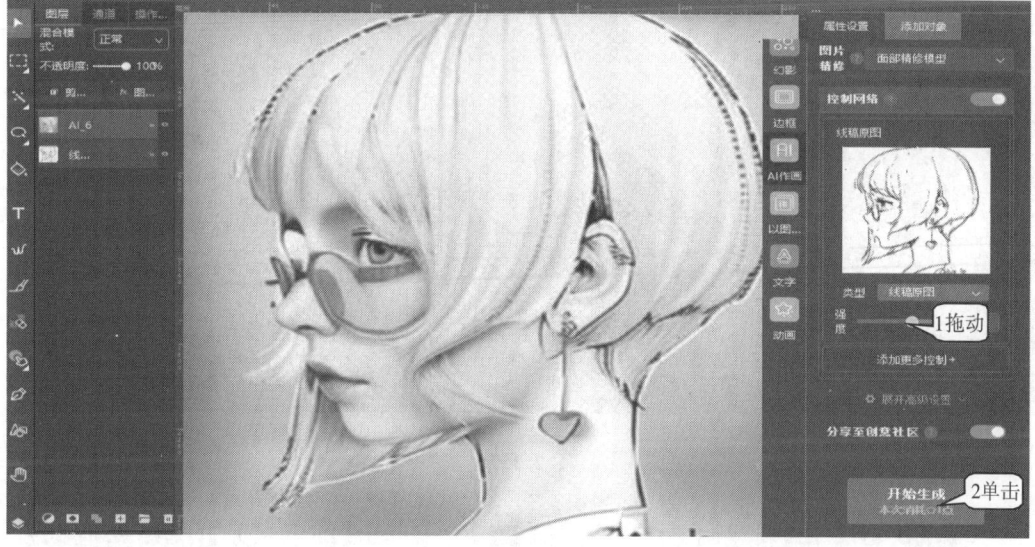

图 2.1.24

任务 8 证件照换色

步骤 1 打开一个证件照,如图 2.1.25 所示。

图 2.1.25

步骤 2 ①单击【属性设置】选项卡【 属性设置 】。②单击【智能抠图】按钮【 智能抠图 】。③单击【在线抠图】按钮【 在线抠图 】(见图 2.1.25),结果人物被抠出,见图 2.1.26。

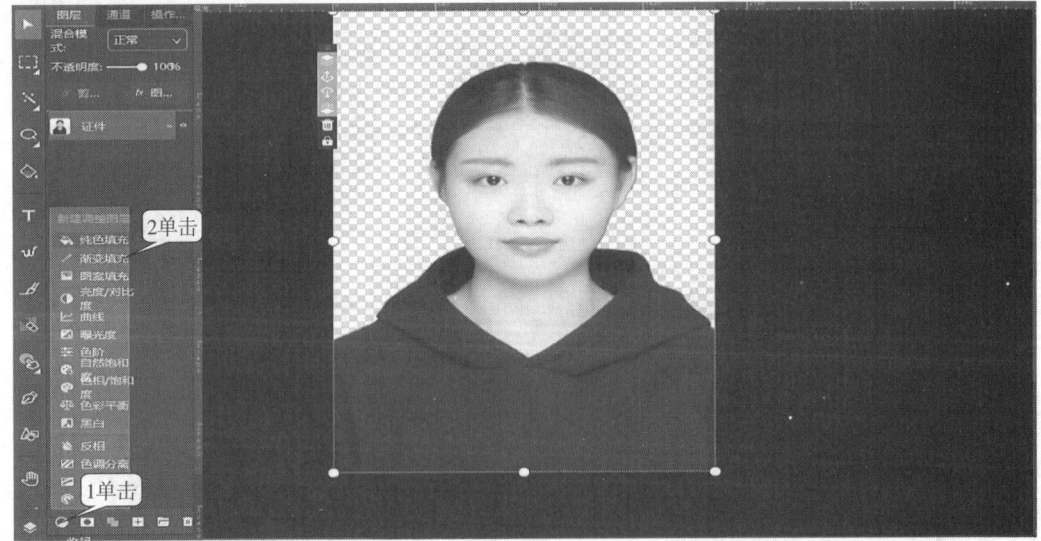

图 2.1.26

步骤 3 ①单击【新建调整图层】按钮【 ◎ 】。②单击【纯色填充】(见图 2.1.26),

会增加一个纯色图层,见图 2.1.27。

图 2.1.27

步骤 4 ①单击选择【红色】,表示换为红色背景。②拖动新增的纯色图层到证件图层下方(见图 2.1.27),这样抠出的图层就被移到了纯色图层的上方,最终的效果见图 2.1.28。

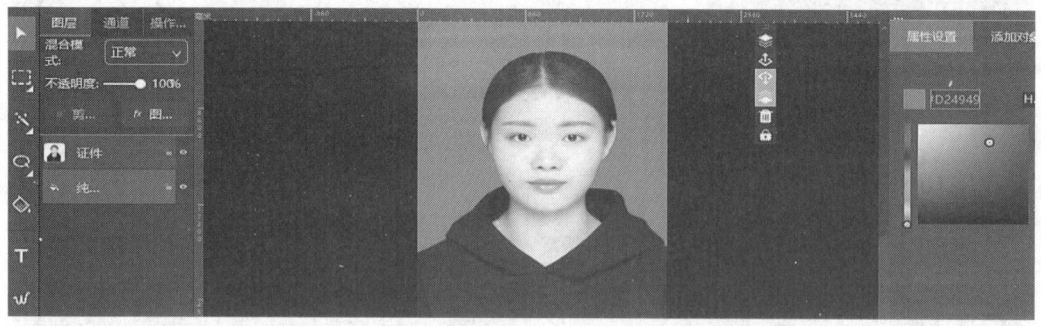

图 2.1.28

任务 9 智能替换

步骤 1 打开图片,如图 2.1.29 所示。

图 2.1.29

步骤 2 ①在图 2.1.29 所示的界面中单击【矩形选区】工具【】。②拖动鼠标框选汽车。③输入提示词【拖拉机】。④单击【智能替换】右侧的【替换】按钮（见图 2.1.29），软件开始替换，几分钟后出现图 2.1.30 所示的结果。

图 2.1.30

任务 10　图像区域换色

步骤 1　打开图片，如图 2.1.31 所示。

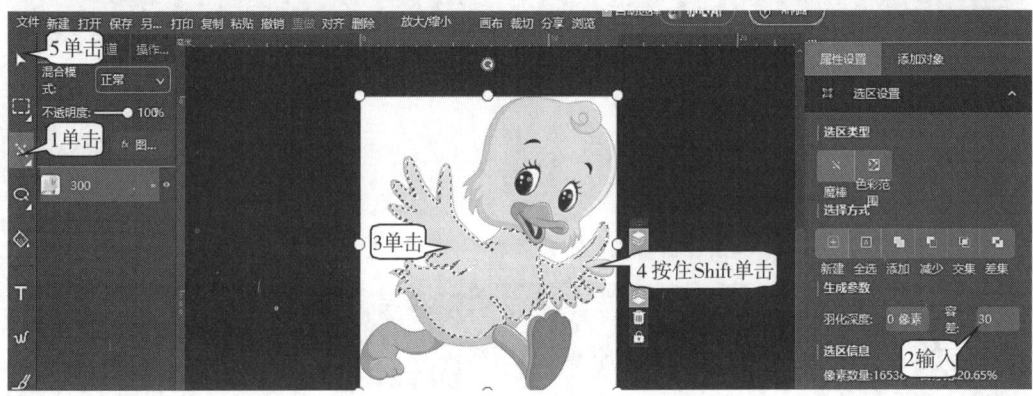

图 2.1.31

步骤 2 ①在图 2.1.31 所示的图中单击【魔棒】工具【】。②在【容差】框中输入【30】。③单击小鸭子的上半身（不含头部），但是这时并不能全部选中。④按住 Shift 单击未被选中的部分（可以多次单击），直到全部选中要换色的部分。⑤单击【选择对象】工具【▶】（见图 2.1.31），窗口右侧变为图 2.1.32 所示界面。

步骤 3 ①单击【快速调整】栏的【快速调整】。②单击【色相/饱和度】按钮【🎨】,会在左侧弹出如图 2.1.32 所示的【色相/饱和度】对话框。③拖动【色相】滑块改变选中部分颜色。④拖动【饱和度】滑块改变选中部分颜色饱和度。⑤拖动【明度】滑块改变选中部分颜色亮度。⑥单击【确定】(见图 2.1.32),结果见图 2.1.33。

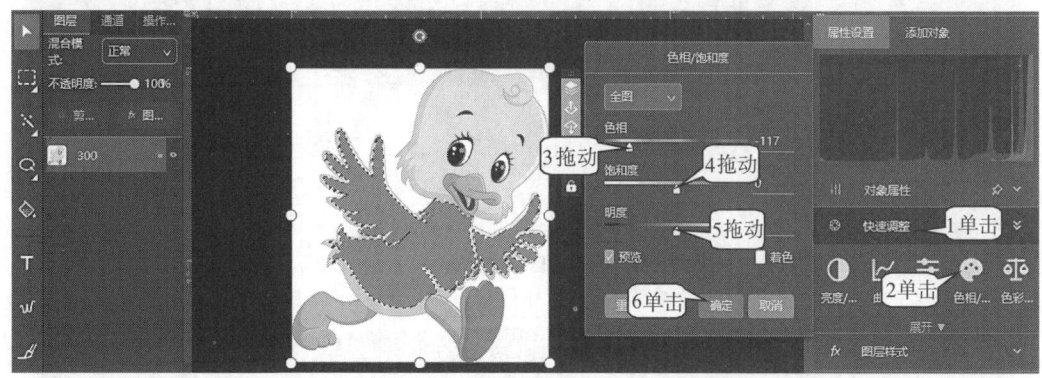

图 2.1.32

图 2.1.33

任务 11 模糊图片清晰化

步骤 1 ①单击【打开】,打开熊猫图片。②单击【放大/缩小】下拉按钮。③单击【500.0%】将图片放大(见图 2.1.34),如果图片大这步可省略,结果见图 2.1.35。

步骤 2 ①单击【更多效果】按钮【更多效果】。②单击【在线超分】按钮【在线超分】。③在【放大倍数】栏输入【4】。④单击【确定】(见图 2.1.35),结果见图 2.1.36,可以看出图片清晰度提高了。

图 2.1.34

图 2.1.35

图 2.1.36

任务 12 图片裁切

步骤1 ①在图2.1.37所示的图中单击【打开】，打开熊猫1图片。②单击【裁切】按钮【　】（见图2.1.37），出现图2.1.38，窗口右侧会有【属性设置】选项卡。

步骤2 ①拖动上下控点。②拖动左右控点。③单击【裁剪】按钮【　】，（见图2.1.38），结果见图2.1.39。

图 2.1.37

图 2.1.38

图 2.1.39

任务 13 图片亮度与对比度调整

步骤1 ①在图2.1.40所示的界面中单击【打开】，打开要调整的图片。②单击

【快速调整】(见图 2.1.40),出现图 2.1.41。

图 2.1.40

图 2.1.41

步骤 2 ①单击【曲线】,弹出如图 2.1.41 所示的【曲线】对话框。②拖动该处的曲线。③拖动该处的曲线。④拖动该处的曲线。⑤拖动该处的曲线。⑥拖动该处的曲线,直到图片的亮度和对比度使你满意为止。⑦单击【确定】(见图 2.1.41),结果见图 2.1.42。

图 2.1.42

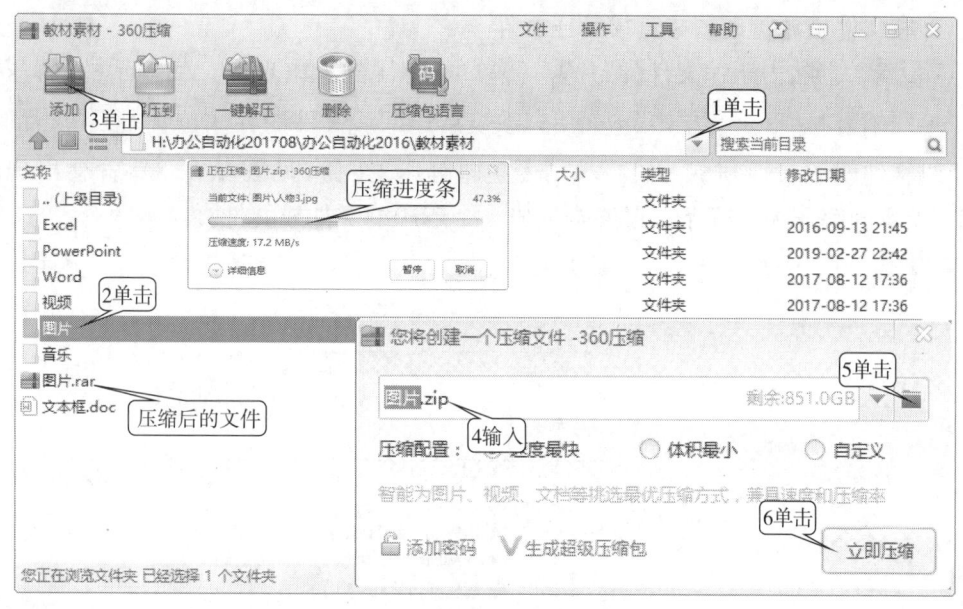

图 2.2.1

任务 2 文件解压

1. 在 360 压缩界面中解压压缩文件

步骤 ①单击需要解压的压缩文件【图片】。②单击【解压到】按钮,出现图 2.2.2 所示的【解压文件-360 压缩】对话框。③单击【📁】可以改变解压缩后文件的存放位置。不单击的话解压缩文件就放在原目录下。④单击【立即解压】按钮(见图 2.2.2),就会出现图 2.2.2 所示的解压缩进度条。最终就会形成一个解压缩文件或文件夹。

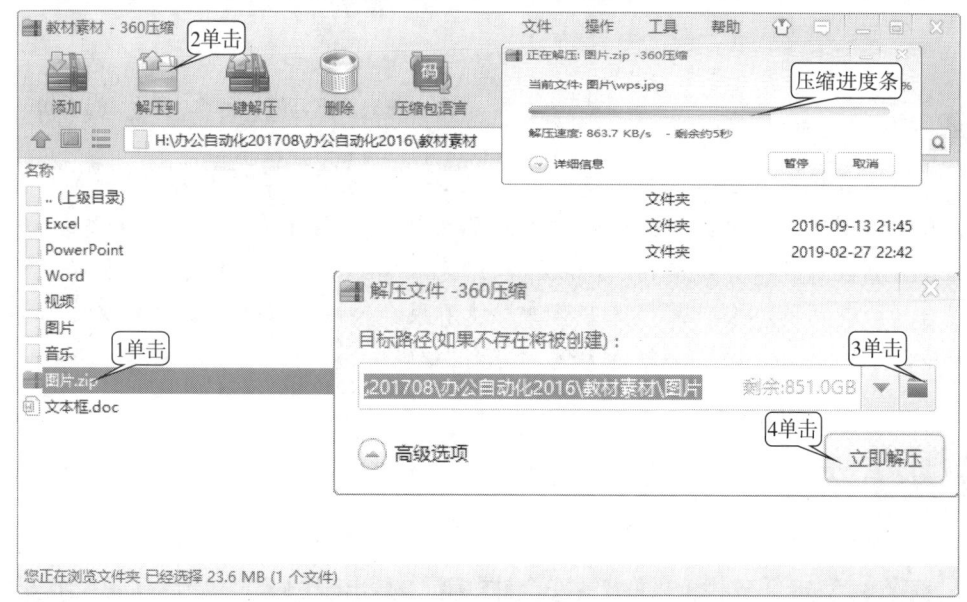

图 2.2.2

2. 在文件资源管理器中直接解压文件

步骤 ①右击压缩文件【图片】。②单击【解压到】,出现图2.2.3示的【解压文件-360压缩】对话框。③单击【▇】可以改变解压缩后文件的存放位置。不单击的话解压缩文件就放在原目录下。④单击【立即解压】按钮(见图2.2.3),就会出现图2.2.3所示的解压缩进度条。最终会形成一个解压缩文件或文件夹。

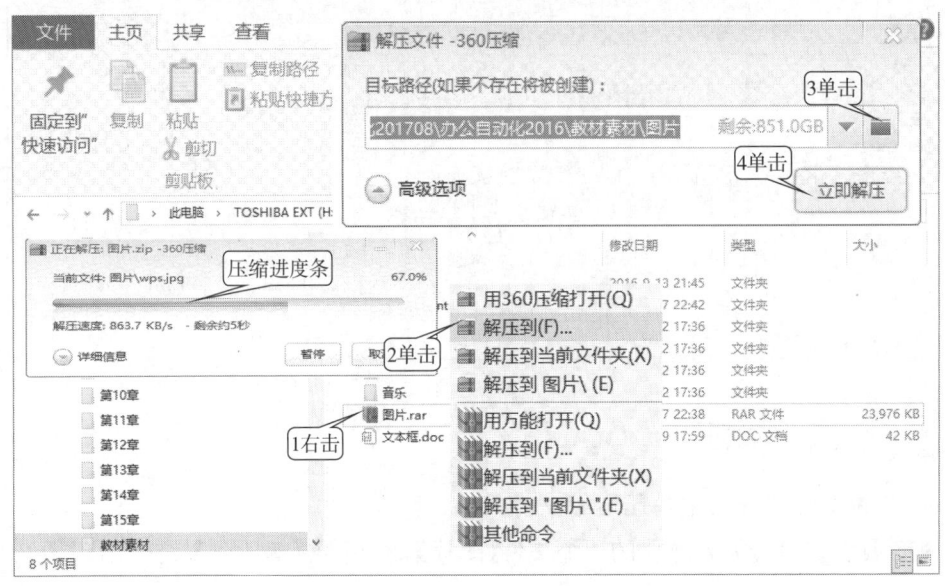

图 2.2.3

项目 3　杀毒软件

项目任务描述与分析

办公计算机通常是与网络连接的,以便工作人员进行上网查阅资料、交换信息等办公和商务活动。而网络是病毒传播的主要渠道。如果计算机没有做好防护,很可能会导致办公计算机系统崩溃、资料丢失、信息被盗取,所以作为文秘人员必须十分重视自己所使用的办公计算机的安全性。使用杀毒软件可以保证计算机系统和信息的安全。下面就以火绒安全软件为例,介绍相关应用。

任务 1　火绒安全软件的使用

1. 一键云查杀

步骤1 双击任务栏上的【火绒安全】图标【】,出现图2.3.1所示的【火绒安全】主界面。

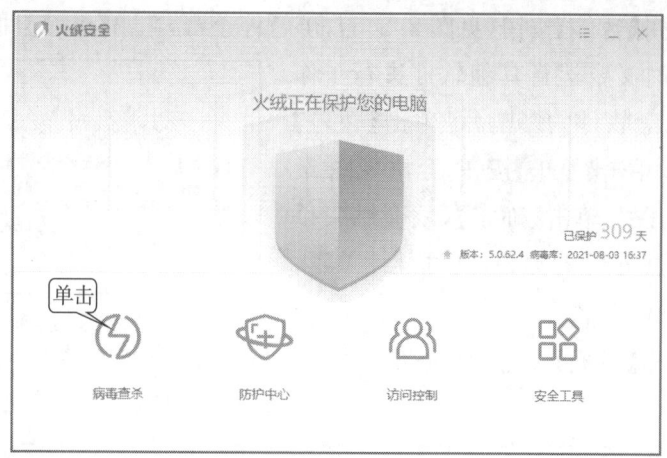

图 2.3.1

步骤 2 单击【病毒查杀】,出现图 2.3.2,单击【快速查杀】,出现图 2.3.3。

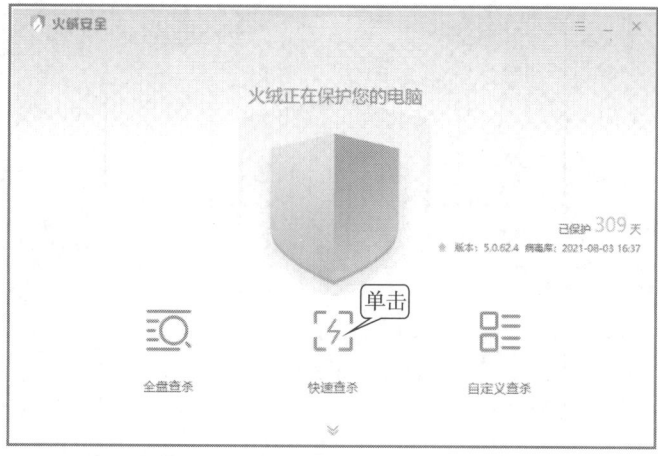

图 2.3.2

图 2.3.3

步骤 3 单击【暂停】按钮(见图 2.3.3),可暂停杀毒,单击【继续】即可继续。当已开始杀毒,但临时又要运行其他软件进行工作时,为了避免杀毒软件的影响,可单击【暂停】按钮暂停杀毒。单击【停止】按钮,会出现图 2.3.4 所示的对话框。单击【确定】,就会结束杀毒。单击【取消】(见图 2.3.4),又可继续杀毒,杀毒结束后出现图 2.3.5。

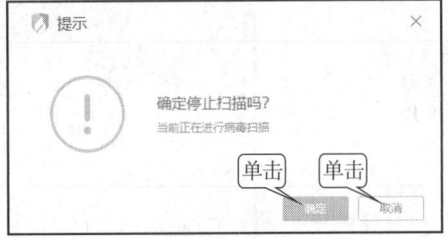

图 2.3.4

步骤 4 单击【返回】按钮 ⤺(见图 2.3.5),即可回到图 2.3.1 所示的【火绒安全】主界面。

图 2.3.5

2. 全盘扫描

步骤 单击【病毒查杀】,出现图 2.3.6。单击【全盘查杀】,出现图 2.3.7。也可以【暂停】或【继续】,操作方法同【快速查杀】一样。

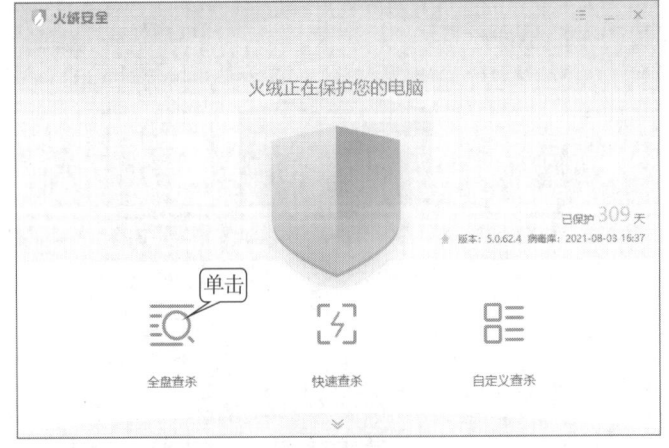

图 2.3.6

图 2.3.7

3. 自定义杀毒

步骤 1 单击图 2.3.6 中的【自定义查杀】,出现图 2.3.8。

步骤 2 ①单击勾选要查杀的盘。②单击【确定】按钮(见图 2.3.8),出现图 2.3.9 所示的界面。也可以【暂停】或【继续】,操作方法与【一键云查杀】相同。

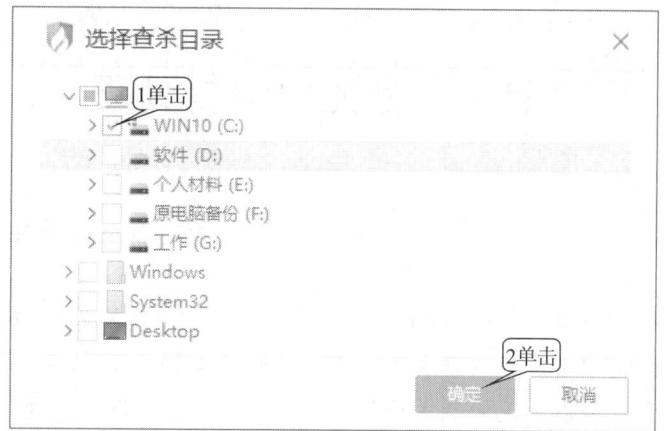

图 2.3.8

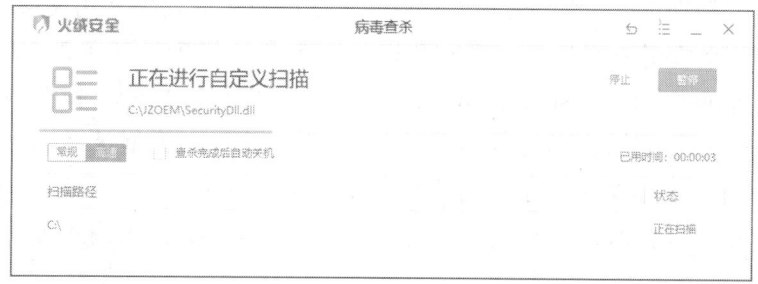

图 2.3.9

任务 2　杀毒软件的升级

步骤 1　单击【菜单】按钮【≡】，出现图 2.3.10 所示的界面。

步骤 2　单击【检查更新】，升级完成后出现图 2.3.11 所示的界面。

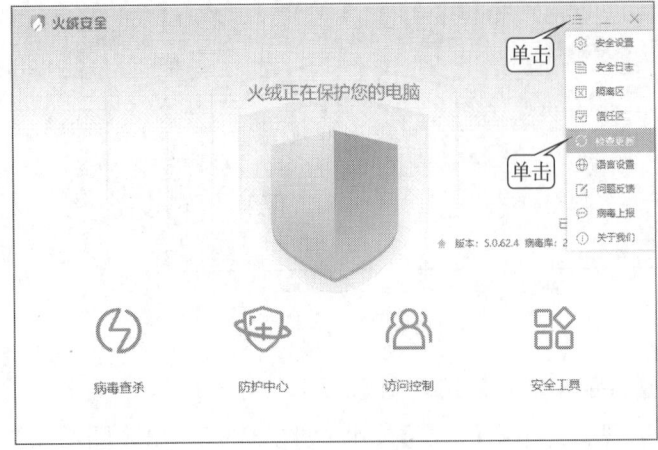

图 2.3.10　　　　　　　　　　　图 2.3.11

项目 4　音视频编辑处理

项目任务描述与分析

随着数码相机、手机、摄像机的普及，各种政治活动、商务活动、娱乐活动及技术资料等信息，往往被拍摄成数码照片和视频，以电子文档形式保存。因此，用数码相机、摄像机或者手机拍摄和记录相关活动和资料，已经是十分普遍的做法了。这些资料除存档之外，有时还需要上传至网站进行展示。因此对视频的浏览、选择与处理也是文秘人员日常要做的工作。这些工作通常是借助相应的软件来完成的。下面就以"剪辑师"为例介绍相关的应用。剪辑师是一款录屏与视频剪辑一体化的免费软件（下载网址 https：//study.seewoedu.cn/software），为初级视频制作用户量身打造，入手简单。在关键的使用步骤上，剪辑师均贴心地给出了指引和使用方法，帮助初次使用的用户轻松上手，制作属于自己的视频短片。为平衡满足初级用户使用和丰富功能两种需求，剪辑师保留了经典的转场、水印添加、音视频淡入淡出等功能，一切恰到好处。

第2章 办公常用工具软件

任务 1 剪辑师的用户注册

第一次打开剪辑师时需要先连接网络注册,再登录,以后无需联网登录,也可以直接使用。注册登录操作如下。

步骤1 ①输入用户名称。②输入手机号。③单击【获取验证码】,在手机上会收到短信验证码。④输入手机短信收到的验证码。⑤单击【下一步】按钮(见图2.4.1),出现图2.4.2。

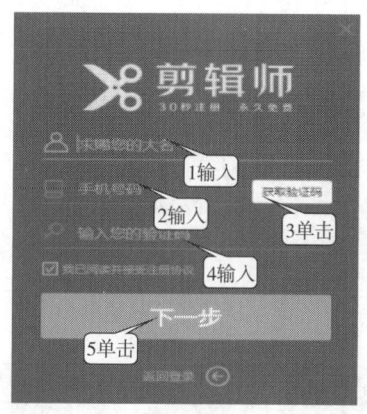

图 2.4.1

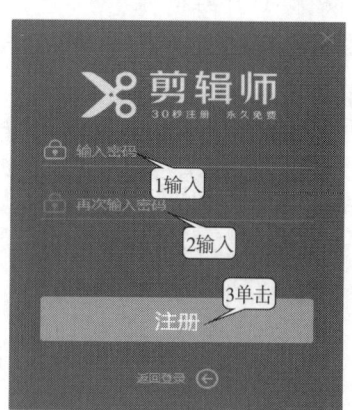

图 2.4.2

步骤2 ①输入设定的密码。②再次输入设定的密码,这个密码是以后打开软件使用时必须输入的密码。③单击【注册】(见图2.4.2),出现图2.4.3,注册成功后出现图2.4.4。

图 2.4.3

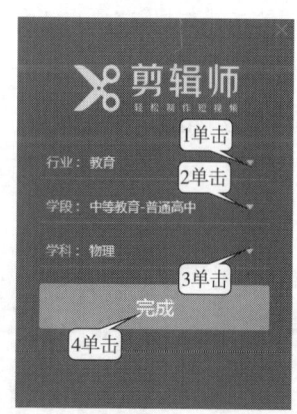

图 2.4.4

步骤3 ①单击选择行业。②单击选择学段。③单击选择学科。④单击【完成】(见图2.4.4),出现图2.4.5。

步骤4 关闭图2.4.5窗口,完成注册。

图 2.4.5

任务 2 录制屏幕视频

现代办公对视频的需求越来越多,从工作总结、工作汇报、形势报告到学习讲座,都会越来越多地应用到视频。用视频形式展现与保留可以使用录屏工具。报告通常会配合 PPT 讲解,利用录屏软件就可以将 PPT 的画面和讲演者的声音同时录制下来,形成一个报告视频。

步骤 1 打开剪辑师。

步骤 2 ①输入手机号。②输入设定的密码。③单击勾选【记住密码】。④单击【登录】(见图 2.4.6),出现图 2.4.7。

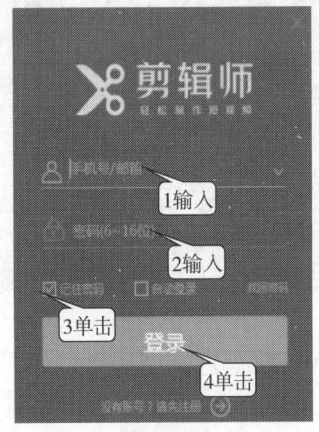

图 2.4.6   图 2.4.7

步骤 3 单击【录屏】(见图 2.4.7),出现图 2.4.8 和图 2.4.9。图 2.4.8 给出了录制视频的控制键提示。

步骤 4 ①单击【音频】按钮。②单击勾选【麦克风】。③单击勾选【系统声音】(见图 2.4.9)。这样设置的目的是在录制视频时,能同时将麦克风和电脑播放的视频和音频中的声音记录下来。

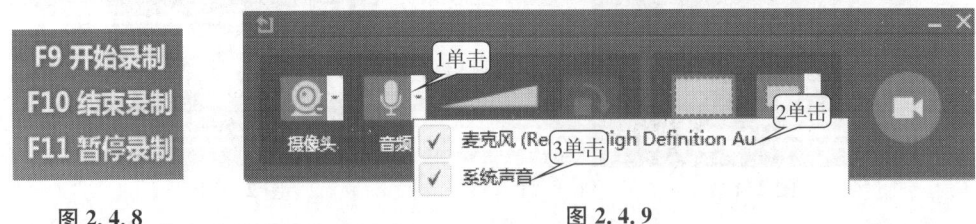

图 2.4.8   图 2.4.9

步骤 5 ①单击【摄像头】按钮,可以选择在录制屏幕视频的同时录制电脑摄像头中报告人的视频。②拖动音量滑块,可以调整麦克风的输入音量。③单击【全屏】按钮,可以录制全屏,而不是录制屏幕的局部。④单击摄像机按钮,或者按【F9】开始录像(见图 2.4.10)。录像过程中如果需要暂停,就按【F11】。如果录像结束,就按

【F10】。结束录制后出现图 2.4.11。

图 2.4.10

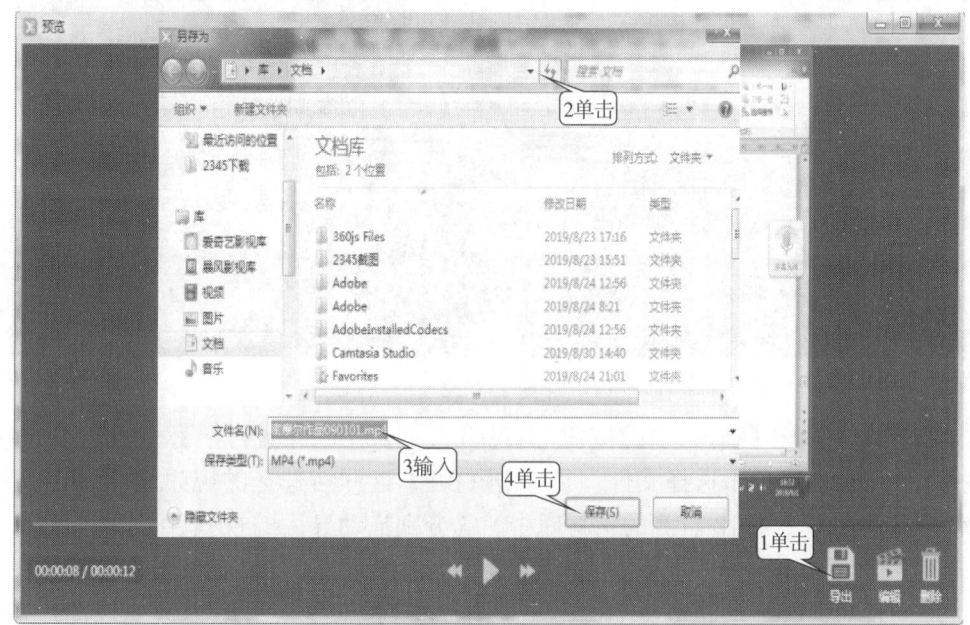

图 2.4.11

按【F9】开始录像后,讲演者就可以通过操作电脑,并且通过电脑上的麦克风对PPT进行讲解,从而完成报告的全过程。录屏软件会将报告人的讲解声音和电脑上的PPT画面同时录制到视频中,最终形成一个报告视频。在录制过程中,选择打开摄像头,录屏软件在录制PPT画面的同时就会把摄像头中讲演者的头像同时叠加到视频上。

步骤 6 ①单击【导出】按钮,出现图2.4.11所示的【另存为】对话框。②单击选择视频保存的位置。③输入文件名。④单击【保存】(见图2.4.11)。单击【编辑】就会进入视频编辑界面。单击【删除】就会删除当前录制的视频。

任务 3 编辑视频

1. 导入与调整素材

步骤 1 打开【剪辑师】,登录后,会出现图 2.4.7 所示的界面。

步骤2 单击【编辑】按钮(见图2.4.7),出现图2.4.12。

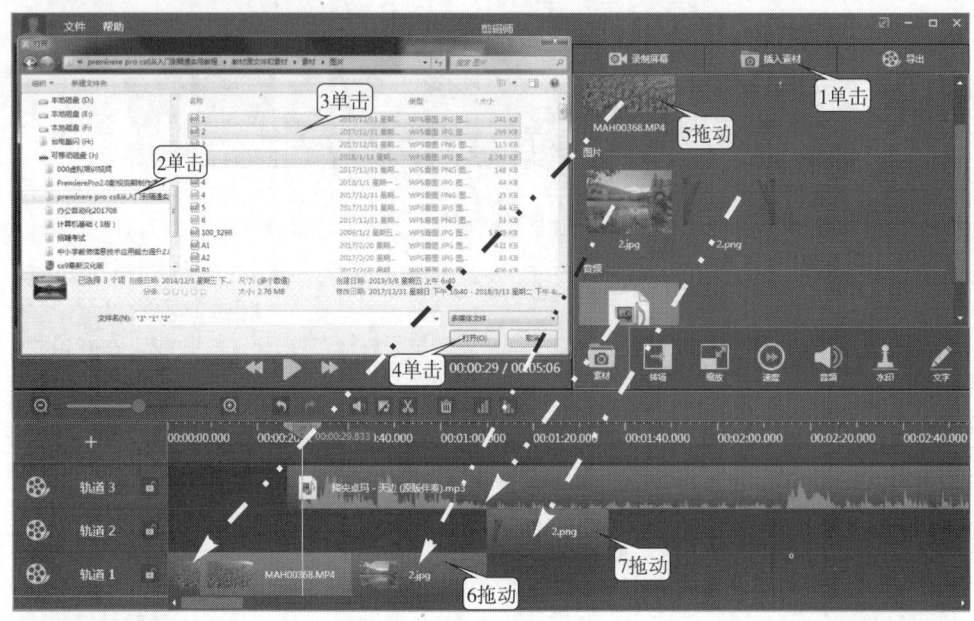

图 2.4.12

步骤3 ①单击【插入素材】按钮,出现图2.4.12所示的【打开】对话框。②单击选择文件路径。③单击选择文件。④单击【打开】,这样所选择的视频、图片和声音文件就会显示在图2.4.12右侧的素材库中。⑤分别拖动导入的视频、图片和声音文件到轨道1、轨道2和轨道3上。⑥拖动轨道2上的图片右侧,改变该图片在视频中显示的时间长短。⑦拖动轨道2上的另一个图片右侧(见图2.4.12),改变该图片在视频中显示的时间长短。

2. 轨道上素材的移动、删除和剪切

步骤 ①拖动时间轴缩放滑块,可调整轨道上视频显示的长短。②拖动播放头到要剪断的位置。③单击【分割】按钮【✂】,就可以把视频剪开。④单击选中一段视频。⑤单击【删除】按钮【🗑】,就可以把这段视频删除掉。⑥拖动视频到轨道的其他地方或者是另一个轨道,就可以将视频移动(见图2.4.13)。

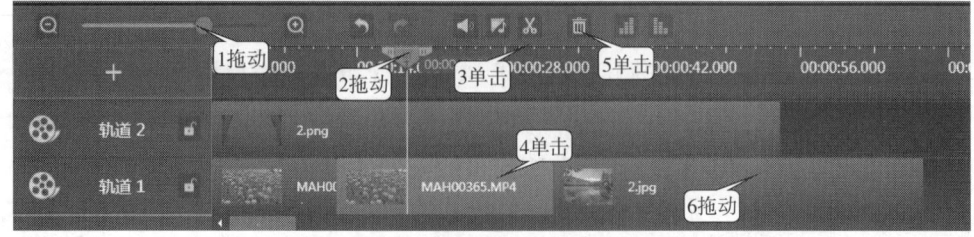

图 2.4.13

3. 视频缩放的添加与去除

步骤 ①拖动播放头到要缩放的位置。②单击【缩放】按钮【🔍】。③拖动控点,改变大小。轨道上方会出现一个三角标记【▶】。④向右拖动播放头到下一个要缩放的位置。⑤拖动控点,改变大小。轨道上方会出现一个三角标记【▶】。通过上述方法,可增加多个缩放标记。这样视频就会在标记处进行缩放变化。⑥单击三角标记【▶】。⑦单击【删除】按钮【🗑】(见图2.4.14),就可删除缩放三角标记。

图 2.4.14

4. 视频音量的调整与降噪

步骤　①单击要处理的视频。②单击【音频】按钮【🔊】。③拖动音量滑块,可改变音量。④单击勾选【降噪】,可降低视频的噪声(见图 2.4.15)。

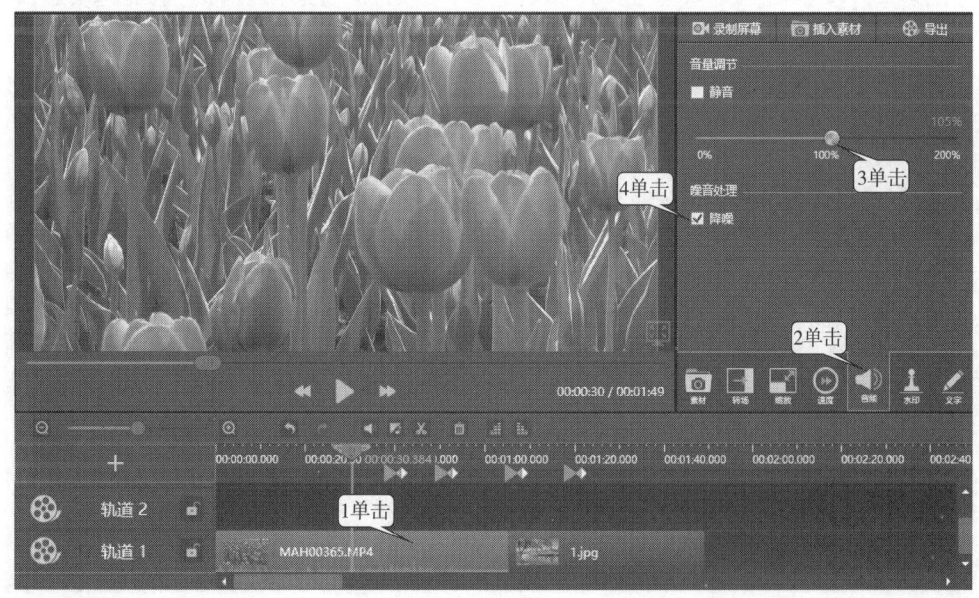

图 2.4.15

5. 添加字幕

步骤 ①单击【文字】按钮。②输入文字。③单击选定文字。④单击选择字体。⑤单击选择字号。⑥拖动到轨道 2 上。⑦向右拖动文字部分的偏右侧,改变文字在视频中显示的时间长短。⑧单击选中文字。⑨拖动文字边框,移动文字在屏幕中的位置(见图 2.4.16)。

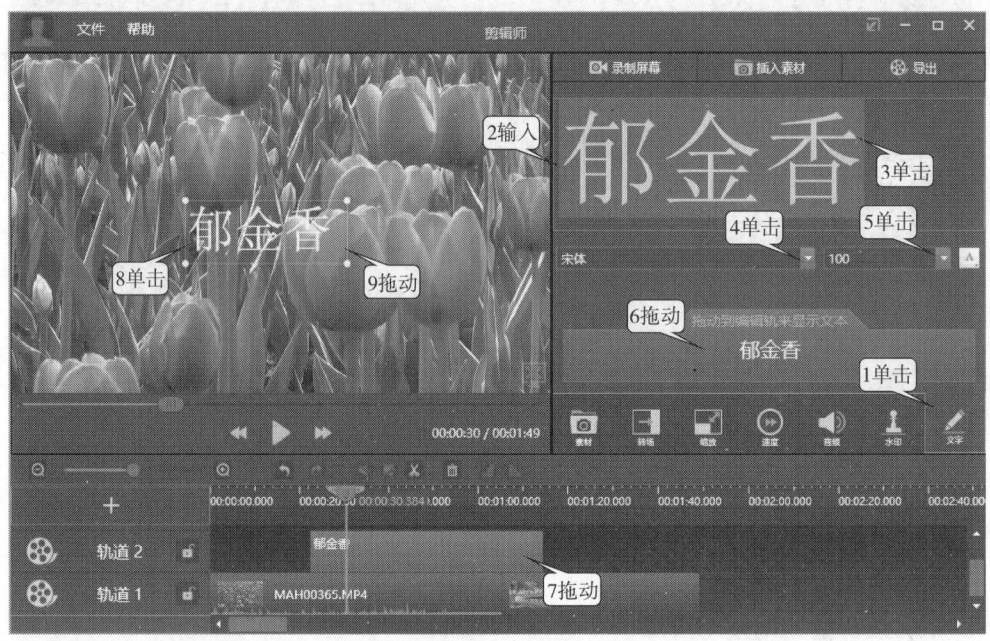

图 2.4.16

6. 设置快慢镜头

步骤 ①单击选定要设置的视频。②单击【速度】按钮【 】。③拖动【速度调节】滑块,向左是设置慢镜头,向右是设置快镜头(见图 2.4.17)。

图 2.4.17

7. 导出视频

步骤1 ①单击【导出】按钮，会弹出图2.4.18所示的【导出设置】对话框。② 单击【HD】按钮，生成的视频是1080P格式的高清视频（1280×720是标清视频），会弹出图2.4.18所示的【另存为】对话框。③单击选择文件保存位置。④输入文件名。⑤单击【保存】（见图2.4.18），出现图2.4.19，当进度条到100%后，出现图2.4.20，表示导出完成。

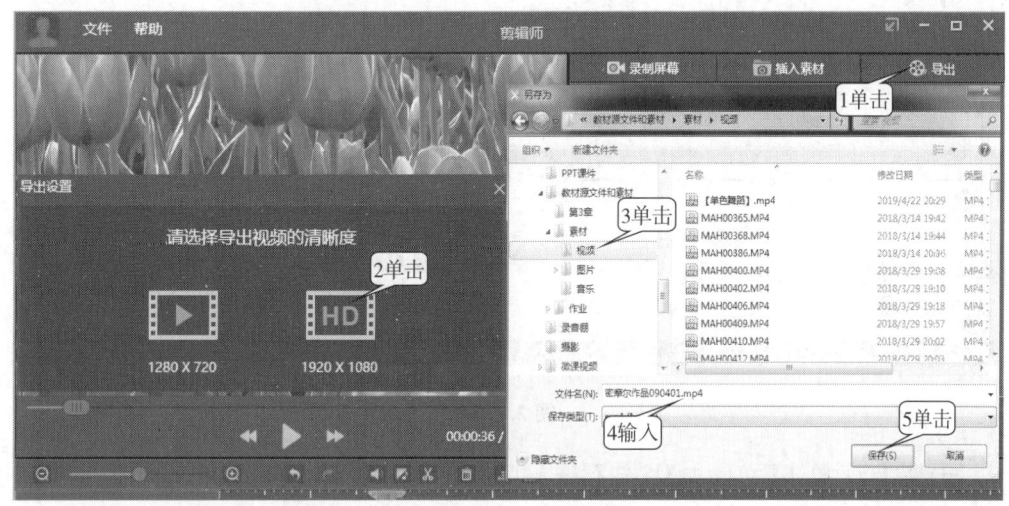

图 2.4.18

图 2.4.19

图 2.4.20

步骤2 单击【打开文件夹】（见图2.4.20），就可以看到导出的视频文件。

任务 4　分离视频中的音频

由于我们现在拍摄视频和录制音频的设备种类不止一种，有手机、录音笔、数码相机、数码摄像机等。这些设备在录制时，它的音频和视频格式可能会不一致。为了方便使用，需要通过相应的软件将这些不一致的格式转换成需要的音视频格式。格式工厂是一款免费软件，支持视频、音频、图片等多种格式，可以将文件轻松转换成想要的格式；可以修复损坏的文件，让转换质量无破损；可以把多媒体文件"减肥"，使它们变得"瘦小、苗条"，节省硬盘空间，方便保存和备份。格式工厂可指定格式转换，图片支持缩放、旋转、水印等常用功能，最新版中还增加了屏幕录像功能。

步骤 1 ①单击【音频】。②单击【分离器】(见图 2.4.21),出现图 2.4.22。

图 2.4.21

步骤 2 ①单击【文件夹】按钮【 】,可以改变分离后文件的存放路径。②单击【添加文件】按钮,在打开的对话框中找到要分离的文件,并双击将其添加进来。③单击【添加文件】按钮,可再次添加文件。④单击【确定】(见图 2.4.22),出现图 2.4.23。

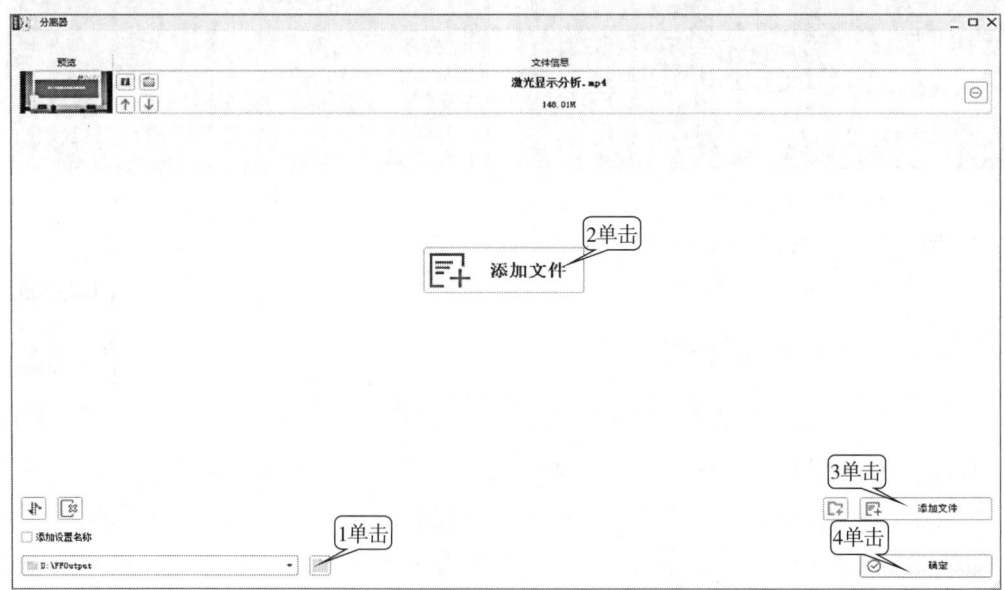

图 2.4.22

步骤 3 ①单击【选项】按钮【 选项】,可以打开图 2.4.23 所示的【选项】对话框。

②单击【改变】按钮【▢ 改变 】,可以改变分离后文件的存放路径。③单击【确定】。④单击【开始】按钮【▶ 开始 】(见图2.4.23),分离结束后,出现图2.4.24。

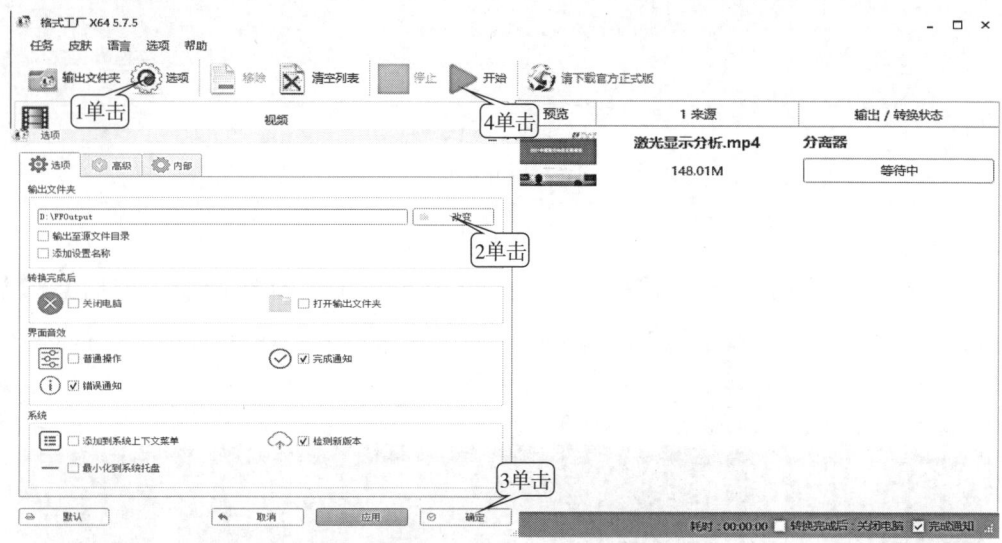

图 2.4.23

步骤4 单击【播放】按钮【▶】(见图2.4.24),即可打开资源管理器,看到分离的文件。

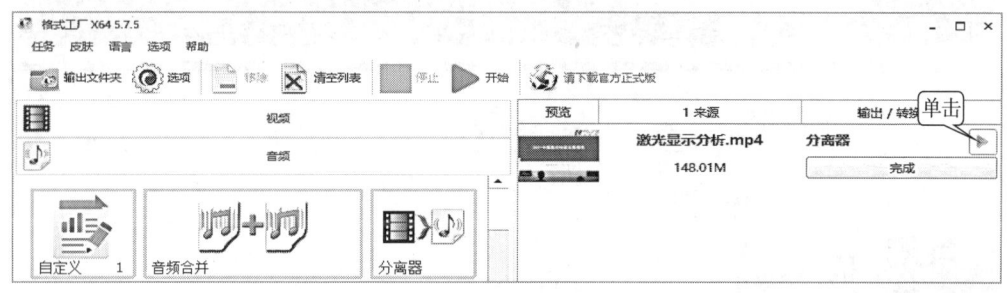

图 2.4.24

任务 5 剪辑音频

步骤1 ①单击【音频】。②单击【自定义】按钮(见图2.4.25),出现图2.4.26。

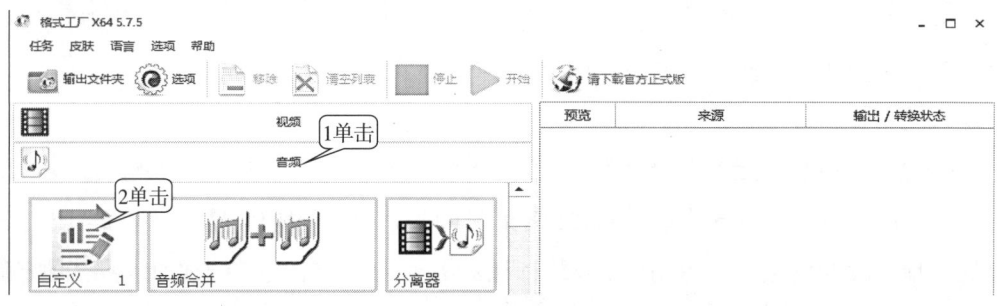

图 2.4.25

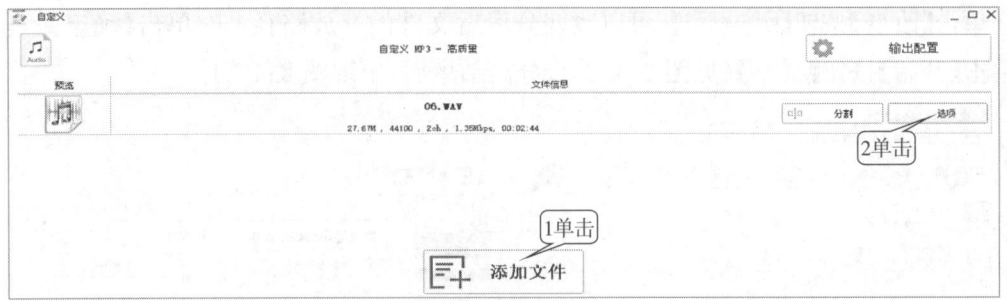

图 2.4.26

步骤2 ①单击【添加文件】按钮,在打开的对话框中找到要剪辑的文件,并双击将其添加进来。②单击【选项】按钮【选项】(见图2.4.26),出现图2.4.27,并自动播放音乐。

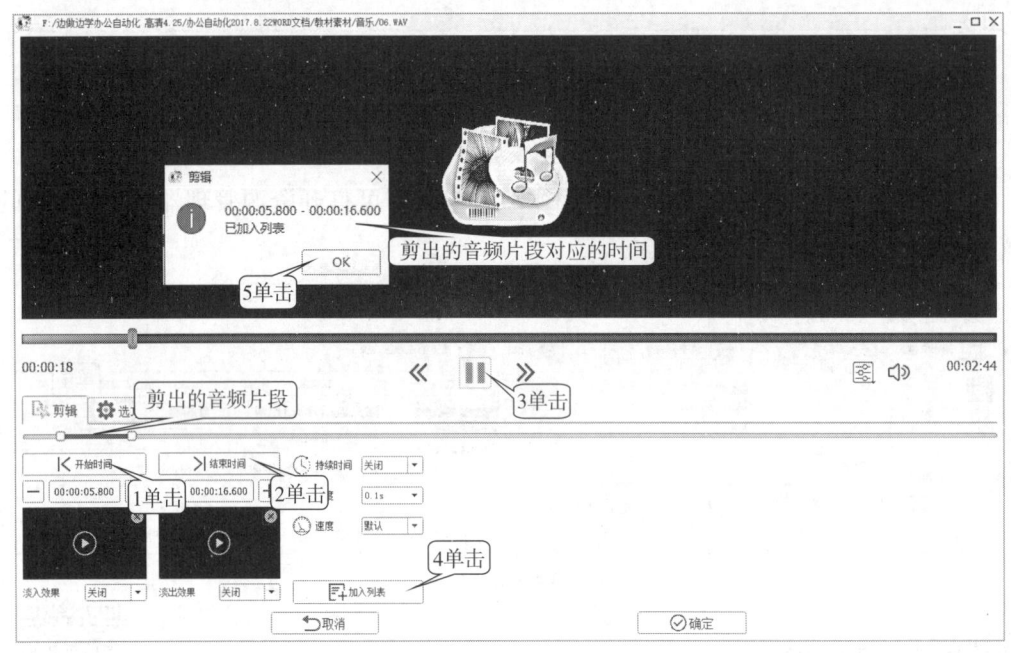

图 2.4.27

步骤3 ①单击【开始时间】按钮【开始时间】,选择要截取的音频片段的起点。②单击【结束时间】按钮【结束时间】,选择要截取的音频片段的终点。③单击【暂停】按钮【】。④单击【加入列表】按钮【加入列表】。⑤单击【OK】按钮(见图2.4.27),出现图2.4.28。

步骤4 ①单击【播放】按钮【】。②单击【开始时间】按钮【开始时间】,选择第二段要截取的音频片段的起点。③单击【结束时间】按钮【结束时间】,选择第二段要截取的音频片段的终点。④单击【暂停】按钮【】,暂停播放。⑤单击【加入列表】按钮【加入列表】。⑥单击【OK】按钮。⑦单击【确定】(见图2.4.28),出现图2.4.29。如果还需要截取其他片段的音频,可以重复上述操作。

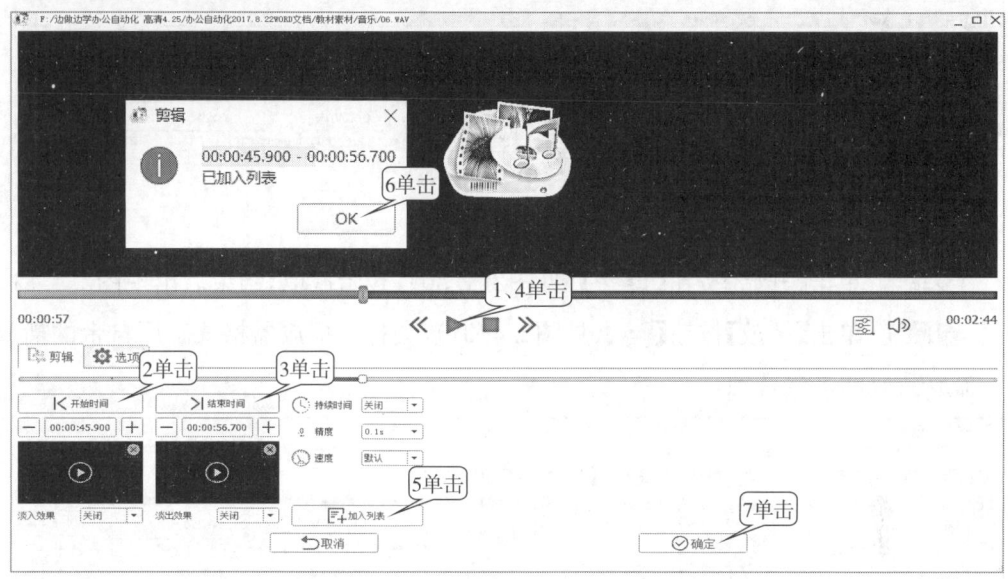

图 2.4.28

步骤5 ①单击【文件夹】按钮【　】可以改变截取后文件的存放路径。②单击【确定】(见图 2.4.29),出现图 2.4.30。

图 2.4.29

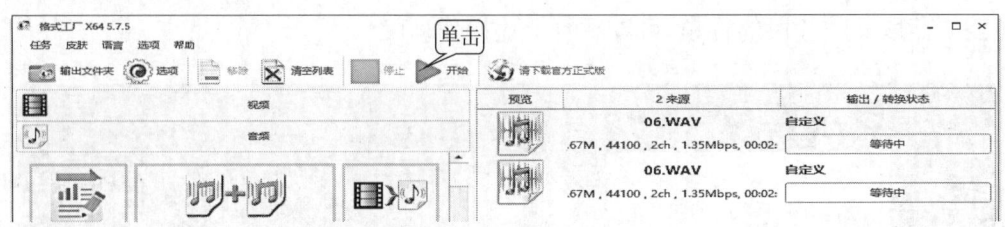

图 2.4.30

步骤 6 单击【开始】按钮【▷开始】(见图 2.4.30),开始截取,结束后出现图 2.4.31。

步骤 7 单击【播放】按钮【▷】(见图 2.4.31),会打开播放器格式工厂自带的播放器,播放截取的这段音频。

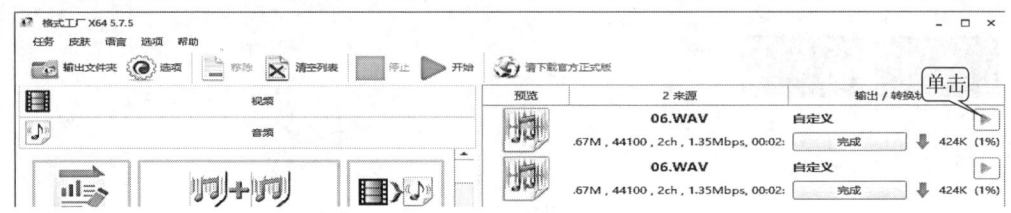

图 2.4.31

任务 6 合并音频

用格式工厂,可以将几段音频合并为一个音频。

步骤 1 ①单击【音频】。②单击【音频合并】按钮(见图 2.4.32),出现图 2.4.33。

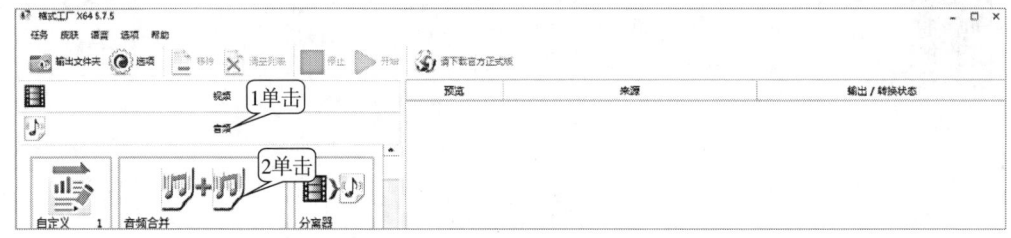

图 2.4.32

步骤 2 ①单击【添加文件】,在打开的对话框中找到要合并的几个文件,并单击【打开】,将其添加进来。②单击【确定】(见图 2.4.33),出现图 2.4.34。

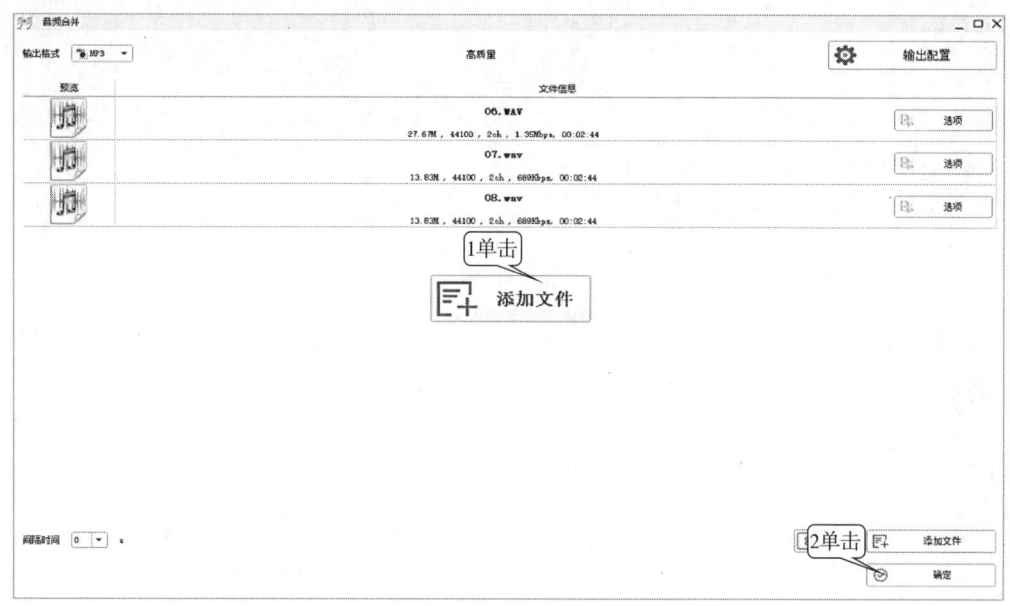

图 2.4.33

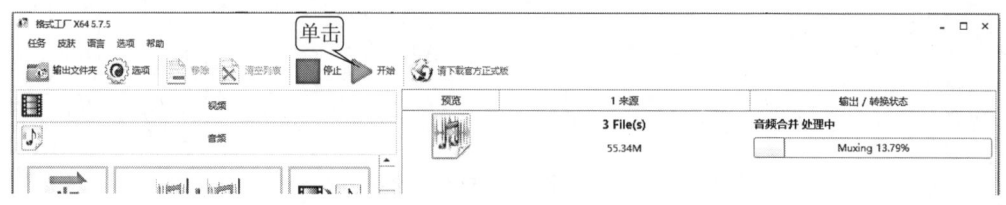

图 2.4.34

步骤3 单击【开始】按钮【▶开始】(见图 2.4.34),开始合并,结束后出现图 2.4.35。

步骤4 单击【播放】按钮【▶】(见图 2.4.35),会打开播放器格式工厂自带的播放器,播放合并的这段音频。

图 2.4.35

任务 7 将视频文件转为 MP4

步骤1 ①单击【视频】。②单击【MP4】按钮(见图 2.4.36),出现图 2.4.37。

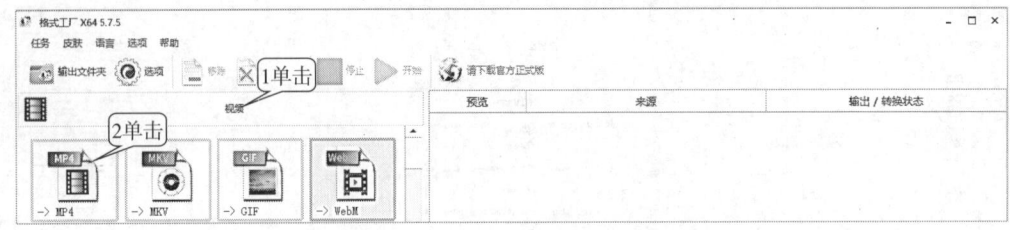

图 2.4.36

步骤 2 ①单击【添加文件】,在打开的对话框中找到要转换的文件,双击将其添加进来。②单击【确定】(见图 2.4.37),出现图 2.4.38。

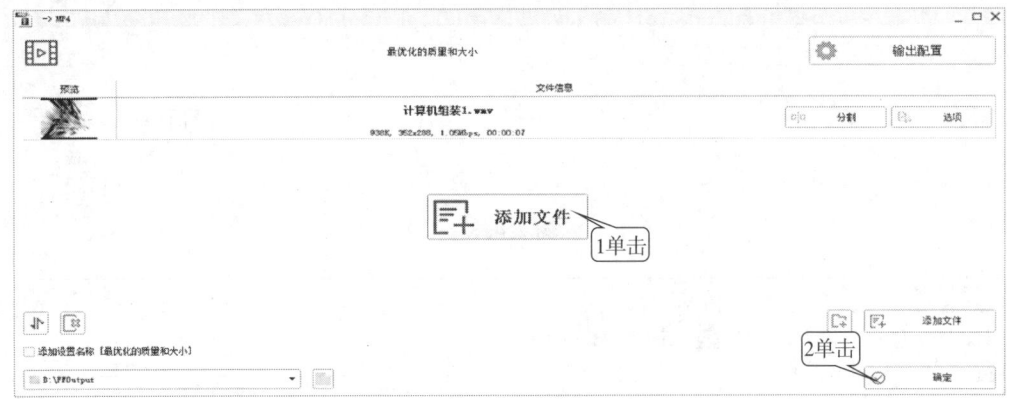

图 2.4.37

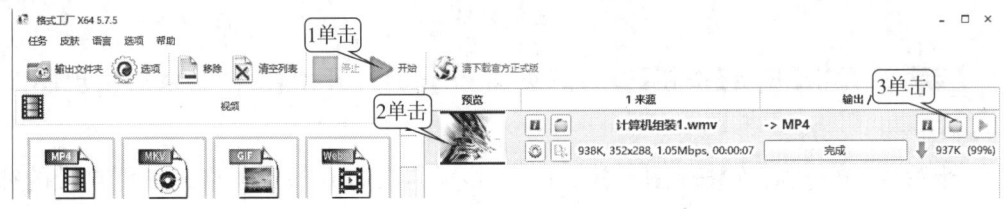

图 2.4.38

步骤 3 ①单击【开始】按钮【▶开始】(见图 2.4.38),开始转换,结束后结果见图 2.4.39。②单击转换好的文件(见图 2.4.38)。③单击【文件夹】按钮【▧】,即可打开资源管理器,看到转换后的文件。

图 2.4.39

任务 8 其他视频格式间的相互转换

步骤 1 ①单击【视频】。②单击【AVI WMV MPG】按钮(见图 2.4.39),出现图 2.4.40。

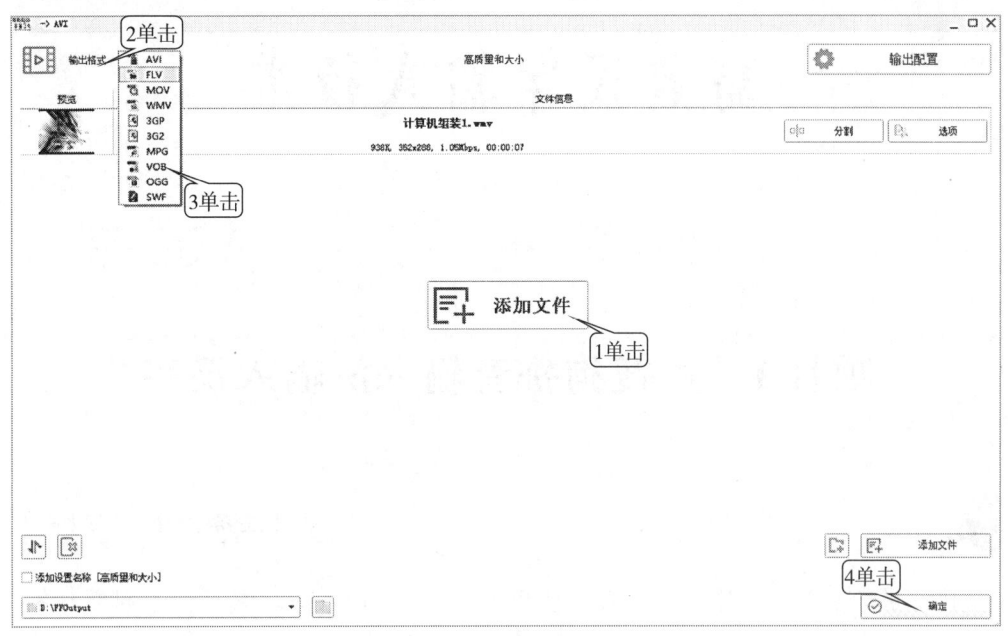

图 2.4.40

步骤 2 ①单击【添加文件】,在打开的对话框中找到要转换的 WMV 文件,并双击将其添加进来。②单击【输出格式】按钮右侧的下拉列表。③单击选中【VOB】。④单击【确定】(见图 2.4.40),出现图 2.4.41。

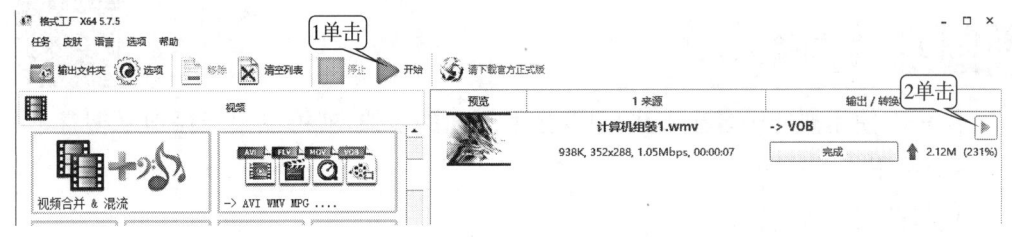

图 2.4.41

步骤 3 ①单击【开始】按钮【▶开始】,开始转换,结束后结果见图 2.4.41,这样就把 WMV 文件转换成了 VOB 格式的文件。②单击【播放】按钮【▶】,会打开格式工厂自带的播放器,播放转换了格式的视频。其他格式视频文件之间的转换方法相同。

第 3 章

高效汉字输入技术

项目 1　用搜狗拼音输入法输入汉字

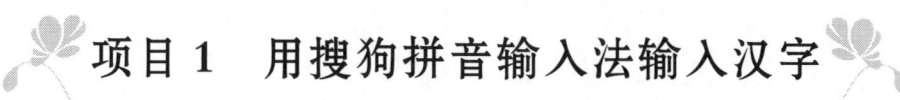
项目任务描述与分析

搜狗拼音输入法是适合一般人群使用的、新一代输入法。它可供不间断地键入整句话的拼音,提高输入效率;另外还提供了其他许多功能,比如:自学习和自定义词等。通过使用这两种功能,该输入法可以在与你的交流过程中不断学习你的专业术语和用词习惯,从而成为得心应手的工具。本项目旨在使读者全面掌握和应用搜狗拼音输入法的各项功能,以应对不同条件下的输入需求,提高汉字输入的速度。

 整句输入汉字

第一次使用搜狗拼音输入法,只要按照下面的步骤,就可以很轻松地掌握基本操作,学会使用。

1. 打开搜狗拼音输入法

步骤　①单击"输入法"按钮。②单击"搜狗拼音输入法"(见图 3.1.1),出现图 3.1.2 所示的搜狗拼音输入法的状态条,表示输入法已经打开。

2. 整句输入汉字

步骤 1　单击中英文标点(见图 3.1.2),使其变为中文标点状态,结果见图 3.1.3。

步骤 2　连续键入一句话的拼音。例如,输入"大家喜欢和他打篮球"。在连续键入拼音的过程中,你会看到输入窗口上面是你输入的拼音,下面是根据拼音转换成的

汉字,输入法会一边接受你输入的拼音,一边将拼音根据语义转为汉字。这种转换过程是不断变化的,直到你输入一个标点符号为止。输入标点符号的目的是告诉输入法软件,本句的拼音已经输入完毕,可以进行拼音到汉字的转换处理。

图 3.1.1

图 3.1.2

图 3.1.3

步骤 3　一句话输入完以后,再输入一个标点符号,则图 3.1.4 上的文字就被放到文档中了。

图 3.1.4

步骤 4　再输入下一个句子的拼音。

该输入法就是连续输入一句话的拼音,然后它将以标点符号为一句话的结束点,并根据这句话的拼音,分析其语意后将其转换为汉字。

3. 在输入完后修改转换结果

搜狗拼音输入法的大多数自动转换都是正确的,但正确率并不是 100%,错误是难免的。对于错误的转换结果,可以在输入整句话之后进行修改。以上面例子为例,继续操作,在完整句子拼音输入完之后,将【他】修改成【她】,可以按键盘上的左右方向键,将光标移动到【ta】前,见图 3.1.5,则输入法会把【ta】的同音字列在后面供你选择,这里要【她】便按键盘上的【3】键,然后再按空格键即可。如果下面的候选字中没有所要的字,则可以按键盘上的【,】或【。】键翻页查找。

图 3.1.5

4. 在输入完后修改拼音

在输入一句话的拼音时,如果拼音输错,就会造成转换的汉字不正确,见图 3.1.6。这时只要用键盘上的方向键将光标移到错的拼音处修改即可。在图 3.1.6 中,将光标移到【ji】后,并补上【a】,结果见图3.1.7,然后按空格键即可。

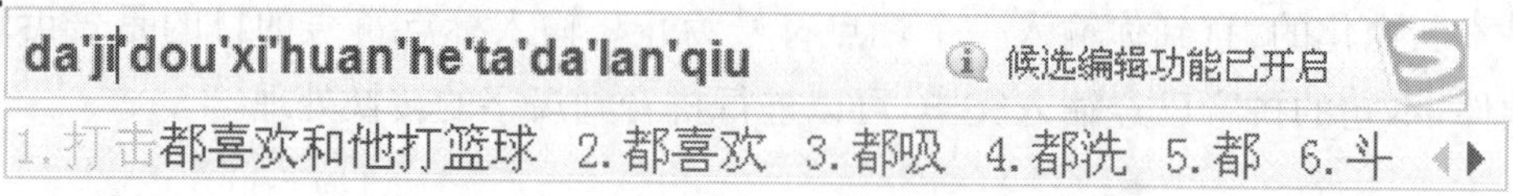

图3.1.6

图3.1.7

5. 在输入完后增加拼音

在输入一句话的拼音时,如果某个字的拼音输漏,就会造成转换的汉字不正确,见图3.1.8。这时只要用键盘上的方向键将光标移到输漏的拼音处,再补输漏掉的拼音即可。在图3.1.8中,将光标移到【dou】后,并补上【xi】,结果见图3.1.9,然后按空格键即可。

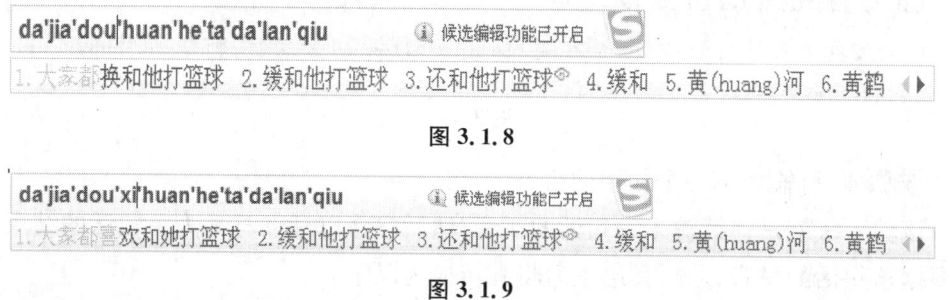

图3.1.8

图3.1.9

需要特别说明的是,在输入一句话的拼音时,有些字可以只输声母而不输韵母,至于哪些字可以这样做,可由自己定,但只输声母不输韵母的字越多,准确率就越低。

任务 2 按词输入汉字

搜狗拼音输入法也可以以词为单位输入汉字。

1. 二字词的输入

二字词的输入分为两种情况。

(1)常用的二字词:方法是输入两个字的声母:声母+声母。

例如,输入"我们",首先输入【wm】,出现图3.1.10,然后按"空格"键。

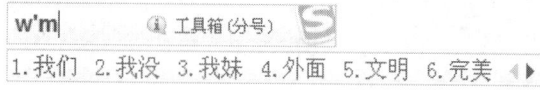

图3.1.10

同样,大家(dj)、同志(tzh)、形式(xsh)、黑板(hb)、活动(hd)、电脑(dn)、朋友(py)、新年(xn)、事情(shq)、事业(shy)、发展(fzh)、感动(gd)、今天(jt)、环境(hj)、承

认(chr)、需要(xy)、知道(zhd)、安全(aq)、规律(gl)、比较(bj),这些词也同输入"我们"一样进行操作。需要说明的是:常用的二字词是根据日常生活中的使用确定的,生活中用得多的二字词,就可以认为是常用的二字词。

(2)不常用的二字词:方法是不完整的输入两个字的声母和韵母:声母+(韵母)+声母+(韵母),其中每个字的韵母都可以省略不输。

例如,输入"精心",首先输入 jingxin,出现图 3.1.11,然后按"2"键。

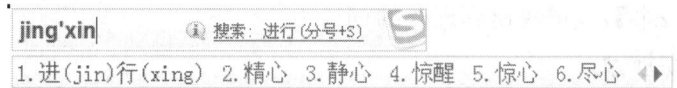

图 3.1.11

省略韵母可以少敲击几个键,提高输入速度,同时也解决了有些字韵母读不准和不清楚的难题。但省略的结果会使重码词增多,有时反而影响输入速度。

2. 三字以上词的输入

三字以上词的输入方法是输入三个字的声母:声母+声母+声母。

例如,输入"计算机",首先输入 jsj,出现图 3.1.12,然后按"空格"键。

图 3.1.12

如果下面的候选词中没有所要的词,则可以按键盘上的【,】或【。】键翻页查找。

3. 四字以上的词

四字以上的词的输入方法是输入每个字的声母:声母+声母+声母+声母。

例如,输入"雾里看花",首先输入 wlkh,出现图 3.1.13,然后按"空格"键。

图 3.1.13

任务 3　学用其他功能

1. 翻页选字

搜狗拼音输入法默认的翻页键是逗号和句号,即输入拼音后,按句号键向后翻页选字,按逗号键向前翻页选字。找到所选的字后,按其相对应的数字键即可输入。之所以推荐用这两个键翻页,是因为用【逗号】和【句号】时,手不用移开键盘主操作区,效率最高,也不容易出错。输入法默认的翻页键还有减号和等号。

2. 使用简拼

搜狗输入法现在支持的是声母简拼和声母的首字母简拼。例如,输入【张靓颖】,

只要输入【zhly】或者【zly】,就可以输入【张靓颖】。同时,搜狗输入法支持简拼全拼的混合输入,例如,输入【srf】【sruf】【shrfa】,都可以输入【输入法】。

注意:这里声母首字母简拼的作用和模糊音中的【z,s,c】相同。但是,这是两码事,即使没有选择设置里的模糊音,同样可以用【zly】输入【张靓颖】。有效地用声母的首字母简拼可以提高输入效率,减少误打。例如,输入【指示精神】,如果输入传统的声母简拼,只能输入【zhshjsh】,需要输入的多,而且多个h容易造成误打,而输入声母的首字母简拼【zsjs】,能很快得到想要的词。

3. 中英文切换输入

输入法默认是按下【Shift】键就切换到英文输入状态,再按一下【Shift】键就会返回中文状态。用鼠标单击状态栏上面的"中"字图标也可以切换。

除了用【Shift】键切换以外,搜狗输入法也支持回车输入英文,在输入较短的英文时使用,能省去切换到英文状态下的麻烦。具体使用方法是:

输入英文【word】,见图3.1.14,直接敲回车即可输入 word。

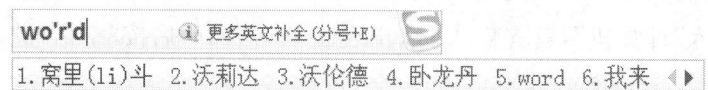

图 3.1.14

4. 设定候选词

输入法默认的是5个候选词,搜狗的候选词中首词满意率与传统的输入法相比已经大大提高,第一页的5个候选词均为最常用的词。默认推荐候选词的数量是5。这是因为候选词太多会造成查找困难,导致输入效率下降。

首页显示候选词的数量可以更改,方法为:

步骤1 ①右击【搜狗输入法】。②单击【设置属性】(见图3.1.15),出现图3.1.16。
步骤2 ①单击【外观】。②单击【候选项数】。③单击【5】(首页候选词数量可设为2~5)。④单击【确定】(见图3.1.16)。

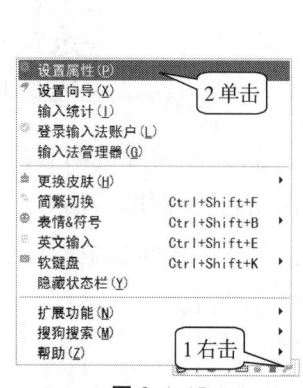

图 3.1.15

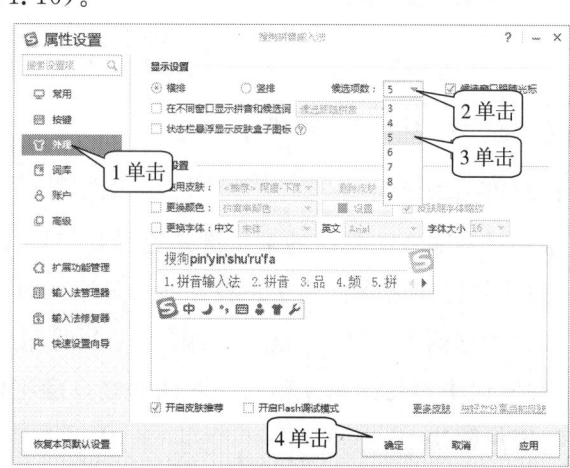

图 3.1.16

5. 自定义短语

自定义短语是指用指定的字符串来代替输入的词、短句、人名和产品名称等。

步骤1 ①输入 wo，并将鼠标指到 wo 上，会出现"添加短语"，见图 3.1.17。

步骤2 单击添加短语(见图 3.1.17)，出现图 3.1.18。

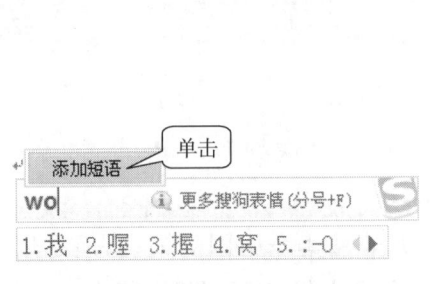

图 3.1.17 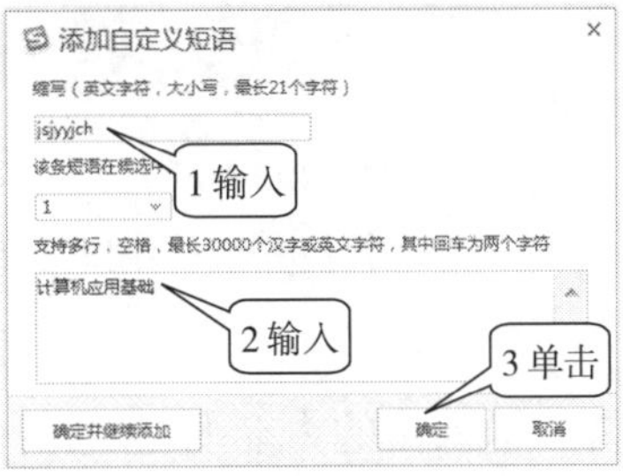　　　　　　　　图 3.1.18

步骤3 ①输入短语【计算机应用基础】。②输入字符串【jsjyyjch】。③单击【确定】按钮(见图 3.1.18)，即可完成短语的定义。以后只要输入【jsjyyjch】，即可得到【计算机应用基础】。自定义字符串的数量最少为 1 个，最多为 21 个，也就是说【计算机应用基础】还可以用另一个字符代替。读者可以尝试自定义用【J】来代替【计算机应用基础】。

6. 自学习

搜狗拼音输入法有自学习功能，学习能力强、速度快，同时还可以像编辑自造词那样来编辑自学习的词语。所谓"自学习"就是由输入法自己学习。比如，输入一句话，其拼音经过转换后有些地方转换不正确，此时便可以像前面那样修改转换不对的字，当下一次再输入同样一段拼音时，输入法就记住了刚才所进行的修改。再一次转换时就不会出错了。比如，输入【suimujingmaiqunguangjue】时，会出现图 3.1.19。经过重新选择同音字后就得到了图 3.1.20 所示的【岁暮景迈群光绝】，当第二次再输入同样的拼音时，无需选择同音字，就会得到正确的短语【岁暮景迈群光绝】。

图 3.1.19

图 3.1.20

7. 快速输入人名

搜狗输入法识别人名的能力较强，会在候选词中出现人名，见图 3.1.21。这就是人名智能组词给出的其中一个人名，并且输入框有【更多人名(分号＋R)】的提示，如果提供的人名选项不是你想要的,那么此时可以按【分号+R】键进入人名组词模式,见图3.1.22,选择想要的人名。

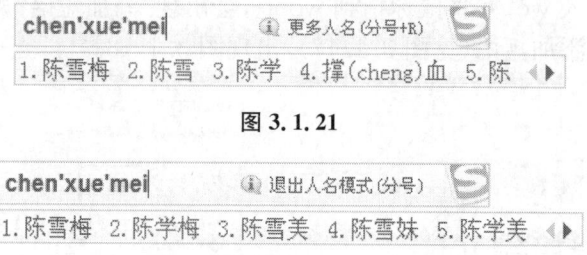

图 3.1.21

图 3.1.22

搜狗拼音输入法的人名智能组词模式,并非搜集全中国的人名,而是用智能分析,计算出合适的人名给出结果,可组出的人名逾十亿,正可谓"十亿中国人名,一次拼写成功"。

8. 模糊音输入

模糊音是专为容易混淆某些音节的人设计的。例如,想输入【使】,但又分不清 sh 和 s 的读音,而错误地输入【si】时,也可以出来【使】,见图3.1.23。

搜狗支持的模糊音如下。

声母模糊音:s 和 sh、c 和 ch、z 和 zh、l 和 n、f 和 h、r 和 l。

韵母模糊音:an 和 ang、en 和 eng、in 和 ing、ian 和 iang、uan 和 uang。

这就是说在输入这些声母或韵母时,如果读不准,可以不加以区分。

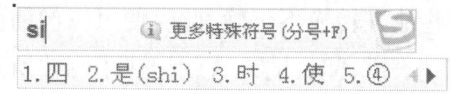

图 3.1.23

9. 用拆分法快速输入生僻字

对于类似于龘、嫑、犇这样一些字,看似简单,其实不然。知道组成这个文字的部分,却不知道文字的读音,只能通过笔画输入,可是笔画输入又较为烦琐。因此搜狗输入法提供了便捷的拆分输入,化繁为简,即直接输入生僻字的组成部分的拼音即可,见图3.1.24。

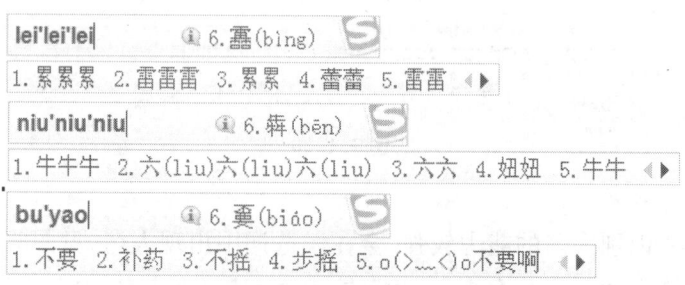

图 3.1.24

10. U模式下的笔画输入

U模式是专门为输入不会读的字所设计的。在输入u后,依次输入一个字的笔画,笔画为:横、竖、撇、捺、折。

其中横用【h】键,竖用【s】键,撇用【p】键,捺用【n】键,折用【z】键,同时小键盘上的1、2、3、4、5也可分别代表h、s、p、n、z。这里的笔顺规则与普通手机上的五笔输入是完全一样的。其中点也可以用d来输入。

值得一提的是,竖心的笔顺是点点竖(nns),而不是竖点点。例如,图3.1.25就是【你】字的输入。

图 3.1.25

11. 手写模式输入

当要输入不会读的字,又嫌笔画模式不好用时,可以使用手写模式,方法如下。

步骤1 按【U】键,出现图3.1.26。

图 3.1.26

步骤2 单击【打开手写输入】,出现图3.1.27。

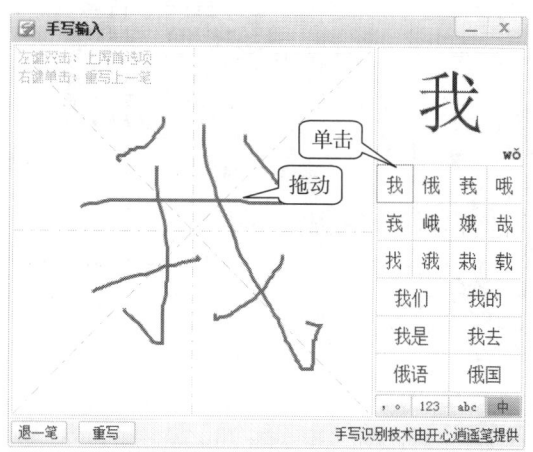

图 3.1.27

步骤3 拖动鼠标,写出文字,见图3.1.27。

步骤4 双击鼠标,即可完成输入(或者单击右侧候选框中想要的字)。

12. 笔画筛选

笔画筛选用于输入单字时，用笔画来快速确定该字。使用方法是输入一个字或多个字后，按下【Tab】键(Tab 键如果是翻页的话也不受影响)，然后用 h、s、p、n、z 依次输入第一个字的笔画，一直到找到该字为止。要退出笔画筛选模式，只需删掉已经输入的笔画辅助码即可。例如，快速确定【珍】字，输入 zhen 后，出现图 3.1.28。按下【Tab】键，然后输入珍的前两笔【hh】，就可确定该字。

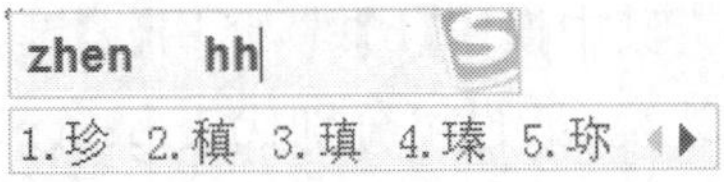

图 3.1.28

13. 输入其他符号

搜狗拼音输入法还可以通过软键盘输入【数字序号】【数学符号】【特殊符号】等，方法如下。

步骤1 ①右击搜狗输入法。②单击软键盘\数学序号(见图 3.1.29)，出现图3.1.30。

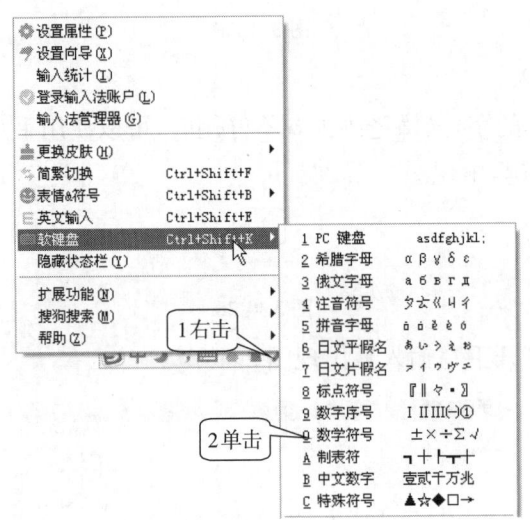

图 3.1.29

步骤2 单击相应的符号，就可完成输入。

图 3.1.30

步骤3 单击软键盘右上角的 ，选择【关闭软键盘】，即可关闭软键盘。

项目 2　快速输入与校对审核

项目任务描述与分析

汉字输入是文秘人员的主要工作之一，文秘人员汉字输入的工作量大，劳动强度也大。所以减轻劳动强度，提高输入速度是文秘人员所期望的。目前网络技术和软件技术的发展为我们提供了提高输入速度的条件，可以通过朗读或说话来将文字输入计算机，这一技术就是语音输入技术。语音输入是通过网络云技术将朗读的声音通过网络传送给远方的高性能计算机，并且由它将声音识别转换成文字信息。再通过网络送回到计算机，从而完成文字的输入。其输入的速度基本上和人的朗读速度相同。所以它也是一种高效、快捷、方便的输入方法。但是语音输入的识别率不是百分之百，需要后期通过其他的输入法对错误的地方加以修改。

OCR 输入则是用扫描仪将整页的印刷文稿或者表格输入计算机，由计算机上的 OCR 软件识别并自动转变为汉字，替代人工输入汉字和表格的工作。其输入速度远远超出人们手工输入的速度，是一种高效的输入方法。

文秘人员在输入文稿之后，要对输入的内容进行校对。这是一项比较费时、费力的工作。但是可以通过语音合成软件，将输入的文稿由计算机软件朗读。而文秘人员只要看着原稿就可以完成校对工作了。这样就会大大提高校对速度，减轻劳动强度。

任务 1　语音输入汉字

搜狗输入法是基于"云计算"方式实现的智能语音输入法，语音输入的方法如下。

步骤 1　将麦克风插入计算机，并且调整好麦克风的音量。

步骤 2　确保网络是通的，单击输入图 3.2.1 中的麦克风，出现图 3.2.2。

步骤 3　对着麦克风朗读，计算机就会将声音转换成汉字显示在屏幕上，单击【完成】按钮，即可完成输入（见图 3.2.2），出现图 3.2.3。

步骤 4　如果要继续输入，只需单击图 3.2.3 中的麦克风按钮即可。

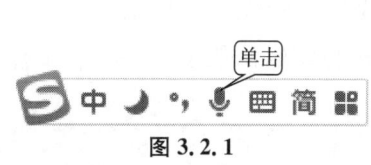

图 3.2.1

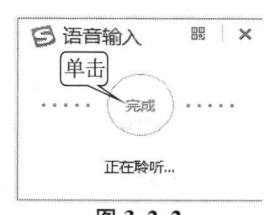

图 3.2.2

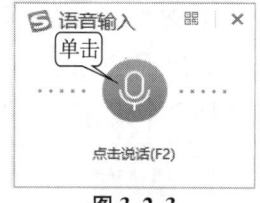

图 3.2.3

任务 2 扫描输入汉字

1. 用扫描仪输入汉字

对于打印在纸上的印刷体文字的输入,最好是采用扫描输入方式,即先用扫描仪把纸上的文字扫描成图片文件,然后再用相应的文字识别软件,将扫描的图片文件中的文字识别出来,变成可以在 word 等文字编辑软件中修改和编辑的电子文档。这种输入方式识别文字的速度非常快。通常,在我们购买扫描仪时,就会获赠相应的文字识别软件。下面以吉星数字扫描仪及赠送的文字识别软件为例,介绍扫描输入文字的方法。

步骤 1 首先用数字扫描仪或者普通扫描仪将纸质文稿扫描成图片文件,保存在计算机上。

步骤 2 打开扫描仪赠送的文字识别软件,见图 3.2.4。

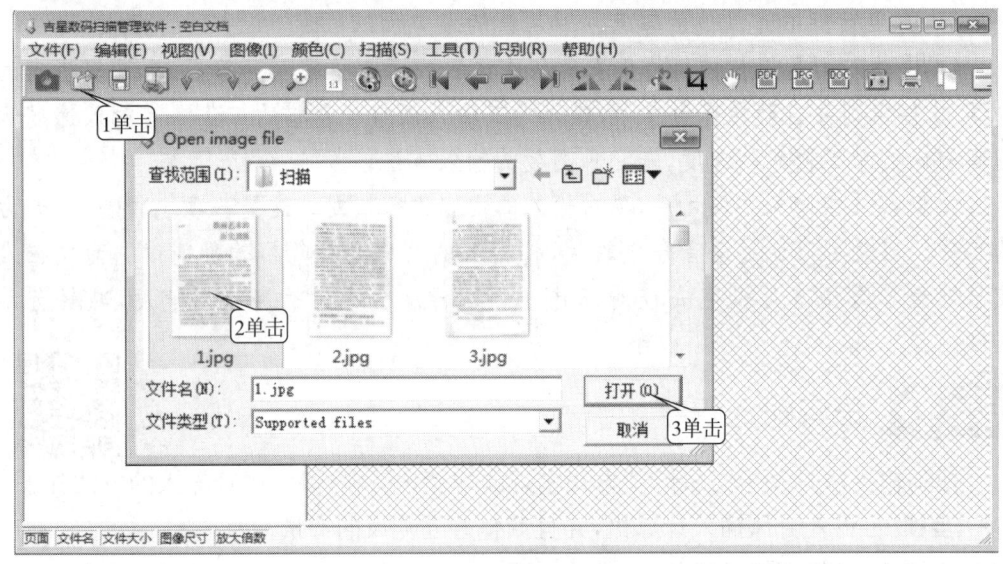

图 3.2.4

步骤 3 ①单击【打开】按钮,出现图 3.2.4 所示的选择图片文件对话框。②单击选择扫描产生的图片文件。③单击【打开】按钮(见图 3.2.4),出现图 3.2.5。

步骤 4 单击【识别】\【中英文识别】(见图 3.2.5),经过十秒钟之后,在窗口的下方就会出现对应的这张图片上的文字信息。这就完成了这张纸质文稿的文字输入,将这些文字信息复制到文字编辑软件中,就可以对它进行编辑修改了。

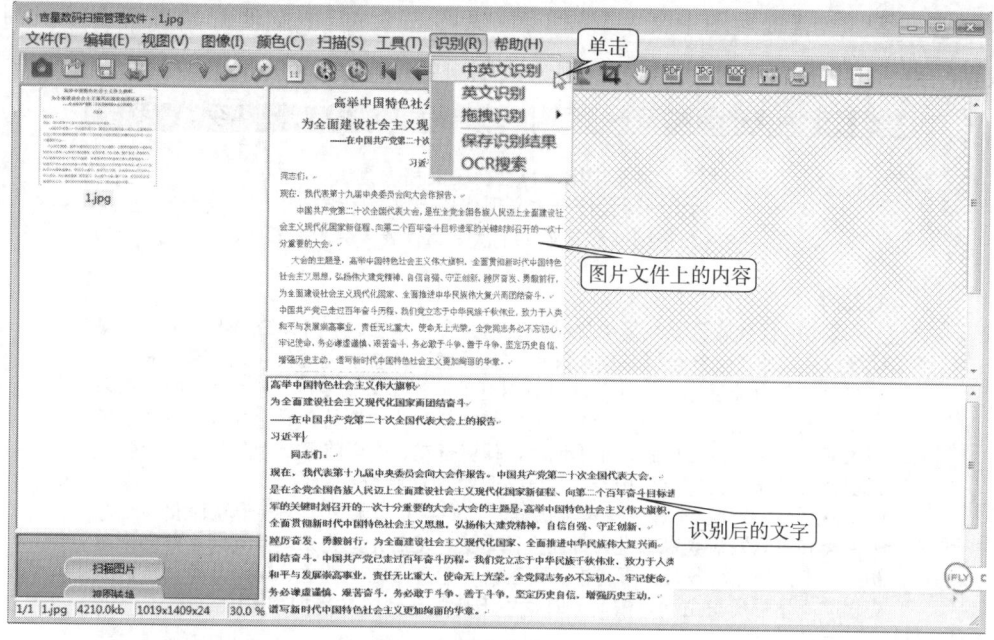

图 3.2.5

2. 用手机输入汉字

步骤 1 打开手机 QQ,打开一个好友窗口。

步骤 2 单击图 3.2.6 中的手机拍摄按钮,进入,然后拍摄文字稿件。

步骤 3 在图 3.2.7 相机界面中,单击【发送】按钮,将图片发给好友。

步骤 4 打开并登录 QQ,找到接收图片的好友,在图 3.2.8 中双击接收到的图片,出现图 3.2.9。

图 3.2.6　　　　　　　　　　　　图 3.2.7

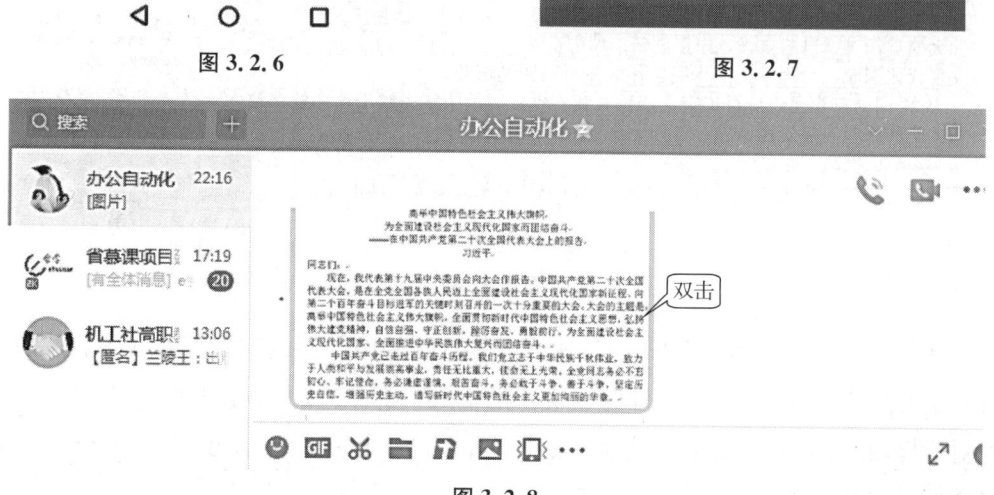

图 3.2.8

步骤5 单击【提取图中文字】按钮（见图3.2.9），电脑便开始进行文字识别，识别结束后出现图3.2.10。图中右侧为识别出的文字的电子档。

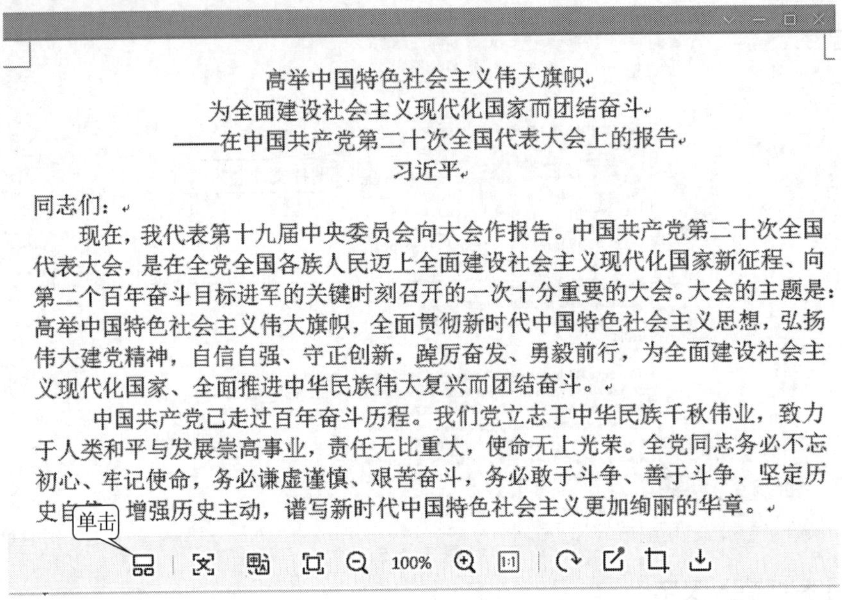

图 3.2.9

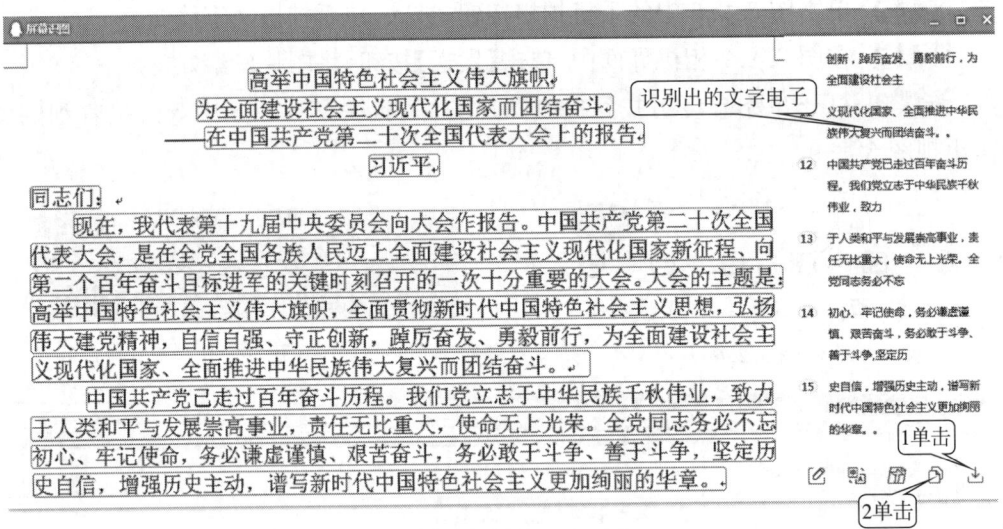

图 3.2.10

步骤6 ①单击【复制】按钮，就可以将识别的电子档复制到剪贴板中。然后再将其粘贴到文字编辑软件中，即完成文字的输入。②单击【下载】按钮，会打开相应的对话框，在对话框中指定下载文件的位置，即可在指定的位置建立一个文件夹，并将文件保存到一个txt格式的文件中。

任务 3 校对与审核文稿

语音合成技术又称文语转换(text to speech)技术。语音合成技术解决的主要问题是将文字信息转化为声音信息,即让机器像人一样开口说话。通过语音合成技术可以实现由计算机朗读文档的功能。这样我们就可以由计算机来朗读文档,而文秘人员只要看着原稿稿件就可完成文稿的校对。而审核稿件的方法就是由计算机来朗读稿件,文秘人员通过听计算机的朗读来发现稿件中的问题,然后再进行修改,从而达到审核稿件的目的。这里所介绍的是 WPS 2019 所带的语音合成功能。WPS 2019 是一个免费下载的软件,可以从各大网站下载,需要强调的是:语音合成功能必须保证计算机处于联网状态。

步骤 1 在 WPS 2019 中打开文档,见图 3.2.11。

步骤 2 ①单击【审阅】。②单击【朗读】按钮(见图 3.2.11),出现图 3.2.11 所示的【朗读】对话框。

步骤 3 在图 3.2.11 所示的【朗读】对话框中,单击【播放】按钮,可以开始播放朗读的声音;单击【停止】按钮,则停止朗读;单击【语速】按钮,可以调整朗读的语速;单击【语调】按钮,可以调整朗读的语调;单击【输出语音】按钮,可以将朗读的音频文件输出。语音朗读功能是一个付费功能,需要付费才能长期使用,但是它提供免费试用。

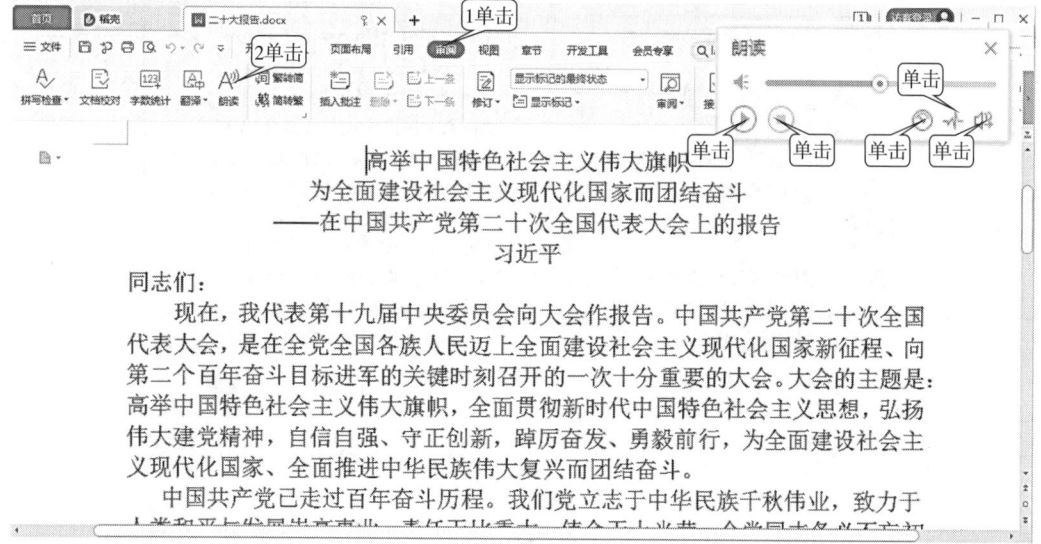

图 3.2.11

任务 4 在线翻译

随着国际交往的日益频繁，企事业单位需要和国外进行各种贸易和商务交流。这就不免会遇到一些英文文档。为了高效的翻译和看懂相应的文档，可以利用搜狗输入法提供的在线翻译功能来辅助翻译。

步骤 1 单击【工具箱】按钮（见图 3.2.12），出现图 3.2.13。

图 3.2.12

图 3.2.13

步骤 2 单击【在线翻译】按钮（见图 3.2.13），出现图 3.2.14。

图 3.2.14

步骤 3 ①输入或粘贴文字。②单击【翻译】，即可将中文翻译成英文，并放在右侧窗口中。③单击【上屏】（见图 3.2.14），即可将英文插入到文档中。

任务 5 翻译网页与文字

步骤1 打开360浏览器,并打开一个英文网页,见图3.2.15。

步骤2 ①单击【译】按钮 译▼。②单击【翻译当前网页】按钮(见图3.2.15),出现图3.2.16。

图 3.2.15

图 3.2.16

步骤3 ①单击选择【英语】。②单击选择【中文(简体)】(见图3.2.16),网页就会立刻变成图3.2.16所示的中文了。

步骤4 ①单击【译】按钮 译▼。②单击【翻译文字】按钮(见图3.2.15),出现图3.2.17。

步骤5 ①输入或复制粘贴英文。②单击【翻译】(见图 3.2.17),结果见图3.2.17。

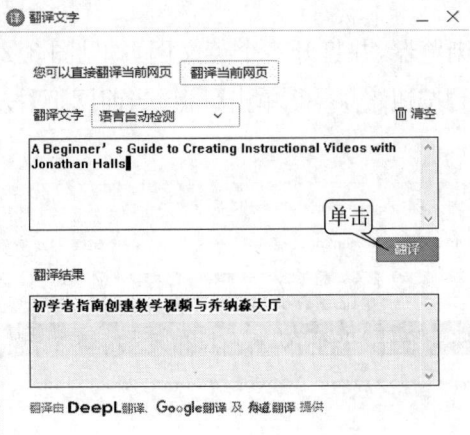

图 3.2.17

第 4 章 办公文字处理

项目 1 编辑与保存技巧

项目任务描述与分析

进行文本编辑有多种方法,也有一些技巧,选择一种效率高的方法或使用一些技巧会加快文档编辑速度。在工作中,有时会由于各种各样的原因突然断电,如果在断电之前没有保存文档,则前面输入的文字就会全部丢失。另外有时可能会由于急于去做其他事情而忘记保存刚刚输入的部分文字,就关闭了计算机,那么刚刚输入的文字就没有被保存下来。为了将这种忘记保存和由于客观原因不能保存造成的损失减少到最低限度,我们可以通过启用定时保存功能让 Word 每隔一分钟就自动保存一次,这样就可将各种原因造成的文字丢失限制在最后一分钟输入的部分。

如果输入的文档是不公开的,为了防止没有权限的人阅读文档,我们可以将文档进行加密保存,只允许知道密码的人打开或修改文档。

在对文档进行修改时,如果不想破坏原稿,就不能用"保存"命令,因为"保存"命令会将原稿覆盖掉,而应该用"另存为"命令将修改后的稿件换一个文件名保存起来。为了方便区别原稿和修改稿,通常另存为时采用的文件名是原文件名后面加 1 至 2 个字符。这样如果对修改稿不满意,以后还可以启用原稿。下面就介绍解决上述问题的方法。

任务 1 文字的编辑技巧

1. 输入下面文字

高举中国特色社会主义伟大旗帜 为全面建设社会主义现代化国家而

团结奋斗——在中国共产党第二十次全国代表大会上的报告

习近平

同志们：

现在，我代表第十九届中央委员会向大会作报告。中国共产党第二十次全国代表大会，是在全党全国各族人民迈上全面建设社会主义现代化国家新征程、向第二个百年奋斗目标进军的关键时刻召开的一次十分重要的大会。大会的主题是：高举中国特色社会主义伟大旗帜，全面贯彻新时代中国特色社会主义思想，弘扬伟大建党精神，自信自强、守正创新，踔厉奋发、勇毅前行，为全面建设社会主义现代化国家、全面推进中华民族伟大复兴而团结奋斗。中国共产党已走过百年奋斗历程。我们党立志于中华民族千秋伟业，致力于人类和平与发展崇高事业，责任无比重大，使命无上光荣。全党同志务必不忘初心、牢记使命，务必谦虚谨慎、艰苦奋斗，务必敢于斗争、善于斗争，坚定历史自信，增强历史主动，谱写新时代中国特色社会主义更加绚丽的华章。

2. 将一行断为两行

在修改文章的时候，如果遇到要从某处开始另起一个段落，就需要以下操作。

步骤 1 在断点处单击（见图 4.1.1），将插入点定位在断点处。

步骤 2 按回车，结果见图 4.1.2。

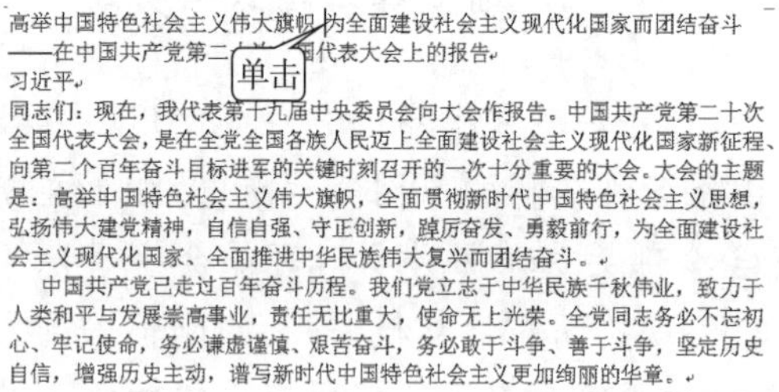

高举中国特色社会主义伟大旗帜为全面建设社会主义现代化国家而团结奋斗
——在中国共产党第二 代表大会上的报告
习近平
同志们：现在，我代表第十九届中央委员会向大会作报告。中国共产党第二十次全国代表大会，是在全党全国各族人民迈上全面建设社会主义现代化国家新征程、向第二个百年奋斗目标进军的关键时刻召开的一次十分重要的大会。大会的主题是：高举中国特色社会主义伟大旗帜，全面贯彻新时代中国特色社会主义思想，弘扬伟大建党精神，自信自强、守正创新，踔厉奋发、勇毅前行，为全面建设社会主义现代化国家、全面推进中华民族伟大复兴而团结奋斗。
中国共产党已走过百年奋斗历程。我们党立志于中华民族千秋伟业，致力于人类和平与发展崇高事业，责任无比重大，使命无上光荣。全党同志务必不忘初心、牢记使命，务必谦虚谨慎、艰苦奋斗，务必敢于斗争、善于斗争，坚定历史自信，增强历史主动，谱写新时代中国特色社会主义更加绚丽的华章。

图 4.1.1

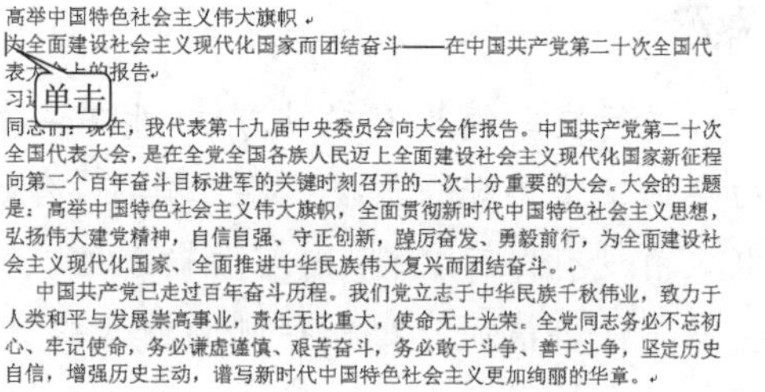

高举中国特色社会主义伟大旗帜
为全面建设社会主义现代化国家而团结奋斗——在中国共产党第二十次全国代表大会上的报告
习近平
同志们：现在，我代表第十九届中央委员会向大会作报告。中国共产党第二十次全国代表大会，是在全党全国各族人民迈上全面建设社会主义现代化国家新征程向第二个百年奋斗目标进军的关键时刻召开的一次十分重要的大会。大会的主题是：高举中国特色社会主义伟大旗帜，全面贯彻新时代中国特色社会主义思想，弘扬伟大建党精神，自信自强、守正创新，踔厉奋发、勇毅前行，为全面建设社会主义现代化国家、全面推进中华民族伟大复兴而团结奋斗。
中国共产党已走过百年奋斗历程。我们党立志于中华民族千秋伟业，致力于人类和平与发展崇高事业，责任无比重大，使命无上光荣。全党同志务必不忘初心、牢记使命，务必谦虚谨慎、艰苦奋斗，务必敢于斗争、善于斗争，坚定历史自信，增强历史主动，谱写新时代中国特色社会主义更加绚丽的华章。

图 4.1.2

3. 整行水平移动

在调整文章标题时，可以将标题放在中间、偏左或偏右的位置。这就需要将标题在水平方向左右移动，这样的操作称为整行水平移动。其操作步骤如下。

步骤 1 在行首单击（见图 4.1.3），将插入点定位在行首。

步骤 2 按空格键右移，按【Backspace】键左移。

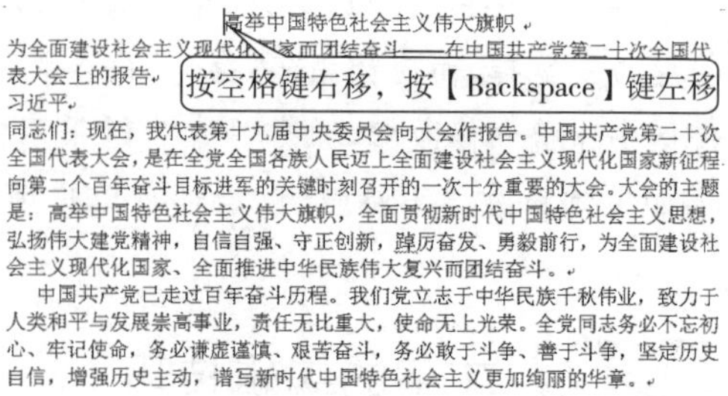

高举中国特色社会主义伟大旗帜
为全面建设社会主义现代化国家而团结奋斗——在中国共产党第二十次全国代表大会上的报告
习近平
同志们：现在，我代表第十九届中央委员会向大会作报告。中国共产党第二十次全国代表大会，是在全党全国各族人民迈上全面建设社会主义现代化国家新征程向第二个百年奋斗目标进军的关键时刻召开的一次十分重要的大会。大会的主题是：高举中国特色社会主义伟大旗帜，全面贯彻新时代中国特色社会主义思想，弘扬伟大建党精神，自信自强、守正创新，踔厉奋发、勇毅前行，为全面建设社会主义现代化国家、全面推进中华民族伟大复兴而团结奋斗。
中国共产党已走过百年奋斗历程。我们党立志于中华民族千秋伟业，致力于人类和平与发展崇高事业，责任无比重大，使命无上光荣。全党同志务必不忘初心、牢记使命，务必谦虚谨慎、艰苦奋斗，务必敢于斗争、善于斗争，坚定历史自信，增强历史主动，谱写新时代中国特色社会主义更加绚丽的华章。

图 4.1.3

4. 将两行并为一行

在修改文章时，如果需要将下面一行并到上面一行，或者是将下面一个段落合并到上面一个段落，就需要将两行并为一行。其操作步骤如下。

步骤 1 在需并行的行首单击(见图 4.1.4)。

步骤 2 按【Backspace】键 1~n 次,直到这行并到上行为止,结果见图 4.1.1。

5. 整段垂直移动

在排版文章时,有时需要在一段前空若干行,或者将一段前面的空行消除。这就是整段垂直移动。其操作步骤如下。

步骤 1 在段首单击(见图 4.1.5),将插入点定位在段首。

步骤 2 按回车键,则整段下移;按【Backspace】键,则整段上移,见图 4.1.4。

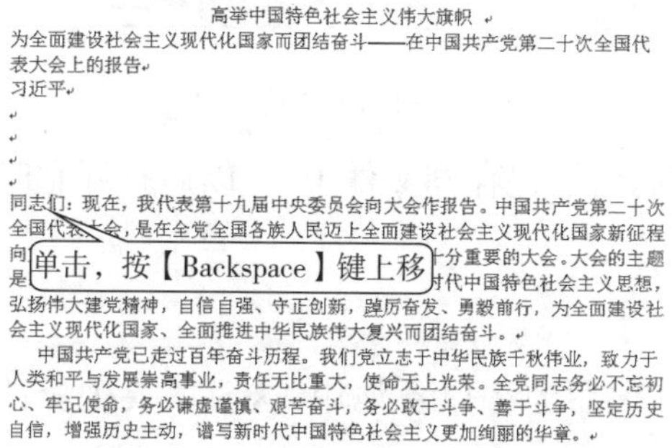

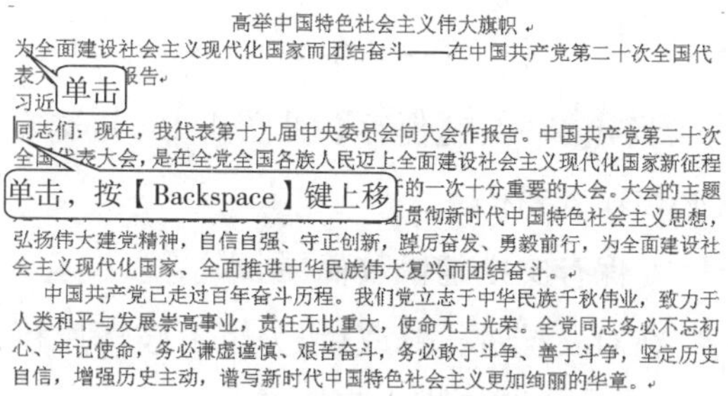

图 4.1.4

图 4.1.5

6. 在任意位置输入文字

通常在有文字的地方输入文字很简单,只要在输入处单击定位插入点,就可以输入文字了。但是,要在空白地方的任意一处输入文字,就需要在该处双击,以定位插入点输入文字。

任务 2 文档的保存技巧

1. 加密保存

步骤 1 ①单击【文件】。②单击【保护文档】。③单击【用密码进行加密】(见图 4.1.6),出现图 4.1.7 所示的【加密文档】对话框。

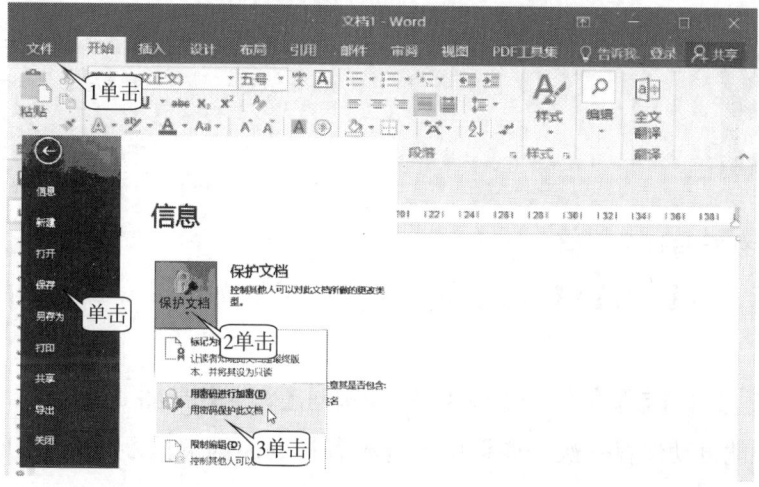

图 4.1.6

步骤 2 ①输入密码。②单击【确定】(见图 4.1.7)。

步骤 3 ①再次输入密码。②单击【确定】(见图 4.1.8)。

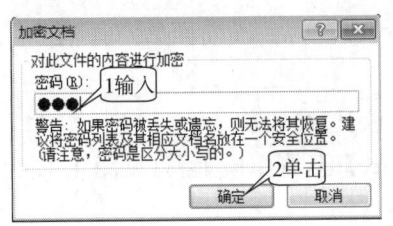
图 4.1.7

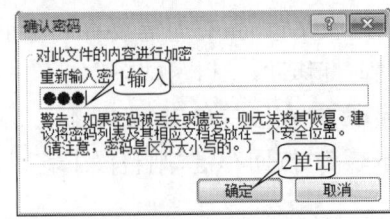
图 4.1.8

步骤 4 单击【保存】(见图 4.1.6),这样密码就被保存到文件中了,以后打开它时就必须输入密码。

2. 保存文档的修改稿(副本)

在对文档进行修改后,为了不破坏原稿,需保留原稿以备他用,这时就要把修改稿换名保存,其操作步骤如下。

步骤 ①单击【文件】\【另存为】。②单击选择文件夹。③输入【二十大报告副本】。④单击【保存】(见图 4.1.9)。

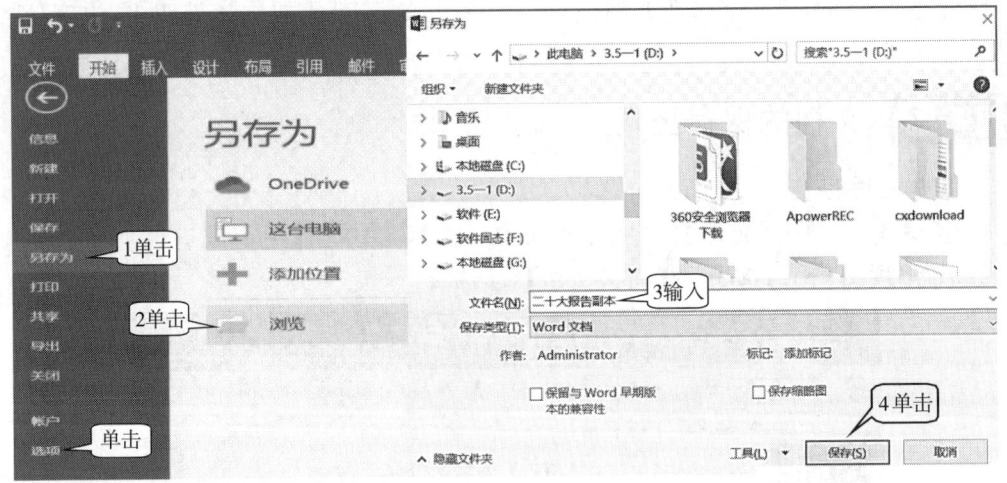
图 4.1.9

3. 定时保存与恢复文档

步骤 1 单击【文件】\【选项】(见图 4.1.9),出现如图 4.1.10 所示的【Word 选项】对话框。

步骤 2 ①单击【保存】。②输入【1】。③单击【确定】(见图 4.1.10)。这样 Word 每隔一分钟就自动保存一次。如果由于各种各样的原因突然断电,而在断电之前没有保存文档,或者忘记保存已经输入的文字,就关闭了计算机,重新开机后我们可以按照下述方法恢复没有保存的内容。

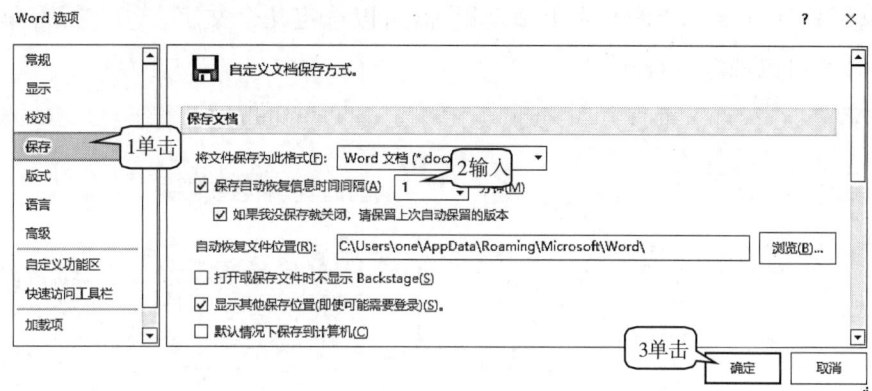

图 4.1.10

步骤 3 打开先前某个没有保存的文件,出现图 4.1.11,从图中可以看出在打开的窗口左侧增加了【文档恢复】窗格。按照下面的操作方法就可以恢复未保存的内容。

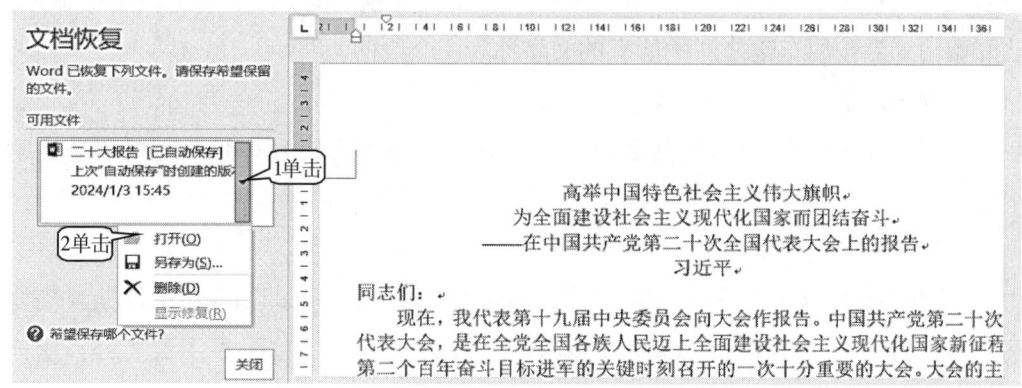

图 4.1.11

步骤 4 ①单击【可用文件】下拉菜单。②单击【打开】(见图 4.1.11),这样先前输入而没有被保存的内容就会显示出来。

步骤 5 单击【文件】\【另存为】,将该文件换名保存即可。

任务 3　文字的选定技巧

选定是一个常用的操作,同时也是初学者容易忽略的操作。所以这里要强调的是:要对某一段文字进行相应的处理,例如,进行复制、移动、改变字体、改变颜色等操作时,千万不要忘记首先要选定文字,否则后面的操作是没有任何效果的。

1. 行的选定

步骤1 ①在要选定的文字上拖动鼠标,可以选定几个文字。②在行首单击(见图4.1.12),可以选定一行。

步骤2 在行首沿垂直方向拖动(见图4.1.13),可以选定几行。

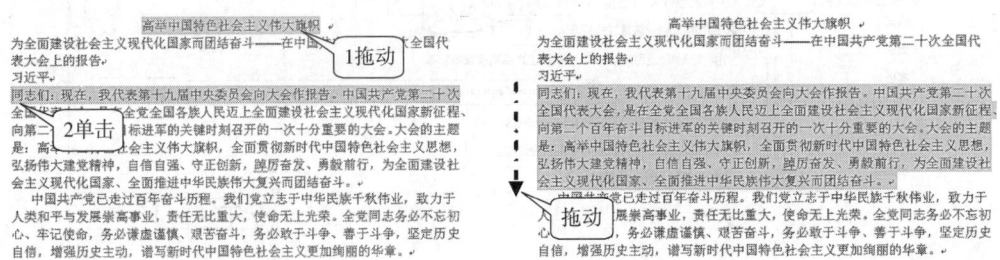

图 4.1.12　　　　　　　　　图 4.1.13

2. 段落的概念

当输入文字到行尾时,Word会自动换行。当输入完一个段落的文字,而段落的最后一行文字又没有到行尾时,就需要按回车键进行换行,开始下一个段落的输入。从开始输入到按回车键之间的所有的文字称为一个段落。

3. 选定段落

将鼠标移到段落左边,使其变为空心箭头,再双击(见图4.1.14),就可以选定整个段落。

4. 选定一段长文字

步骤 ①在要选定的文字的第一行单击,以定位插入点。②拖动滚动条找到要选定的最后一行,按住【Shift】键并单击最后一行的最后一个文字(见图4.1.15),这样就可以选定一段长文字,选定的文字可以跨越几十行或几十页。

5. 选定全文

按【Ctrl+A】键即可选定全文。

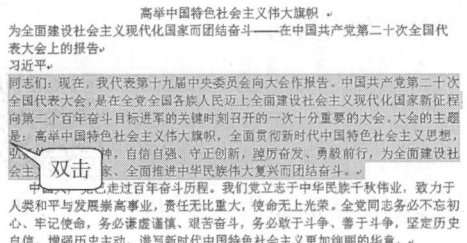
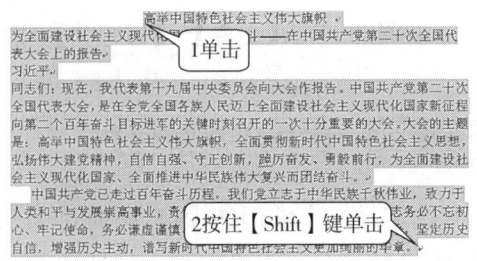

图 4.1.14　　　　　　　　　图 4.1.15

任务 4　文字的移动、复制与删除

1. 文字的移动

步骤　①选定要移动的文字。②拖动选定的文字到目的地，然后松开鼠标（见图 4.1.16），结果见图 4.1.17。

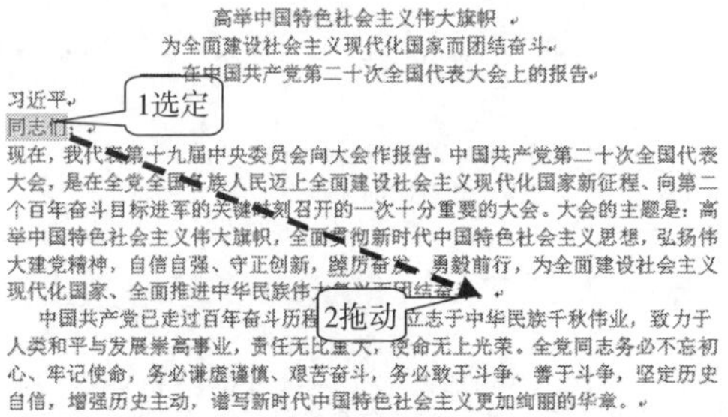

图 4.1.16

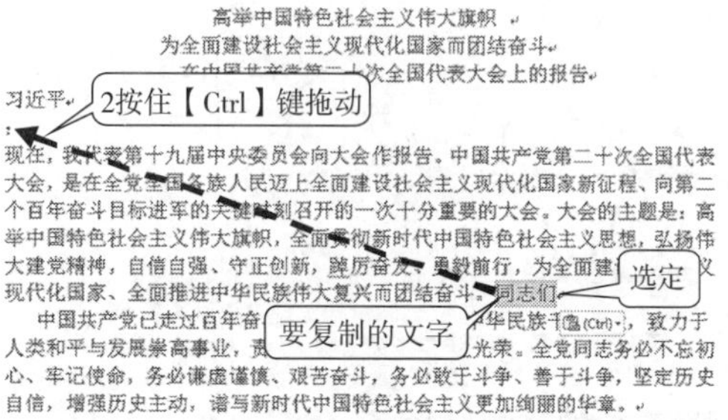

图 4.1.17

2. 文字的复制

步骤　①选定要复制的文字。②按住【Ctrl】键，拖动选定的文字到目的地，然后松开鼠标（见图 4.1.17），结果见图 4.1.18。

3. 文字的删除

选定要删除的文字，然后按【Delete】键（见图 4.1.18）。

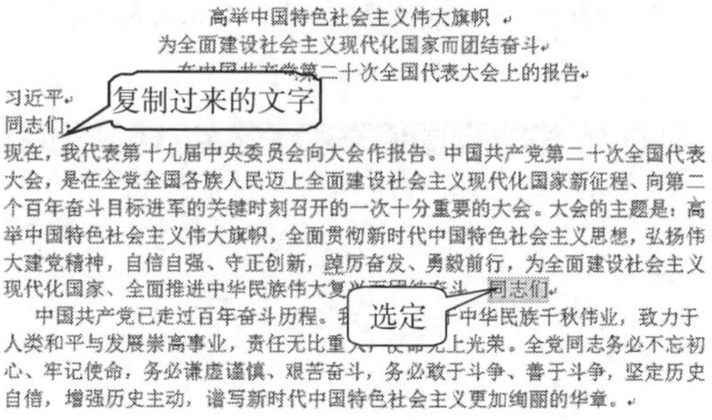

图 4.1.18

任务 5　查找和替换

对于长文档，要想在其中查找某个词，通常的办法是将该文档看一遍，但是这样很费时间。因为不知道这个词在文档的什么位置，这时就希望借助计算机来快速地找到并标记出这个词。查找命令就是可以满足这个要求的一个十分有用的命令。

1. 查找

步骤 1　①单击【开始】。②在开始查找的位置单击鼠标。③单击【查找】\【查找】。④输入要查找的词【中国】（见图 4.1.19），则文章中所有的【中国】都被标注出来了。

步骤 2　单击图 4.1.19 所示界面中【导航】窗格中的【关闭】按钮，即可取消所有的标注。

2. 替换

步骤 1　①在文章的开头单击，可以把插入点定位在开头，表示要从头开始替换。如果插入点定位在中间，就表示从文章的中间开始替换。②单击【替换】，出现【查找和替换】对话框。③输入要查找的词【大会】。④输入要替换的词【会议】。⑤单击【查找下一处】按钮,这时会快速跳转到要找的词所在的位置,并且将找到的词进行标注。⑥单击【替换】按钮(见图4.1.20),这样就把找到的【大会】替换成了【会议】。

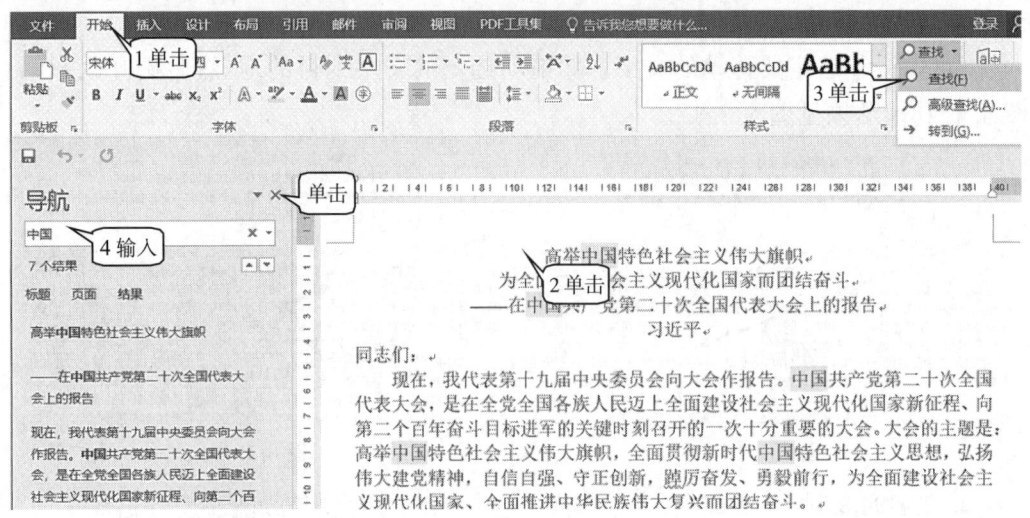

图 4.1.19

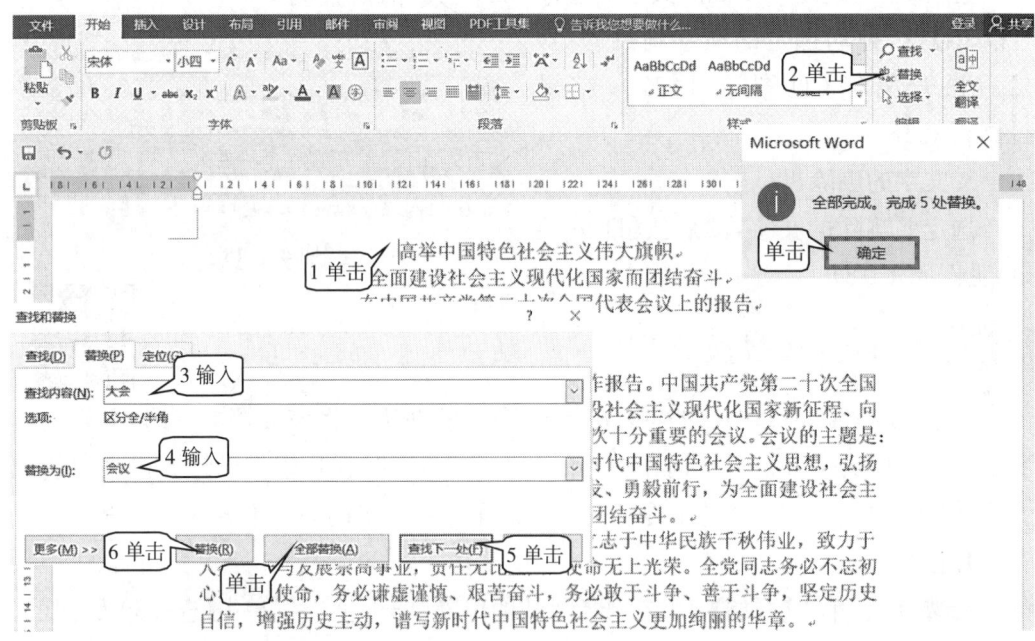

图 4.1.20

步骤2 再次单击【查找下一处】按钮,就可以在文章当中继续查找。再次单击【替换】按钮,会把找到的第二个【大会】替换为【会议】,直到文章的结尾,屏幕上会出现一个提示,见图4.1.20,表示已经完成替换。

步骤3 单击【确定】完成替换。如果单击【全部替换】,就会一次性地将所有的【大会】替换成【会议】。

任务 6 插入符号与撤销操作

1. 插入符号

步骤 ①在要插入符号的位置单击。②单击【插入】。③单击【符号】。④单击【其他符号】,出现图 4.1.21 所示的【符号】对话框。⑤单击选择符号类型。⑥单击选择所要插入的符号。⑦单击【插入】。⑧单击【关闭】(见图 4.1.21)。

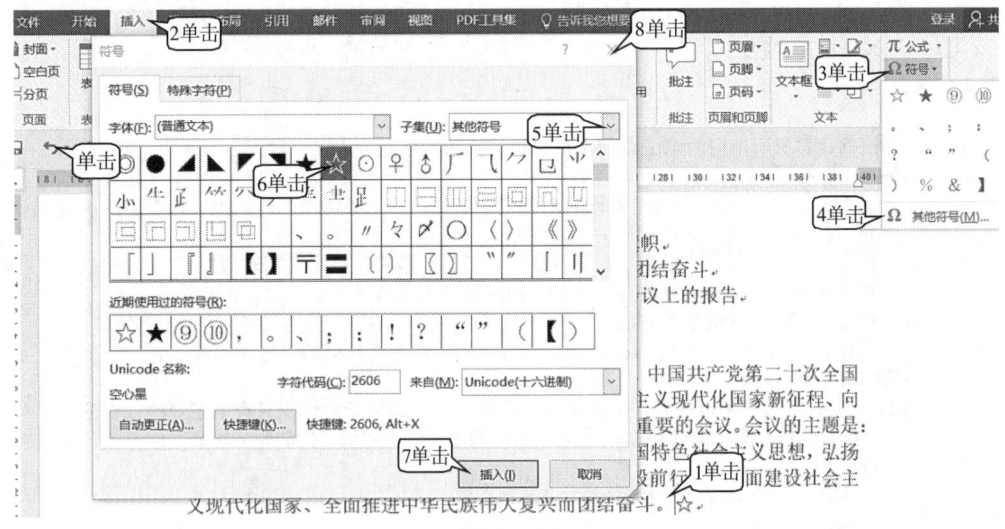

图 4.1.21

2. 撤销操作

在操作时,可能会发生一些误操作。比如,刚刚对一句话进行了移动操作,在移动完之后,发现这种移动并不合适,想要撤销刚才的移动操作。这时就需要撤销操作,方法是:单击【撤销】按钮 (见图 4.1.21)。

项目 2 排版小论文

项目任务描述与分析

文秘在日常工作中常常要对各种各样的文稿进行排版。熟练利用相应的操作排版各种文稿是文秘人员及其他管理与工程技术人员经常要做的工作。本项目通过排版小论文来讲解相关操作。在这个小论文排版中应用到了设置字符格式、设置段落格式、上标字、下标字、项目符号、编号、脚注、尾注、页眉、页脚、格式刷等操作。通过上述知识点的熟练应用就可快速地排版出所需要的格式。以上排版中所用到的各种操作,也是实际工作中使用频率很高的一些操作,熟练掌握这些操作步骤就可以胜任日常的文稿排版工作。

排版如图 4.2.1 所示的小论文。

计 算 机 应 用

计算机发展与应用综述

  1946 年第一台电子数字计算机 ENIAC(electronic numerical integrator and calculator) 由美国宾夕法尼亚大学研制成功。它是一个庞然大物，用了 18000 多个电子管[1]、1500 多个继电器、耗电 150kW，重量 30 吨，占地约 150M^2。它奠定了电子数字计算机的基础，在计算机发展史上是一个重要的里程碑。

  根据计算机所使用的电子器件，可将计算机的发展划分为 4 个时代。

第一代计算机

- (1946--1958 年)使用电子管作为主要电子器件，其主要特点是体积大、耗电多、重量重、性能低。这一代计算机的主要贡献是：
- 确立了模拟量可变换成数字量进行计算，开创了数字化技术的新时代；
- 形成了电子数字计算机的基本结构：冯·诺依曼结构；
- 确定了程序设计的基本方法；
- 首创使用阴极射线管 CRT(cathode. ray tube)作为计算机的字符显示器。

第二代计算机

(1958--1964 年)使用晶体管作为主要电子器件，由于晶体管的体积只有电子管的二十分之一左右，因此而使得计算机的体积和耗电量大大地减小。成本降低，性能明显提高，这一代计算机的主要贡献是：
1. 开创了计算机处理文字和图形的新阶段；
2. 高级语言已投入使用；
3. 开始有了通用机和专用机之分；
4. 开始使用鼠标作为输入设备。

第三代计算机

(1965—1971 年)使用小规模集成电路 SSI(small scale integration)和中规模集成电路 MSI(medium scale integration)作为主要电子器件[1]。由于集成电路可以把几十个乃至上千个晶体管做在一个很小的芯片上，因此这一时期的计算机它的电路变得更加复杂，而相对的元件的体积也有了几十倍甚至上千倍地减小。而且这种集成电路所消耗的功率也比晶体管更小，由这种集成电路构成的计算机运算能力有了很大的提高，而它的体积却大大地减少，消耗的能量也更少。这一代计算机的主要贡献是：
运算速度已达到 100 万次/秒以上；
操作系统更完善；
序列机的推出，较好地解决了"硬件不断更新，而软件相对稳定"的矛盾；
机器可根据其性能分成巨型机、大型机、中型机和小型机。
第四代计算机

(20 世纪 70 年代初至今)使用大规模集成电路 LSI(large scale integration)和超大规模集成电路 VLSI(very large scale integration)作为主要电子器件。在这种超大规模集成电路上面，制作了几千万甚至上亿个晶体管。这样就使得它的电路极为复杂。因此它的运算能力也极为强大，正是由于这种高技术的集成电路的应用，才使得今天我们可以人人用得上计算机，使计算机成为我们生活、工作、学习必不可少的工具。

  作为第四代计算机的典型代表——微型计算机应运而生。

---

[1] 电子管，
是一种最早期的，电信号放大器件。

(a)

计 算 机 应 用

  1971 年 Intel 公司使用大规模集成电路率先推出微处理器 4004，成为计算机发展史上一个新的里程碑，宣布第四代计算机问世。从此，计算机进入一个崭新的发展时期，涌现出采用 LSI、VLSI 构成的各种不同规模、性能各异的新型计算机。

  微型计算机从 4 位、8 位、16 位、32 位至 64 位字长迅速增长，速度越来越快，容量越来越大，其性能已赶上甚至超过 20 世纪 70 年代的中、小型机水平。

  微型机以其小巧玲珑、性能稳定、价格低廉，尤其是对环境没有特殊要求为特点，吸引了众多的用户，不仅站稳了脚跟，而且是飞速发展。20 世纪 80 年代微型机进入全盛时期，速度、容量等性能飞速提高。

  目前已进入网络计算机时代，计算机集文字、图形、声音、图像于一体。有人说是 1993 年"信息高速公路"计划的提出，促进计算机与通信相结合，形成了各种规模的计算机网络，从局域网、城域网、广域网到国际互联网，计算机发展前途无量。

计算机的分类

  电子计算机从原理上可以分为两大类：数字电子计算机和模拟电子计算机。

数字电子计算机

  数字电子计算机以数字量(也称不连续量)作为运算对象并进行运算，其特点是运算速度快，精确度高，具有"记忆"(存储)和逻辑判断能力。计算机的内部操作和运算是在程序控制下自动进行的。

  一般不特别说明，计算机指的是数字电子计算机。数字电子计算机又可以按照不同要求进行划分。

  ■ 按设计目的划分

通用计算机：用于解决各类问题而设计的计算机。通用计算机既可以进行科学计算、工程计算，又可用于数据处理和工业控制等。它是一种用途广泛、结构复杂的计算机。

专用计算机：为某种特定目的而设计的计算机，例如用于数控机床、轧钢控制、银行存款等的计算机。专用计算机针对性强、效率高、结构比通用计算机简单。

  ■ 按用途划分

科学计算工程计算计算机：专门用于科学计算工程计算的计算机。

工业控制计算机：主要用于生产过程控制和监测的计算机。

数据计算机：主要用于数据处理，如统计报表、预测和统计、办公事务处理等。

  ■ 按大小划分

巨型计算机：规模大、速度快的计算机。目前巨型机的运算速度已达万亿次／秒。主要用于大型科学与工程计算，如天气预报、地质勘探、航空航天等。

小型计算机：规模较大、速度较快的计算机。主要用于一般科学计算、事务处理等。

微型计算机：体积较小的计算机，如个人计算机、笔记本计算机、掌上计算机等。

②模拟电子计算机

  模拟电子计算机是一种用连续变化的模拟量(如电压、长度、角度来模仿实际所需要计算的对象)作为运算量的计算机，这类计算机现在已停止使用。

计算机的特点与用途

计算机的主要特点

  数字计算机的基本工作特点是快速、准确和通用。由于计算机具有强大的计算和逻辑判断能力，因此计算机能够解决各种复杂的，大数据量的数学和逻辑问题。

计算机具有自动控制能力

  计算机是由程序控制其操作过程的。只要根据应用的需要，事先编制好程序并输入计算机，计算机就能自动、连续地工作，完成预定的处理任务。计算机中可以存储大量的程序和数据。存储程序是计算机工作的一个重要原则，是计算机能自动处理的基础。

计算机具有高速运算的能力

(b)

现代计算机运算速度最高可达每秒若干万亿次,即使是个人计算机,运算速度也可达到每秒几千万到几亿次,远远高于人的计算速度。

计算机具有记忆能力

计算机拥有容量很大的存储装置,它不仅可以存储处理中所需要的原始数据信息、处理的中间结果与最后结果,还可以存储指挥计算机工作的程序。计算机不仅能保存大量的文字、图像、声音等信息资料,还能对这些信息加以处理、分析和重新组合,以满足各种应用对这些信息的需求。

计算机具有很高的计算精度

由于计算机采用二进制数字进行计算,因此可以用增加表示数字的设备和运用计算技巧等手段,使数值计算的精度越来越高,可根据需要获得千分之一到几百万分之一,甚至更高的精确度。

计算机具有逻辑判断能力

计算机能够进行逻辑运算,并根据逻辑运算的结果选择相应的处理,即具有逻辑判断能力。当然,计算机的逻辑判断能力是在软件编制时就预定好的,软件编制时没有考虑到的问题,计算机还是无能为力的。

通用性强

计算机能够在各行各业得到广泛的应用,原因之一就是具有很强的通用性。计算机可以将任何复杂的信息处理任务分解成一系列的基本算术运算和逻辑运算,反映在计算机的指令操作中。按照各种规律要求的先后次序把它们组织成各种不同的程序,存入存储器中。在计算机的工作过程中,这种存储指挥和控制计算机进行自动、快速的信息处理,并且十分灵活、方便、易于变更,这就使计算机具有极大的通用性。同一台计算机,只要安装不同的软件或连接到不同的设备上,就可以完成不同的任务。

计算机的主要用途

由于计算机的特点,其应用十分广泛,从人工智能、工业控制,到个人文秘、家庭小管家等。概括起来,可以分为以下几个方面:

科学计算(数值计算)

数值计算是计算机最早应用的领域。计算机根据公式或模型进行计算,其计算工作量大,精确度高,速度快,结果可靠。

数据处理(信息处理)

计算机能对各种各样的信息进行处理,如收集、传输、分类、查询、统计、分析和存储等。

自动控制

自动控制是指在工业生产过程中,对控制对象进行自动控制和自动调节的控制方式。如生产过程自动化、过程仿真、过程控制等。使用计算机进行控制可以降低能耗,提高生产效率,提高产品质量。

计算机辅助系统

计算机辅助系统可以帮助人们更好地完成工作、学习等任务,如计算机辅助设计CAD(computer aided design)、计算机辅助制造CAM(computer aidedmanufacturing)、计算机辅助工程CAE(computer aided engineering)、计算机集成制造系统CIMS(computer integrated manufacturing system)、计算机辅助教学CAI(computer aided instruction)等。

人工智能

人工智能是利用计算机来模仿人的高级思维活动,如智能机器人、专家系统等。这是计算机应用中最诱人,也是难度最大且研究最活跃的领域之一。

ⅱ 参考文献:计算机应用 第一期 2024.1

(c)

图 4.2.1

第4章 办公文字处理

任务 1 美化文字

1. 设置字体、字号与字形

步骤1 打开教材素材\Word\计算机小论文。

步骤2 ①选定【计算机发展与应用综述】。②单击【开始】。③单击选择【华文彩云】。④单击【加粗】按钮。⑤单击选择【小二】。⑥单击【居中】按钮(见图4.2.2)。

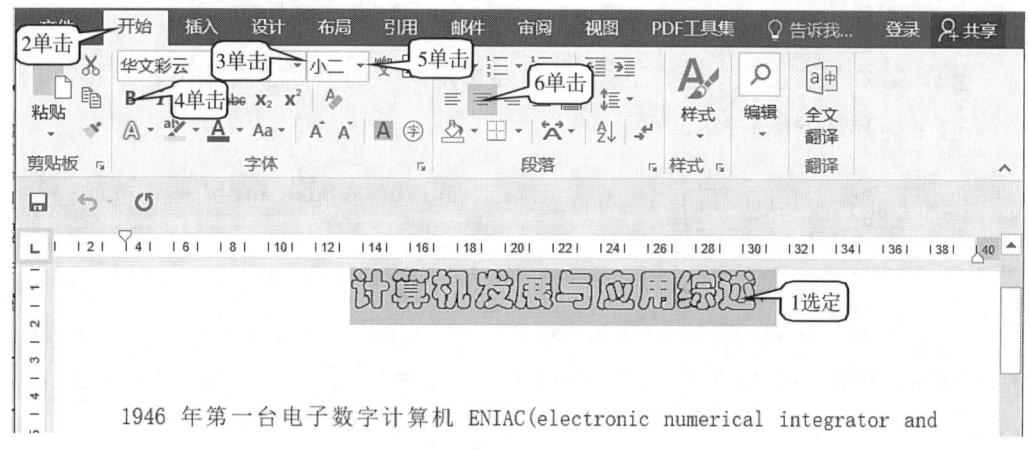

图 4.2.2

2. 设置颜色、着重号、下划线、字形

步骤1 ①选定【第一代计算机】。②单击【开始】按钮。③单击【字体】按钮【 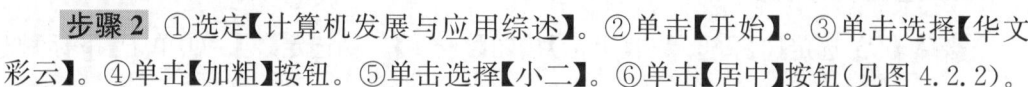 】,出现如图4.2.3所示的【字体】对话框。④单击选择【华文新魏】。⑤单击选择【四号】。⑥单击选择【加粗】。⑦单击选择【蓝色】。⑧单击选择【双下划线】。⑨单击选择【紫色】。⑩单击选择着重号(见图4.2.3),结果见图4.2.3。

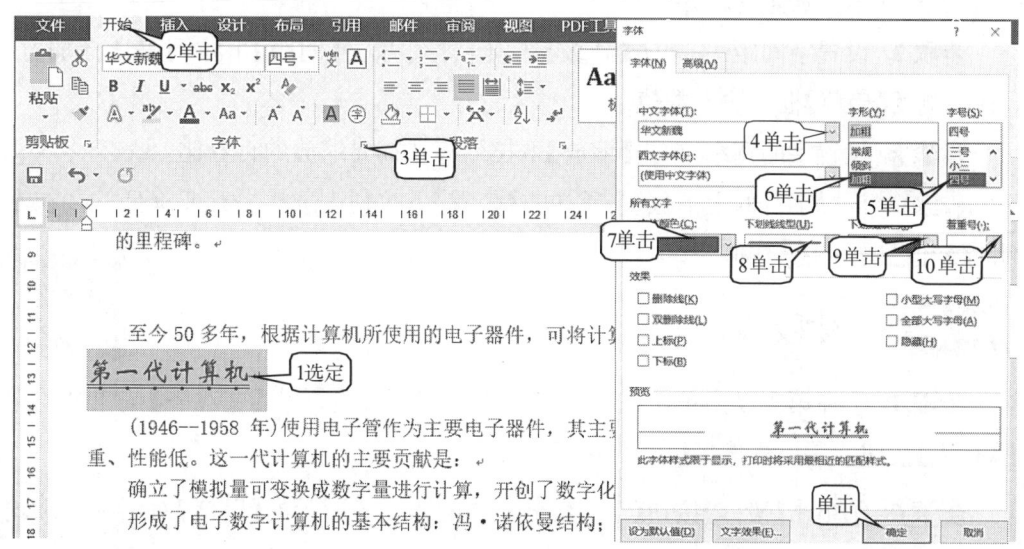

图 4.2.3

步骤 2 单击图 4.2.3 所示界面中【字体】对话框的【确定】。

步骤 3 对【第二代计算机】【第三代计算机】【第四代计算机】也进行同样的设置。

3. 设置上标与下标

步骤 1 ①选定【2】。②单击【上标】按钮【x^2】。③选定【2】。④单击【下标】按钮【x_2】(见图 4.2.4)。这样就可得到【$(10011001)_2$】和【$150M^2$】。

步骤 2 如果要去除上标或下标，只需要选定对应的上标字符或下标字符，再分别单击【上标】或【下标】按钮即可。

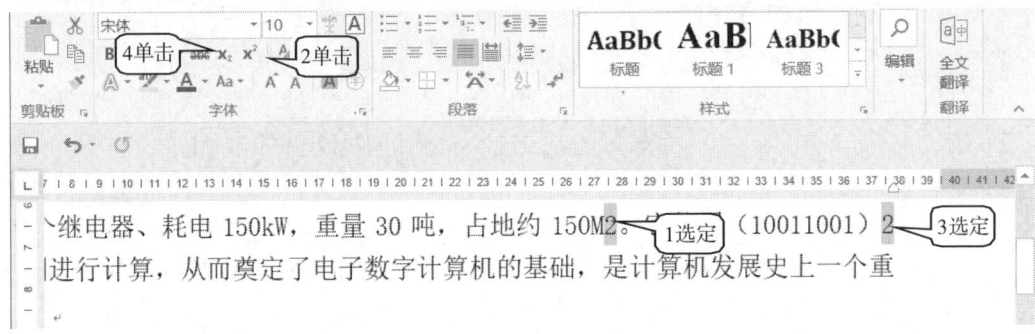

图 4.2.4

 知识拓展

在图 4.2.3 所示的【字体】对话框中还可以设置字间距、字的宽窄以及文字的上下位置，其操作步骤如下。

步骤 1 设置字间距：①单击【高级】选项卡。②单击【间距】下拉列表选择加宽。③在右侧的【磅值】框中输入数值。

步骤 2 设置字的宽窄：单击【缩放】下拉列表选择要缩放的百分比。

步骤 3 设置字符的上下位置：①单击【位置】下拉列表选择提升或降低。②在右侧的【磅值】框中输入数值。

任务 2 美化段落

步骤 1 ①在第 1 段内单击鼠标。②单击【开始】。③单击【左对齐】按钮。④单击【行距】按钮。⑤单击选择【1.0】(见图 4.2.5)。

步骤 2 ①单击【段落】按钮【 】，出现如图 4.2.6 所示的【段落】对话框。②输入【2 字符】，设置段落的左缩进。③输入【2 字符】，设置段落的右缩进。④输入【2 字符】,设置段落的首行缩进。⑤输入【2 行】设置段落与前一段的距离。⑥输入【2 行】设置段落与后一段的距离。⑦单击选择【单倍行距】。⑧单击【确定】。

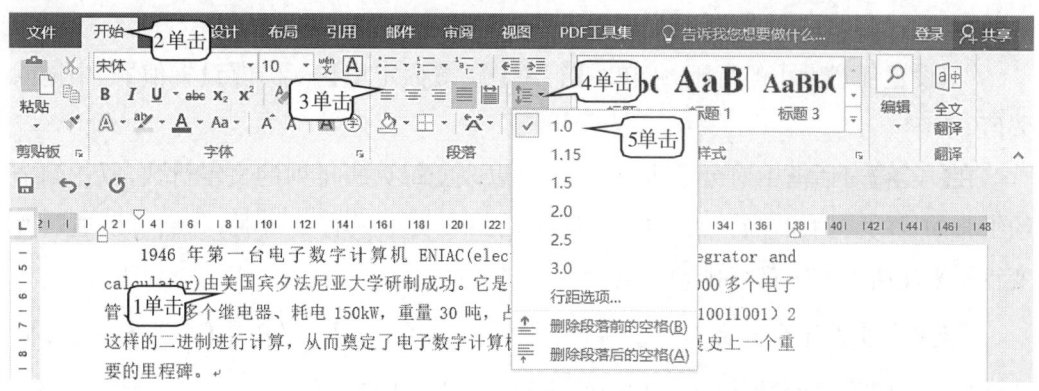

图 4.2.5

步骤 3 选定标题【计算机发展与应用综述】

步骤 4 单击【居中】按钮(见图 4.2.6),结果见图 4.2.6。

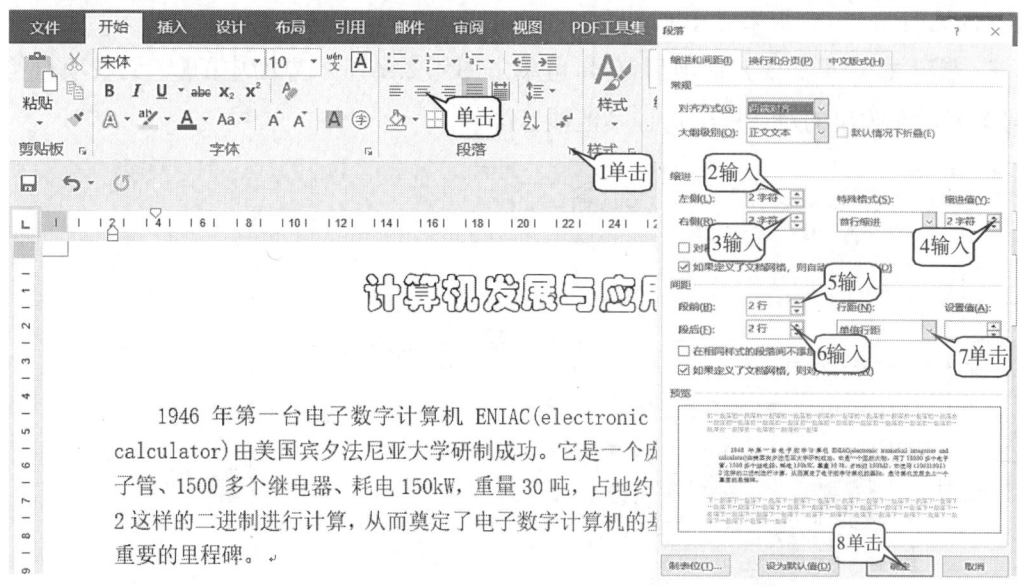

图 4.2.6

 知识拓展

在上述操作中我们设置的参数基本上都是 2,实际上在图 4.2.6 所示的【段落】对话框中可以根据需要设置段前距、段后距、左缩进、右缩进,其操作步骤如下。

(1)设置段前距:在【段前】框中输入段前要空出的行数。

(2)设置段后距:在【段后】框中输入段后要空出的行数。

(3)设置左缩进:在【左侧】框中输入要缩进的字符数。

(4)设置右缩进:在【右侧】框中输入要缩进的字符数。

(5)设置任意大小的行距:①单击【行距】选择【固定值】。②在【设置值】框中输入数值。

在【段落】对话框中对行距进行调整,可以改变每页所排列的文字行数,以达到节约纸张的目的。例如,当一篇文档有两页,而第 2 页上只有 3 行时,我们可以通过改变行距来使所有文字都缩排到一页上。

步骤　①选定全部文本。②单击【段落】按钮【　】。③单击【行距】,选择【固定值】。④在【设置值】框中输入相应的数值。⑤单击【确定】。

任务 3　添加项目符号与编号

步骤1　①选定 4 段文字。②单击【项目符号】下拉按钮。③单击选择一种项目符号(见图 4.2.7),结果见图 4.2.7。

步骤2　如果需要其他项目符号,可单击图 4.2.7 所示界面中的【定义新项目符号】,然后在弹出的对话框中选择其他项目符号。

图 4.2.7

步骤3　①选定 4 段文字。②单击【编号】下拉按钮。③单击选择一种编号(见图 4.2.8),结果见图 4.2.8。

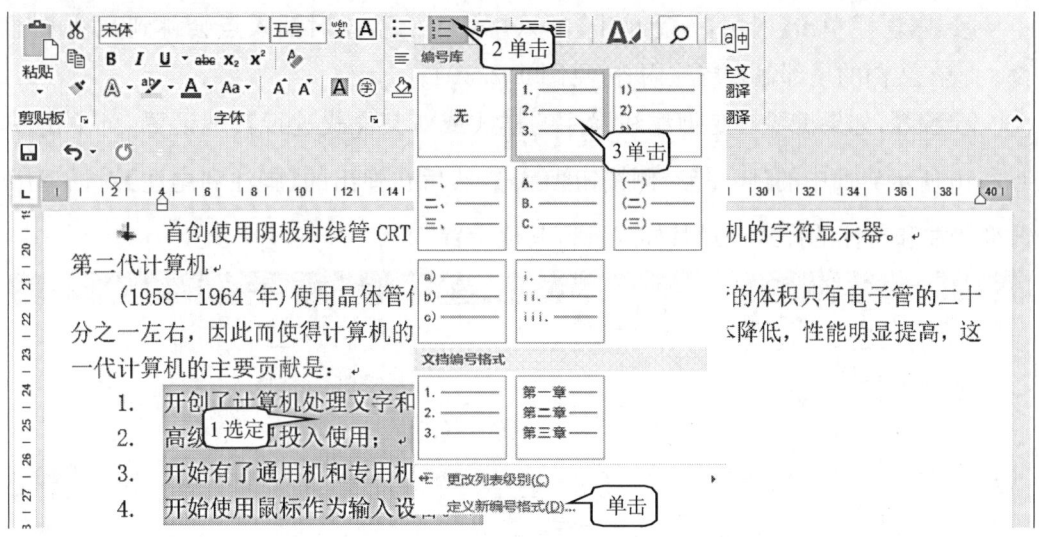

图 4.2.8

 知识拓展

如果需要其他项目编号，可单击图 4.2.8 所示界面中的【定义新编号格式】，在弹出的对话框中，单击【编号样式】按钮，选择一种编号，单击【确定】。

任务 4 插入脚注与尾注

步骤 1 ①单击【引用】。②选定第 1 页中倒数第 3 行的【集成电路】。③单击【插入脚注】按钮，这时插入点会跳到本页的底部。④在如图 4.2.9 所示界面的底部输入脚注内容(见图 4.2.9)，这时【集成电路】右上角就会出现一个上标字【1】，当鼠标指向【1】时就会出现在脚注中输入的内容，见图 4.2.9。

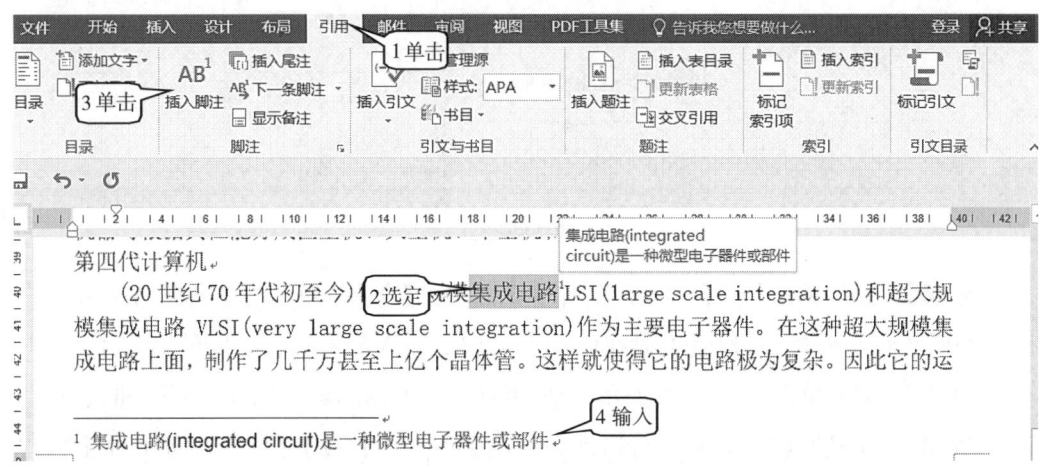

图 4.2.9

步骤 2 ①单击【引用】。②单击【插入尾注】按钮,这时插入点会跳到文档的尾部。③在文档的尾部输入尾注内容(见图 4.2.10)。

步骤 3 如果需要改变脚注和尾注的样式或对其样式进行其他设置,可单击图 4.2.10 所示界面中的【脚注】右侧按钮【】,然后在弹出的【脚注和尾注】对话框中改变脚注和尾注的样式或对其样式进行其他设置。

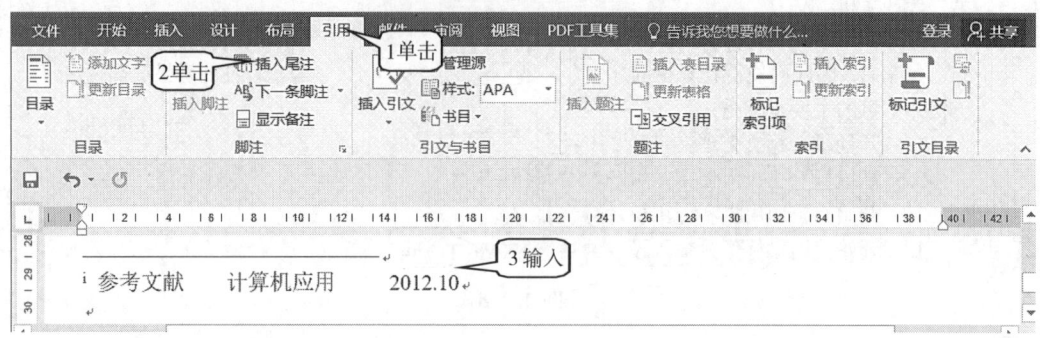

图 4.2.10

任务 5 插入页眉、页脚与页码

1. 插入页眉、页脚

步骤 1 ①单击【插入】。②单击【页眉】。③单击【空白】。④输入页眉内容【计算机应用】(见图 4.2.11),出现图 4.2.12 所示界面。

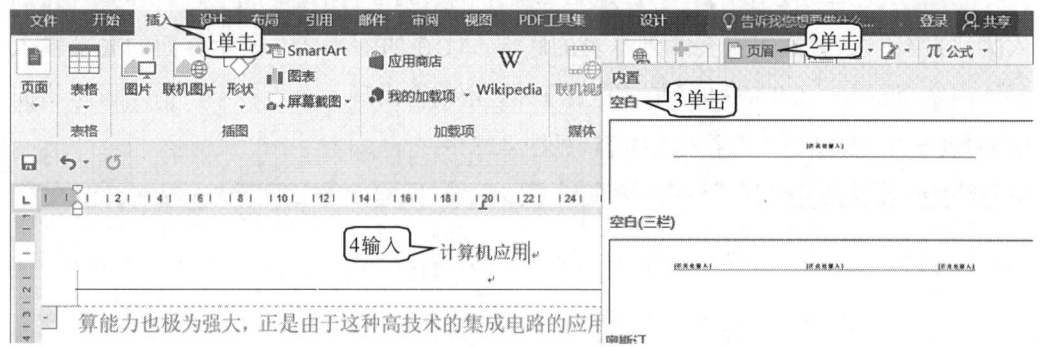

图 4.2.11

步骤 2 如果单击勾选图 4.2.12 所示界面中的【奇偶页不同】复选框,Word 会自动跳到偶数页页眉处,用户就可以在偶数页页眉处输入与奇数页不同的页眉了。

步骤 3 如果单击图 4.2.12 所示界面中的【图片】按钮,就可以在页眉处插入图片。

步骤 4 如果要设置页眉字符格式,可先选定页眉中的字符,然后将鼠标指针停留在选定的字符上,就会出现字符设置工具,这样就可以设置字符格式了。

步骤5 单击图 4.2.12 中的【转至页脚】按钮,出现图 4.2.13。

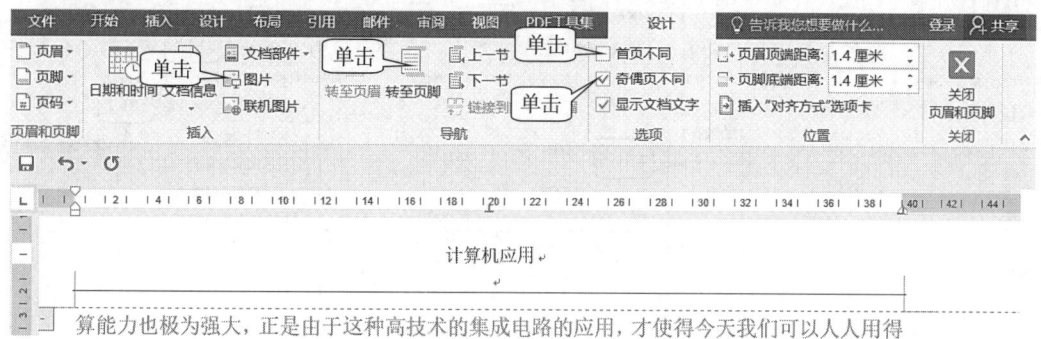

图 4.2.12

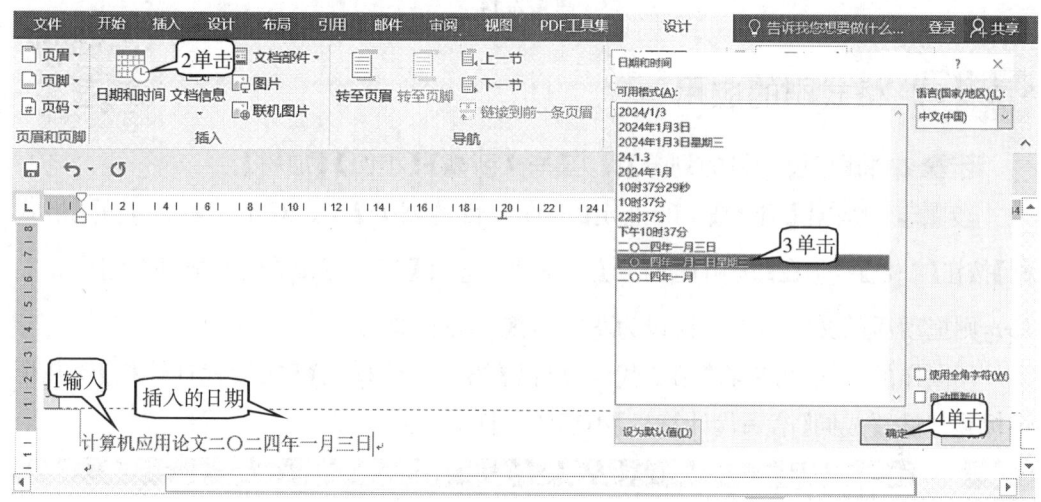

图 4.2.13

步骤6 ①输入【计算机应用论文】。②单击【日期和时间】按钮,出现图 4.2.13 所示的【日期和时间】对话框。③单击选择所要的日期样式。④单击【确定】,则日期被插入页脚。⑤输入【1.4厘米】以设置页脚区域的高度(见图 4.2.13)。

2. 插入页码

步骤 ①单击【插入】(见图 4.2.14)。②单击【页码】下拉按钮。③单击【页面底端】。④单击【普通数字1】,即可插入如图 4.2.14 所示的页码。

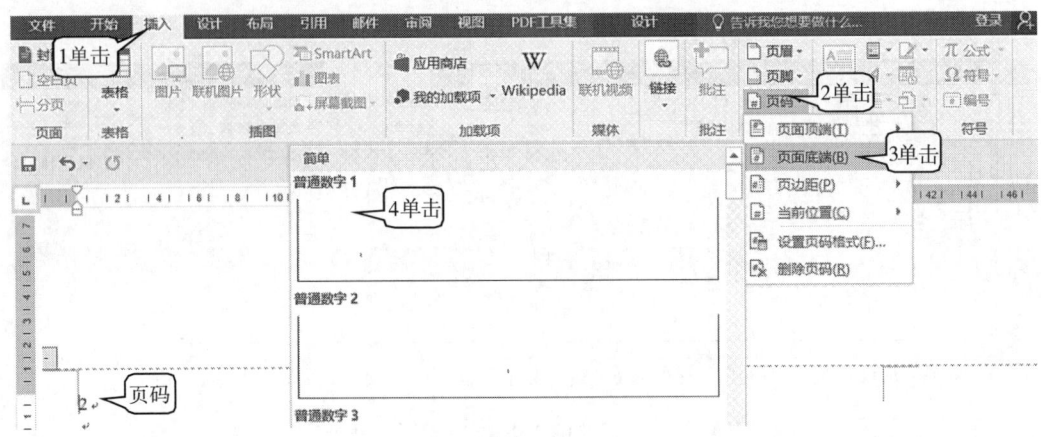

图 4.2.14

任务 6 格式刷的应用

步骤 1 将【按设计目的划分】设为【华文新魏】【小四】【加粗】。

步骤 2 ①单击【开始】。②选定【按设计目的划分】。③双击工具栏上的【格式刷】按钮【】。④在【按用途划分】上拖动。⑤在【按大小划分】上拖动(见图4.2.15),则拖动后的文字格式就被设为华文新魏、小四、加粗。

用同样的方法,可以将【第二代计算机】【第三代计算机】【第四代计算机】这几个小标题都设置成同【第一代计算机】小标题一样的格式。

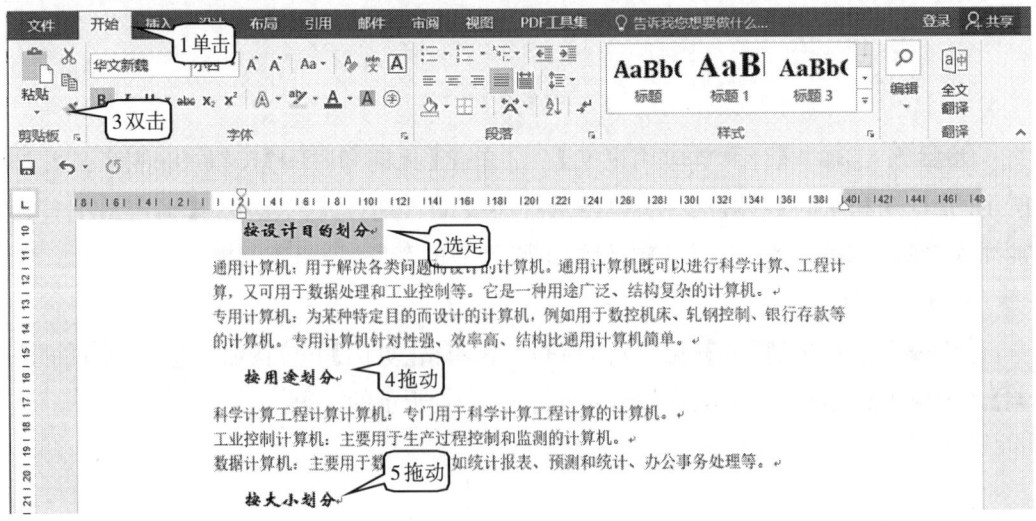

图 4.2.15

项目 3　课表的制作

项目任务描述与分析

表格在日常工作中被大量运用。很多问题通过表格可以更加简明直观地说明。使用表格呈现信息比使用文字更为简明、精确、直观。所以在日常工作中,表格的应用往往更受人们的欢迎。除了在文档中使用表格来说明问题之外,在日常办公中还会有大量的表格需要填写和制作,例如,课表、申请表、工作表、统计表、财务报表、设备账务表、个人简历表、采购表、销售表等。掌握表格的制作技巧,可以为工作带来很大的方便。本项目中的表格制作实例涉及简单表格的生成、表格线的设置、底纹的设置、单元格的拆分与合并、行列的删除与增加,以及斜线表头的设置等。掌握这些操作技巧就可以胜任日常的办公表格制作。

本项目以制作以下课表为例进行讲解。

××××工程技术学院
202×—202×学年第一学期班级课程表

说明:

　　1. 主院南楼为 1 号教学楼,北楼为 2 号教学楼,计算机中心为 3 号楼,计算机中心正前方楼为 4 号楼,东院南教学楼为 5 号楼,东院北教学楼为 6 号楼。

　　2. 本课程表自　　年　　月　　日起实施。

＿＿＿＿＿＿系＿＿＿＿＿＿级＿＿＿＿＿＿班　辅导员＿＿＿＿＿＿　人数＿＿＿＿＿＿

星期＼课程教室＼节次	上午				下午			
	1—2 节		3—4 节		5—6 节		7—8 节	
	课程	教室	课程	教室	课程	教室	课程	教室
星期一								
星期二								
星期三								
星期四								
星期五								

该表格由三部分构成:第一部分是文字部分;第二部分是一个 10×1 的表格;第三部分是一个 9×13 的表格。制作流程是先将表格名称和说明文字输入并设置好格式,然后生成一个 10×1 的表格,并对其表格线进行设置,只保留部分单元格的下线。接着制作一个 9×7 的表格,再给表格增加行,最终使表格成为 9×13 的表格(该表格也可直接生成)。通过拆分单元格和合并单元格来调整单元格的大小,并设置表格线和底纹。最后再加上斜线表头,输入并设置表格内的文字,从而完成整个表格的制作。

任务 1 简单表格的制作

步骤 1 ①输入表格上半部分的内容并根据括号中的格式说明进行排版。内容如下。

××××工程技术学院(黑体、小三);202×－202×学年第一学期班级课程表(黑体、小三);说明:1. 主院南楼为 1 号教学楼,北楼为 2 号教学楼,计算机中心为 3 号楼,计算机中心正前方楼为 4 号楼,东院南教学楼为 5 号楼,东院北教学楼为 6 号楼;2. 本课程表自　年　月　日起实施(宋体、5 号)。

②单击【插入】。③单击【表格】。④横向拖动鼠标到第 10 格,插入 10×1 表格(见图 4.3.1)。

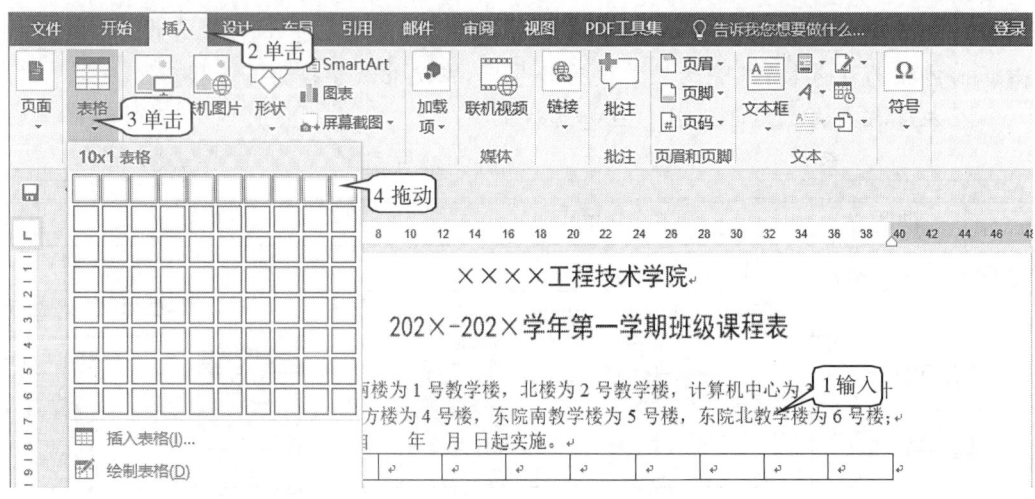

图 4.3.1

步骤 2 ①在表中输入如图 4.3.2 所示的文字【系、级、班、辅导员、人数】。②在表格下方单击鼠标,并按回车。③单击【插入】。④单击【表格】。⑤单击【插入表格】,出现图 4.3.2 所示的【插入表格】对话框。⑥输入【7】。⑦输入【9】。⑧单击【确定】,

则插入了 7×9 的表格(见图 4.3.2)。

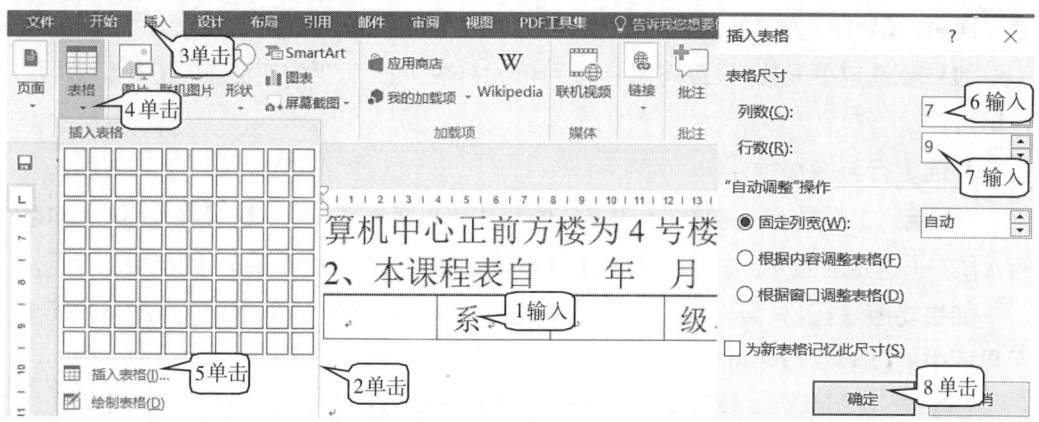

图 4.3.2

任务 2 行(列)的处理

1. 手动调整行(列)大小

将鼠标指到表格线上使其变为双箭头【✛】,然后拖动鼠标调整线的位置即可调整列宽(见图 4.3.3),结果见图 4.3.3。

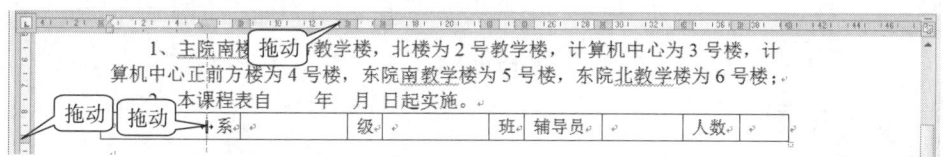

图 4.3.3

拖动标尺上的【移动表格列】按钮【 】也可调整列宽;拖动标尺上的【移动表格行】按钮【 】可以调整行高。

2. 选定列与增加列

步骤 ①将鼠标移到第 2 个表格顶部,使其箭头变为实心箭头【↓】,然后水平拖动选定 3 列。②右击选定的部分。③单击【插入】\【在右侧插入列】(见图 4.3.4),表格就会增加 3 列。

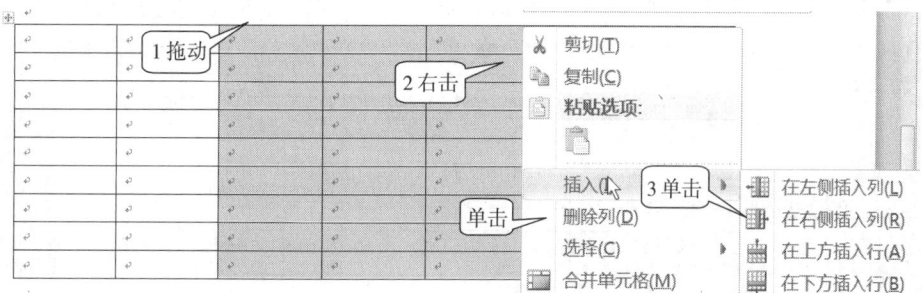

图 4.3.4

如果要删除列,只需先选定要删除的列,然后右击选定的部分,单击图 4.3.4 所示界面中的【删除列】即可。

如果要选定单元格,只需将鼠标移到单元格左侧使其变为实心箭头【➚】,然后单击即可。

3. 选定行与增加行

步骤 ①将鼠标移到第 2 个表格左侧使其箭头变为空心箭头【⇗】,然后拖动选定 3 行。②右击选定的部分。③单击【插入】\【在下方插入行】(见图 4.3.5),就会增加 3 行。

如果要删除行,只需先选定要删除的行,然后右击选定的部分,单击图 4.3.5 所示界面中的【删除行】即可。

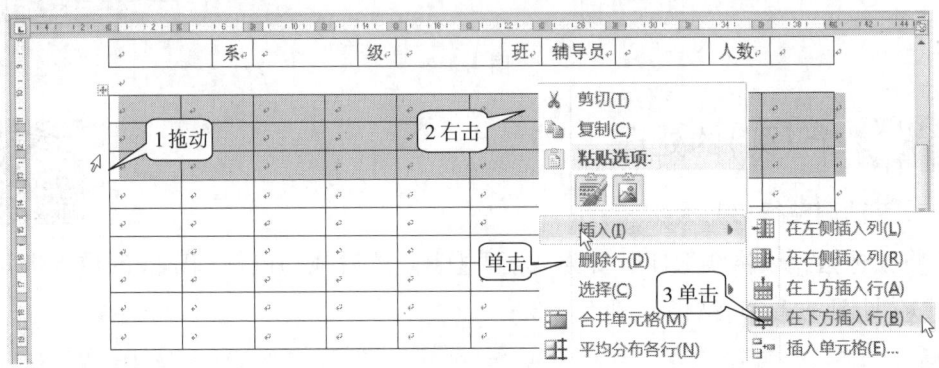

图 4.3.5

知识拓展

(1)选定多个连续的单元格:在要选定的单元格上拖动就可以选定几个连续的单元格。

(2)选定多个离散的单元格:按住【Ctrl】键,在要选定的单元格上拖动(见图 4.3.6)。

图 4.3.6

(3)选定离散的多行:按住【Ctrl】键,在要选定行的左侧拖动(见图 4.3.7)。

图 4.3.7

(4)选定离散的多列:按住【Ctrl】键,在要选定列的顶端拖动(见图4.3.8)。

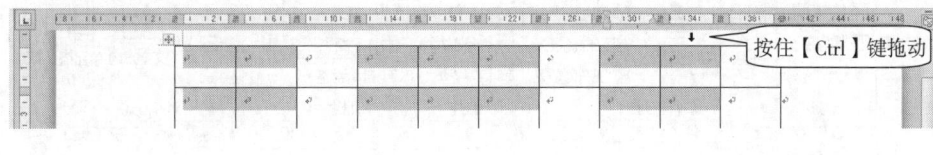

图4.3.8

(5)选定整个表格:①单击表格中的任意一个单元格,将鼠标指到表格的左上角的选定柄【⊞】上。②单击选定柄【⊞】。

(6)让文字环绕表格:①右击表格的选定柄【⊞】。②单击【表格属性】。③单击【环绕】。④单击【确定】。

(7)移动表格:拖动表格的选定柄【⊞】。

(8)删除表格:①单击表格的任意一个单元格。②单击【布局】。③单击【删除】。④单击【删除表格】。

4. 设置行高(列宽)

步骤 ①单击第2个表格左上角的表格选定柄【⊞】,选定整个表格。②单击【布局】。③输入【1厘米】。④输入【1.5厘米】(见图4.3.9)。这样就将表格的所有列的宽度都设为了1.5厘米,将所有行的行高都设为了1厘米。

如果要单独对行或列进行设置,可以先选定行或列,然后再按上述方法进行设置。

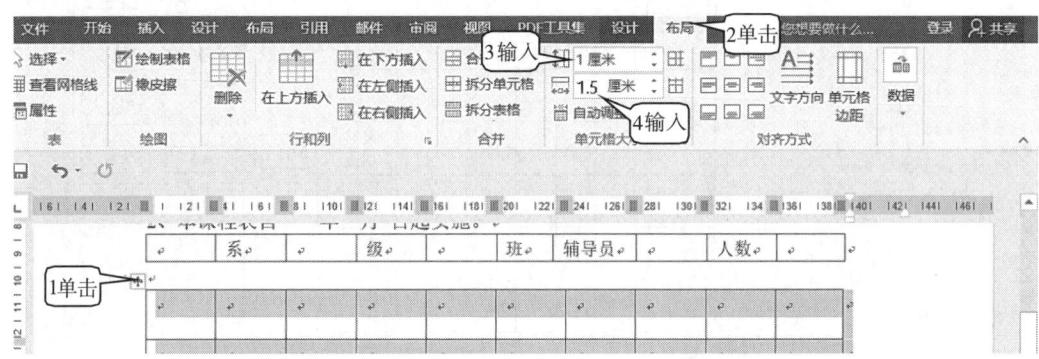

图4.3.9

任务3 单元格的合并与拆分

1. 单元格的合并

步骤1 ①选定第2个表格左上角的4个单元格。②单击【布局】\【合并单元格】(见图4.3.10),则表格左上角4个单元格就合为了1个单元格,结果见图4.3.11。

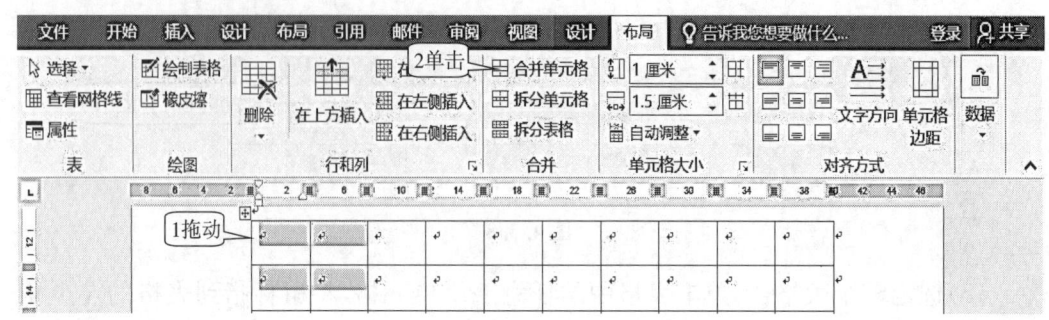

图4.3.10

步骤2 将表格第1列和第2列的其他单元格每4个视为一组进行选定,并进行同样的合并,结果见图4.3.11。再参照图4.3.11将需要合并的所有单元格合并。

2. 单元格的拆分

步骤1 ①选定第2个表格最上面的单元格(见图4.3.11)。②单击【布局】。③单击【拆分单元格】,出现图4.3.11所示的【拆分单元格】对话框。④输入【1】。⑤输入【2】。⑥单击【确定】,则选定的单元格就被分为了1列2行,结果见图4.3.11。

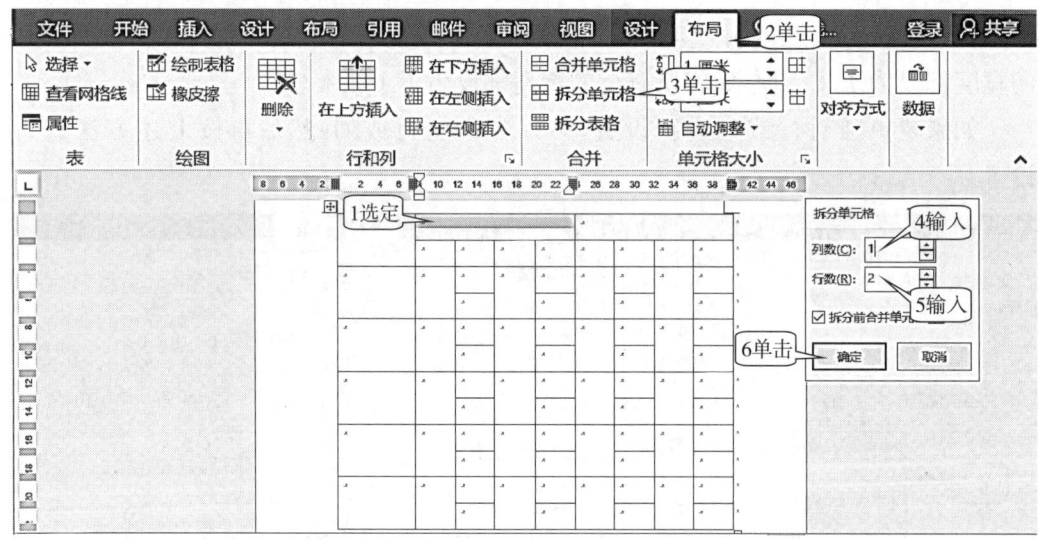

图4.3.11

步骤2 将该单元格右侧的单元格作同样的拆分。

步骤3 将步骤1和步骤2中拆分出的第2行单元格均拆分为1行2列,最终结果见图4.3.14。

知识拓展

（1）将单列拆分为多列：①选定表格的某列。②单击【拆分单元格】。③在【拆分单元格】对话框的【列数】框内输入列数。④单击【确定】。

（2）将单行拆分为多行：①选定表格的某行。②单击【拆分单元格】。③在【拆分单元格】对话框的【行数】框内输入行数。④单击【确定】。

（3）将多行多列拆分为多行多列：①选定几行几列。②单击【拆分单元格】。③在【拆分单元格】对话框的【列数】框内输入列数。④在【拆分单元格】对话框的【行数】框内输入行数。⑤单击【确定】。

任务 4　表格线的设置

步骤 1　①单击第 1 个表格选定柄，选定第 1 个表格。②单击【设计】。③单击【边框】按钮。④单击【边框和底纹】，出现图 4.3.12 所示的【边框和底纹】对话框。⑤单击【上线】按钮，去除上线。⑥单击【左线】按钮，去除左线。⑦单击【中间线】按钮，去除中间线。⑧单击【右线】按钮，去除右线。⑨单击【确定】（见图 4.3.12）。

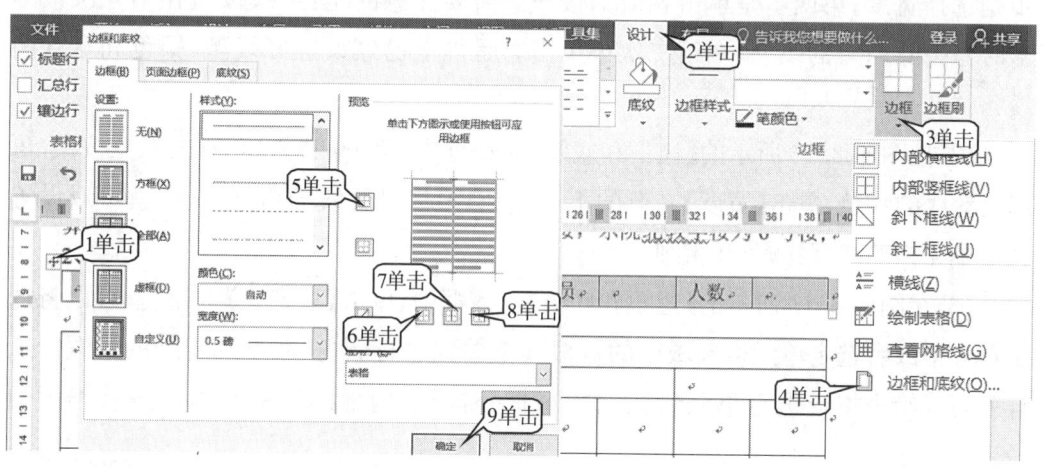

图 4.3.12

步骤 2　按住【Ctrl】键选定【系、级、班、辅导员、人数】所在的单元格，按照步骤 1 中的方法，单击【下线】按钮，去除单元格的下线，结果见图 4.3.17。

步骤 3　①在图 4.3.13 所示界面中单击第 2 个表格左上角的表格选定柄，选定第 2 个表格。②单击【设计】。③单击【边框】按钮。④单击【边框和底纹】，出现图 4.3.13 所示的【边框和底纹】对话框。⑤单击选择【双细线】。⑥单击【虚框】按钮。⑦单击【确定】。

这样表格的外框线就被设为了双细线，表格的内部线就被设为了单细线。

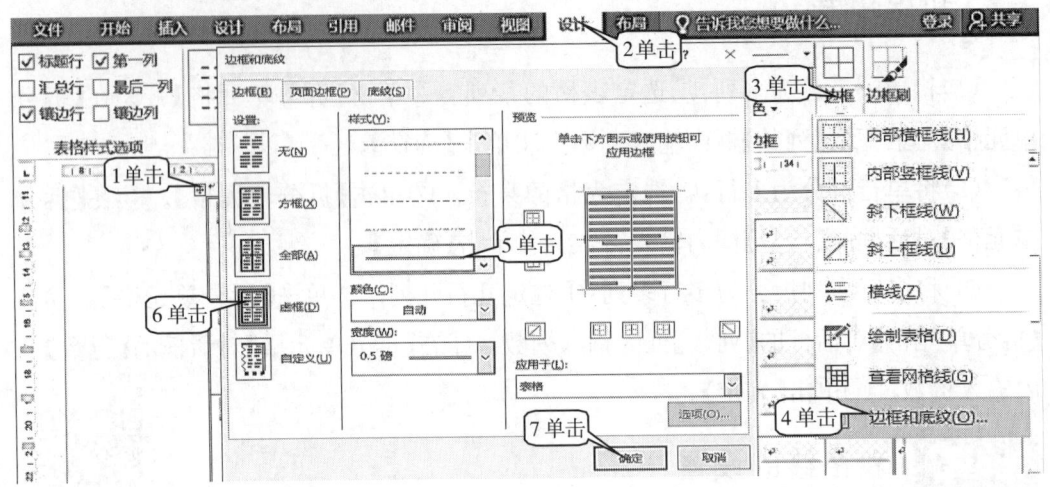

图 4.3.13

 知识拓展

（1）表格线的设置是有顺序的。第一步是选择线型；第二步是选择颜色；第三步是选择宽度；第四步是单击相应的按钮。需要注意的是：边线按钮在第一次被单击时是去除原有的线条，在第二次被单击时是加上已经设置好线型、颜色和宽度的线条。

（2）在图4.3.13所示的【边框和底纹】对话框中，单击【颜色】右侧的下拉按钮，可以设置线的颜色，单击【宽度】右侧的下拉按钮，可以设置线的粗细，这样就可以设置选定单元格的线型、颜色和粗细了。

（3）在图4.3.13所示的【边框和底纹】对话框中，单击【自定义】按钮，就可以将选定单元格或者选定单元格区域中的每根线都单独进行颜色、线型和粗细的设置。这样就可以给表格或选定单元格区域的每根外框线、内部的竖线和横线进行不同的设置。

任务 5 斜线表头的设置

步骤 ①单击第2个表格左上角单元格。②单击【设计】。③单击【边框】下拉按钮。④单击【斜下框线】（见图4.3.14），结果见图4.3.14。

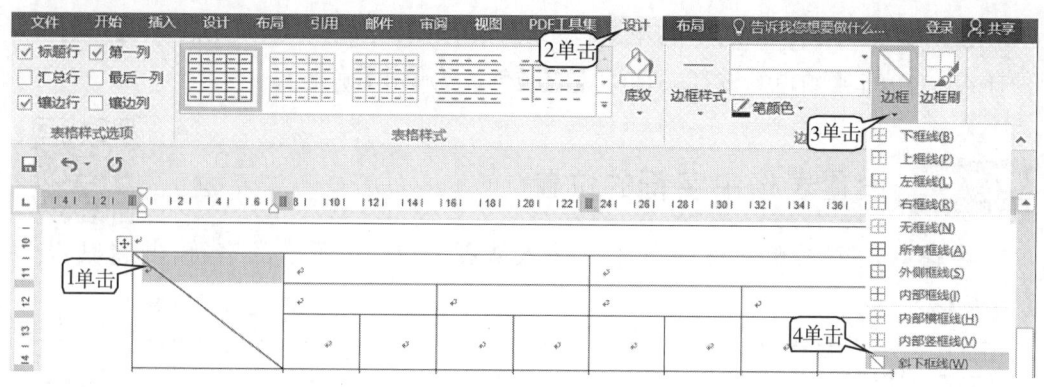

图 4.3.14

任务 6 表格底纹的设置

步骤 1 ①按住【Ctrl】键拖动选定图 4.3.15 所示界面中的各列。②单击【设计】。③单击【底纹】下拉按钮。④单击选择【浅蓝色】(见图 4.3.15)。

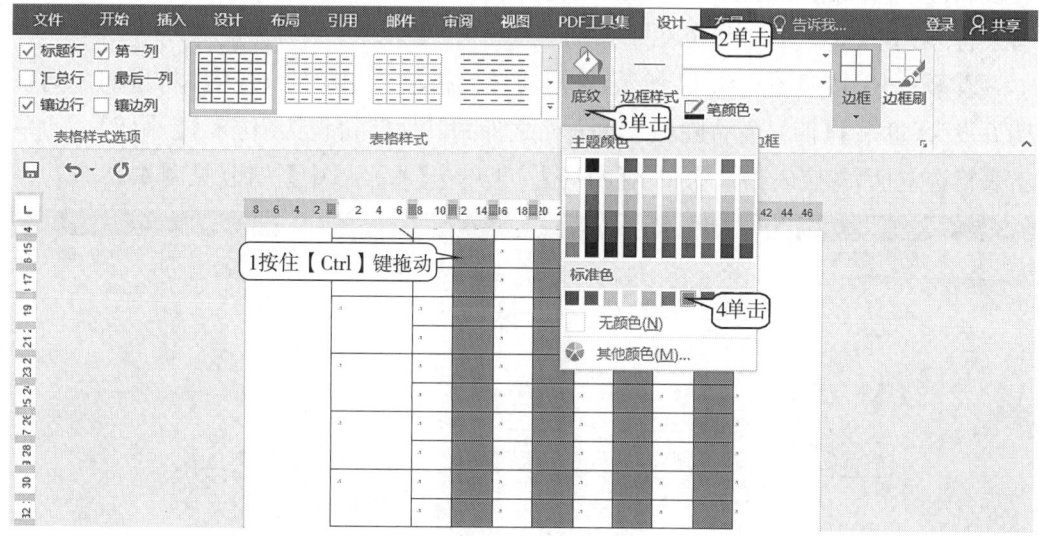

图 4.3.15

步骤 2 在相应的单元格中输入图 4.3.17 所示的文字。

 知识拓展

除了上述将单元格背景设置为单色之外,还可以通过【边框和底纹】对话框,将单元格背景设置为由彩色线条组成的纹路,设置步骤如下。

步骤 1 单击图 4.3.13 所示界面中的【边框和底纹】按钮,出现【边框和底纹】对话框。

步骤 2 ①单击【底纹】。②单击【填充】,选择一种颜色。③单击【样式】,选择一种样式。④单击【颜色】,选择一种样式的颜色。⑤单击【确定】。

任务 7 设置表格中字符的位置

步骤 1 在斜线单元格内分 4 行输入如图 4.3.16 所示的字符,并将其设为【仿宋】【小五】。

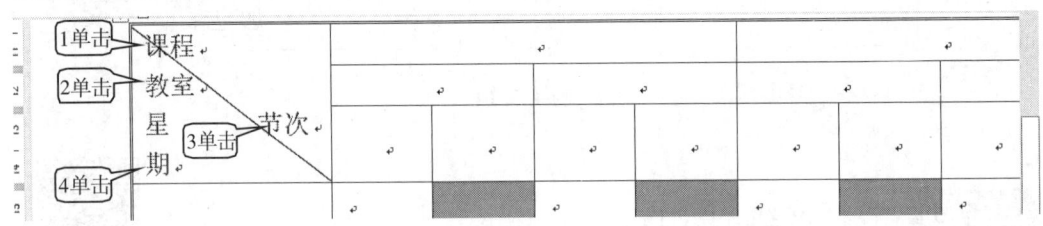

图 4.3.16

步骤 2 ①在【课程】前单击,按空格键右移字符。②在【教室】前单击,按空格键右移字符。③在【节次】前单击,按空格键右移字符。④在【星期】前单击,按空格键右移字符(见图 4.3.16),结果见图 4.3.17。

步骤 3 ①按照图 4.3.17 所示,在对应单元格输入相应的文字,并将星期一到星期五设为【隶书】【四号】;将除斜线单元格之外的其他字符设为【仿宋】【小四】。②单击表格选定柄,选定表格。③单击【布局】。④单击【水平居中】按钮(见图 4.3.17)。

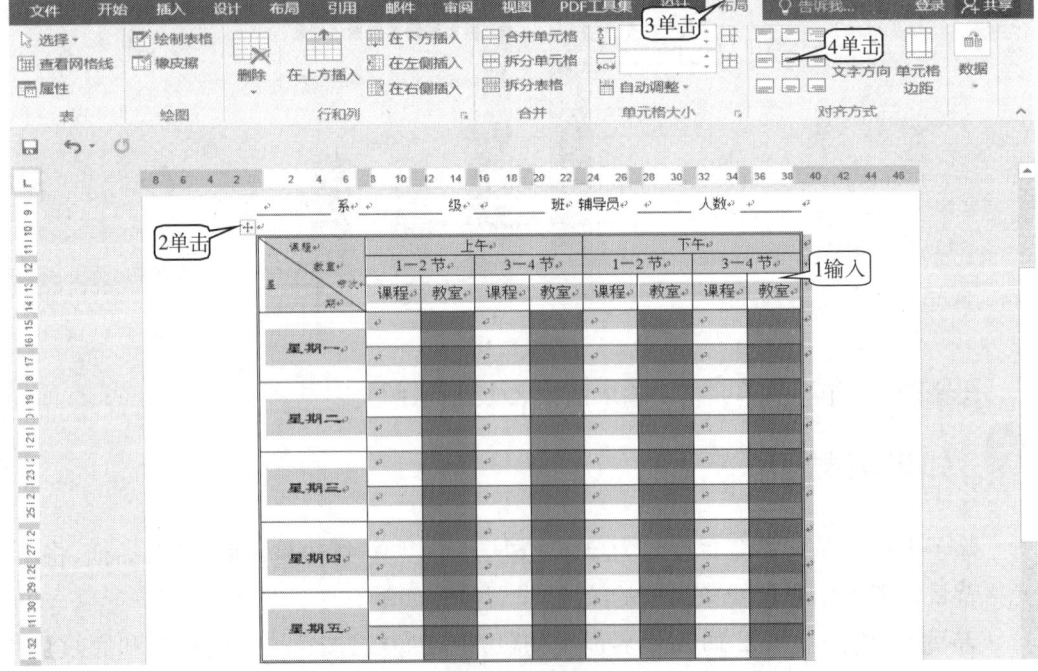

图 4.3.17

项目 4 制作具有立体感的销售表

项目任务描述与分析

前面已经简单地介绍了表格线条和底纹的设置。如果灵活应用表格的底纹、线型、颜色,就可以设计出更为美观实用的表格。下面将介绍具有立体感表格的设计,其实现方法是将表格的底纹设为灰色,将一行的上线设为白色,下线设为较粗的深灰色。表格中除了有文字外,还有公式。在本项目制作的销售表的【平均销量】和【合计】单元格中分别输入平均值函数和求和函数,可计算得到相应数值。公式的应用使表格具有计算功能,大大减轻了某些表格中数据需要人工计算并填入的劳动强度。为了使表格的计算功能更强,还可以在表格中直接插入 Excel 表格。插入的 Excel 表格与直接在 Word 中制作的表格的区别在于:Excel 表格是实时进行计算的,即当改变表格中的数据时,计算单元格中的数据会自动地实时更新。应用排序功能和图表功能来显示数据,则可以更明显地得出表格中数据的规律。对于复杂的表格可以使用 Word 提供的手绘表格工具,十分方便、自由地画出各种各样的规则和不规则的表格。

本项目以制作图 4.4.1 所示销售表为例进行讲解。

销售表	华东	华西	华南	华北	合计
瑞虎 8	820	585	494	389	2288
风云 A8	820	589	197	369	1975
艾瑞泽 8	750	687	183	290	1910
探索 06	740	282	794	86	1902
瑞虎 9	800	293	198	594	1885
瑞虎 8 PRO	880	379	387	191	1837
瑞虎 7	780	189	590	188	1747
捷途 X70	660	391	396	293	1740
捷途 X90	850	269	288	280	1687
捷途大圣	600	179	187	477	1443
平均销量	770	384.3	371.4	315.7	

图 4.4.1

任务 1 立体感表的设置

步骤 1 单击【表格】按钮,单击【插入表格】;在弹出的【插入表格】对话框中输入行数 12 和列数 6,单击【确定】,制作一个 6×12 的表格。

步骤 2 ①单击表格选定柄,选定表格。②单击【设计】。③单击【底纹】下拉按钮。④单击选择【白色,背景 1,深色 25%】。⑤输入如图 4.4.2 所示的表格内容。

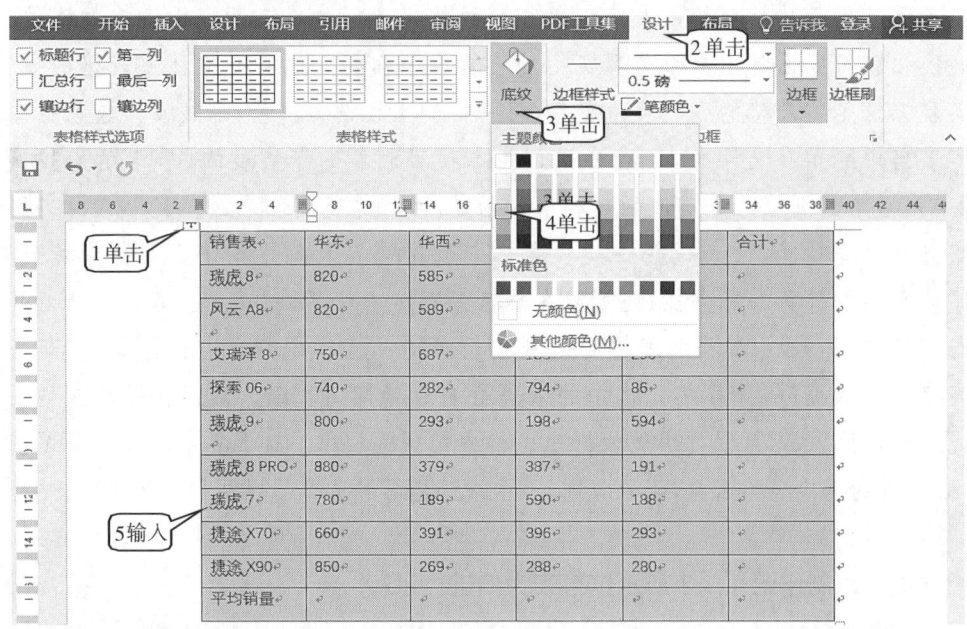

图 4.4.2

步骤 3 ①选定第 2~12 行。②单击【布局】。③输入【0.8 厘米】(见图 4.4.3),同理,再将第 1 行的高度设为【1.2 厘米】。

图 4.4.3

步骤 4 将第 1 行的文字【华东、华西、华南、华北、合计】设为【华文彩云】【小四】【深蓝】【居中】。

步骤 5 将文字【销售表】设为【华文新魏】【小二】【加粗】。

步骤6 将文字【瑞虎8、风云A8、艾瑞泽8、探索06、瑞虎9、瑞虎8 PRO、瑞虎7、捷途X70、捷途X90、捷途大圣、平均销量】设为【楷体】【五号】【深红】【加粗】【居中】；将以上品牌在不同区域的销量设为【深绿】【宋体】【居中】。

步骤7 将销售表单元格设为绿色底纹,将字符设为【深蓝】【华文新魏】【小二】。

步骤8 ①单击表格选定柄,选定整张表。②单击【设计】。③单击【边框】按钮。④单击【无线框】(见图4.4.4)。

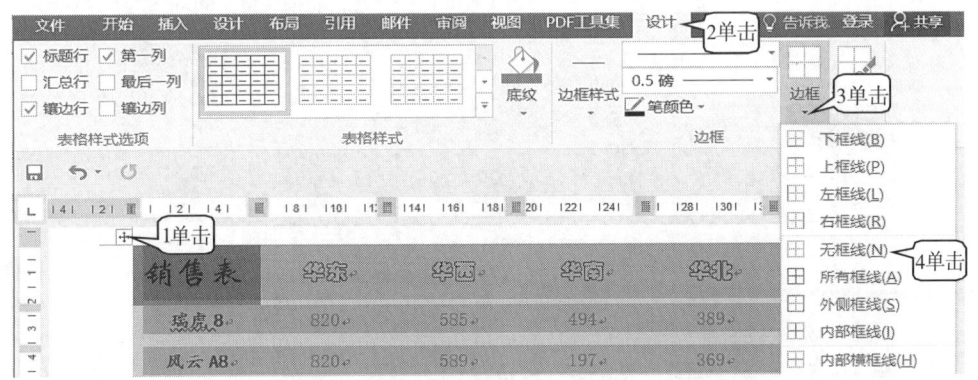

图4.4.4

步骤9 ①按住【Ctrl】键,单击选定第1、3、5、7、9、11行。②单击【设计】。③单击选择【细实线】。④单击选择【4.5磅】。⑤单击选择【白色,背景1,深色50%】。⑥单击【边框】按钮。⑦单击【下框线】(见图4.4.5),则选定行的下框线都被设成了灰色,结果见图4.4.5。

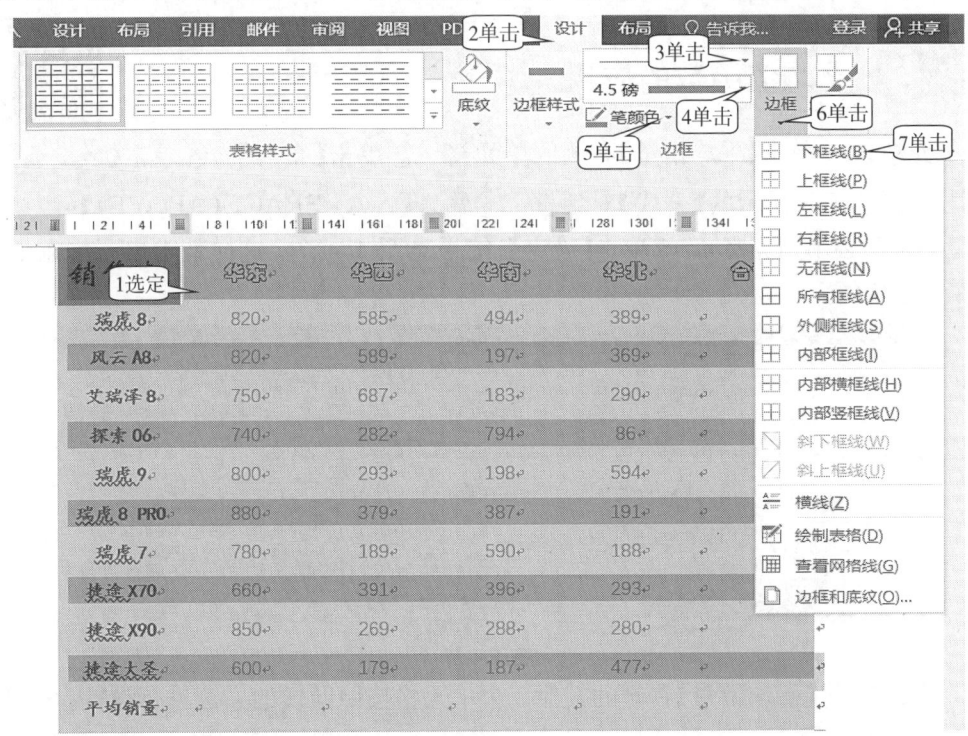

图4.4.5

步骤 10 ①按住【Ctrl】键,单击选定第 3、5、7、9、11 行。②单击【设计】。③单击选择【细实线】。④单击选择【1.5 磅】。⑤单击选择【白色】。⑥单击【边框】按钮。⑦单击【上框线】(见图 4.4.6),则选定行的上框线都被设成了白色,结果见图 4.4.6。

步骤 11 将【销售表】单元格的左右竖线设为三线细线、橙色。

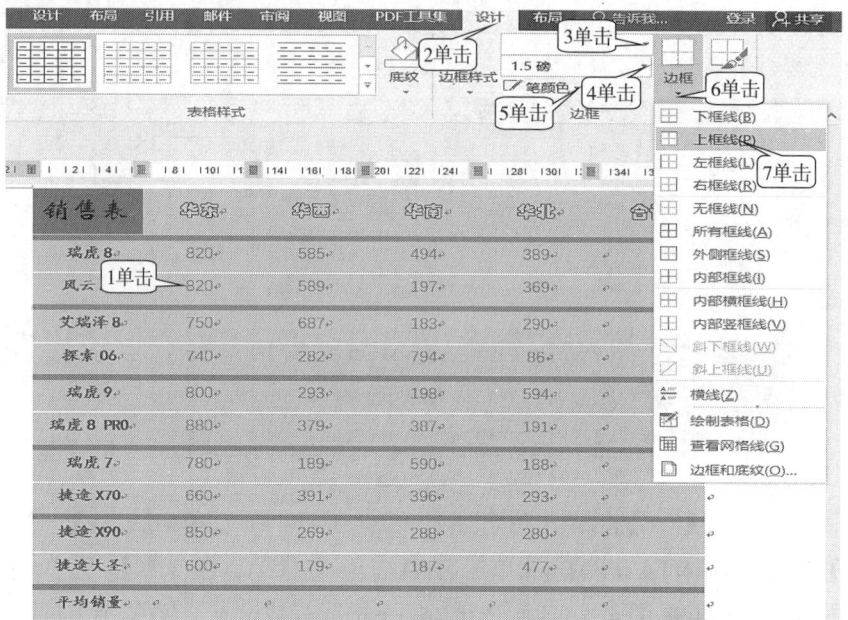

图 4.4.6

任务 2 平均值函数的应用

步骤 1 ①单击【平均销量】右侧的单元格。②单击【布局】。③单击【 公式 】按钮,出现图 4.4.7 所示的【公式】对话框。④输入【=AVERAGE(ABOVE)】(注意公式里的字符必须是英文)。⑤单击【确定】,结果见图 4.4.7。这样就求出了华东地区的销售平均值。

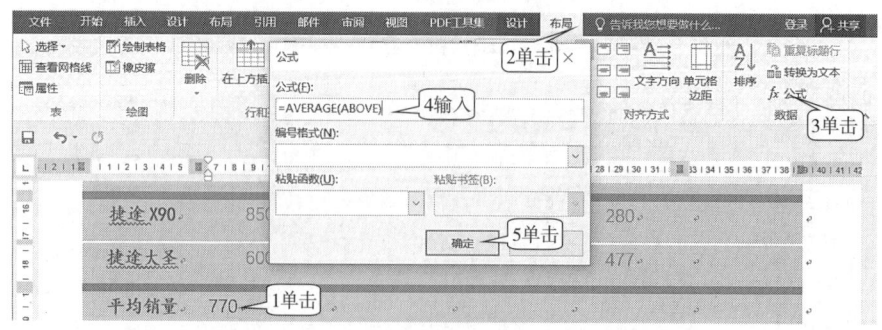

图 4.4.7

步骤 2 将【平均销量】右侧的其他 3 个单元格按照同样的方法进行设置。

任务 3 求和函数的应用

步骤 1 ①单击【合计】下方的单元格。②单击【布局】。③单击【 公式 】按钮,出现图 4.4.8 所示的【公式】对话框。④输入【=SUM(LEFT)】。⑤单击【确定】,结果见图 4.4.8。这样就求出了瑞虎 8 各地区的总销量(见图 4.4.8)。

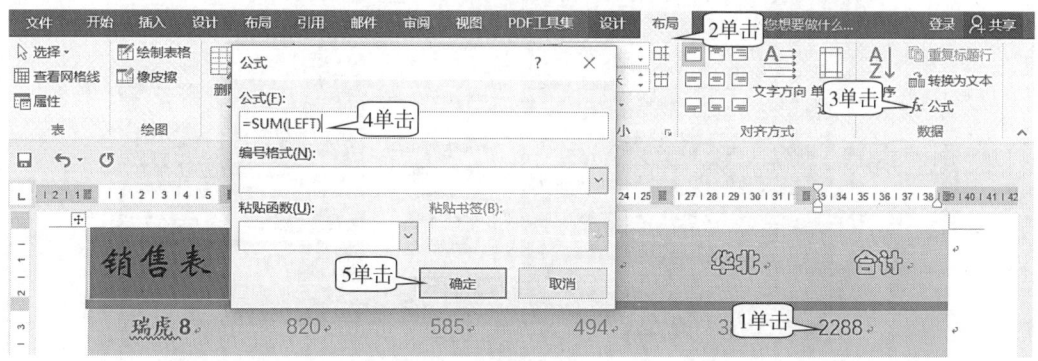

图 4.4.8

步骤 2 对于【合计】下方的其他 9 个单元格按照同样的方法进行设置。

任务 4 排序销量

步骤 ①在如图 4.4.9 所示界面的表格中单击鼠标。②单击【布局】。③单击【排序】按钮 ,按钮,出现图 4.4.9 所示的【排序】对话框。④单击选择【合计】,表示各种车型将按【合计】进行排序。⑤单击选择【华东】,表示各种车型如果【合计】相同的话,则按【华东】的销量进行排序。⑥单击【降序】单选钮。⑦单击【降序】单选钮。⑧单击【确定】,结果见图 4.4.9。

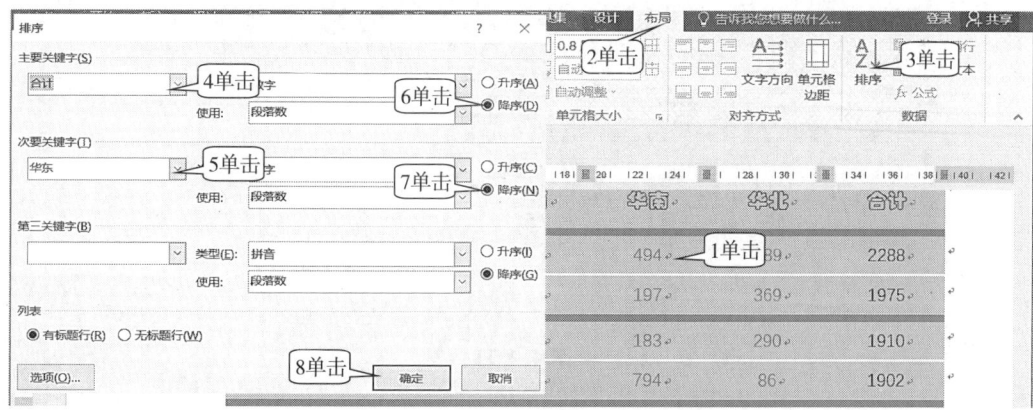

图 4.4.9

任务 5　用图表展示数据

步骤 1　①选定销售表的第 1～11 行。②右击选定区域。③单击复制,复制表格内容(见图 4.4.10)。

图 4.4.10

步骤 2　①在表格的下方单击鼠标。②单击【插入】。③单击【图表】按钮【图表】。④单击【簇状柱形图】。⑤单击【确定】按钮(见图 4.4.11),就会打开 Excel 界面,见图 4.4.12。

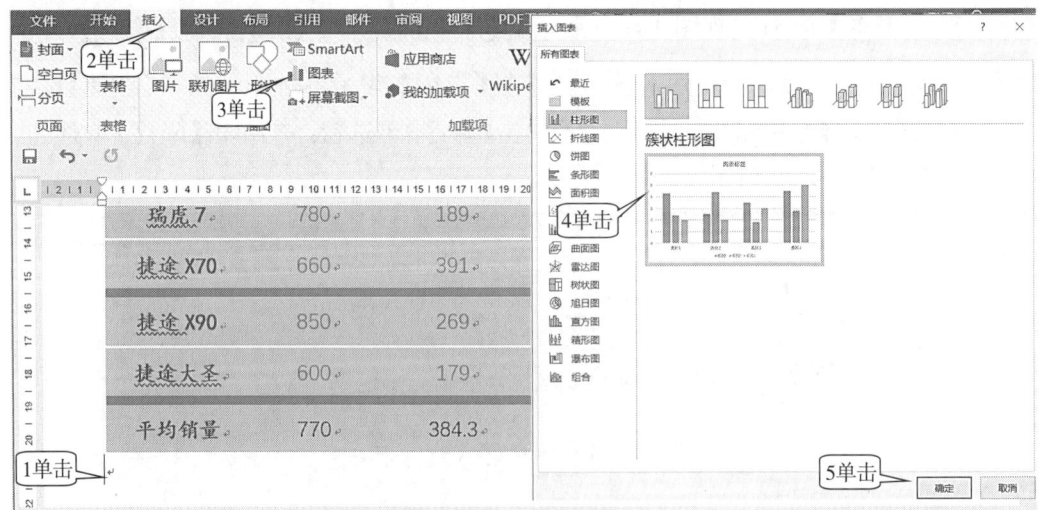

图 4.4.11

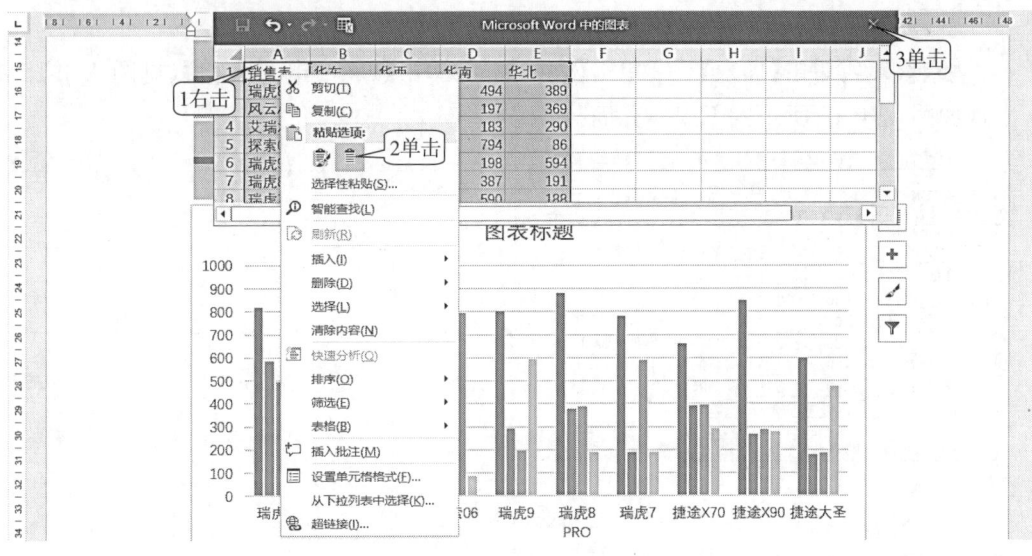

图 4.4.12

步骤 3 ①在图 4.4.12 所示的 Excel 界面中右击 A1 单元格。②单击【粘贴选项】\【匹配目标格式】按钮【 】,则上面复制的表格数据就被粘贴到 Excel 中,同时 Word 中就会自动给出如图 4.4.13 所示的图表。③单击 Excel 界面的【关闭】按钮(见图 4.4.12),结果见图 4.4.13。

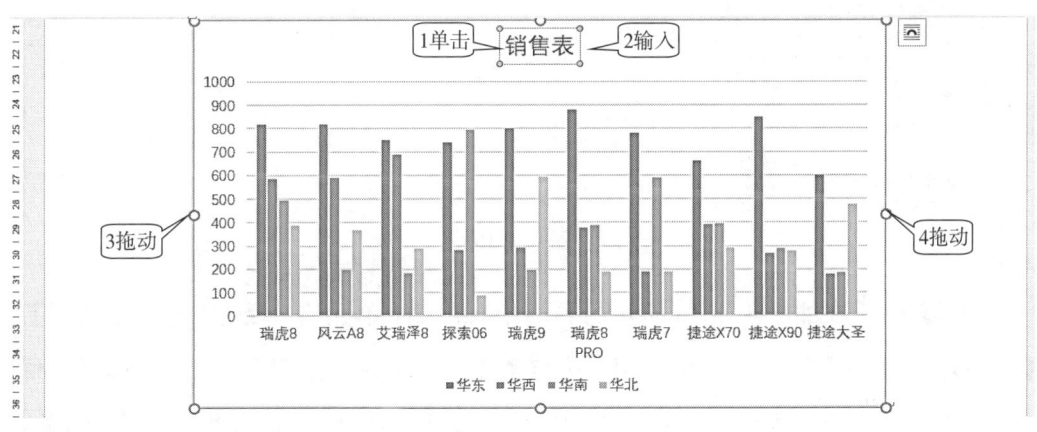

图 4.4.13

步骤 4 ①在图表标题框中单击鼠标。②输入【销售表】。③拖动控点可调节图表大小。④拖动图表边框可移动图表(见图 4.4.13)。

任务 6　插入 Excel 表

步骤 1 在 Excel 中打开【教材素材】\【Excel】\【销售表】,见图 4.4.14。

步骤 2 ①选定整个表格。②右击选定的部分。③单击【复制】复制表格(见图 4.4.14)。

步骤3 新建一个 Word 文档，如图 4.4.15 所示。

步骤4 ①单击【插入】。②单击【表格】。③单击【Excel 电子表格】（见图 4.4.15），出现如图 4.4.16 所示的 Excel 界面。

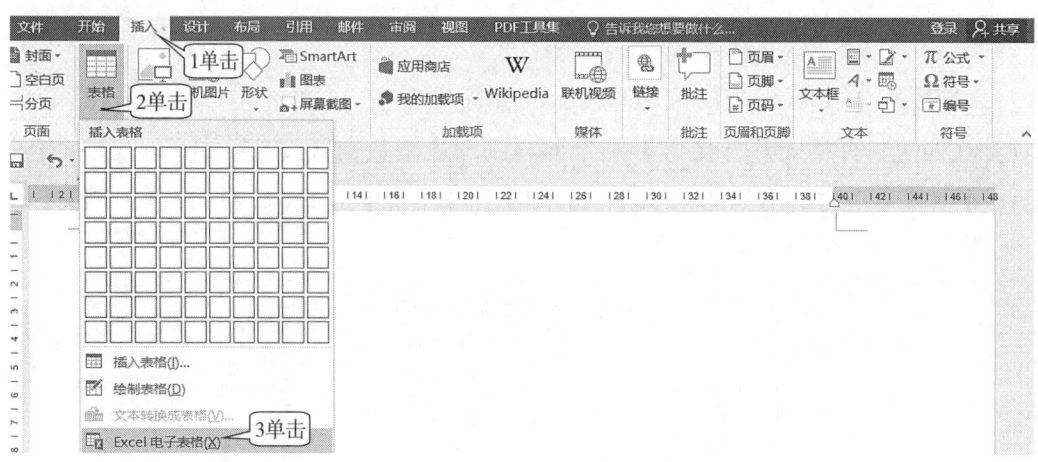

图 4.4.14

图 4.4.15

步骤5 ①在如图 4.4.16 所示的界面中右击 A1 单元格。②单击【粘贴选项】\【粘贴】按钮【🗐】，则步骤 2 中复制的表格数据就被粘贴到这里了。③拖动第 2 行的行标线，调整此行的高度。④在第 3~13 行的行标上拖动，选定这些行。⑤单击【格式】。⑥单击【行高】，出现图 4.4.16 所示的【行高】对话框。⑦输入【16】，设置选定行的行高。⑧单击【确定】。⑨拖动 A 列的列线调整列宽。⑩拖动控点使表格数据能全部显示出来。

步骤6 在图 4.4.16 所示界面的空白处单击鼠标，就会回到 Word 中，结果如图 4.4.17 所示。

若想对表格中的数据进行修改，可以双击图 4.4.17 所示界面的 Word 表格，进入图 4.4.16 所示的 Excel 界面，在这里对数据进行修改。

在 Word 中插入 Excel 表格的优点是:表中若有函数或公式项(例如我们插入的表格中的合计项),则在对表格数据进行修改的时候,合计项会自动进行重新计算。而在 Word 中修改表格中其他数据时,合计部分是不会自动进行计算的。

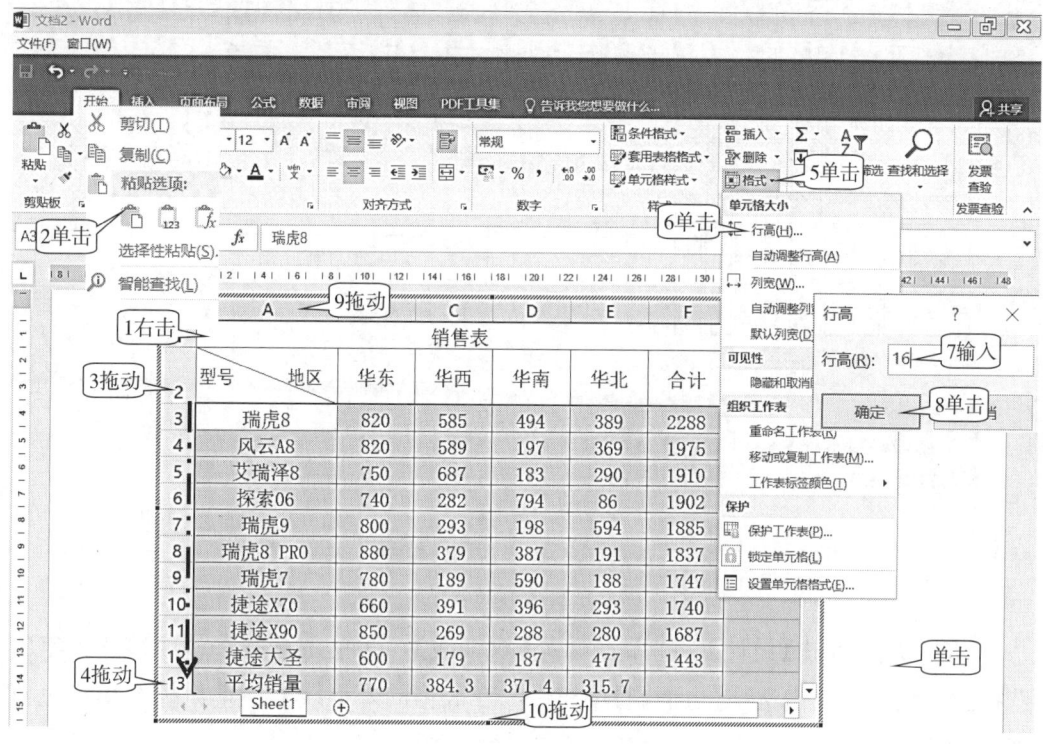

图 4.4.16

图 4.4.17

任务 7　表格手绘工具的使用

用绘制表格工具可以绘制出各种复杂的表格以及不规则的表格。该工具不但可以绘制表格线,而且可以设置表格线的线型、粗细、颜色及背景色,具体操作步骤如下。

步骤1 ①单击【插入】。②单击【表格】。③单击【绘制表格】。④拖动鼠标画出表格的外框(见图4.4.18)。

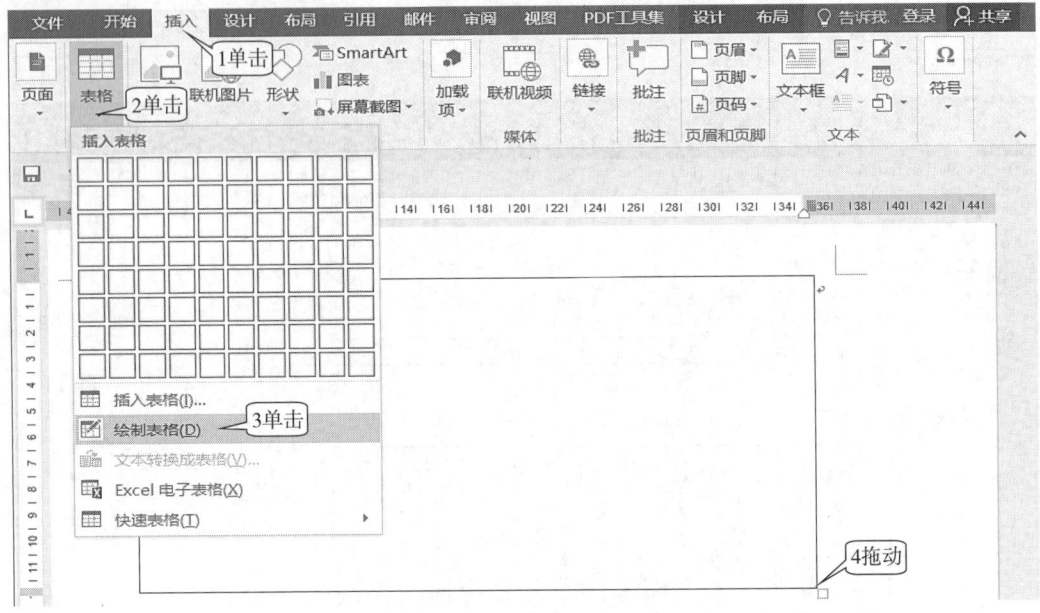

图4.4.18

步骤2 ①单击【设计】。②单击选择【双细线】。③单击选择【1.5磅】。④单击选择【红色】。⑤单击选择【边框刷】按钮。⑥在表格的外框线上拖动鼠标画出红色双细线(见图4.4.19)。

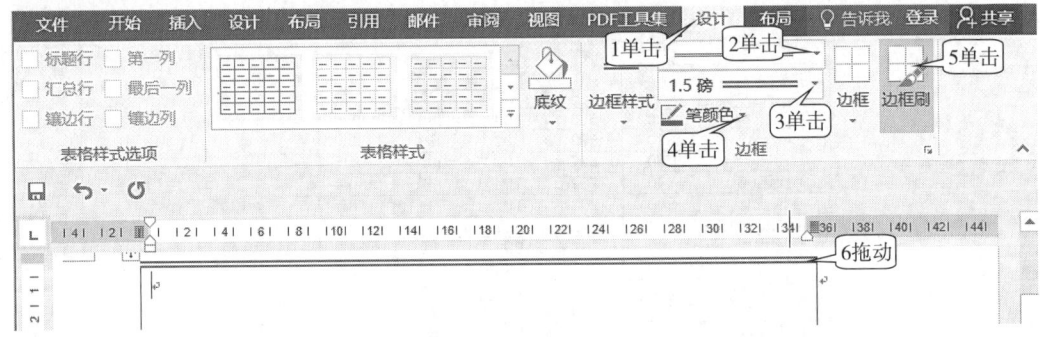

图4.4.19

步骤3 ①单击【布局】。②单击【绘制表格】按钮,则鼠标箭头变成笔形。③拖动鼠标画出竖线。④拖动鼠标画出竖线。⑤拖动鼠标画出横线。⑥拖动鼠标画出横线。⑦拖动鼠标画出横线。⑧单击【橡皮擦】按钮,则鼠标箭头变成橡皮擦形状。⑨移动鼠标在要擦除的线上单击,即可擦除该线条(见图4.4.20)。

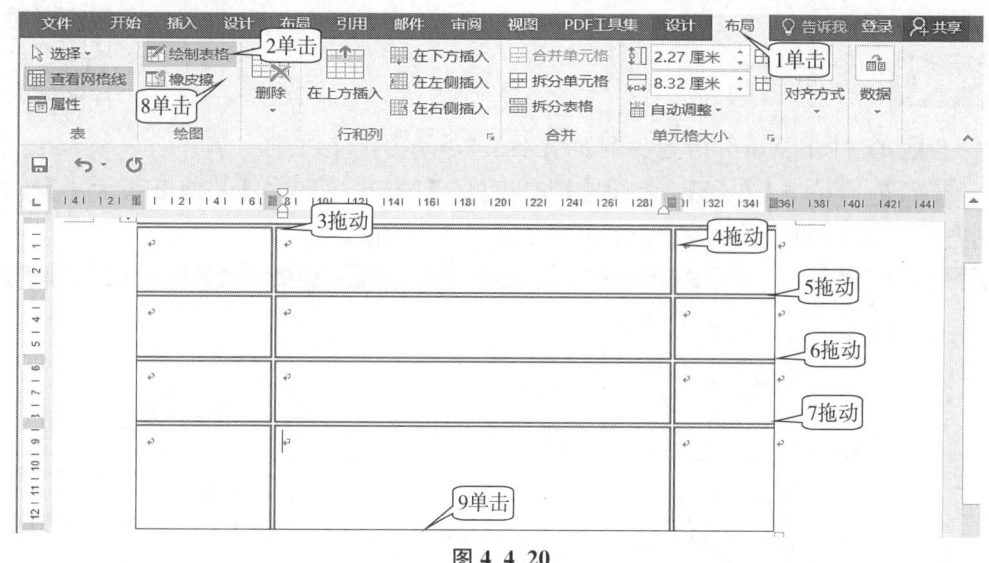

图 4.4.20

项目 5 贺卡的制作

项目任务描述与分析

将艺术字、图片、文本框、页面边框应用在贺卡设计中会使贺卡更为美观和有新意。建党 100 周年贺卡(如图 4.5.1)是在一个自定义的 21 厘米×15 厘米的纸张上制作的,其中插入了图片,并对其进行了调整;通过设置添加的艺术字形状、大小、样式和立体效果使其更为美观;通过设置加入文本框的大小和边框线透明效果,使文字部分能够浮现在图片上。设置的页面边框则给贺卡增添了一个好看的外框。

本项目以制作如图 4.5.1 所示的贺卡为例进行介绍。

图 4.5.1

任务 1 页面设置

步骤 1 打开 Word,得到一个如图 4.5.2 所示的空白文档。

步骤 2 ①单击【布局】。②单击【纸张大小】按钮。③单击【其他纸张大小】按钮(见图 4.5.2),出现图 4.5.3 所示的【页面设置】对话框。

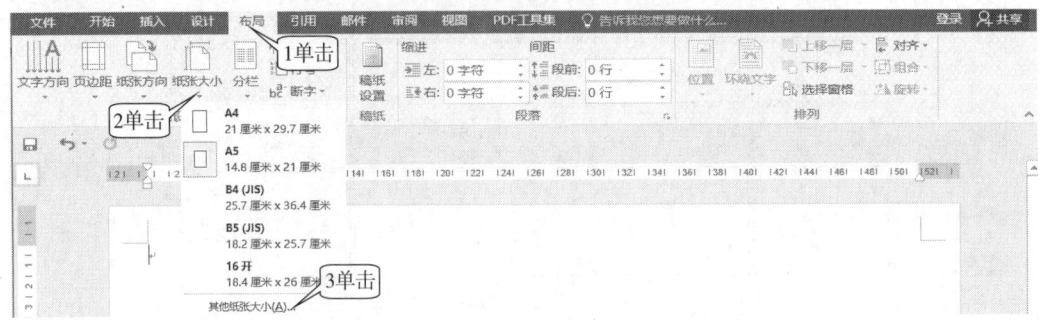

图 4.5.2

步骤 3 ①单击选择【自定义大小】。②输入【21 厘米】。③输入【15 厘米】。④单击【页边距】(见图 4.5.3),出现图 4.5.4 所示的【页面设置】对话框。

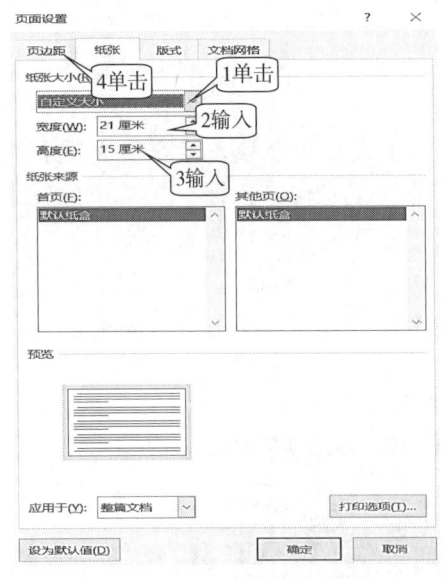

图 4.5.3　　　　　　　　　　图 4.5.4

步骤 4 ①输入【1 厘米】。②输入【1 厘米】。③输入【1 厘米】。④输入【1 厘米】。⑤单击选择【横向】。⑥单击【确定】(见图 4.5.4)。

任务 2 图片的插入与处理

1. 图片的插入

步骤 1 ①单击【插入】。②单击【图片】按钮,出现图 4.5.5 所示的【插入图片】对话框。③单击找到【教材素材】\【图片】文件夹。④双击【红色背景】,将图片插入文档。⑤拖动图片控点调整图片大小。⑥拖动图片调整其位置(见图 4.5.5)。

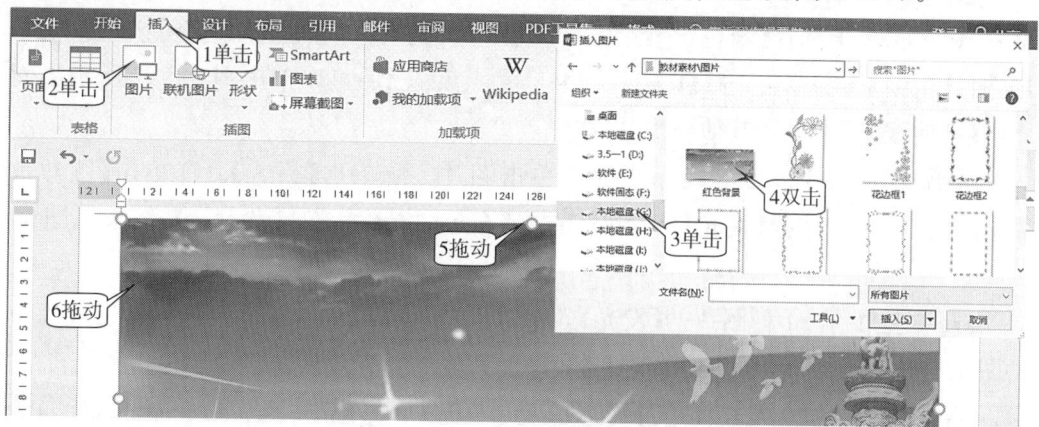

图 4.5.5

步骤 2 ①在图 4.5.6 所示界面中单击图片。②单击【格式】。③单击【图片样式】\【其他】按钮【 ▼ 】,Word 提供了 23 种【图片样式】效果,可以根据需要进行选择。④单击选择【剪去对角白色】,结果见图 4.5.7。

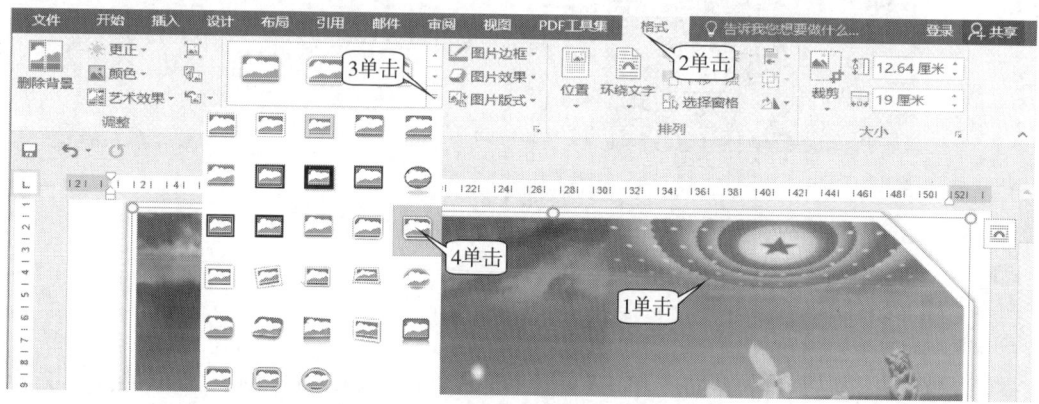

图 4.5.6

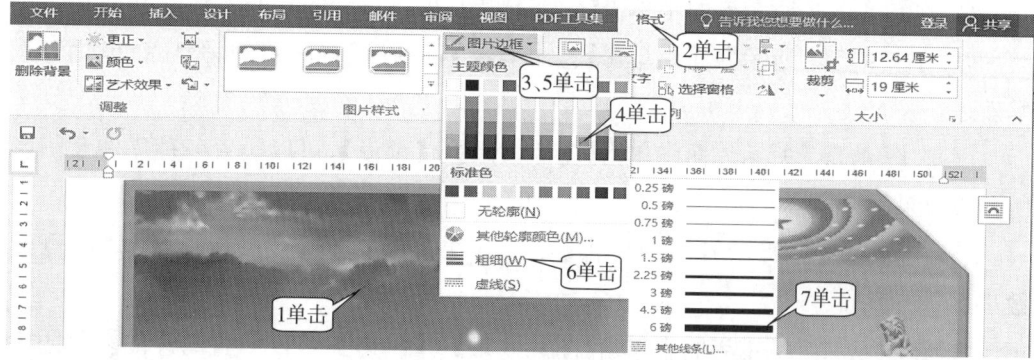

图 4.5.7

2. 图片的边框与发光设置

步骤 1 ①在图 4.5.7 所示界面中单击图片。②单击【格式】。③单击【图片边框】按钮。④单击选择【金色,个性色 4,深色 25%】。⑤单击【图片边框】按钮。⑥单击选择【粗细】。⑦单击选择【6 磅】,结果见图 4.5.7。还可以单击图 4.5.7 所示界面中的【其他线条】来设置其他样式的线条。

步骤 2 ①在图 4.5.8 所示界面中单击图片。②单击【格式】。③单击【图片效果】按钮。④单击选择【发光】。⑤单击选择【金色,11pt 发光,个性色 4】,结果见图 4.5.8。

Word 提供了 24 种图片的【发光】效果,可以根据需要选择【发光】效果,也可以单击图 4.5.8 所示界面中的【其他亮色】来设置其他的发光效果。

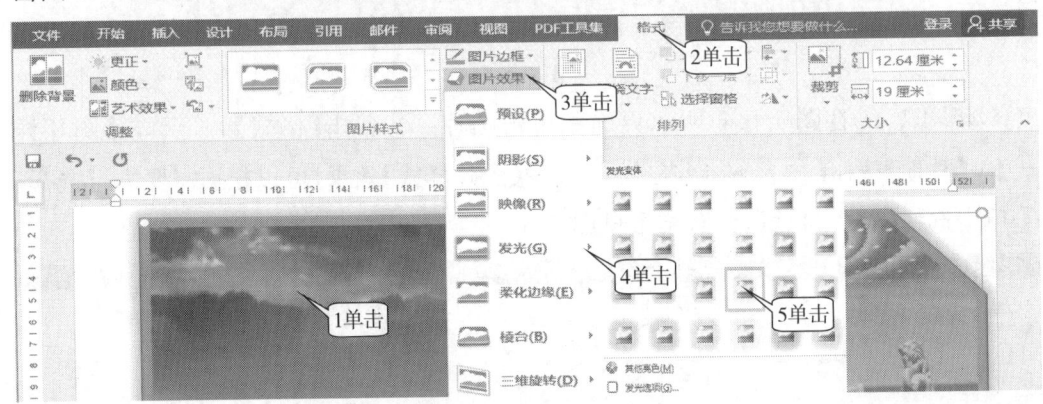

图 4.5.8

知识拓展

(1)在图 4.5.7 所示界面中单击【更正】按钮,可以设置图片的锐化、柔化、亮度和对比度等效果。

(2)在图 4.5.7 所示界面中单击【颜色】按钮,可以设置图片的各种偏色效果。

(3)在图 4.5.7 所示界面中单击【艺术效果】,可以设置图片的马赛克、虚化等艺术效果。

(4)在图 4.5.7 所示界面中单击【图片效果】\【预设】,可以设置各种立体及阴影的预设效果。

(5)在图 4.5.7 所示界面中单击【图片效果】\【映像】,可以设置图片的倒影效果。

(6)在图 4.5.7 所示界面中单击【图片效果】\【阴影】,可以设置图片的多种阴影效果,还可以使用不同的颜色作为阴影。

(7)在图 4.5.7 所示界面中单击【图片效果】\【柔化边缘】,可以设置图片的各种柔化效果,还可以设置柔化边缘的颜色。

(8)在图 4.5.7 所示界面中单击图片,单击【裁剪】按钮,拖动图片上的控点,可以将图片的一部分裁剪掉;再次单击【裁剪】按钮,就可以取消裁剪状态。

(9)在图 4.5.7 所示界面中单击【环绕文字】,可以设置图片与文字的位置关系,如设置成【嵌入型】【四周型环绕】【紧密型环绕】【穿越型环绕】【上下型环绕】【衬于文字下方】【浮于文字上方】【编辑环绕顶点】【其他布局选项】等。

任务 3 艺术字的插入与处理

1. 插入艺术字、设置艺术字排列方向

步骤 1 ①单击【插入】。②单击【艺术字】按钮【 A▼ 】。③单击选择一种艺术字样式。④输入【建党 100 周年】。⑤拖动控点调整大小。⑥拖动旋转控点调整角度。⑦拖动边框调整位置(见图 4.5.9)。

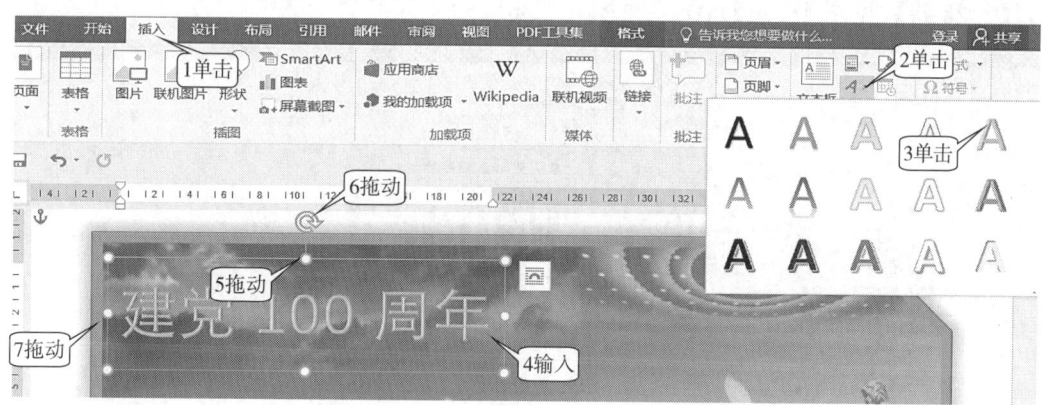

图 4.5.9

步骤 2 ①选定【建党 100 周年】字符。②单击【格式】。③单击【文字方向】。④单击【垂直】(见图 4.5.10),艺术字就会竖排。

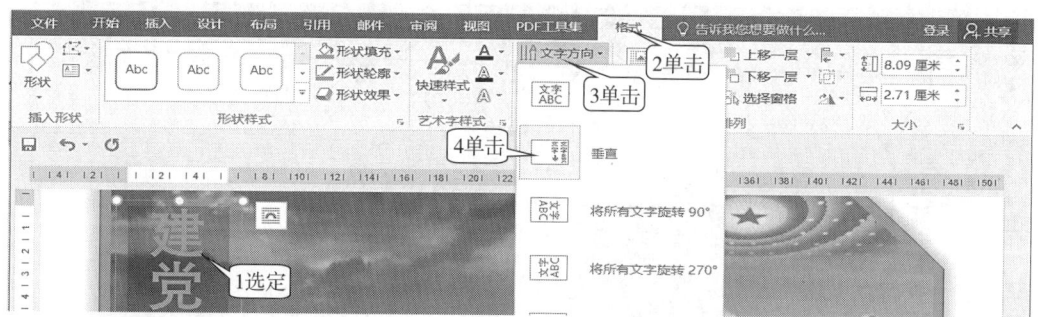

图 4.5.10

步骤3 ①选定【建党100周年】字符。②单击【开始】。③单击选择【华文琥珀】。④单击选择【36】(见图4.5.11),结果见图4.5.11。

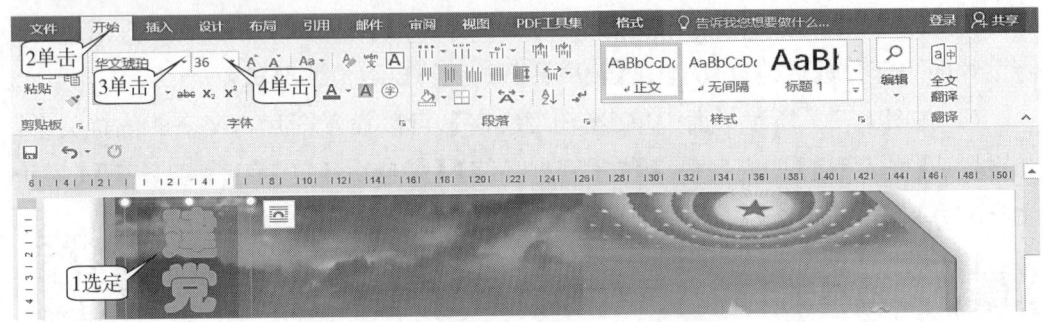

图 4.5.11

2. 设置艺术字字符轮廓与立体效果

步骤1 ①选定【建党100周年】字符。②单击【格式】。③单击【文字轮廓】下拉按钮。④单击选择【深红】。⑤单击【文字轮廓】下拉按钮。⑥单击【粗细】。⑦单击选择【2.25磅】(见图4.5.12),结果见图4.5.12。

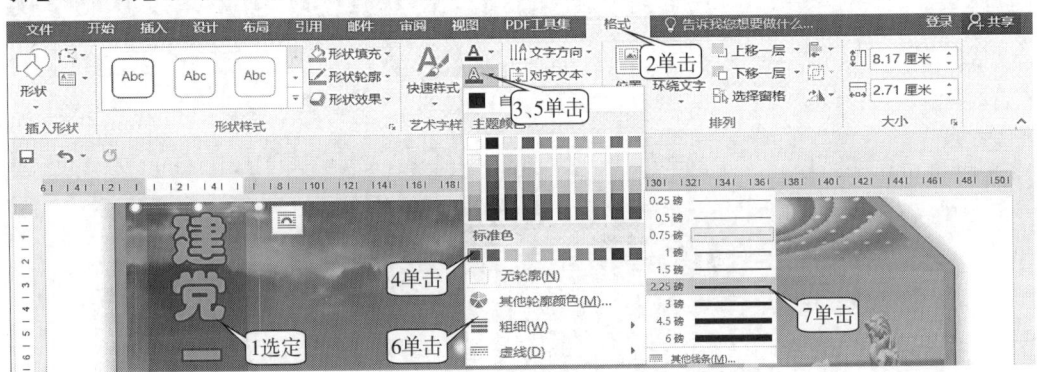

图 4.5.12

步骤2 ①选定【建党100周年】字符。②单击【格式】。③单击【文字效果】下拉按钮。④单击【棱台】按钮。⑤单击选择【角度】(见图4.5.13),结果见图4.5.15。

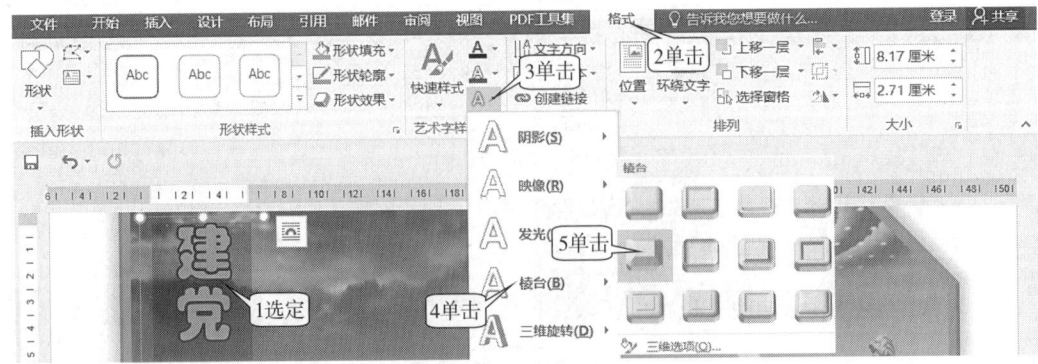

图 4.5.13

步骤 3 ①选定【建党 100 周年】字符。②单击【格式】。③单击【文字效果】下拉按钮。④单击【三维旋转】。⑤单击选择【左透视】(见图 4.5.14),结果见图 4.5.15。

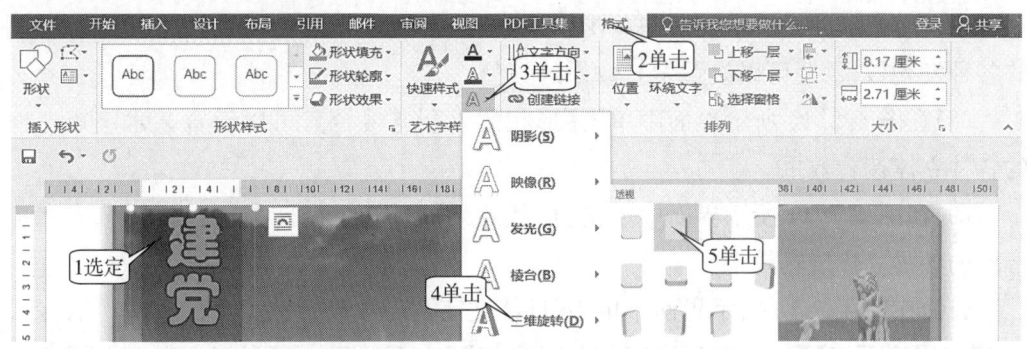

图 4.5.14

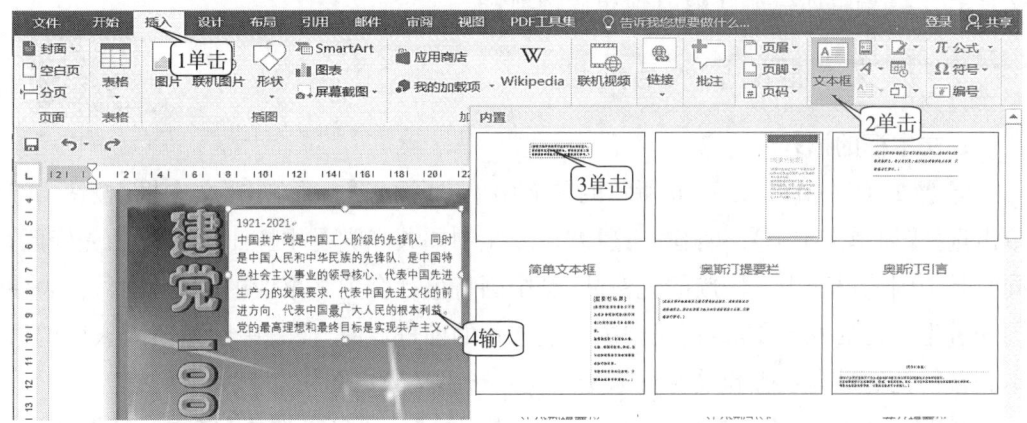

图 4.5.15

知识拓展

(1)在图 4.5.14 所示界面中单击【形状填充】按钮,可以设置艺术字矩形框的填充色。

(2)在图 4.5.14 所示界面中单击【形状轮廓】按钮,可以设置艺术字矩形框的线型、粗细和轮廓颜色。

(3)在图 4.5.14 所示界面中单击【形状效果】\【预设】,可以设置艺术字矩形框的各种立体及阴影预设效果。

(4)在图 4.5.14 所示界面中单击【形状效果】\【阴影】,可以设置艺术字矩形框的多种阴影效果,还可以使用不同的颜色作为阴影。

(5)在图 4.5.14 所示界面中单击【形状效果】\【映像】,可以设置艺术字矩形框的多种倒影效果。

(6)在图4.5.14所示界面中单击【形状效果】\【柔化边缘】,可以设置艺术字矩形框的各种柔化效果,还可以设置柔化边缘的颜色。

(7)在图4.5.14所示界面中单击【形状效果】\【发光】,可以设置艺术字矩形框的各种发光效果,还可以设置发光效果的颜色。

(8)在图4.5.14所示界面中单击【形状效果】\【棱台】,可以设置艺术字矩形框的各种立体棱台效果。

(9)在图4.5.14所示界面中单击【形状效果】\【三维旋转】,可以设置艺术字矩形框的各种立体旋转效果。

(10)在图4.5.14所示界面中单击【环绕文字】,可以设置艺术字的布局,如【嵌入型】【四周型环绕】【紧密型环绕】【穿越型环绕】【上下型环绕】【衬于文字下方】【浮于文字上方】【编辑环绕顶点】【其他布局选项】等。

任务 4　文本框的插入与处理

1. 文本框的插入

步骤1　①在如图4.5.15所示的界面中单击【插入】。②单击【文本框】按钮。③单击选择【简单文本框】。④输入:【1921-2021中国共产党是中国工人阶级的先锋队,同时是中国人民和中华民族的先锋队,是中国特色社会主义事业的领导核心,代表中国先进生产力的发展要求,代表中国先进文化的前进方向,代表中国最广大人民的根本利益。党的最高理想和最终目标是实现共产主义】(见图4.5.15)。

步骤2　①选定文本框内字符。②单击【开始】。③单击选择【华文行楷】。④单击选择【小二】。⑤单击【加粗】按钮。⑥单击【文本效果和版式】下拉按钮 。⑦单击选择【填充-白色,轮廓-着色1,发光-着色1】(见图4.5.16)。

步骤3　将【1921-2021】设为【填充-白色,轮廓-着色1,发光-着色1】【华文彩云】【小一】。

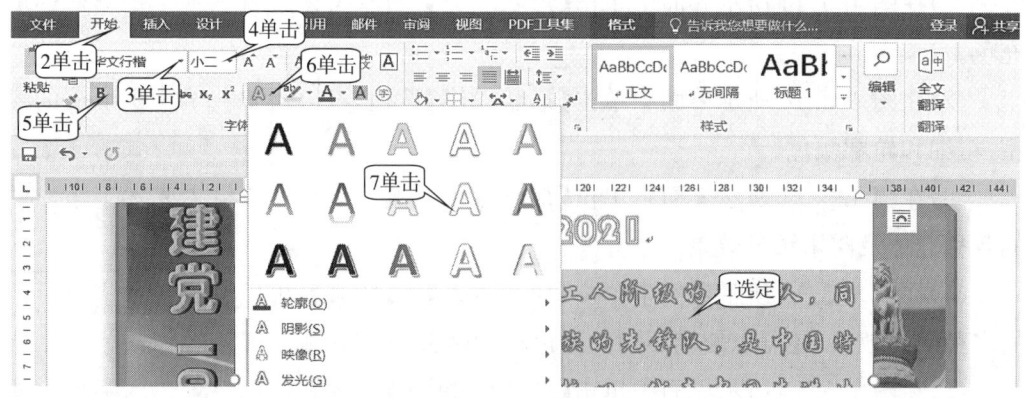

图4.5.16

2. 设置文本框的填充与线型

步骤1 ①单击选中文本框。②单击【格式】。③单击【形状填充】下拉按钮。④单击【无填充颜色】(见图4.5.17),将文本框背景设为透明,结果如图4.5.17所示。

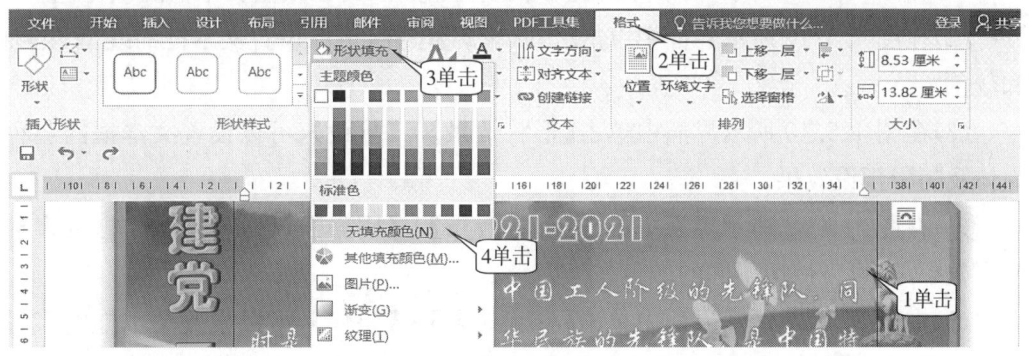

图 4.5.17

步骤2 ①单击选中文本框。②单击【格式】。③单击【形状轮廓】下拉按钮。④单击【无轮廓】(见图4.5.18),将文本框的框线设为透明,结果如图4.5.19所示。

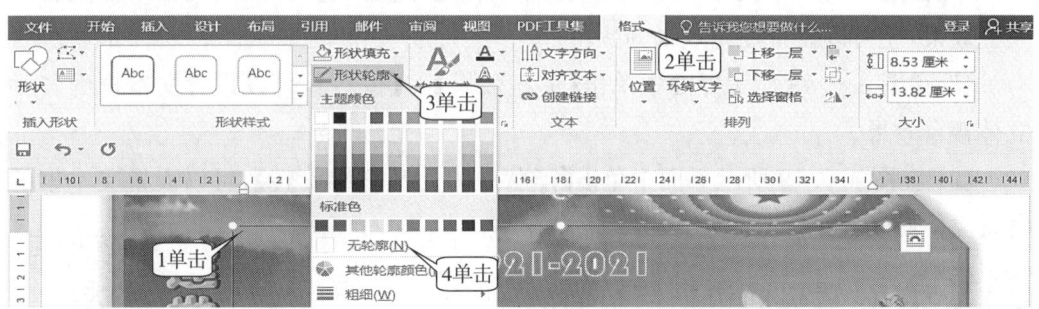

图 4.5.18

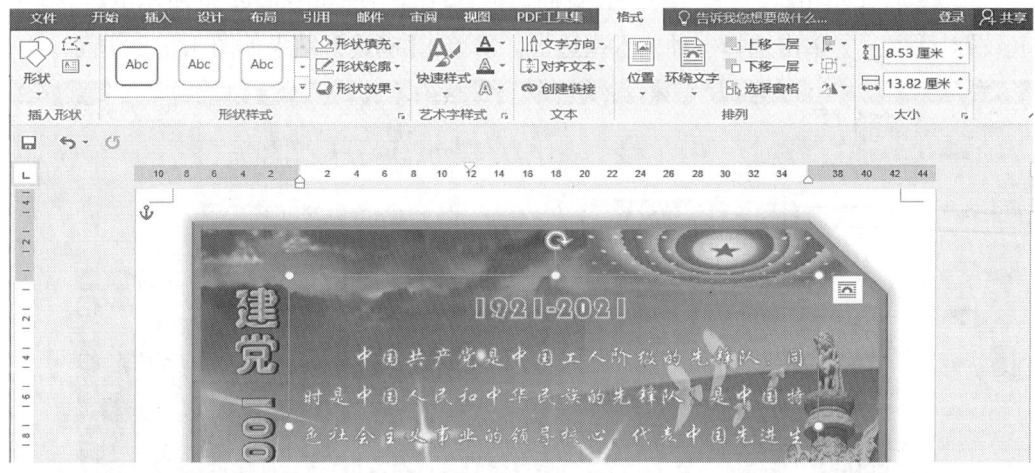

图 4.5.19

 **知识拓展**

(1)在图4.5.17所示界面中单击【形状填充】按钮,可以设置文本框的填充色。

(2)在图4.5.18所示界面中单击【形状轮廓】按钮,可以设置文本框的线型、粗细和颜色。

(3)在图4.5.19所示界面中单击【形状效果】\【预设】,可以设置文本框的各种立体及阴影预设效果。

(4)在图4.5.19所示界面中单击【形状效果】\【阴影】,可以设置文本框的多种阴影效果,还可以使用不同的颜色作为阴影。

(5)在图4.5.19所示界面中单击【形状效果】\【映像】,可以设置文本框的多种倒影效果。

(6)在图4.5.19所示界面中单击【形状效果】\【柔化边缘】,可以设置文本框的各种柔化效果,还可以设置柔化边缘的颜色。

(7)在图4.5.19所示界面中单击【形状效果】\【发光】,可以设置文本框的各种发光效果,还可以设置发光效果的颜色。

(8)在图4.5.19所示界面中单击【形状效果】\【棱台】,可以设置文本框的各种立体棱台效果。

(9)在图4.5.19所示界面中单击【形状效果】\【三维旋转】,可以设置文本框的各种立体旋转效果。

任务5 设置页面边框与页面颜色

步骤1 ①单击【设计】。②单击【页面边框】按钮,出现如图4.5.20所示的【边框和底纹】对话框。③单击选择一种艺术型边框。④单击【确定】,结果如图4.5.20所示。

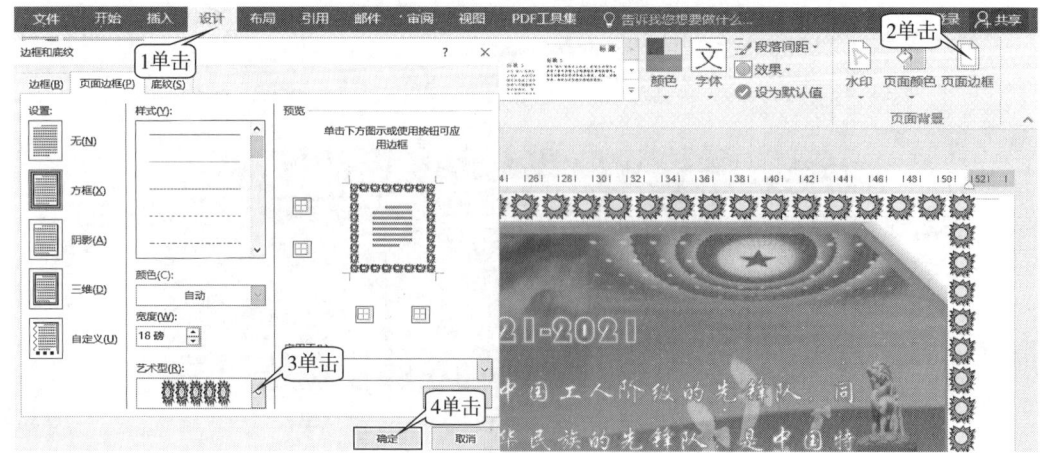

图4.5.20

步骤 2 ①单击【设计】。②单击【页面颜色】按钮。③单击【填充效果】,出现图 4.5.21 所示的【填充效果】对话框。④单击【预设】单选钮。⑤单击【水平】单选钮。⑥单击选择【彩虹出岫Ⅱ】预设颜色。⑦单击【确定】(见图 4.5.21),结果见图 4.5.21。

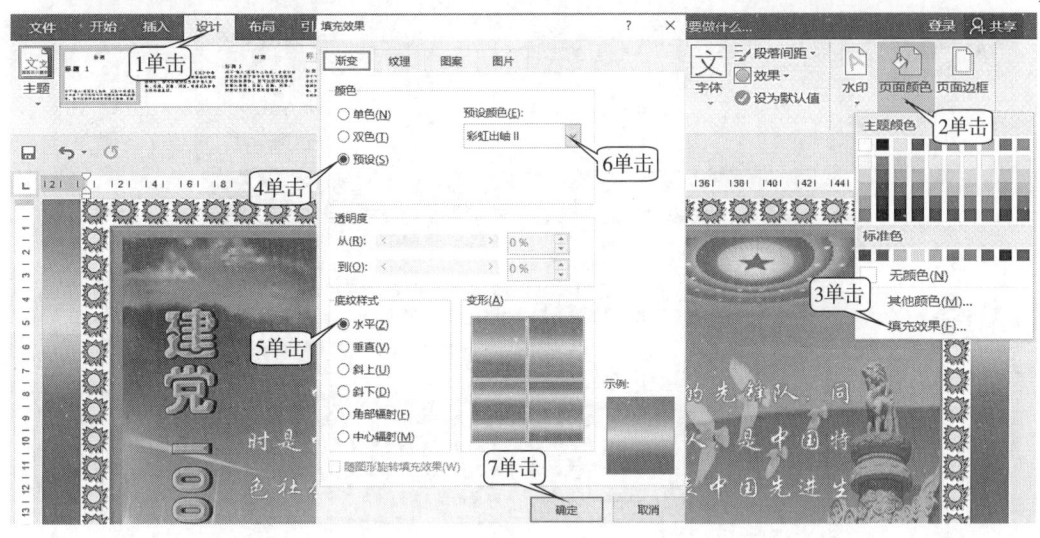

图 4.5.21

项目 6 电脑报的制作

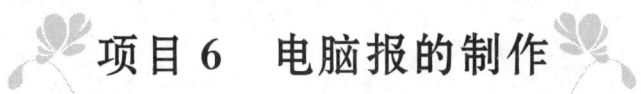

 项目任务描述与分析

在实际工作中,往往要对文档进行形式多样、色彩丰富、样式活泼的排版。为了使文档更为美观,就必须在排版文档时将表格、图片、文本框、边框、艺术字、底纹、绘图、分栏等元素应用到文档中来装饰版面。应用绘图工具绘制所需要的图形,插入与文档相对应的图片和剪贴画,可以使文档的排版图文并茂,凸显其生动活泼的风格。加入表格与文本框会使文字板块布局灵活方便,有利于合理布局版面。通过对表格、文本框的线型、颜色、底纹的设置可使表格更好地发挥作用。

本项目以制作如图 4.6.1 所示的电脑报为例进行介绍。

图 4.6.1

图 4.6.1 所示的电脑报的报头部分是一个 1×1 的表格，四周设置了不同的表格线。下面两行是文本框和绘制的矩形，并且添加了底纹、图案和文字。右侧是添加了

文字的一个立体矩形。报头下面是添加了底纹的 4×2 的表格。中央处理器部分添加了项目符号,并且插入了设置环绕效果的图片。主板介绍部分则是一个设置了底纹、边框线、环绕效果的文本框。而硬盘与主板、内存与显示器标题部分是加了底纹、边框线的自选图形。显示器介绍部分是一个设置了底纹、边框线的 1×1 的表格,并且表格中的文字采用了竖排的形式。内存介绍部分使用了底纹和剪贴画环绕的形式。显卡介绍部分进行了分栏排版,并且标题采用了绘制图形和环绕方式置于分栏文字中间。

任务 1 图形的插入与设置

1. 绘制图形

步骤 ①单击【插入】。②单击【形状】\【矩形】\【 ▢ 】。③拖动鼠标画出图形。④单击【形状】\【星与旗帜】\【 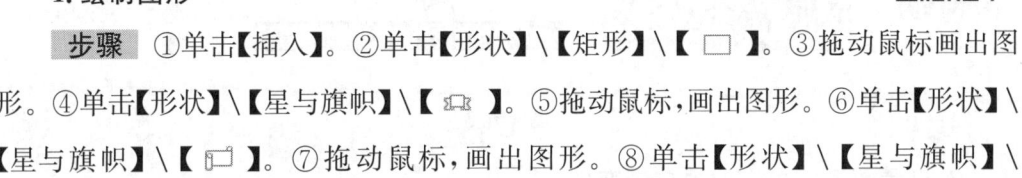 】。⑤拖动鼠标,画出图形。⑥单击【形状】\【星与旗帜】\【 ▱ 】。⑦拖动鼠标,画出图形。⑧单击【形状】\【星与旗帜】\【 ▱ 】。⑨拖动鼠标,画出图形(见图 4.6.2)。

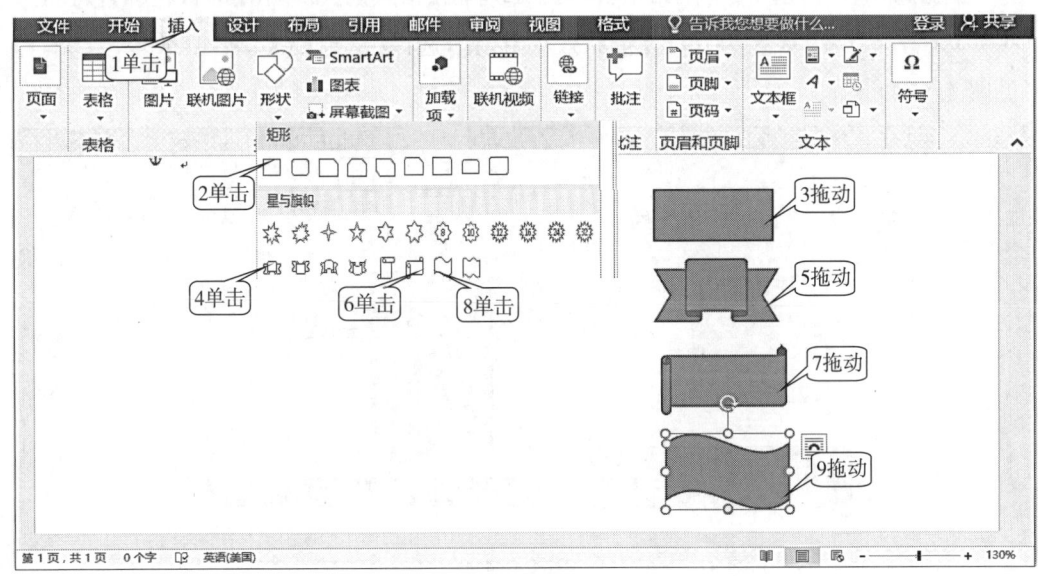

图 4.6.2

2. 设置图形大小

步骤 1 ①单击选中【上凸带形】图形。②拖动黄色控点,改变形状。③拖动另一个黄色控点,改变形状。④单击【格式】。⑤单击【大小】。⑥输入【1.3 厘米】。⑦输入【9 厘米】(见图 4.6.3)。

步骤 2 用同样的方法将【横卷形】【波形】的大小分别设为:1.38 厘米×5.3 厘米、2.4 厘米×2.8 厘米。

步骤3 按住【Ctrl】键拖动矩形,再复制出一个矩形。将两个矩形的大小分别设为 6.6 厘米×0.7 厘米和 2.8 厘米×2.7 厘米,结果如图 4.6.3 所示。

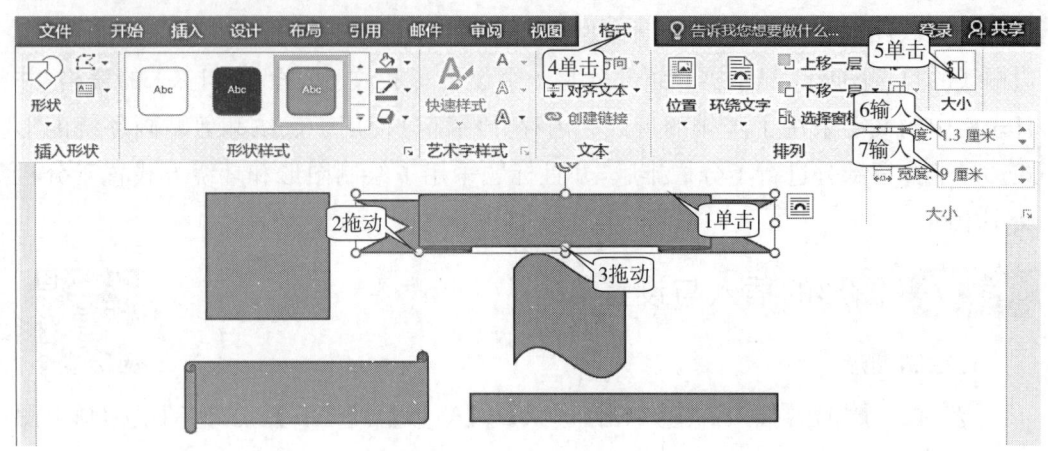

图 4.6.3

3. 设置图形的发光效果与渐变色

步骤1 ①单击选中【上凸带形】图形。②单击【格式】。③单击【形状轮廓】按钮,选择【橙色,个性色2,淡色40%】。④单击【形状效果】按钮,选择【发光】\【蓝色,11 pt 发光,个性色1】(见图 4.6.4)。

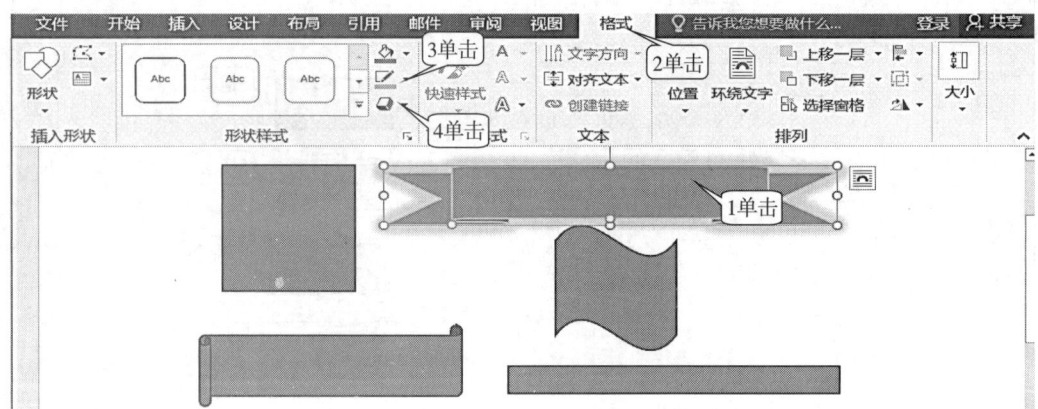

图 4.6.4

步骤2 ①在图 4.6.5 所示界面中单击【形状填充】按钮。②单击【渐变】。③单击【其他渐变】,会在窗口右侧弹出如图 4.6.5 所示的【设置形状格式】窗格。④单击【渐变填充】单选钮。⑤单击【预设渐变】按钮,选择【顶部聚光灯 - 个性色6】。⑥单击选择【矩形】,效果见图 4.6.6。

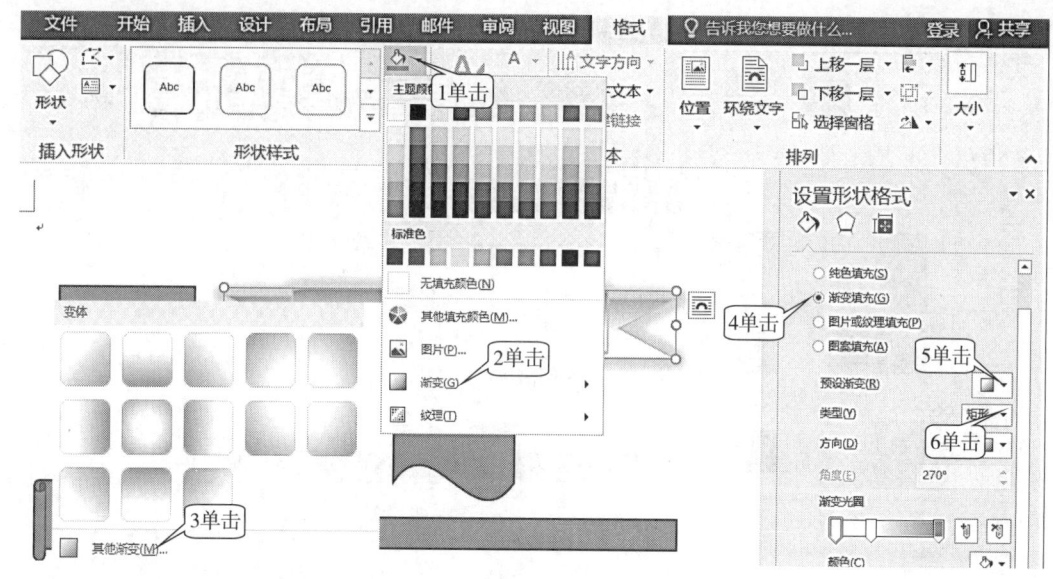

图 4.6.5

4. 设置图形的纹理效果

步骤 1 ①单击【横卷形】图形。②单击【格式】。③单击【形状填充】按钮。④单击【纹理】。⑤单击选择【绿色大理石】(见图 4.6.7),效果见图 4.6.7。

步骤 2 单击【形状轮廓】按钮,选择【黄色】,将【横卷形】边框线设为黄色。

步骤 3 单击【横卷形】图形,拖动它的黄色控点,略微增加一点卷轴的直径,效果见图 4.6.9。

步骤 4 用步骤 1 中的方法,再将另一个矩形的纹理,设置为【花束】,结果见图4.6.6。

5. 设置主题形状样式效果

步骤 ①单击【波形】图形。②单击【格式】。③单击【形状样式】右侧的【其他】按钮。④单击选择【强烈效果 - 橙色,强调颜色 2】(见图 4.6.6),效果见图 4.6.6。

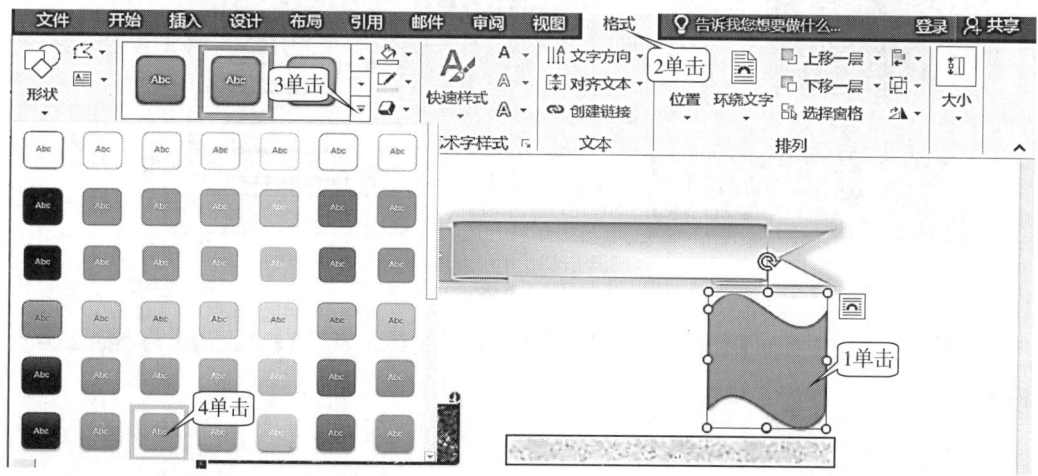

图 4.6.6

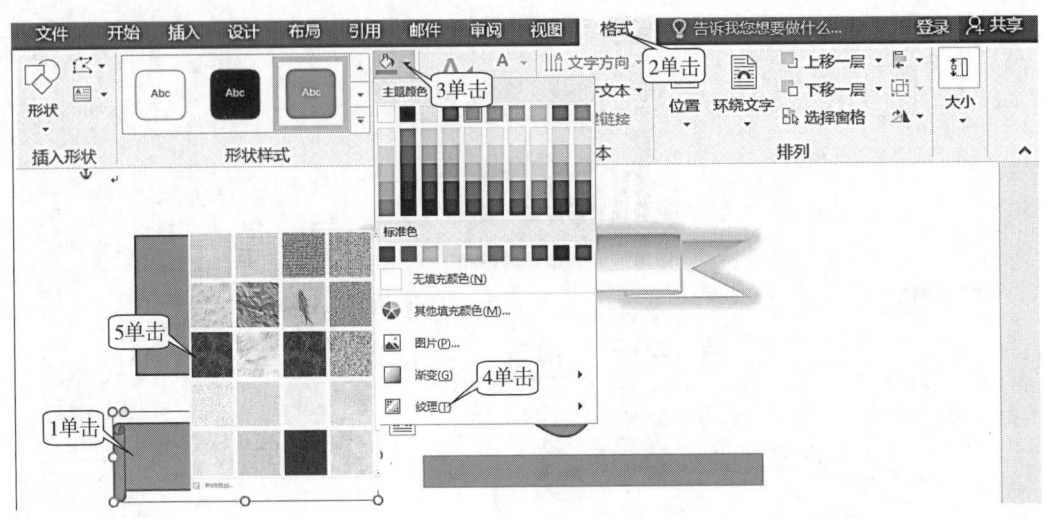

图 4.6.7

6. 设置边框线和单色效果

步骤 1　①单击【矩形】图形。②单击选择【格式】。③单击【形状轮廓】按钮。④单击选择【橙色,个性色 2,深色 25%】。⑤单击【形状轮廓】按钮。⑥单击【粗细】。⑦单击选择【3 磅】(见图 4.6.8)。

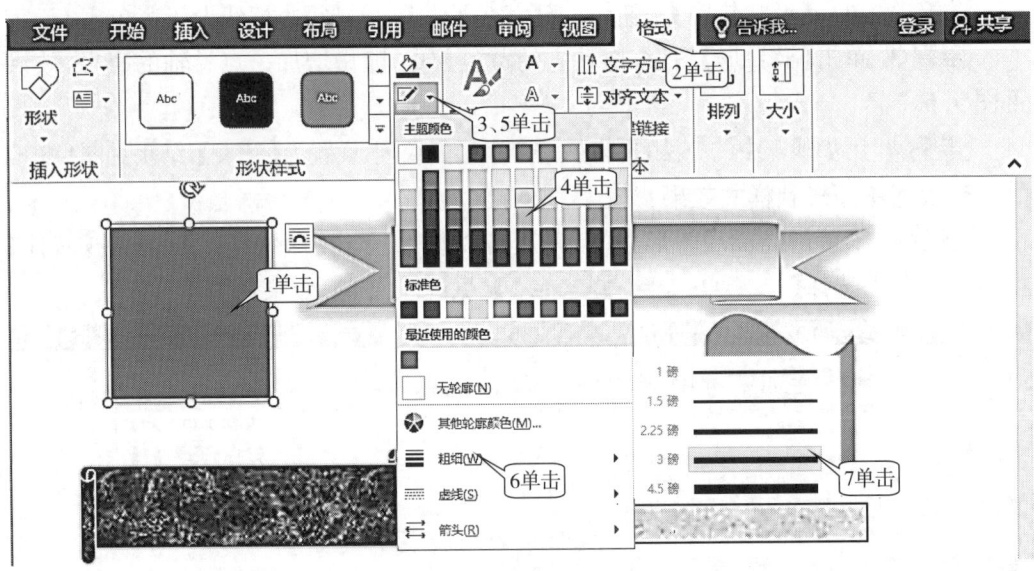

图 4.6.8

步骤 2　单击【矩形】图形；单击【形状填充】按钮；单击选择【橙色,个性色 6,深色 25%】,设置矩形的填充颜色。

7. 设置图形的立体效果

步骤 ①单击【形状效果】按钮。②单击【棱台】\【凸起】(见图 4.6.9),结果如图 4.6.9 所示。

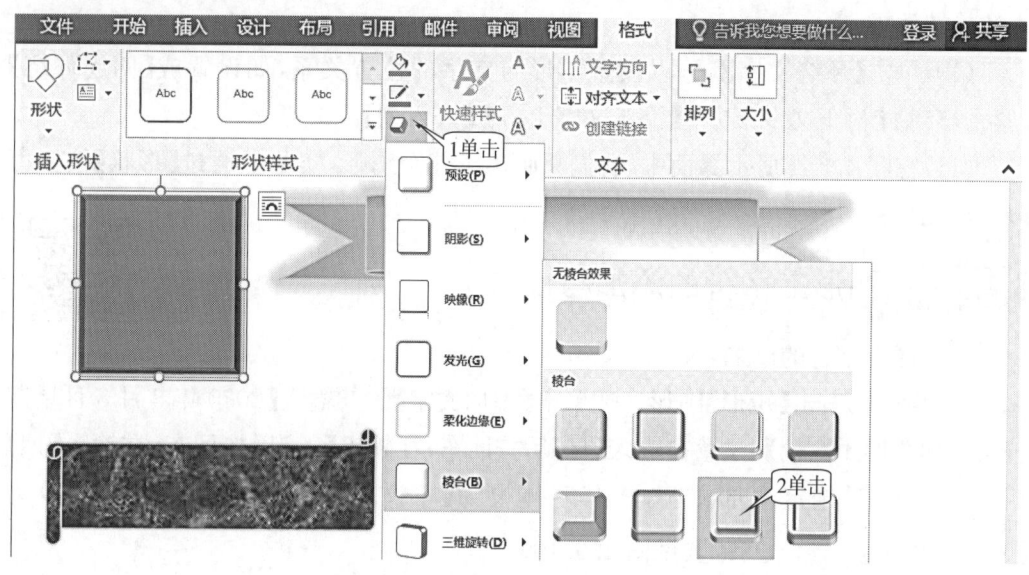

图 4.6.9

 知识拓展

(1)在图 4.6.9 所示界面中单击【形状填充】按钮【 形状填充▼ 】,可以设置图形的填充色。

(2)在图 4.6.9 所示界面中单击【形状轮廓】按钮【 形状轮廓▼ 】,可以设置图形的线型、粗细和颜色。

(3)在图 4.6.9 所示界面中单击【形状效果】按钮【 形状效果▼ 】\【预设】,可以设置图形的各种立体及阴影预设效果。

(4)在图 4.6.9 所示界面中单击【形状效果】\【阴影】,可以设置图形的多种阴影效果,还可以使用不同的颜色作为阴影。

(5)在图 4.6.9 所示界面中单击【形状效果】\【映像】,可以设置图形的多种倒影效果。

(6)在图 4.6.9 所示界面中单击【形状效果】\【柔化边缘】,可以设置图形的各种柔化效果,还可以设置柔化边缘的颜色。

(7)在图 4.6.9 所示界面中单击【形状效果】\【发光】,可以设置图形的各种发光效果,还可以设置发光效果的颜色。

（8）在图 4.6.9 所示界面中单击【形状效果】\【棱台】，可以设置图形的各种立体棱台效果。

（9）在图 4.6.9 所示界面中单击【形状效果】\【三维旋转】，可以设置图形的各种立体旋转效果。

（10）单击【环绕文字】，可以设置图形与文字的位置关系，如设置成【四周环绕】【紧密环绕】【衬于文字下方】【浮于文字上方】【嵌入型】等。

（11）在图 4.6.2 所示界面中，我们只画出了几个图形，实际上通过【形状】按钮可以画出几十种图形。

任务 2　图形上字符的添加与设置

1. 图形上字符的添加

步骤 1　①右击【矩形】图形。②单击【添加文字】。③输入【2020 年 8 月 8 日星期五第 8 期总期 168 期】，注意在输入【日】后按回车；在输入【五】后按回车；在输入【期】后按回车；然后选定全部文字，将其字体设为【华文隶书】【5 号】，将其颜色设为【蓝-灰, 文字 2, 深色 25%】（见图 4.6.10）。

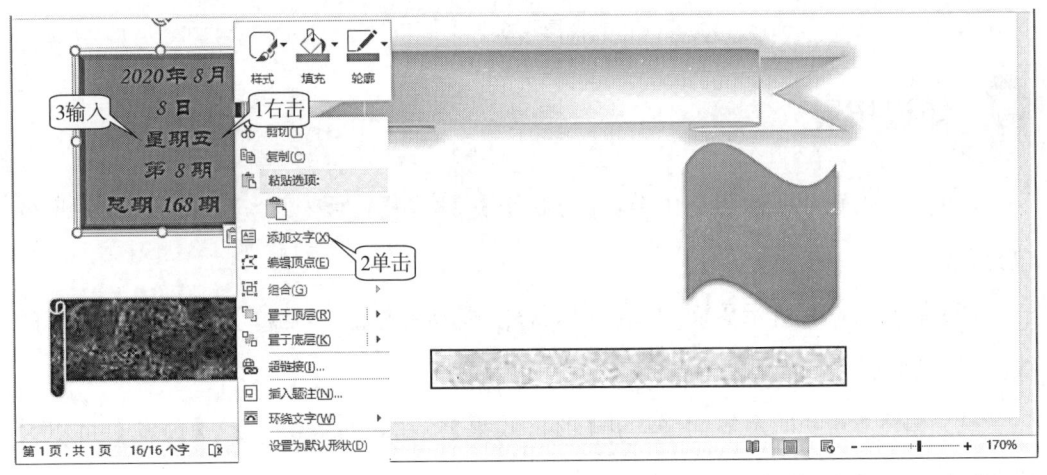

图 4.6.10

步骤 2　在另一个矩形上添加文字【DIANNAOBAO】，并将文字设为【华文彩云】【五号】【橄榄色, 个性色 3, 深色 25%】。

步骤 3　在【波形】图形上添加【显卡】，并将文字设为【华文行楷】【二号】【紫色】。

步骤 4　在【横卷形】图形上添加【硬盘与主板】，并将文字设为【华文新魏】【小二】【白色】。

步骤 5　在【上凸带形】图形上添加【内存与显示器】，并将文字设为【华文行楷】【小四】【红色】。

2. 图形上字符的设置

步骤1 ①右击【上凸带形】图形。②单击【设置形状格式】,会在窗口右侧弹出图4.6.11所示的【设置形状格式】窗格。③单击【文本选项】。④单击【布局属性】按钮【🅰】。⑤输入【0 厘米】。⑥输入【0 厘米】,这样就使得图形中的文字可以正常显示(见图 4.6.11)。

步骤2 对剩余的图形也进行同样的设置,最终结果见图 4.6.11。

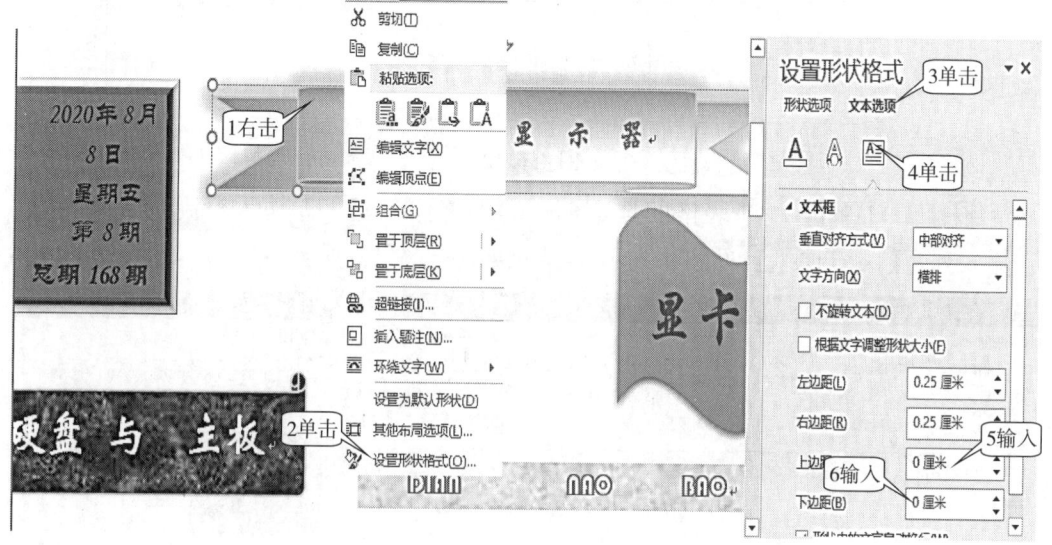

图 4.6.11

步骤3 单击【DIANNAOBAO】图形,然后单击【格式】\【形状轮廓】按钮,选择【无轮廓】,去除轮廓线。

步骤4 对照图 4.6.1 将所有图形拖到相应的位置。

任务 3 设置表格的属性与多种线型

1. 移动与设置表格的宽和高

步骤1 在如图 4.6.12 所示文档的第 1 行双击鼠标,将插入点定位在文档的开头。

步骤2 ①单击【插入】。②单击【表格】。③拖动鼠标,插入一个如图 4.6.12 所示的 4×2 的表格。④在表格下面一行单击鼠标并按回车。

步骤3 再插入一个 1×1 的表格,结果如图 4.6.12 所示。

步骤4 拖动 4×2 表格的选定柄,将其放到 1×1 表格的下方。

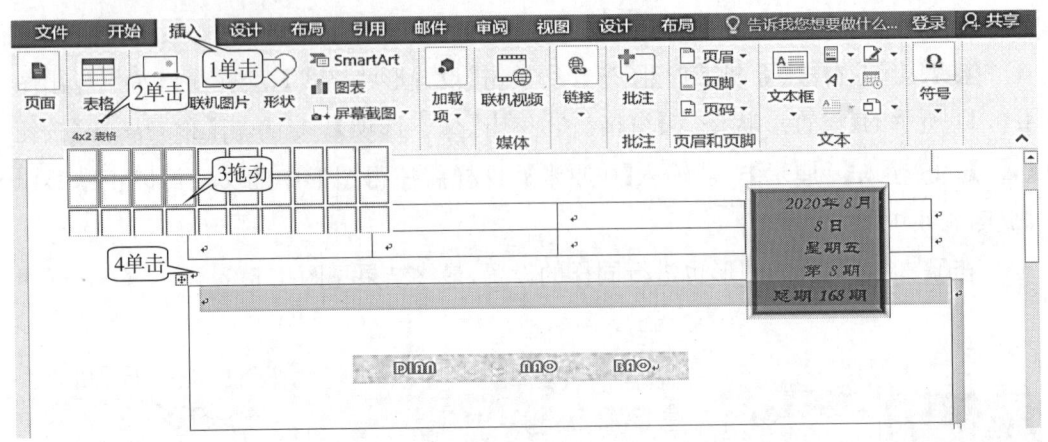

图 4.6.12

步骤5 ①单击1×1表格的选定柄。②单击【布局】。③输入行高【3.1厘米】。④输入列宽【14.5厘米】(见图4.6.13),结果如图4.6.13所示。

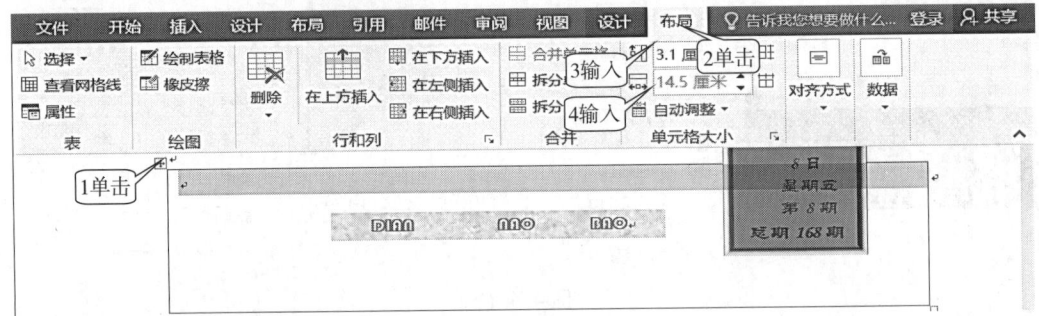

图 4.6.13

2.设置表格的属性和多种线型

步骤1 ①单击1×1表格的选定柄。②单击【设计】。③单击【边框】按钮。④单击【边框和底纹】(见图4.6.14),出现图4.6.15所示的【边框和底纹】对话框。

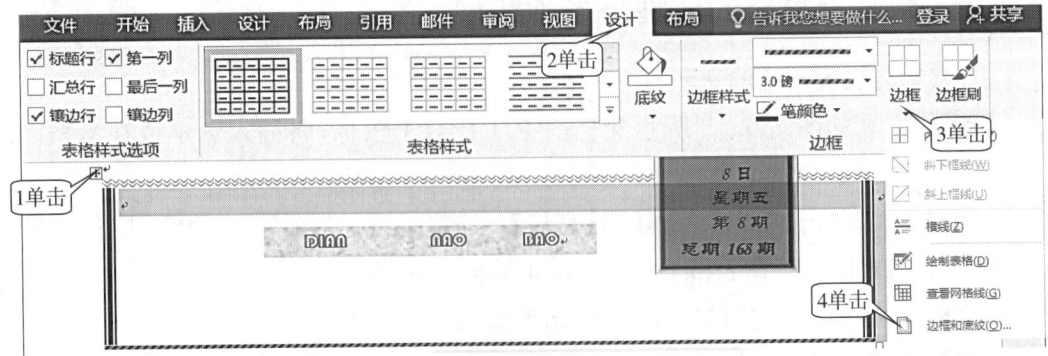

图 4.6.14

步骤2 ①单击【自定义】。②单击选择【双波浪线】。③单击选择【紫色】。④单击【上框线】。⑤单击【确定】(见图 4.6.15)。

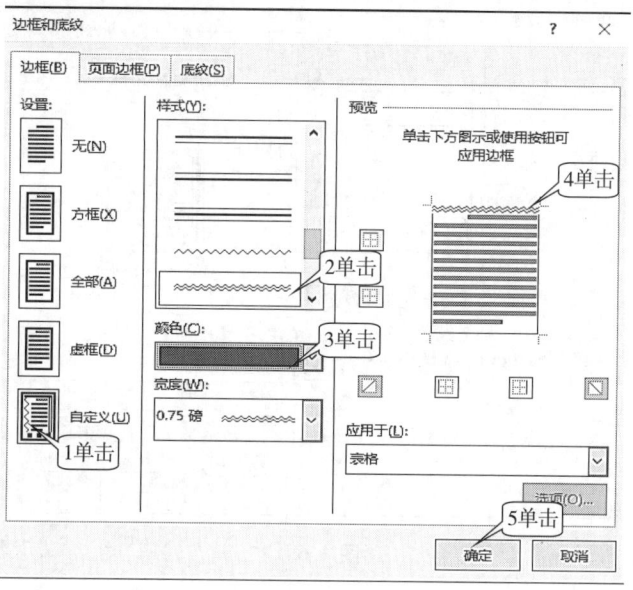

图 4.6.15

步骤3 ①拖动滚动条,找到三线(中间粗线两边细线)。②单击选择【三线】。③单击选择【紫色】。④单击【左框线】。⑤单击【右框线】。⑥单击【确定】(见图 4.6.16)。

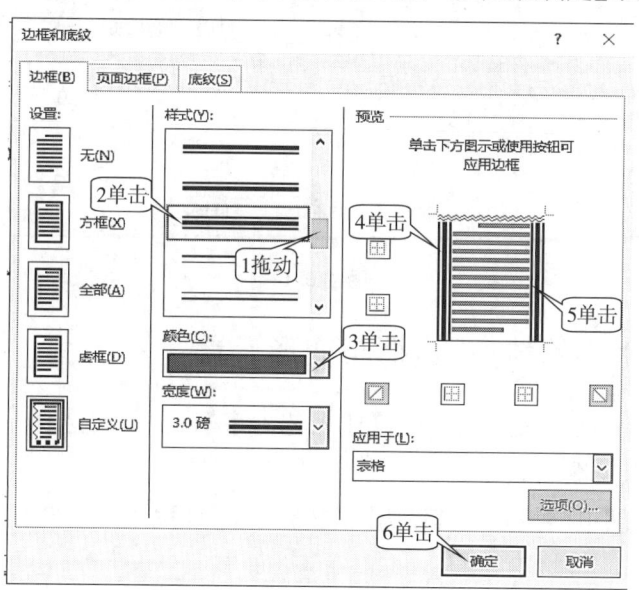

图 4.6.16

步骤4 ①拖动滚动条,找到竹节线。②单击选择【竹节线】。③单击选择【绿色】。

④单击【下框线】。⑤单击【确定】(见图 4.6.17),结果见图 4.6.18。

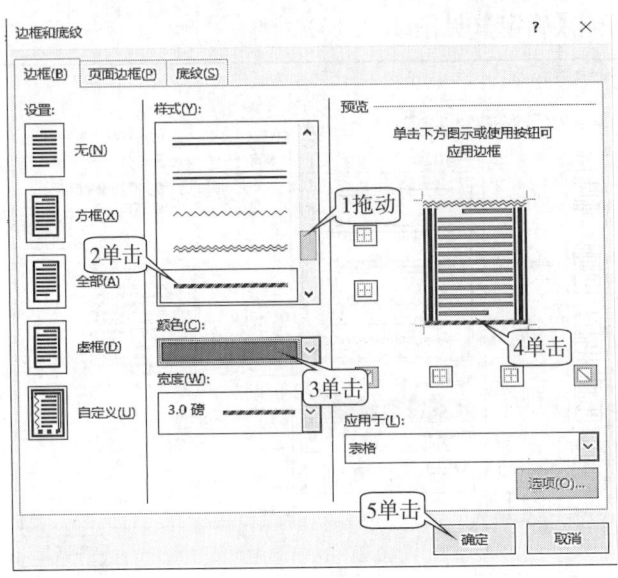

图 4.6.17

步骤 5 拖动两个矩形到 1×1 表中对应的位置,见图 4.6.18 和图 4.6.19。

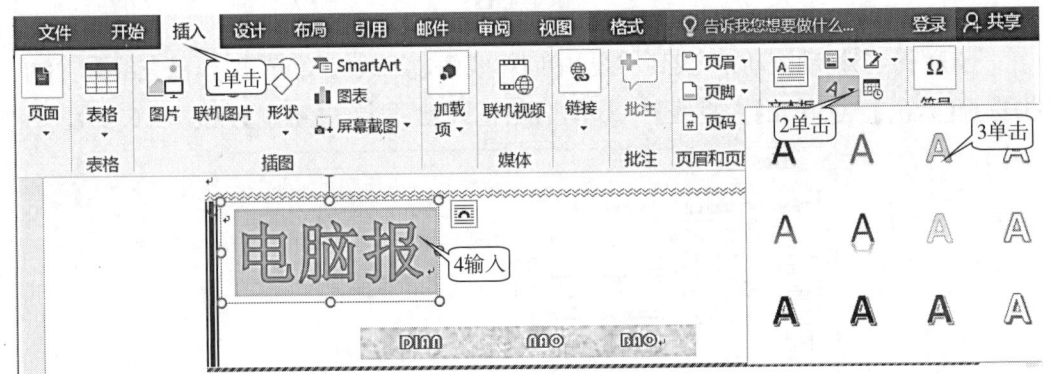

图 4.6.18

任务 4 艺术字的填充、边框与变形设置

步骤 1 ①单击【插入】。②单击【插入艺术字】。③单击选择一种艺术字类型。④输入【电脑报】(见图 4.6.18)。

步骤 2 选定【电脑报】,将其设为【华文彩云】【34】【加粗】;并在文字之间加 3 个空格。

步骤 3 ①选定艺术字字符。②单击【格式】。③单击【文本填充】下拉按钮 ,选择【橙色】。④单击【文本轮廓】下拉按钮 ,选择【红色】。⑤单击【文字效果】按钮 。⑥单击【转换】。⑦单击【倒梯形】(见图 4.6.19),结果见图 4.6.19。

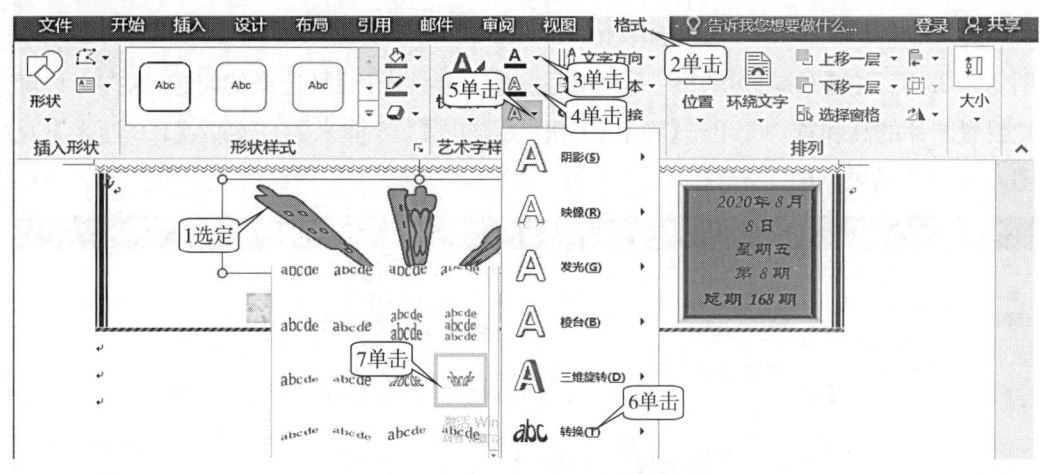

图 4.6.19

步骤 4 ①单击选定艺术字。②单击【格式】。③单击【大小】按钮。④输入【1.4 厘米】。⑤输入【8.8 厘米】。⑥拖动艺术字的黄色控点向右侧移到底(见图 4.6.20),结果见图 4.6.20。

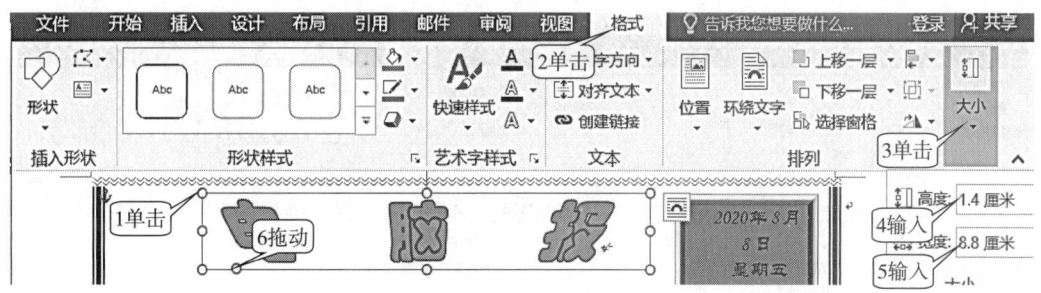

图 4.6.20

步骤 5 在 1×1 表格下面一行输入文字:【中央处理器(Central Processing Unit,CPU)是一台计算机的运算核心和控制核心。CPU、内部存储器和输入/输出设备是电子计算机三大核心部件。其功能主要是解释计算机指令以及处理计算机软件中的数据。CPU 由运算器、控制器、寄存器,以及实现它们之间联系的数据、控制及状态的总线构成。】。

任务 5 图片的裁剪、大小与文字关系设置

步骤 1 插入【教材素材】\【图片】\【龙芯 3 号】图片,如图 4.6.21 所示。

步骤 2 ①单击图片。②单击【格式】。③单击【裁剪】按钮。④拖动图片上的裁剪控点,将图片四周的白色部分裁去(见图 4.6.21),结果见图 4.6.22。

步骤3 ①单击图片。②单击【格式】。③单击【高级版式:大小】按钮【　】,出现图 4.6.22 所示的【布局】对话框。④单击去除【锁定纵横比】复选框的勾选,这样可以随意设置图片的高和宽。⑤单击【确定】按钮。⑥输入【1.6 厘米】。⑦输入【1.8 厘米】(见图 4.6.21),结果见图 4.6.22。

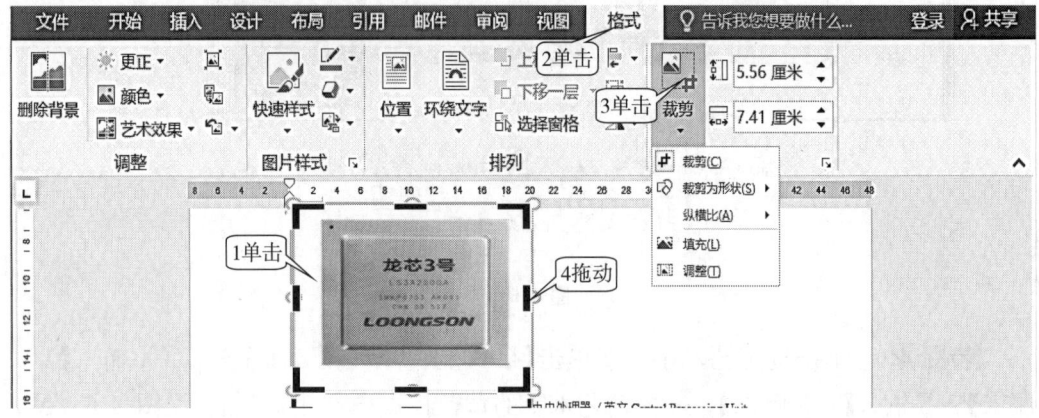

图 4.6.21

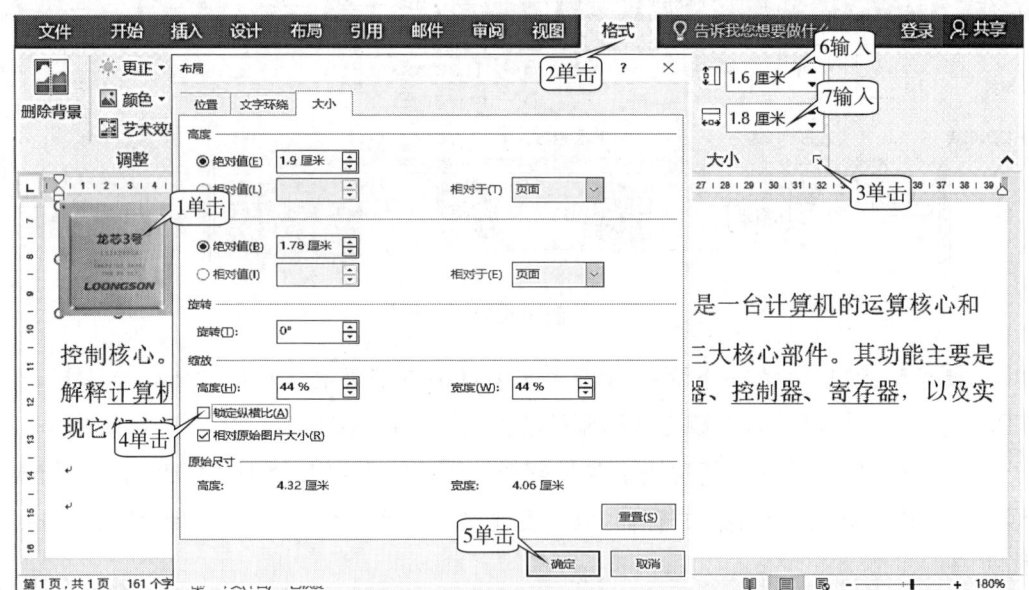

图 4.6.22

步骤4 输入下列文字:【内存是计算机中重要的部件之一,它是与 CPU 进行沟通的桥梁。计算机中所有程序的运行都是在内存中进行的,因此内存的性能对计算机的影响非常大。内存(Memory)也被称为内存储器,其作用是用于暂时存放 CPU 中的运算数据,以及与硬盘等外部存储器交换的数据。只要计算机在运行中,CPU

就会把需要运算的数据调到内存中进行运算,当运算完成后 CPU 再将结果传送出来,内存的运行也决定了计算机的稳定运行。】

步骤 5 将文字设为【华文楷体】【5 号】。

步骤 6 ①单击图片。②单击【格式】。③单击【环绕文字】按钮。④单击【紧密型环绕】。⑤拖动图片到图 4.6.23 所示的位置(见图 4.6.23)。

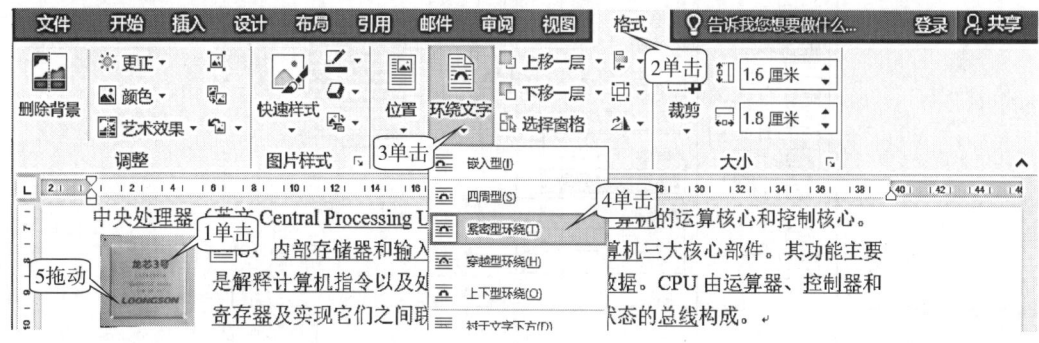

图 4.6.23

任务 6 设置文字的边框与底纹

步骤 1 ①选定文字。②单击【开始】。③单击【边框】按钮【 】。④单击【边框和底纹】,出现图 4.6.24 所示的【边框和底纹】对话框。⑤单击【底纹】选项卡。⑥单击【填充】下拉按钮。⑦单击选择【黄色】。⑧单击选择【文字】。⑨单击【确定】(见图 4.6.24),结果见图 4.6.24。

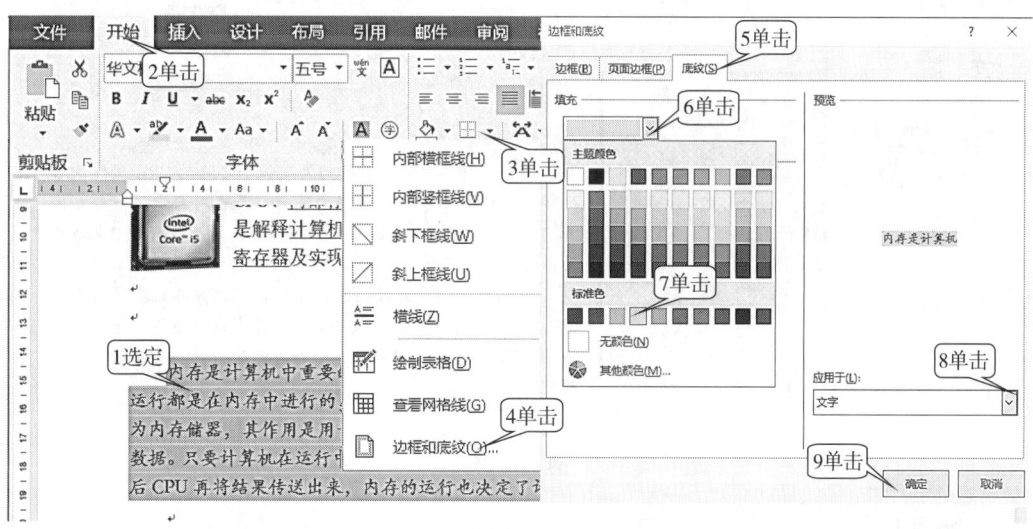

图 4.6.24

步骤 2 选定图 4.6.24 所示界面中的文字;单击【边框】按钮【 】,出现

图 4.6.25 所示的【边框和底纹】对话框。

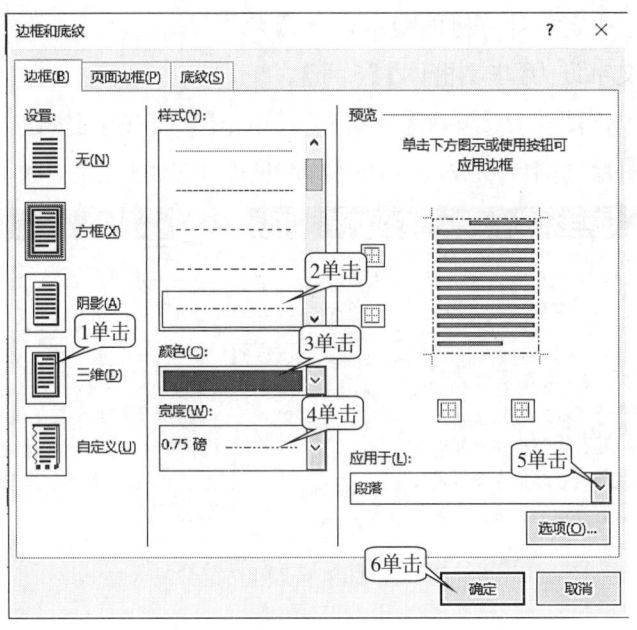

图 4.6.25

步骤3 ①单击【三维】。②单击选择【点划线】。③单击选择【红色】。④单击选择【0.75 磅】。⑤单击选择【段落】。⑥单击【确定】(见图 4.6.25),结果见图 4.6.26。

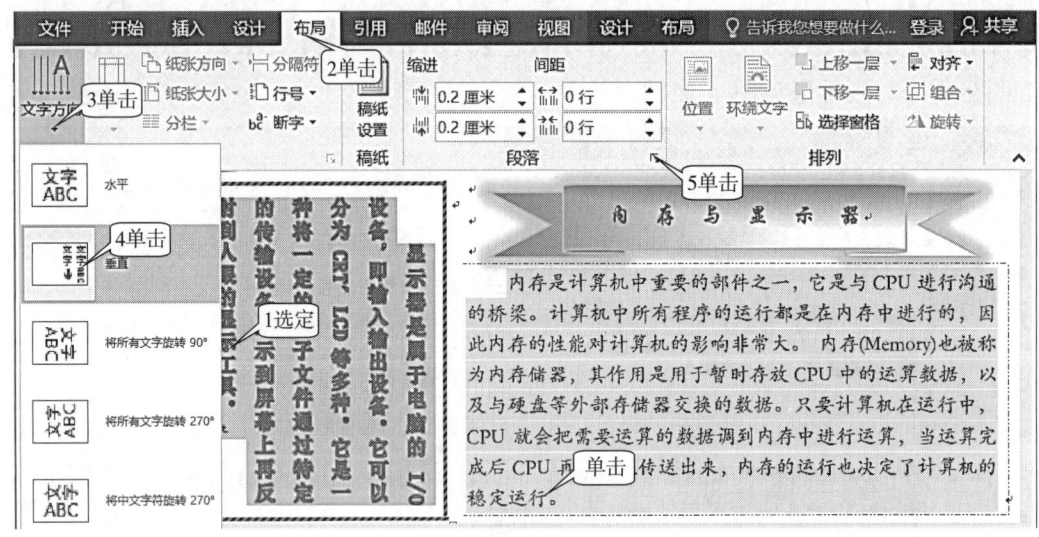

图 4.6.26

步骤4 插入一个 1×1 的表格。

步骤5 将表格的高度设为 6 厘米,宽度设为 4.6 厘米。

步骤6 将表格线的颜色设为蓝色,将线型设为如图 4.6.26 所示的竹节线型。

任务 7 表格字符的竖排与效果设置

步骤1 在插入的1×1表格内输入下列文字:【显示器是属于电脑的I/O设备,即输入/输出设备。它可以分为CRT、LCD等多种。它是一种将一定的电子文件通过特定的传输设备显示到屏幕上再反射到人眼的显示工具。】。

步骤2 将文字设为【宋体】【5号】。

步骤3 ①选定文字。②单击【布局】。③单击【文字方向】。④单击选择【垂直】。⑤单击【段落设置】按钮【 】(见图4.6.26),出现图4.6.27所示的【段落】对话框。

图4.6.27

步骤4 ①单击【行距】,选择【固定值】。②输入【20磅】。③单击【确定】(见图4.6.27),这样可以将表格内的文字行距调整好,使其正好充满表格。

步骤 5 在设好了边框底纹的段落最后单击鼠标,然后按空格键直到最右侧,这样最后一行就全部加上底纹了(见 4.6.26)。

步骤 6 ①选定 1×1 表格内文字。②单击【开始】。③单击【文本效果】。④单击选择【填充-白色,轮廓-着色1,发光-着色1】(见图 4.6.28),结果见图 4.6.28。

图 4.6.28

步骤 7 将介绍显示器的 1×1 表格的底纹设为粉红色。

步骤 8 将上面的 4×2 表格放到【电脑报】1×1 表格下方,并将 4×2 表格的底纹设为【紫色】,将表格线设为【点划线】【淡黄色】,在表格内输入如图 4.6.29 所示的文字,将其字体设为【华文新魏】【5 号】,颜色设为【黄色】。

步骤 9 ①单击表格选定柄。②单击【布局】。③单击【水平居中】按钮(见图 4.6.29)。

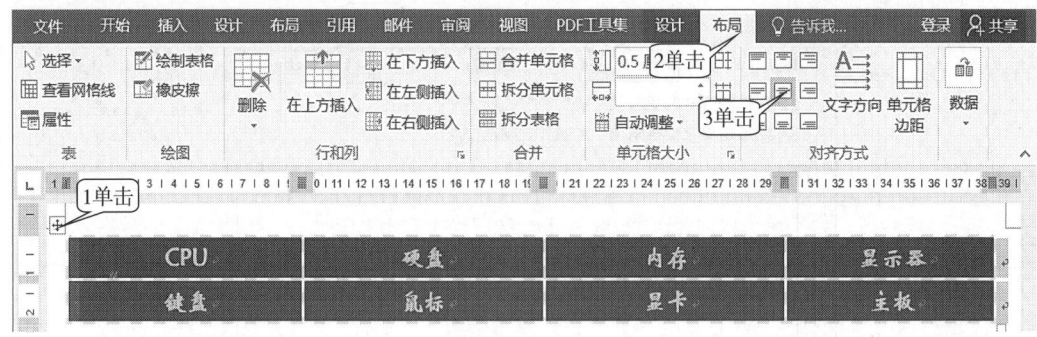

图 4.6.29

任务 8 联机图片的插入与设置

步骤 1 ①在内存介绍段落中单击鼠标。②单击【插入】。③单击【联机图片】,出现图 4.6.30 所示的【插入图片】对话框。④输入【计算机】。⑤单击【搜索】按钮【🔍】(见图 4.6.30),出现图 4.6.31 所示的【bing】对话框。

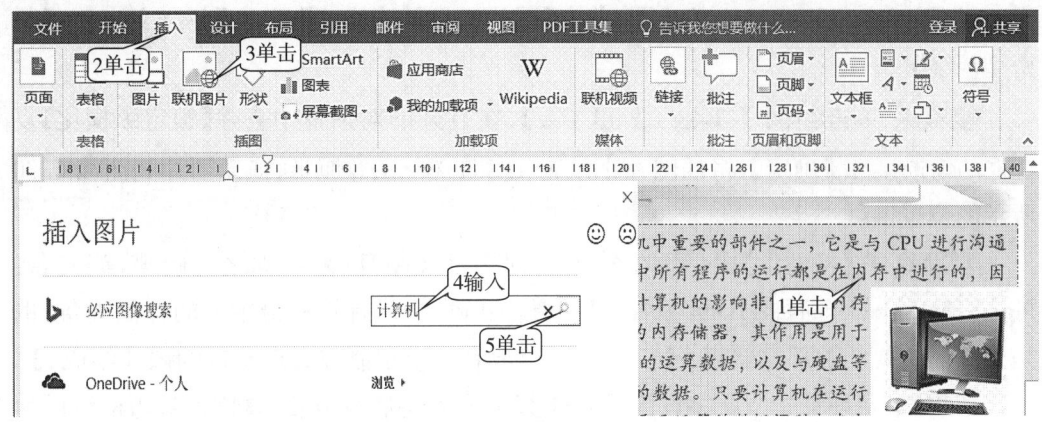

图 4.6.30

步骤 2 ①单击【类型】下拉列表。②单击【插图】。③单击【显示所有结果】按钮【 显示所有结果 】(见图 4.6.31),出现图 4.6.32 所示的界面。

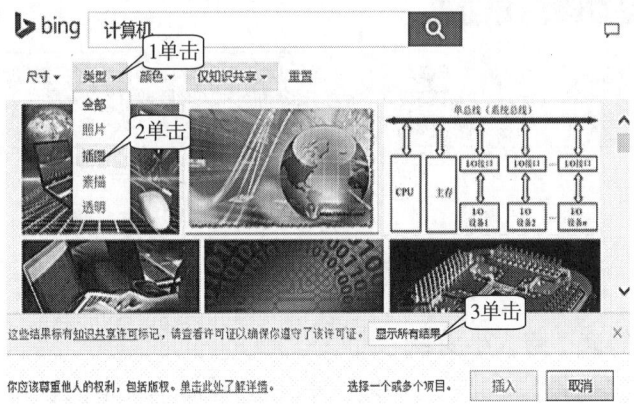

图 4.6.31

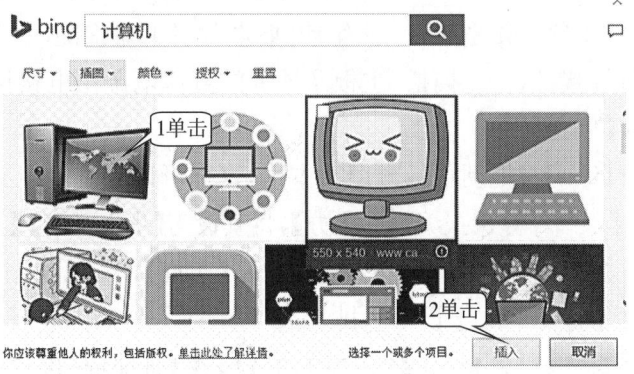

图 4.6.32

步骤 3 ①单击所要插入的插图。②单击【插入】(见图 4.6.32)。

步骤 4 单击选中插入的插图,单击【图片工具】\【格式】,单击【环绕文字】\【紧密型环绕】。

步骤 5 单击【大小】右侧的按钮【 】,在打开的对话框中去除【锁定纵横比】复选框的勾选,单击【确定】,将插图大小设为 1.8 厘米×1.8 厘米,拖动图片到图 4.6.30 所示的位置。

步骤 6 在【横卷形】图形下方输入下列文字:【硬盘(港台称之为硬碟,英文名:Hard Disk Drive,简称 HDD,全名:温彻斯特式硬盘)是计算机最主要的存储设备,也是计算机主要的外部存储媒介之一,由一个或者多个铝制或者玻璃制的碟片组成。】。

步骤 7 将硬盘介绍文字设为:【宋体】【五号】;将底纹设置为【橙色】;边框线设为【竹节形】【红色】,结果见图 4.6.33。

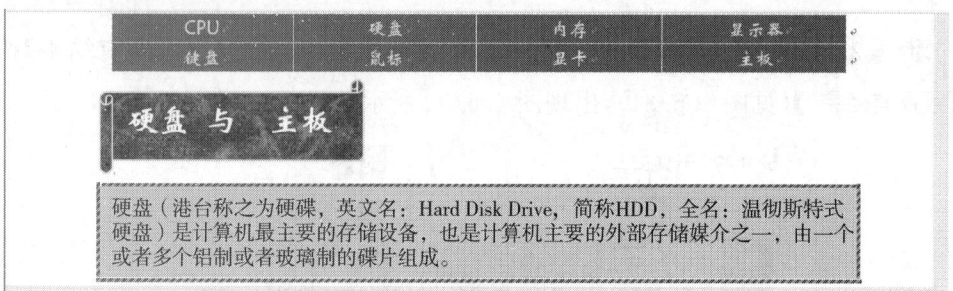

图 4.6.33

任务 9 文本框的环绕与边框设置

1. 文本框环绕文字与大小设置

步骤 1 单击【插入】,单击【文本框】,单击选择【简单文本框】,插入一个文本框。

步骤 2 在文本框里面输入下列文字:【主板,又叫主机板、系统板或母板;它安装在机箱内,是微机最基本的也是最重要的部件之一。主板一般为矩形电路板,上面安装了组成计算机的主要电路系统,一般有 BIOS 芯片、I/O 控制芯片、键盘和面板控制开关接口、指示灯插接件、扩充插槽、主板及插卡的直流电源供电接插件等。】,将其设为【宋体】【小四】【黑色】。

步骤 3 按住【Ctrl】键拖动主板介绍文本框,这样可以复制一个文本框,在文本框中输入下列文字:【中国计算机报编辑部主办】,将其设为【华文行楷】【小五】【紫色】。

步骤 4 选定主板介绍文本框中的文字,单击【布局】,单击【文字方向】按钮,单击选择【垂直】,将文本框内的文字设为竖排。

步骤 5 单击【段落设置】按钮【  】;打开【段落】对话框,将行距设为【固定值】【24 磅】。

步骤 6 将主板介绍文本框的底纹设为【橙色,个性色 6,淡色 80%】。

步骤7 将【中国计算机报编辑部主办】文本框拖到图4.6.34所示的【电脑报】艺术字下方。

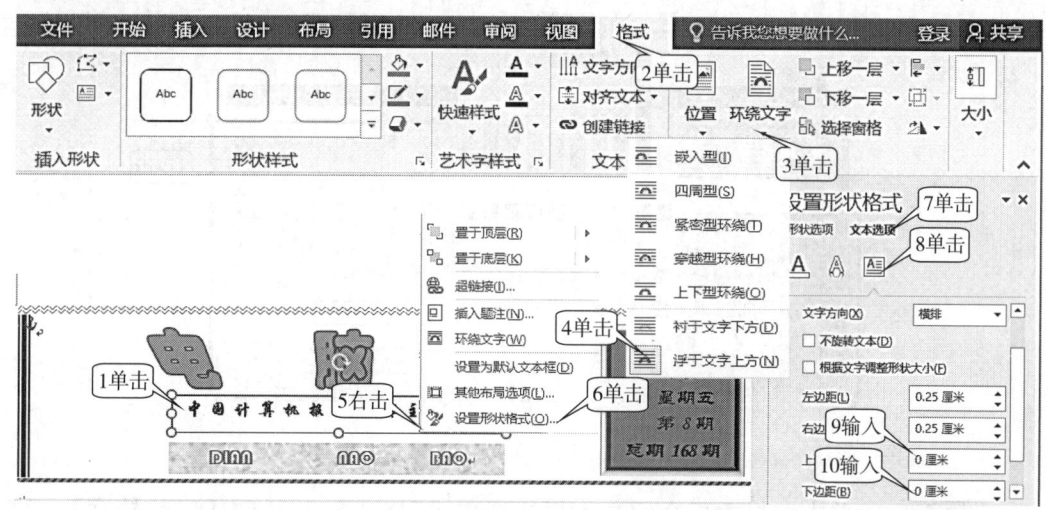

图4.6.34

步骤8 ①单击选择【中国计算机报编辑部主办】文本框。②单击【格式】。③单击【环绕文字】。④单击选择【浮于文字上方】。⑤右击【中国计算机报编辑部主办】文本框。⑥单击【设置形状格式】,出现图4.6.34所示的【设置形状格式】窗格。⑦单击【文本选项】。⑧单击选择【布局属性】。⑨输入【0厘米】。⑩输入【0厘米】,将上下边距设为0,以保证文本框中的文字与边框没有距离,这样可以将文本框缩小到最小(见图4.6.34)。

步骤9 单击选定【中国计算机报编辑部主办】文本框,单击【格式】,单击【形状轮廓】按钮,单击选择【无轮廓】,这样便把文本框的轮廓线去除了。

步骤10 拖动文本框轮廓的控点,调整文本框的大小,使文本框的边缘贴近文字,并将文本框调整到合适的位置。

步骤11 单击选择主板介绍文本框,单击【大小】右侧的按钮【 】,在打开的对话框中去除【锁定纵横比】复选框的勾选,单击【确定】,将该文本框的大小设为6厘米×8.9厘米。

步骤12 单击选中主板介绍文本框,单击【格式】,单击【环绕文字】\【紧密型环绕】。拖动该文本框到适合的位置。

2. 设置文本框的边框线

步骤1 ①单击选择主板介绍文本框。②单击【形状轮廓】。③单击选择【紫色】。④单击【形状轮廓】。⑤单击【粗细】。⑥单击选择【3磅】(见图4.6.35)。

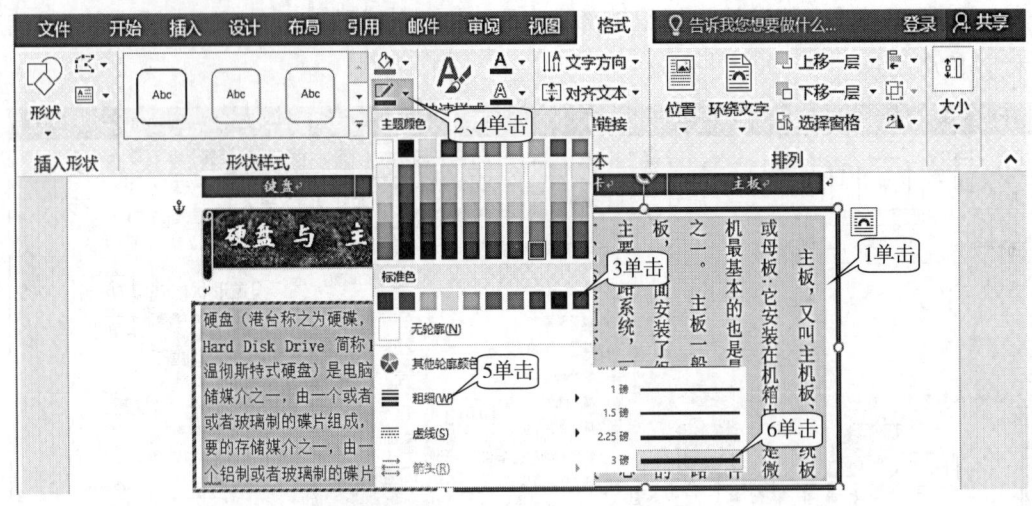

图 4.6.35

步骤 2 ①单击选择主板介绍文本框。②单击【格式】。③单击【形状轮廓】。④单击形状【粗细】。⑤单击【其他线条】。⑥单击【形状选项】,找到【复合类型】。⑦单击【复合类型】按钮 ▬ ▼。⑧单击选择【由粗到细】线型(见图 4.6.36)。

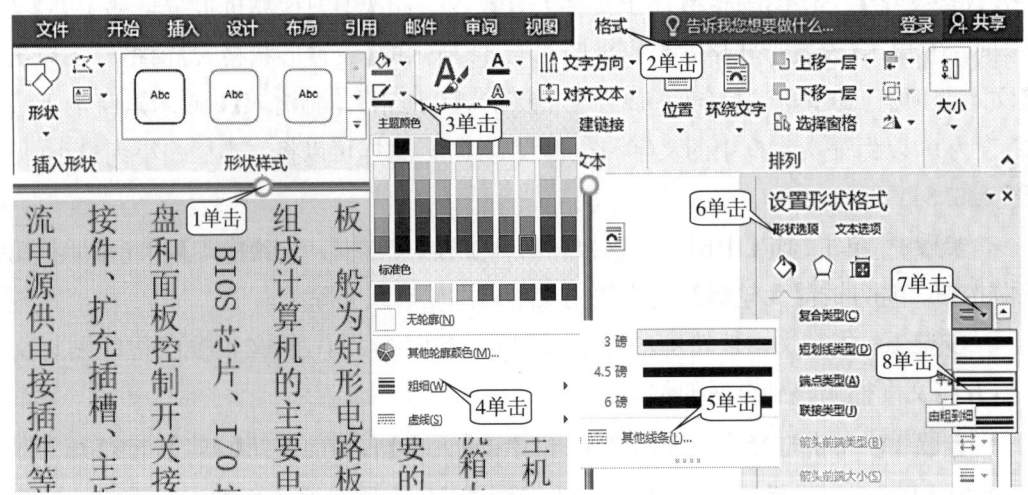

图 4.6.36

步骤 3 ①单击选定【横卷形】图形。②单击【格式】。③单击【形状效果】。④单击【发光】。⑤单击选择【橙色,11pt 发光,个性色 6】(见图 4.6.37)。

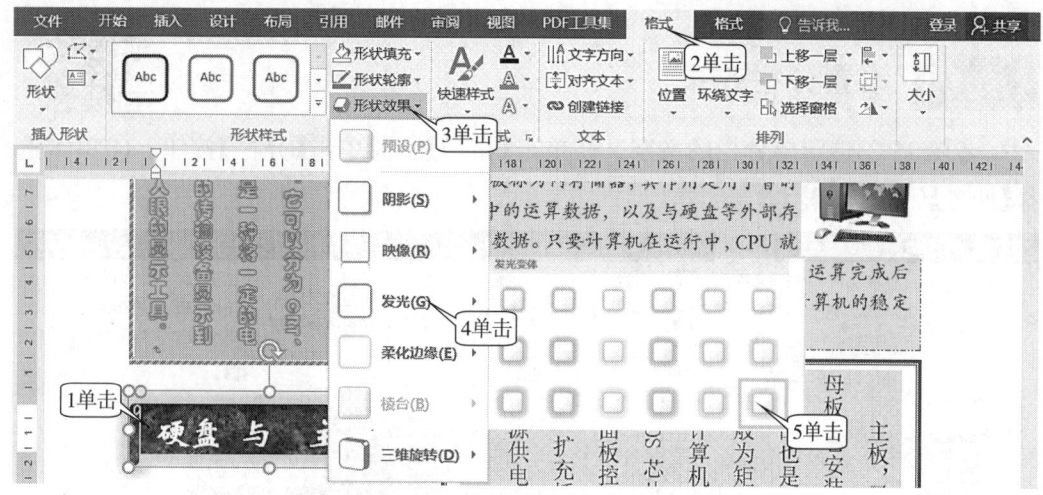

图 4.6.37

任务 10 设置首字下沉

步骤1 在主板介绍文本框输入文字:【显卡,又称为显示适配器(Video adapter),是个人电脑最基本组成部分之一。显卡的用途是将计算机系统所需要的显示信息进行转换驱动,并向显示器提供行扫描信号,控制显示器的正确显示,是连接显示器和个人电脑主板的重要元件,是"人机对话"的重要设备之一。显卡作为电脑主机里的一个重要组成部分,承担输出显示图形的任务,对于从事专业图形设计的人来说显卡非常重要。】,将文字设为【宋体】【5 号】。

步骤2 ①在本段文字任意位置单击。②单击【插入】。③单击【添加首字下沉】按钮。④单击选择【首字下沉选项】,出现图 4.6.38 所示的【首字下沉】对话框。⑤单击【下沉】。⑥单击选择【华文琥珀】。⑦输入【2】。⑧单击【确定】(见图 4.6.38)。

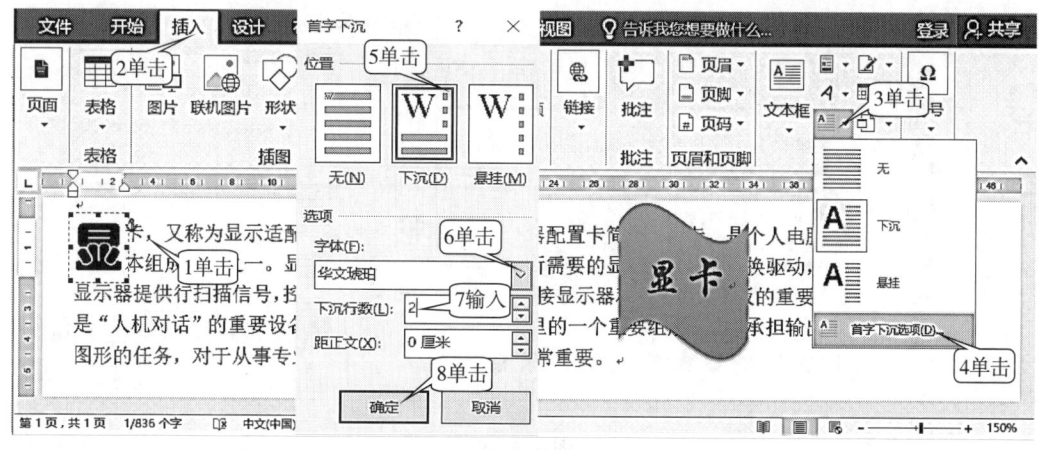

图 4.6.38

任务 11 设置分栏效果

步骤 1 ①选定要分栏的文字。②单击【布局】。③单击【分栏】按钮。④单击选择【两栏】(见图 4.6.39)。

图 4.6.39

步骤 2 单击选中【波形】图形,单击【格式】,单击【环绕文字】\【紧密型环绕】。拖动【波形】图形到图 4.6.40 所示的位置。

步骤 3 将文字部分的底纹设置为【绿色-淡色 80%】。

步骤 4 ①单击【设计】。②单击【页面边框】按钮。③单击选择所要的边框样式。④单击【确定】(见图 4.6.40)。

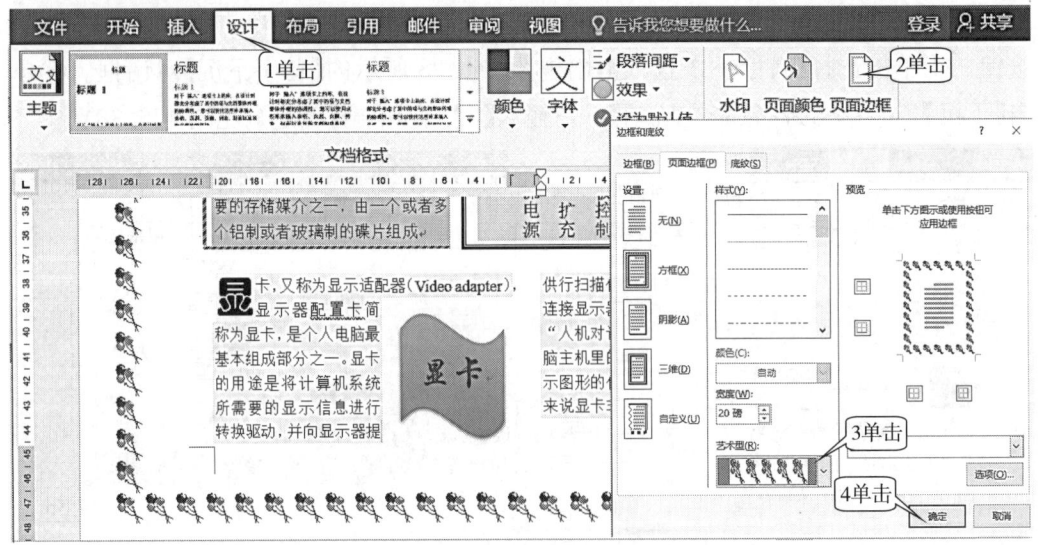

图 4.6.40

第4章 办公文字处理

任务 12　设置页面背景

步骤1　①单击【设计】。②单击【页面颜色】下拉按钮。③单击【填充效果】按钮,弹出如图 4.6.41 所示的【填充效果】对话框。④单击【图片】。⑤单击【选择图片】按钮(见图 4.6.41),出现如图 4.6.42 所示的【插入图片】对话框。

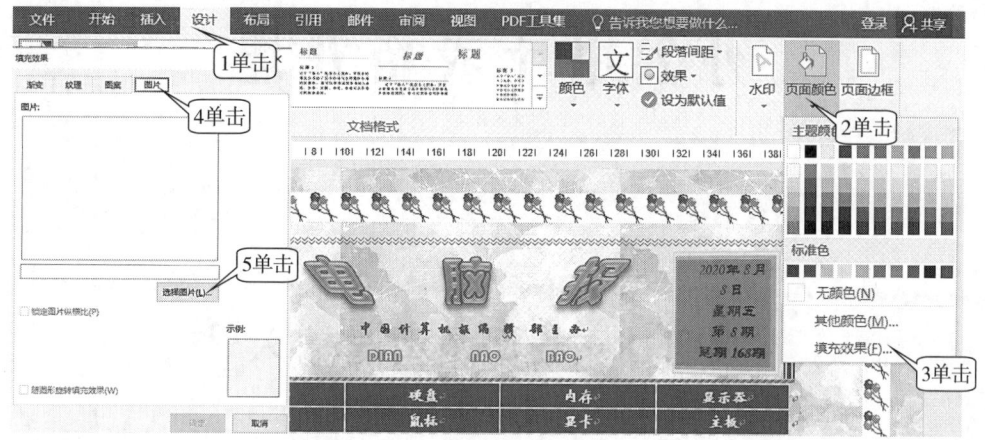

图 4.6.41

步骤2　单击【浏览】(见图 4.6.42),出现如图 4.6.43 所示的【选择图片】对话框。

步骤3　①单击找到【教材素材】\【图片】\【底纹 2】。②双击【底纹 2】文件(见图 4.6.43),回到图 4.6.44 所示的【填充效果】对话框。

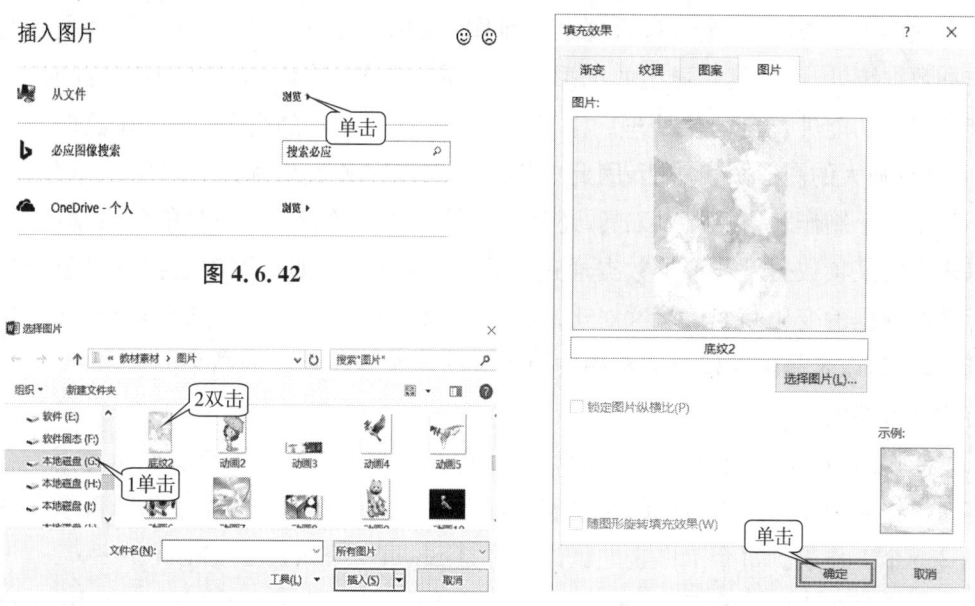

图 4.6.42

图 4.6.43

图 4.6.44

步骤4　在如图 4.6.44 所示界面中单击【确定】,结果见图 4.6.41。

第 5 章

办公电子表格处理

项目1 数据类型与输入

Excel 是一个十分流行且出色的电子表格软件。它不仅适用于个人事务处理,而且被广泛地应用于财务、统计和分析等领域。Excel 具有强大的表格处理功能,其界面美观、使用方便、操作简单、功能齐全,是集电子数据表、图表、数据库于一体的优秀办公软件。Excel 能通过一系列的公式或函数对数据进行组织、计算和分析等处理,制作美观实用的报表,甚至是包含复杂三维图形的报表。它不仅能胜任各种表格的制作和数据统计,而且具有强大的图形、图表、数据分析、检索和管理功能。此时,它还能利用宏功能进行自动化处理。由于 Excel 内置了丰富的财务、统计和数据库函数,并具有强大的图形图表功能,因此特别适合制作财务表格和进行经济信息分析。它不仅是一个制作表格的强大工具,还是一个具有计算、统计、分析功能的数学工具。如果表中的某项数据是若干个数据通过运算得出的结果,那么该项数据可以随着参与运算的数据的变化而变化。这对于制作一个通用的公式,或者是通用的具有计算功能的表格,或者是随时修改表格中的原始数据从而得到相应的结果的表格,都是十分有用和方便的。

Excel 启动时默认提供一个工作簿,其中包含一张工作表。一个工作簿可由一个或多个工作表组成。工作簿中的工作表是可以添加或删除的。一个工作簿最多允许添加 255 个工作表。每个工作表的默认名称是 Sheet 1、Sheet 2、Sheet 3……

工作表是由 1048576 行和 16384 列组成的表格,其行号自上而下按 1、2、3……进行编号,而列号则由左到右采用字母 A、B、C……进行编号。工作表不仅仅是一个庞大的表格,还是一个具有强大计算功能的表格,表格中的内容可以是数字、字符、日期、时间、数学运算式、函数等。

Excel的基本工作平台是工作表,它类似于人们日常工作中使用的表格。工作表由单元格组成,单元格则用于输入数据。

在单元格中可以输入多种类型的数据,包括数字、文本、公式、函数、日期和时间等。在工作表中输入数据是一种基本的操作,有些数据的输入要用特殊的方法。Excel的数据不仅可以从键盘直接输入,还可以自动输入,输入时还可以检查其正确性。向单元格中输入数据,先要选中目标单元格,再键入数字、文字或其他符号。输入过程中若发现有错误,可用【Backspace】键删除,按【Enter】键完成输入。若要取消,可直接按【Esc】键。Excel中各种类型数据的输入方法是有差别的,所以掌握各种类型数据的输入方法是使用Excel的基本要求。

任务 1 输入各类数据

1. 可作为数字使用的字符

在Excel中,数字只可以为下列字符:0、1、2、3、4、5、6、7、8、9、+、-、(、)、/、$、%。Excel将忽略数字前面的正号(+),并将单个英文句点视为小数点。所有其他数字与非数字的组合均视为文本。例如,38878A、889K均被Excel视为文本。而文本是不能作为数据进行运算的。例如,在A1中输入38878A,在B1中输入358,而在C1中输入公式:A1+B1(见图5.1.1),Excel将给出错误提示(见图5.1.2)。原因是公式中的第一项不是数据,而是文本。文本和数据是无法相加得出结果的。

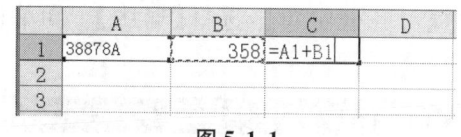

图 5.1.1

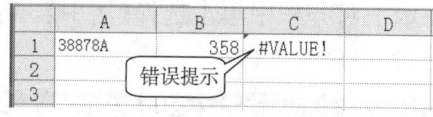

图 5.1.2

2. 日期的输入

Excel对于日期和时间的输入非常灵活,可有多种输入形式。对于中国用户来说,输入日期时,可在年、月、日之间用"/"或"-"连接。例如,输入2024年1月10日,可输入2024/1/10或2024-1-10。为了避免产生错误,在输入日期时年份不要用两位数表示,应该用四位数。如果只输入了月和日,Excel就会自动取计算机内部时钟的年份作为该日期数据的年份。例如,输入1/10(见图5.1.3),计算机时钟的年份为2024年,那么该单元格实际的值是:2024-1-10。当单击这个单元格时,就可在编辑栏中看到2024-1-10(见图5.1.4)。

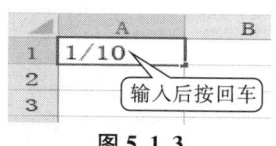

图 5.1.3

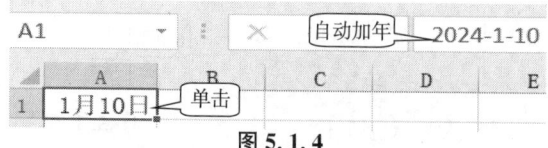

图 5.1.4

3. 在单元格内输入多行内容

在单元格中,当输入到单元格行尾要换行时,应按住【Alt+Enter】组合键来换行。不能按回车键换行,因为按回车键后会跳到下一个单元格,而不是换行。

4. 身份证、邮编、电话号码的输入

在输入数字前加上一个英文的单引号,即【'】,系统将把后面输入的内容当成字符来处理。例如,若要输入身份证号:340202198808081018,应输入【'340202198808081018】。

5. 公式的输入

先单击要输入公式的单元格,然后按【=】键,再输入运算公式。

6. 修改单元格中的内容

双击要修改的单元格,才可以修改单元格中的内容。

7. 输入分数

为避免 Excel 将输入的分数当成日期,要在分数前键入【0】+【空格】,如:键入【0】+【空格】+【1/2】,结果为 1/2。

8. 输入负数

输入负数须键入减号【-】,或将其置于括号【( )】中,如:键入-88、(88)。

9. 对齐单元格中的内容

在默认状态下,所有数字在单元格中均右对齐。改变其对齐方式的操作步骤如下。

步骤 ①单击选定要改变对齐方式的单元格。②单击【对齐方式】右侧的【 】按钮,出现图 5.1.5 所示的【设置单元格格式】对话框。③单击【对齐】选项卡。④在水平对齐框中单击选择【居中】。⑤在垂直对齐框中单击选择【居中】。⑥单击【确定】(见图 5.1.5)。

图 5.1.5

10. 改变数字的显示方式

步骤1 ①单击选定要改变显示方式的单元格。②单击【对齐方式】右侧的【对齐设置】按钮【 】(见图 5.1.5),出现图 5.1.6 所示的【设置单元格格式】对话框。

步骤2 ①单击【数字】选项卡。②单击选择【货币】。③单击选择【¥】。④单击选择数字的显示方式。⑤单击【确定】(见图 5.1.6)。这样在选定的单元格中输入数字时就会自动加上¥符号。

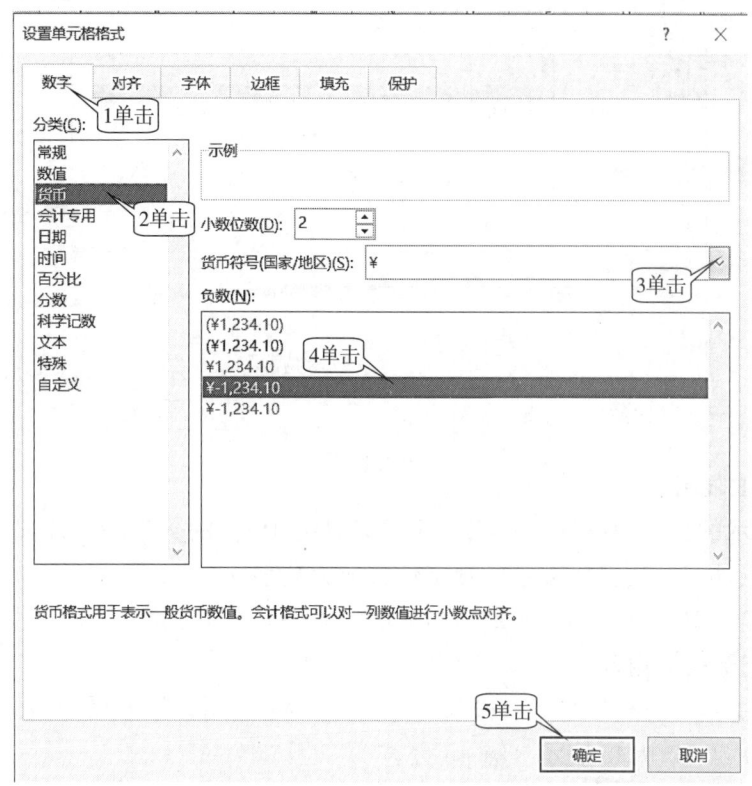

图 5.1.6

11. 自定义数字格式

如果单元格使用默认的【常规】数字格式,Excel 会将数字显示为整数、小数,而当数字长度超出单元格宽度时,会以科学记数法表示(如显示为 7.89E+08)。采用【常规】格式的单元格,输入数字允许的长度为 11 位,其中包括小数点和类似【E】和【+】这样的字符。如果要输入并显示多于 11 位的数字,可自定义数字格式。例如,输入 878788887798767,要完整地显示这个数就必须进行以下设置。

步骤1 ①单击选定要改变格式的单元格;单击【对齐方式】右侧的【 】按钮,出现如图 5.1.7 所示的【设置单元格格式】对话框。

步骤2 ①单击【数字】选项卡。②单击选择【数值】。③单击【确定】(见图 5.1.7)。

这样单元格显示的内容就会从 8.788E+14 变成 878788887798767.00。

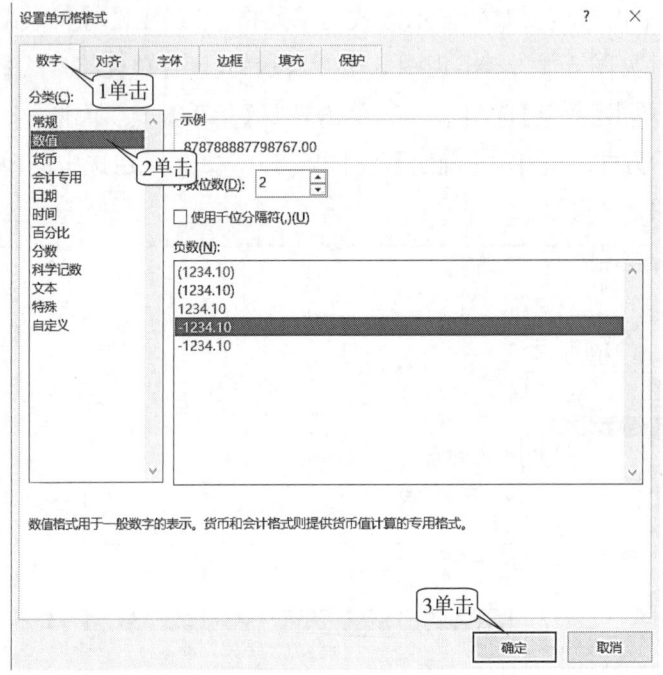

图 5.1.7

12. 15 位限制

无论显示的数字的位数如何,Excel 都只保留 15 位的数字精度。如果数字长度超出了 15 位,Excel 则会将多余的数字位转换为数字 0。

例如,输入 123456789101112131415,则单元格显示 123456789101112000000。

13. 时间数据的输入

时间数据由时、分、秒组成。输入时,时、分、秒之间用冒号分隔,例如,9:45:30 表示 9 点 45 分 30 秒,9:45 表示 9 点 45 分。

14. 十二小时制和二十四小时制

如果要输入十二小时制的时间,需要在时间后键入一个空格,然后键入 AM(或 A)或 PM(或 P),分别表示上午或下午。否则,Excel 将以二十四小时制计算时间。例如,如果键入 3:00 ,则保存为上午 3:00,而不是下午 3:00。

15. 有关输入文本的说明

在 Excel 中,文本可以是数字、空格或非数字字符的组合。例如,Excel 将下列数据项视作文本:10AA109、127AXY、12-976 和 208 4675。

任务 2　设置单元格的数据类型

1. 数值类型的设置

步骤　①在 A1~A8 中输入 88858。②拖动选定 A2~A8。③单击【对齐方式】右侧的【　】按钮,出现图 5.1.8 所示的【设置单元格格式】对话框。④单击【数字】选项卡。⑤单击【数值】。⑥输入【3】,表示数据显示时保留3位小数。⑦单击【确定】(见图5.1.8),这样A2~A8单元格显示的内容就从88858变成了88858.000。

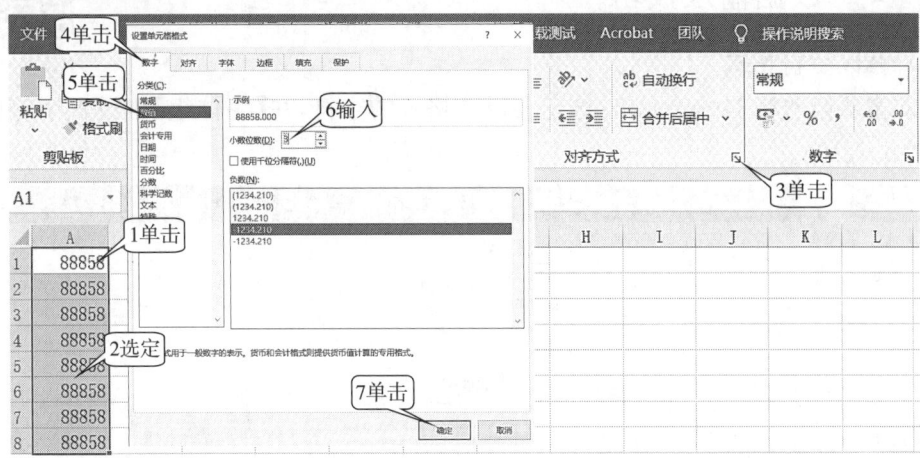

图5.1.8

2. 会计专用类型的设置

步骤 ①在A1~A8中输入88858。②拖动选定A1:A8。③单击【对齐方式】右侧的【　】按钮。④单击【数字】选项卡。⑤单击【会计专用】。⑥输入【3】,表示数据显示时保留3位小数。⑦单击【确定】,这样A1:A8单元格显示的内容就从88858变成了¥88858.000。

3. 文本类型的设置

步骤 ①在A1中输入【88858123456789】,可以看到显示的是【8.9E+13】。②单击选择【A2】。③单击【字体】右侧的按钮【　】。④单击【数字】。⑤单击【文本】。⑥单击【确定】(见图5.1.9),再输入88858123456789,可以看到A2单元格的显示就不会是8.9E+13了,而是88858123456789,其他数据类型的设置方法相同。

图5.1.9

任务 3　数据输入技巧

1. 修改字符格式

双击要修改数据的单元格，选定要设置格式的字符，在【字体组】中设置字符格式（见图 5.1.10）。

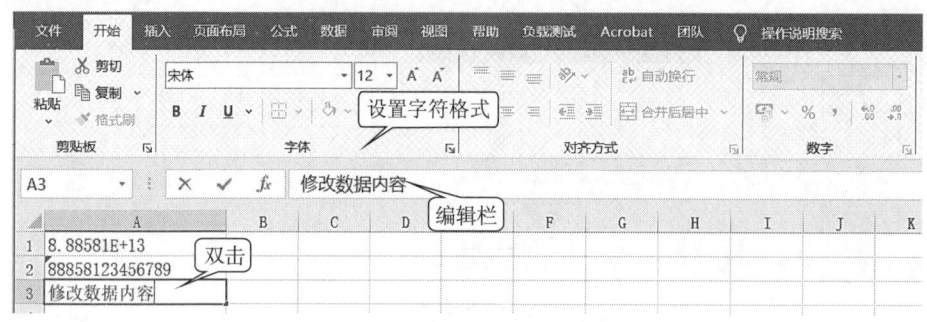

图 5.1.10

2. 修改单元格内容

单击要修改的单元格，在编辑栏中即可对单元格内容进行修改。双击单元格也可对单元格内容进行修改（见图 5.1.10）。

3. 强制换行

在单元格中输入字符默认是不换行的，如果要求字符到单元格边界时换到下一行，就必须进行强制换行，方法为：按住 Alt 键，同时按回车键。

4. 自动换行

在单元格内输入的字符到单元格边界时，如需自动换行，可进行如下设置。①选定要自动换行的单元格。②单击【字体】右侧的按钮【 】。③单击【对齐】。④单击勾选【自动换行】复选框。⑤单击【确定】（见图 5.1.11）。

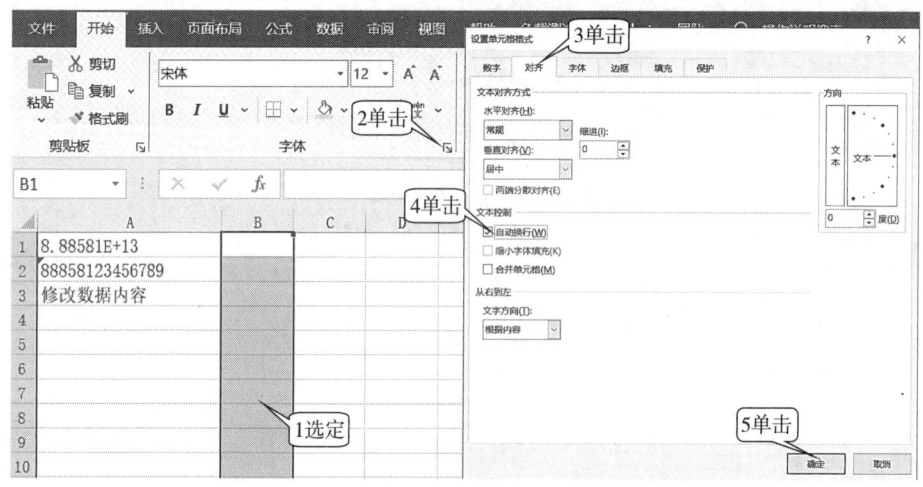

图 5.1.11

项目 2 制作成绩表

项目任务描述与分析

Excel 电子表格有很强的计算及其他处理功能,利用其自有的单元格来制作表格,比在 Word 中要方便许多,同样也可以对制作的表格进行字符格式、表格线和底纹的设置。通过设置可以制作出符合要求且美观的表格。在表格制作过程中,Excel 会提供诸如自动填充、加密保存工作簿、合并单元格等功能,帮助提高制作表格的效率。

任务 1 调整行高与列宽

步骤 1 ①单击单元格输入表格中的内容。②将鼠标指到列的分界线上,使其变为双箭头【】,拖动鼠标,改变列的宽度,使其宽度显示为【宽度: 14.00 (133 像素)】。③将鼠标指到行的分界线上,使其变为双箭头【 】。拖动鼠标(见图 5.2.1),改变行的高度,使其宽度显示为【高度: 18.00 (30 像素)】。还可以同时选定多行或者多列,然后拖动选定的行或列的分界线,同时改变多行的高度或者多列的宽度。

图 5.2.1

步骤 2 ①从 B2 拖动鼠标到 J13,选定该区域的所有单元格。②单击【格式】\【列宽】,出现【列宽】对话框。③输入【7】。④单击【确定】(见图 5.2.2),这样选定的单元格的列宽就被调整为【7】。

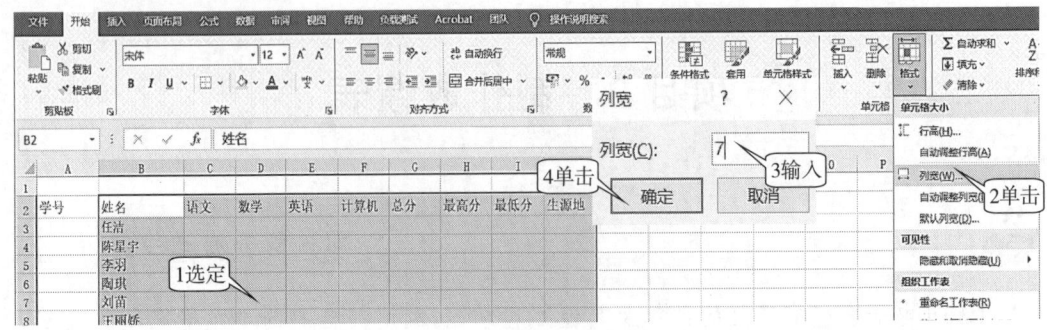

图 5.2.2

步骤3 ①单击列标【B】,选定【B】列的所有单元格。②单击【格式】\【列宽】,出现【列宽】对话框。③输入【9】。④单击【确定】(见图 5.2.3),则选定列的列宽就被调整为【9】,这样可以使【考试时间】在一行显示。

图 5.2.3

步骤4 在 A1 单元格输入【成绩表】。

步骤5 ①单击行标【2】,选定第 2 行的所有单元格。②单击【格式】\【行高】,出现【行高】对话框。③输入【18】。④单击【确定】(见图 5.2.4),则选定行的行高就被调整为【18】。

图 5.2.4

步骤6 将第一行的高度设为【30】,将 A 列的宽度设为【14】。

任务 2 设置字符格式

步骤 ①单击【A1】单元格。②单击选择【华文新魏】。③单击选择【22】。④单击选择【紫色】。⑤单击【加粗】(见图 5.2.5)。在 Excel 中,对于字符格式的设置都是通过图5.2.5所示的【开始】功能区【字体】组中的按钮设置的,操作与在 Word 中一样。

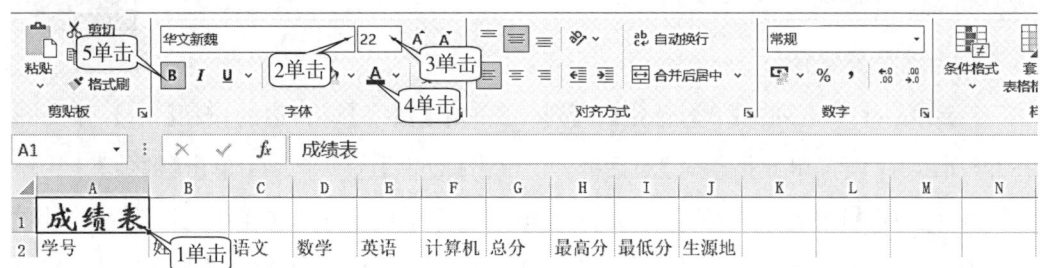

图 5.2.5

任务 3　单元格的选定

步骤 1　①在要选定的单元格上拖动,就可以选定多个单元格。②在行标上单击,就可以选定整行。③在列标上单击(见图5.2.6),就可以选定整列。

图 5.2.6

步骤 2　如果要同时选定多个单元格、整行或整列,可以按图5.2.7中所示的方法操作。①按住【Ctrl】键拖动,选定 2 列。②按住【Ctrl】键拖动,选定 3 行。③按住【Ctrl】键拖动,选定 4 行。④按住【Ctrl】键拖动,选定 2 列。⑤按住【Ctrl】键拖动,选定 4 个单元格。

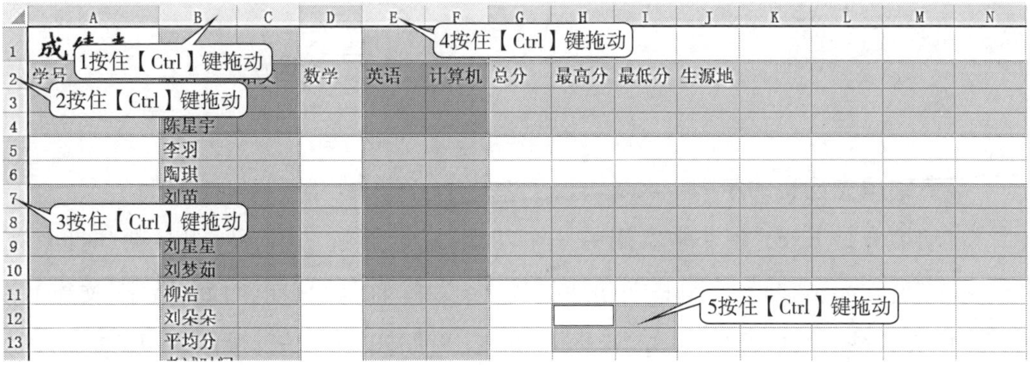

图 5.2.7

步骤 3　在表格任意位置单击,可以取消选定。

任务 4 自动填充序列

1. 自动填充数值

步骤 ①单击列标【A】，选定【A】列。②单击【数字】组右边的按钮【 】，弹出图5.2.8所示的【设置单元格格式】对话框。③单击【数字】选项卡。④单击【数值】。⑤输入【0】。⑥单击【确定】，则选定的单元格就被设成了数值类型。这样在之后输入学号时就不会以科学记数法来表示了。⑦在 A3、A4 单元格中分别输入【2024090102001】【2024090102002】。⑧选定输入学号的两个单元格。⑨拖动选定单元格右下角的黑色填充柄到A12(见图5.2.8)，则 Excel 会将学号视为数字，并根据前两个单元格数字的差值为 1 的特点来产生后面的数字，这样所有的学号便按顺序自动填充，结果见图5.2.12。如果 A3、A4 输入的分别是 2024090102001 和 2024090102006，则 Excel 会根据前两个单元格中数字的差值为 5 来产生后面的数字，即 2024090102001、2024090102006、2024090102011、2024090102016、2024090102021、2024090102026……

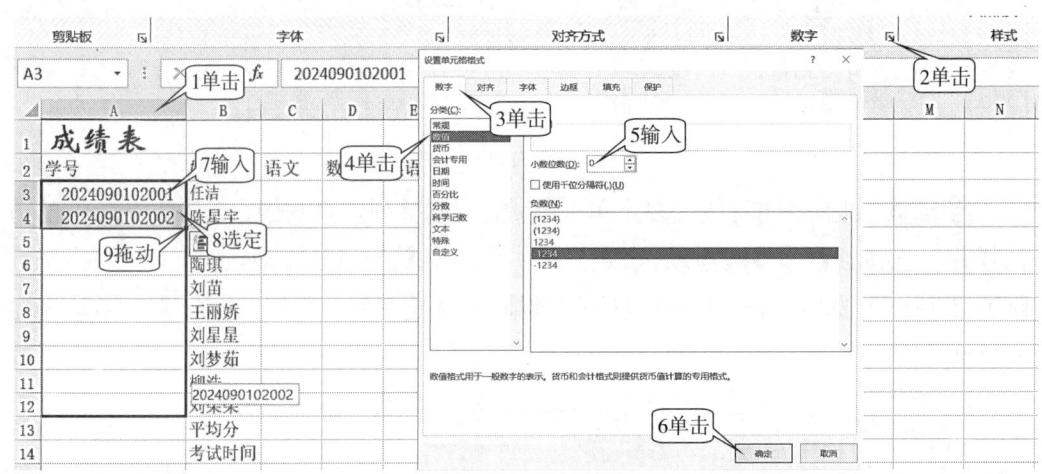

图 5.2.8

2. 自动填充已有的序列

自动填充是 Excel 中非常实用的一个功能，它能够自动填充一组日期、时间、数字、文本(英文或汉字)。一组日期(时间、数字、文本)称为"日期(时间、数字、文本)序列"。比如，日期序列(星期一、星期二、星期三、星期四、星期五、星期六、星期日)，时间序列(1:00、2:00、3:00、4:00、5:00、6:00)，数字序列(1、2、3、4、5、6、7、8)，文本序列(北京、上海、天津、重庆、安徽、江苏、浙江、广东、山东、辽宁)。Excel 自带了一部分序列，用户可以随时使用自带的序列。自带的序列种类可从图 5.2.11 所示的界面中看出。同时 Excel 还允许用户根据自己的需要采用自定义序列来填充,且对自定义序列是没有什么限制的。以下将介绍利用已有数据序列填充和自定义新序列的操作步骤。

步骤 ①输入【星期一】。②单击【星期一】所在的单元格。③拖动【星期一】所在的单元格右下角的黑色填充柄【+】到 F14(见图 5.2.9),则星期一、星期二、星期三、星期四便按顺序自动填充。其他序列的填充方法与此类似,先输入序列的第一项,即可采用拖动的方法来填充。

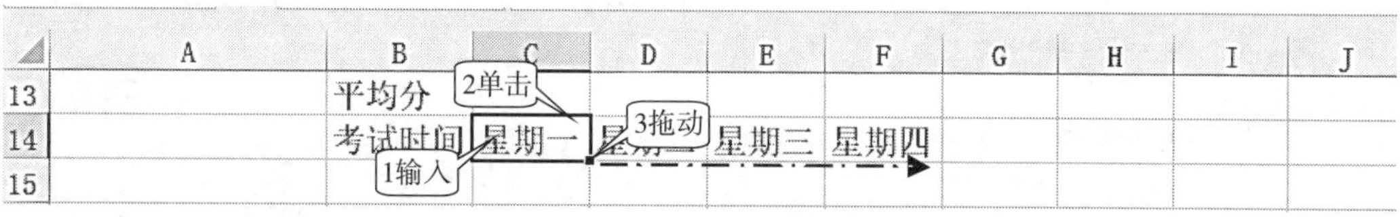

图 5.2.9

3. 自定义序列

步骤1 ①单击【文件】。②单击【选项】(见图 5.2.10),出现如图 5.2.11 所示的【Excel 选项】对话框。

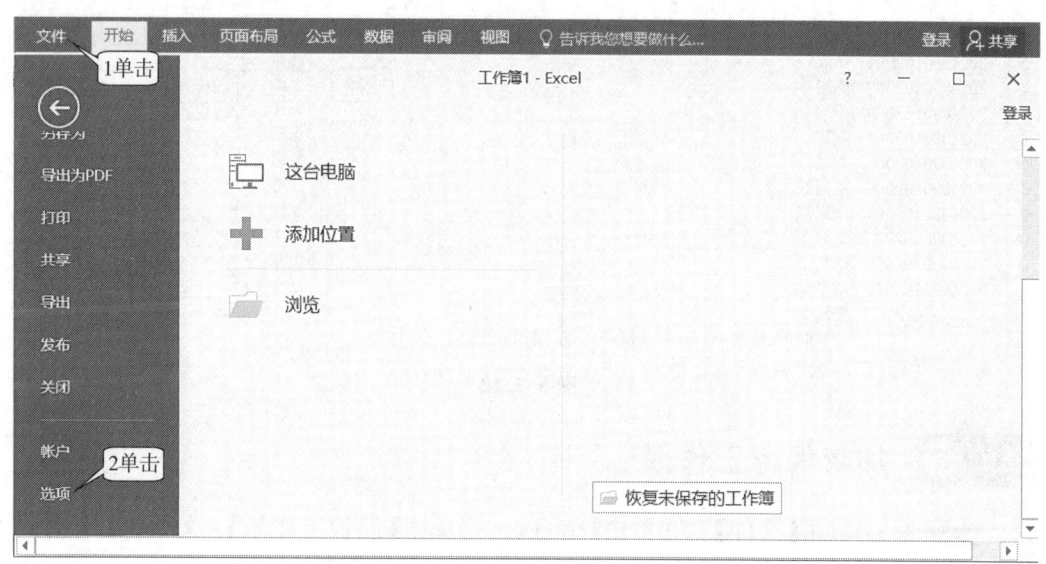

图 5.2.10

步骤2 ①单击【高级】。②向下拖动滚动条。③单击【编辑自定义列表】,出现图 5.2.11 所示的【自定义序列】对话框。④单击【新序列】。⑤输入【北京、上海、天津、重庆、安徽、江苏、浙江、广东、山东、辽宁】。⑥单击【添加】。⑦单击【确定】。⑧单击【确定】。这个序列便被保存到 Excel 内了。

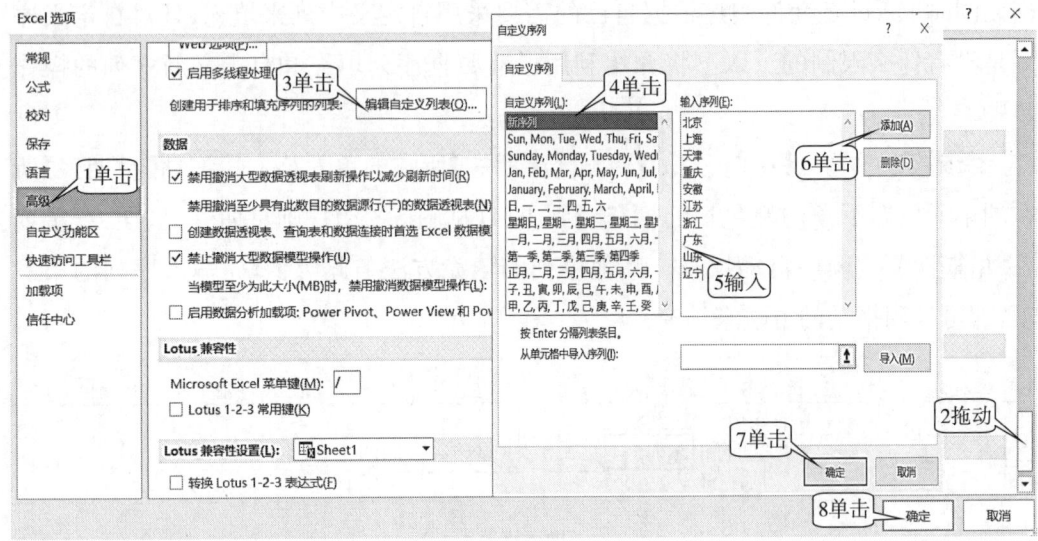

图 5.2.11

步骤 3 ①输入【北京】。②拖动【北京】单元格右下角的黑色填充柄到 J12（见图 5.2.12）。

	A	B	C	D	E	F	G	H	I	J	K	L	M
2	学号	姓名	语文	数学	英语	计算机	总分	最高分	最低分	生源地			
3	2024090102001	任洁								北京			
4	2024090102002	陈星宇								上海			
5	2024090102003	李羽								天津			
6	2024090102004	陶琪								重庆			
7	2024090102005	刘苗								安徽			
8	2024090102006	王丽娇								江苏			
9	2024090102007	刘星星								浙江			
10	2024090102008	刘梦茹								广东			
11	2024090102009	柳浩								山东			
12	2024090102010	刘朵朵								辽宁			
13			平均分										
14			考试时间	星期一	星期二	星期三	星期四						

图 5.2.12

任务 5 加密保存工作簿

步骤 1 ①单击【文件】。②单击【信息】。③单击【保护工作簿】。④单击【用密码进行加密】。⑤输入密码【123】。⑥单击【确定】。⑦再次输入密码【123】。⑧单击【确定】。⑨单击【保存】（见图 5.2.13），这样下次打开这个文件时就要输入密码才能打开。

第5章 办公电子表格处理

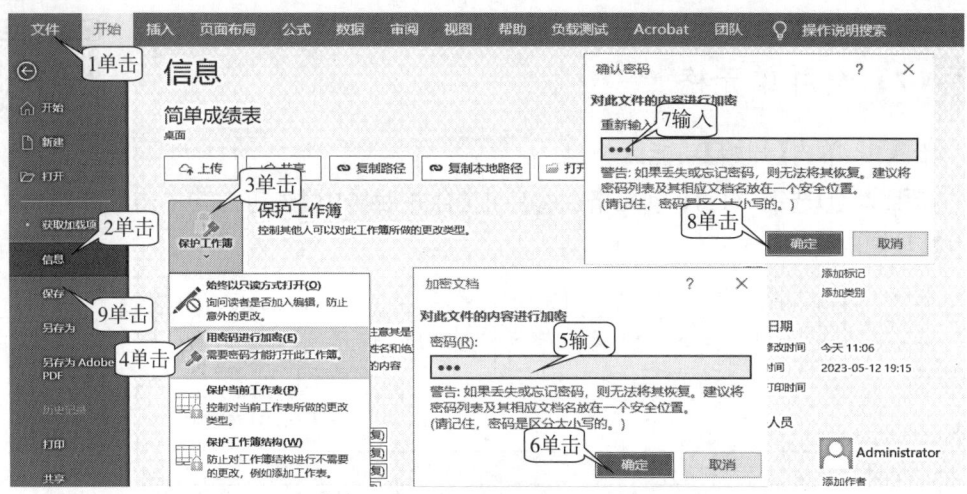

图 5.2.13

步骤 2 如果要取消密码,可进行如下操作。①单击【文件】。②单击【信息】。③单击【保护工作簿】。④单击【用密码进行加密】。⑤删除密码。⑥单击【确定】。⑦单击【保存】(见图 5.2.14)。

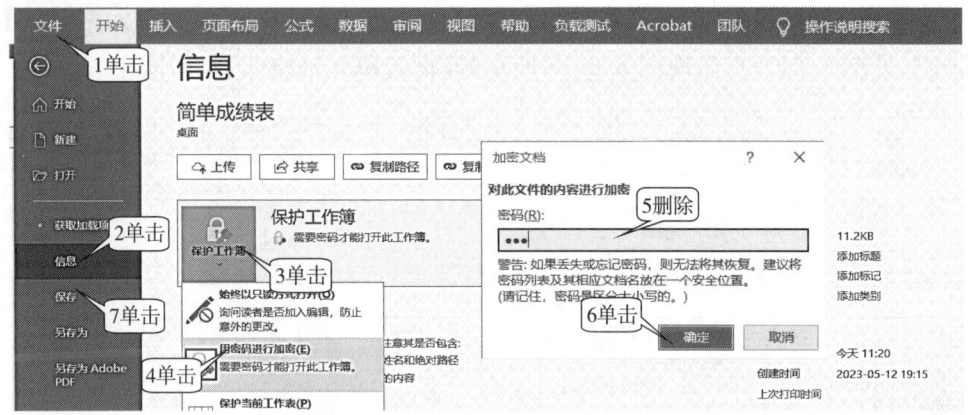

图 5.2.14

任务 6 新建工作簿

步骤 ①单击【文件】。②单击【新建】。③双击【空白工作簿】(见图 5.2.15)。

图 5.2.15

任务 7 合并单元格

步骤 1 单击【开始】功能区。

步骤 2 ①选定 A1:J1 单元格。②单击【合并后居中】按钮。③单击选择【合并后居中】(见图 5.2.16)。

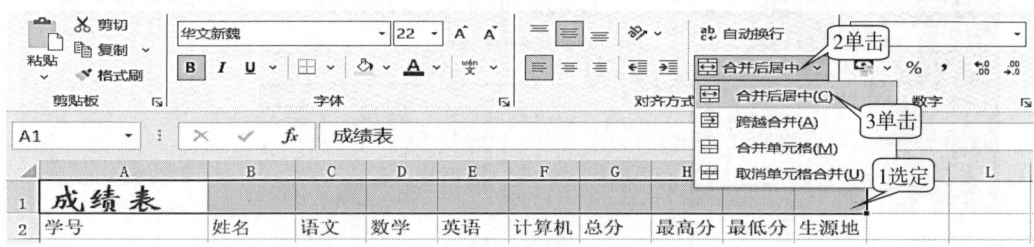

图 5.2.16

任务 8 表格线设置

步骤 1 ①选定 A2:J13 单元格。②单击【对齐方式】右边的【设置单元格格式】按钮〖 〗(见图 5.2.17),出现图 5.2.18 所示的【设置单元格格式】对话框。

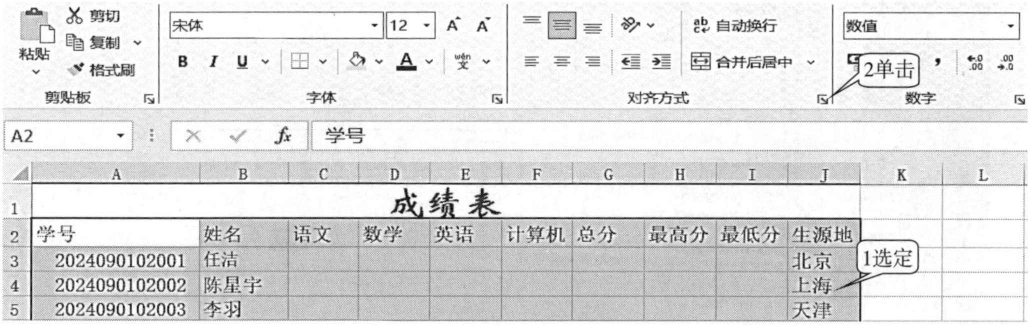

图 5.2.17

步骤 2 ①单击【边框】选项卡。②单击选择【双细线】。③单击选择【紫色】。④单击【外边框】按钮(见图 5.2.18)。

步骤 3 ①单击选择【单细线】。②单击选择【绿色】。③单击【内部】。④单击【确定】(见图 5.2.19)。

步骤 4 将第 2 行的高度设为 24,将 B~J 列的宽度设为 8。

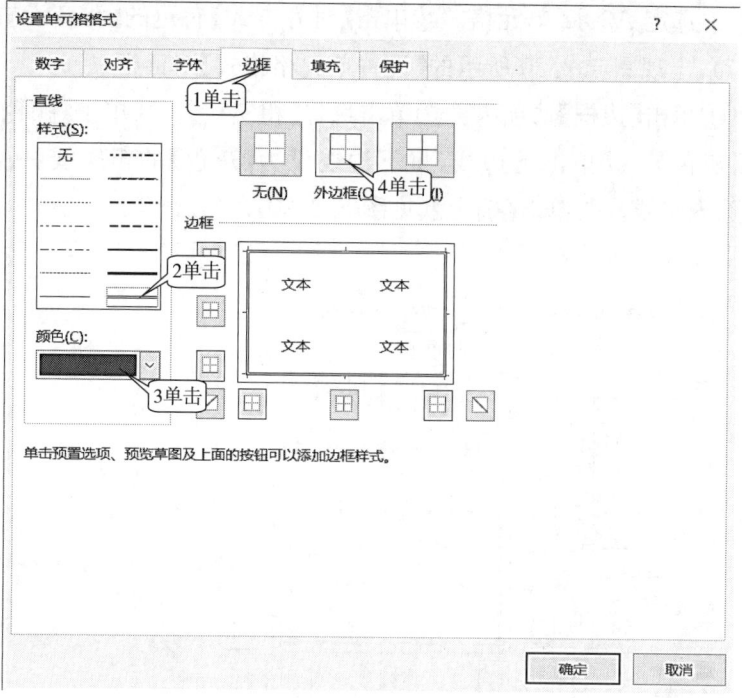

图 5.2.18

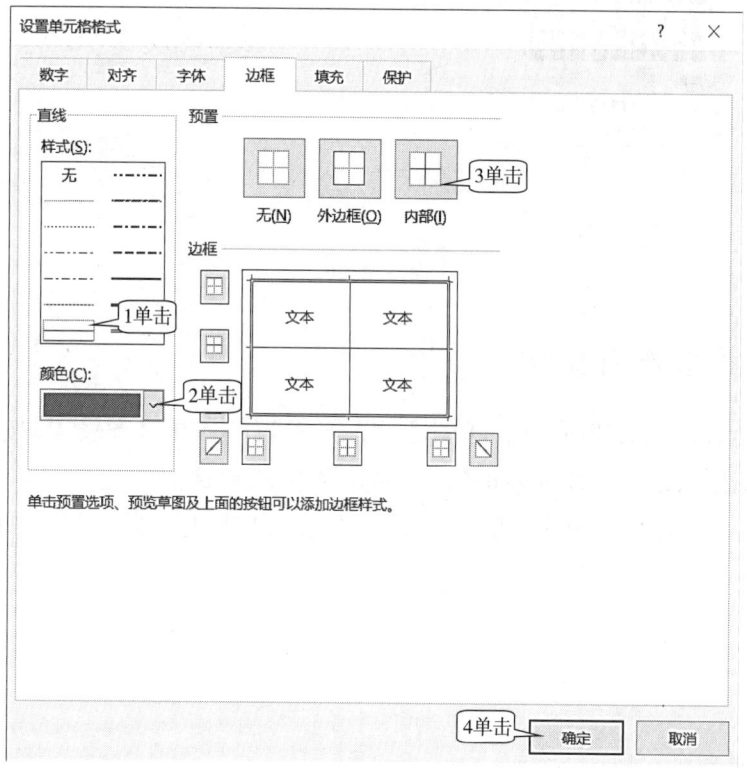

图 5.2.19

步骤 5 ①选定 A2:J2 单元格。②单击【对齐方式】右边的【对齐设置】按钮【　】(见图 5.2.17),出现图 5.2.20 所示的【设置单元格格式】对话框。

步骤 6 ①单击【边框】选项卡。②单击选择【粗实线】。③单击【颜色】下拉按钮。④单击选择【灰色】。⑤单击下边线,将下边线设为【灰色】的粗实线。⑥单击【内竖线】按钮,去除内竖线。⑦单击【确定】(见图 5.2.20)。

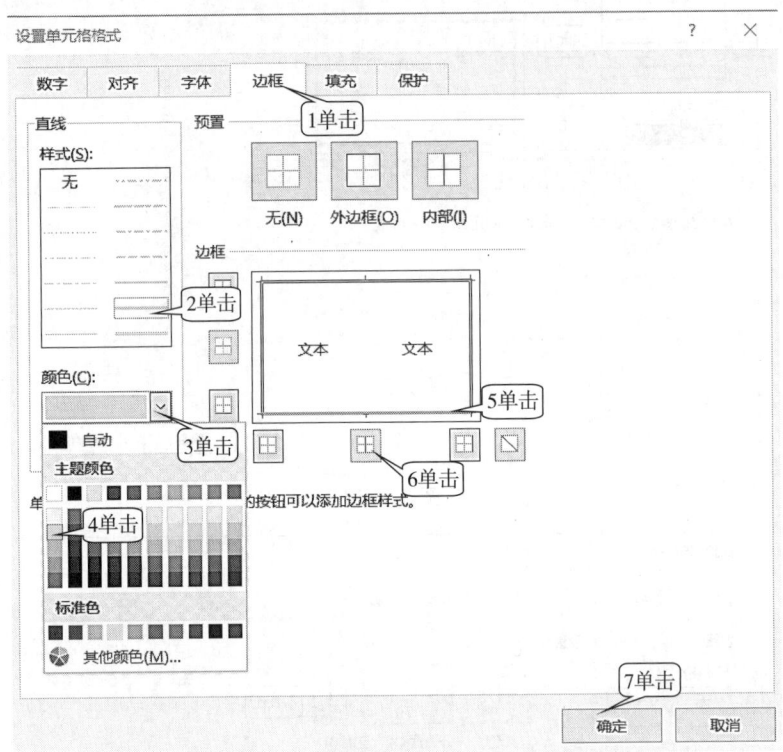

图 5.2.20

任务 9 设置表格底纹

步骤 1 选定 A2:J2 单元格,单击【对齐方式】右边的【对齐设置】按钮【　】(见图 5.2.17),出现图 5.2.21 所示的【设置单元格格式】对话框。

步骤 2 ①单击【填充】选项卡。②单击选择【浅灰色】。③单击【确定】(见图 5.2.21)。

第5章 办公电子表格处理

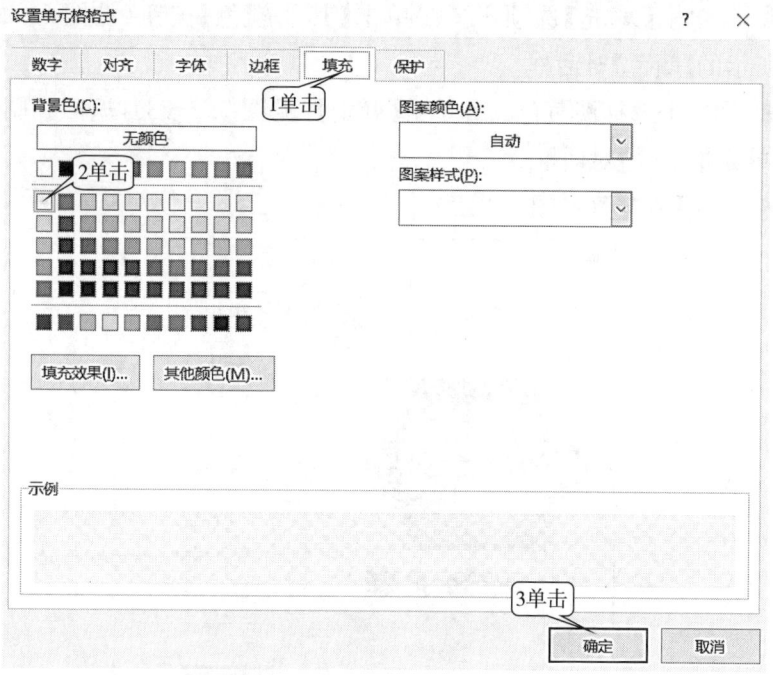

图 5.2.21

步骤3 同理选定 A3:J13 单元格,单击【对齐方式】右边的【设置单元格格式】按钮【🔽】(见图 5.2.17),出现图 5.2.22 所示的【设置单元格格式】对话框。

图 5.2.22

步骤 4 ①单击【填充】选项卡。②单击【其他颜色】按钮(见图 5.2.22),出现图 5.2.23 所示的【颜色】对话框。

步骤 5 ①单击选择淡黄色。②单击【确定】(见图 5.2.23),返回到图 5.2.22 所示的【设置单元格格式】对话框。

步骤 6 单击【确定】(见图 5.2.22)。

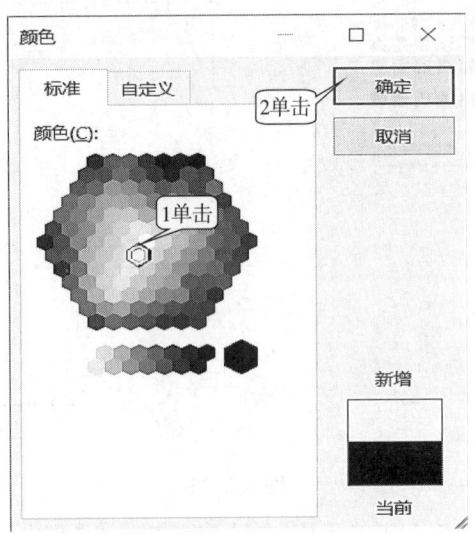

图 5.2.23

步骤 7 ①选定 B14:F14 单元格。②单击【对齐方式】右边的【设置单元格格式】按钮【 】(见图5.2.17),出现图 5.2.24 所示的【设置单元格格式】对话框。

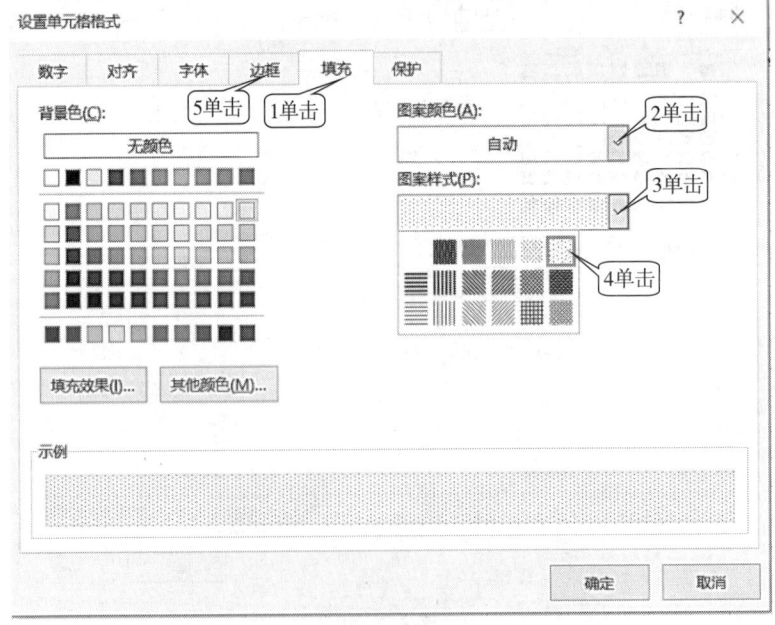

图 5.2.24

步骤 8 ①单击【填充】选项卡。②单击选择【淡紫色】。③单击【图案样式】。④单击选择一种图案。⑤单击【边框】选项卡(见图 5.2.24),出现图 5.2.25 所示界面。

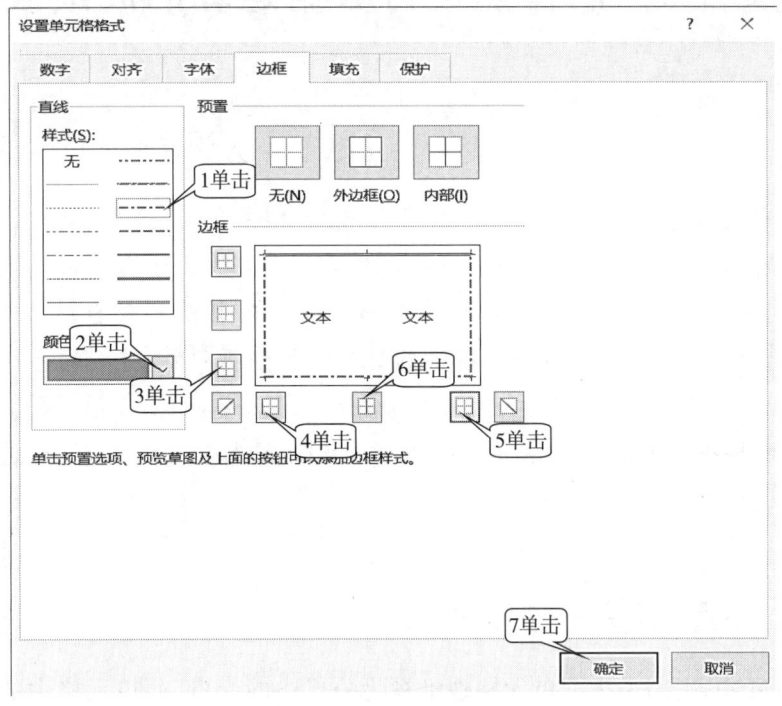

图 5.2.25

步骤 9 ①单击选择【点划线】。②单击选择【橙色】。③单击下边线按钮,将下边线设为橙色点划线。④单击左边线按钮,将左边线设为橙色点划线。⑤单击右边线按钮,将右边线设为橙色点划线。⑥单击【内竖线】,去除内竖线。⑦单击【确定】(见图5.2.25),设置完成后的效果如图 5.2.26 所示。

	A	B	C	D	E	F	G	H	I	J
1					成绩表					
2	学号	姓名	语文	数学	英语	计算机	总分	最高分	最低分	生源地
3	2024090102001	任洁								北京
4	2024090102002	陈星宇								上海
5	2024090102003	李羽								天津
6	2024090102004	陶琪								重庆
7	2024090102005	刘苗								安徽
8	2024090102006	王丽娇								江苏
9	2024090102007	刘星星								浙江
10	2024090102008	刘梦茹								广东
11	2024090102009	柳浩								山东
12	2024090102010	刘朵朵								辽宁
13		平均分								
14		考试时间	星期一		星期二		星期三		星期四	

图 5.2.26

步骤 10 将此表以【简单成绩表】为文件名保存在【教材素材】\【Excel】下。

项目3　制作能进行数据运算的成绩表

项目任务描述与分析

Excel 表格具有强大的计算功能,提供了包括财务、统计、逻辑、数学、三角函数、数据库、引用等一百多种函数。灵活应用这些函数可以快捷而高效地处理表格中的数据。通过在成绩表中应用多种函数,使表格具有智能性,即能够自动从表格的不同位置和不同的表格中抽取具有一定特性的数据进行分析判断,并根据不同条件得出相应结果。所以掌握这些函数的应用,可以使表格更为智能化,使用也更为方便。此外,在设置表格线和表格底纹时,可以使用格式刷来进行快速设置,从而进一步提高表格制作效率。

任务 1　引用、运算符与公式

在 Excel 中,引用是指把单元格地址视为公式中的变量,而单元格中的数据则相当于变量的值。引用实际上就是指在公式中使用单元格地址来代表单元格这个变量,这些单元格地址就相当于函数的变量。使用或者引用单元格地址有相对引用、绝对引用和混合引用三种形式。

1. 相对引用

公式中的单元格地址写法形似 A1、B1、C5、D8 的引用称为【相对引用】。例如,A1+B5*C8这个公式中引用的单元格地址就是相对引用。从以下示例中我们可以看出相对引用的含义及其用法。

在 A1:B5 单元格中输入一组数据,在 C1 中输入【=A1+B1】,按回车键(见图 5.3.1),这里 C1 中就存放了公式【A1+B1】,图 5.3.2 中 C1 的值是 A1+B1 的结果。

图 5.3.1　　　　　　　　　图 5.3.2

在图 5.3.2 所示界面中单击【C1】,向下拖动 C1 右下角的填充柄到 C5 单元格,结果见图 5.3.3。这样 C1 中的公式就被复制到了 C2~C5。单击【C3】,在编辑栏

里就有了 C3 中的公式【=A3+B3】。同样单击【C2】【C4】【C5】也会在编辑栏中看到公式,分别为【=A2+B2】【=A4+B4】【=A5+B5】。

从上述例子可以得出以下结论。

①可以通过拖动的方法将单元格中的公式复制到其他单元格中;

②复制后的公式是有差异的;

③C1 中的公式【=A1+B1】实际上是将单元格左侧两个单元格中的数据相加,即相对于 C1 将其左侧两个单元格中的数据相加,所以这种引用方式称为"相对引用"。

	A	B	C	D	E	F	G
1	1	6	7				
2	2	7	9				
3	3	8	11				
4	4	9	13				
5	5	10	15				

图 5.3.3

对于相对引用的实质,通过以下两个例子进行进一步说明。

例 1:在 H2 单元格中输入求和公式【=SUM(B2:G2)】,其功能是对 H2 单元格左侧的 B2、C2、D2、E2、F2、G2 这 6 个单元格内的数据求和。如果用上述拖动的方法将这个公式复制到 H5 单元格中,那么 H5 单元格中的公式就变为【=SUM(B5:G5)】,其功能是对 H5 单元格左侧的 B5、C5、D5、E5、F5、G5 这 6 个单元格内的数据求和。

例 2:在 B8 单元格中输入求和公式【=SUM(B2:B7)】,其功能就是对 B8 单元格上方的 B2、B3、B4、B5、B6、B7 这 6 个单元格内的数据求和。如果将这个公式复制到 F8 单元格中,那么 F8 单元格中的公式就变为【=SUM(F2:F7)】,其功能就是对 F8 单元格上方的 F2、F3、F4、F5、F6、F7 这 6 个单元格内的数据求和。

④只要公式中是相对引用,在复制公式时,公式中引用的地址就会发生相应变化。

2. 绝对引用

公式中的单元格地址写法形似 $A$1、$B$1、$C$5 的引用称为【绝对引用】。

例如,$A$1+$B$5*$C$8 这个公式中引用的单元格地址就是绝对引用。这里的行号和列号前都加了【$】,意思是行号和列号是绝对不会发生变化的,不论是复制公式还是做其他的操作,公式中引用的单元格地址都是固定不变的。从以下例子中我们可以看出绝对引用的用法。

在 A1:B5 单元格区域中输入一组数据,在 C1 中输入公式【=$A$1+$B$1】,如图 5.3.4 所示,按回车键,则 C1 中就存放了公式【$A$1+$B$1】,图 5.3.5 所示界面中 C1 中显示的是 A1+B1 的结果。

在图 5.3.5 所示界面中单击【C1】,向下拖动 C1 右下角的填充柄【 】到 C5 单元格,结果见图 5.3.5。这样 C1 中的公式就被复制到了 C2~C5。单击【C3】,在编辑栏里显示 C3 中的公式【=＄A＄1＋＄B＄1】。同样单击【C2】【C4】【C5】,可以看到编辑栏中的公式都为【=＄A＄1＋＄B＄1】。

从上述例子中我们可以得出以下结论。

①使用绝对引用的公式在复制后,公式中引用的单元格地址没有发生变化;

②公式【=＄A＄1＋＄B＄1】的意思是将 A1、B1 两个单元格数据相加,公式中的引用决不会由于任何操作而发生变化,这就是绝对引用。

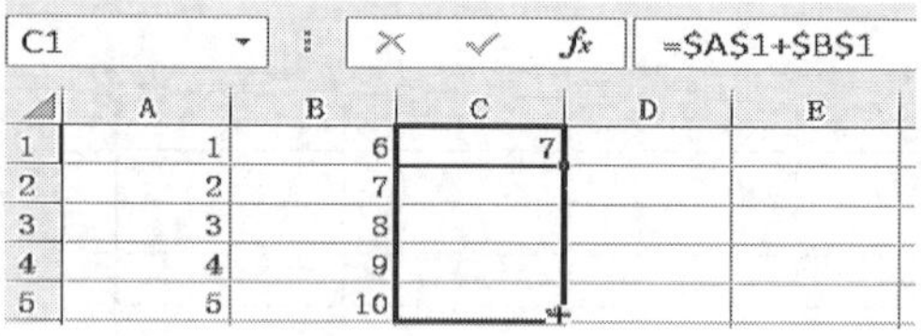

图 5.3.4　　　　　　　　　　图 5.3.5

3. 混合引用

公式中的单元格地址写法形似＄A1、B＄1 的引用称为【混合引用】。例如:＄A1＋＄B5＊C＄8 这个公式中引用的单元格地址就是混合引用。在这里行号或列号前面加了＄,其意思是只要加了＄的行号或列号是绝对不会发生变化的,不论你是复制公式还是进行其他操作,公式中引用的加了＄的行号或列号的地址是固定不变的。如公式【＄A1＋＄B1】在复制时列号是不变的,而行号是变的,再如【A＄1＋B＄1】在复制时行号是不变的,而列号是变的。从以下例子中我们可以看出混合引用的用法。

在 A1:B5 单元格区域中输入一组数据,在 C1 中输入【=＄A1＋B＄1】,按回车键,则 C1 中就存放了公式【＄A1＋B＄1】,图 5.3.6 所示界面中 C1 中显示的是＄A1＋B＄1 的结果。

在图 5.3.6 所示界面中单击【C1】,向下拖动 C1 右下角的填充柄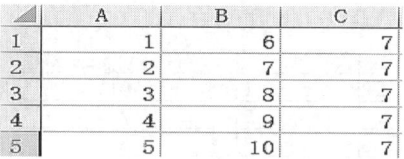到 C5 单元格,结果见图 5.3.7。

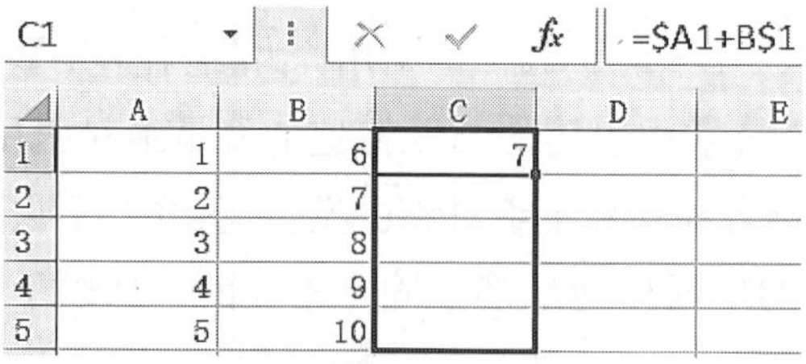

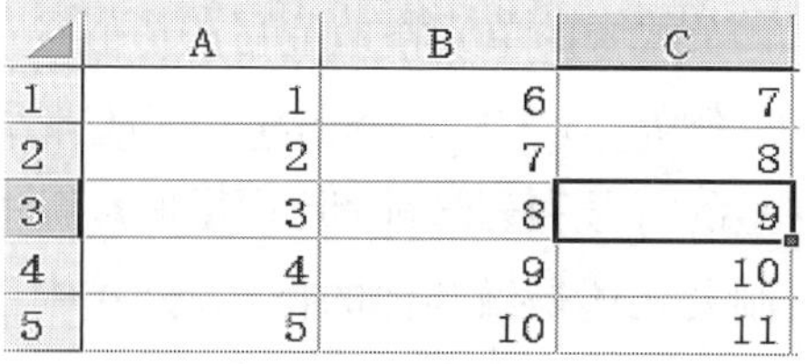

图 5.3.6　　　　　　　　　　图 5.3.7

这样 C1 中的公式就被复制到了 C2~C5。单击【C3】,在编辑栏里显示 C3 中的公式【=＄A3＋B＄1】。同样单击【C2】【C4】【C5】,可以看到公式分别为【=＄A2＋B＄1】【=＄A4＋B＄1】【=＄A5＋B＄1】,仔细比较这几个公式的差异,并分析一下图 5.3.7 中各行的计算结果,就可发现公式中只有第一项的行号发生了变化。

4. 运算符

Excel 表格与 Word 表格最大的不同就是它可以将每一个单元格都作为变量来使用,并且在每个单元格中都可以输入公式。这些公式中可以包含函数和代数运算式,而公式中的变量就是单元格内的内容。我们在公式中可以使用单元格地址来引用单元格内的内容。

在公式或函数中出现的单元格地址作为单元格的引用。一个单元格地址就代表了一个变量或者该单元格里面的内容。因此,如果公式中应用了单元格地址作为变量,那么当作为变量的单元格里的数据发生变化的时候,公式的结果也会发生相应的变化。

运算符是为了对公式中的元素进行某种运算而规定的符号。Excel 中有 4 种类型的运算符:算术运算符、比较运算符、文本运算符和引用运算符。

(1)算术运算符。算术运算符的功能是完成基本的数学运算。算术运算符包括:加(+)、减(−)、乘(*)、除(/)、幂(^)、负号(−)、百分号(%)等。算术运算符可连接数字、变量,并产生运算结果,有较直观的感觉。

例如,公式:60*2/5,它是先计算 60 乘以 2,再除以 5,公式的最终结果为 24。

(2)比较运算符。比较运算符的功能是比较两个数值,运算产生的结果是布尔代数逻辑值 TRUE(真)或 FALSE(假)。比较运算符包括:等于(=)、大于(>)、小于(<)、大于等于(>=)、小于等于(<=)和不等于(<>)。

例如,若单元格 Bl 的数值是 50,则公式:B2<60 的逻辑值为 TRUE;若单元格 Bl 的数值是 70,则公式:B2<60 的逻辑值为 FALSE。

(3)文本运算符。其功能是将两个文本连接成一个文本,运算符为【&】。它是将文本(字符串)连接成一个连续的字符串的运算符。例如,设 A1 单元格内的字符是【汉王笔】,若在 B1 中输入公式:A1& 和汉王文本王,则 B1 中的内容就是【汉王笔和汉王文本王】。运算符【&】将【汉王笔】【和汉王文本王】连接成一个整体。

(4)引用运算符。引用运算符可以将单元格区域合并运算,包括:冒号【:】、逗号【,】和空格。

冒号【:】是区域运算符,可对两个引用的单元格之间的所有单元格进行引用。例如:"A1:B2"用来引用 A1 到 B2 的所有单元格,即 A1、A2、B1、B2。

逗号【,】是联合运算符,可以将多个引用的单元格区域所包含的所有单元格全部引用。例如:公式 SUM(B1:C3,D6:E8)是将图 5.3.8 所示的 B1:C3 和 D6:E8 两个单元格区域中的所有单元格的数据求和。

空格是交叉运算符,用来引用同时属于两个单元格区域的单元格区域(公共部分)。例如,公式 SUM(B1:C4 C3:F6)中只有 C3:C4 同时属于两个引用区域B1:C4和C3:F6,其结果是只将图 5.3.9 所示的 C3:C4 区域中的数据求和。

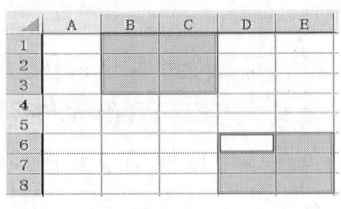

图 5.3.8

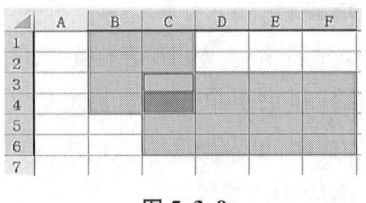

图 5.3.9

5. 公式的使用

所有的公式都必须以【=】开头。公式由运算符和参与运算的元素（操作数）组成。操作数可以是常量、单元格地址和函数。输入公式的方法如下。

（1）单击要输入公式的单元格。

（2）在编辑栏或直接在单元格内输入【=】，接着输入运算表达式。公式中引用的单元格可以直接写在公式中，也可以用鼠标单击要引用的单元格，以代替手动输入要引用的单元格。

了解了上述概念，就可以正确地使用公式来处理表格中的数据，以达到在表格中自动、快速、高效处理数据的目的。

任务 2　平均函数的使用

打开【教材素材】\【Excel】\【简单成绩表】，如图 5.3.10 所示。

步骤 1　输入成绩【任洁 62、79、87、77；陈星宇 66、91、96、93；李羽 74、82、94、86；陶琪 75、87、83、90；刘苗 80、93、98、94；王丽娇 82、85、94、89；刘星星 82、89、97、69；刘梦茹 85、69、88、80；柳浩 88、90、90、88；刘朵朵 88、79、87、91】。

步骤 2　①单击要输入公式的单元格【C13】。②单击【插入函数】按钮【*fx*】，出现图 5.3.10 所示的【插入函数】对话框。③单击选择平均值函数【AVERAGE】。④单击【确定】，出现图 5.3.10 所示的【函数参数】对话框。⑤单击【确定】，结果见图 5.3.10。

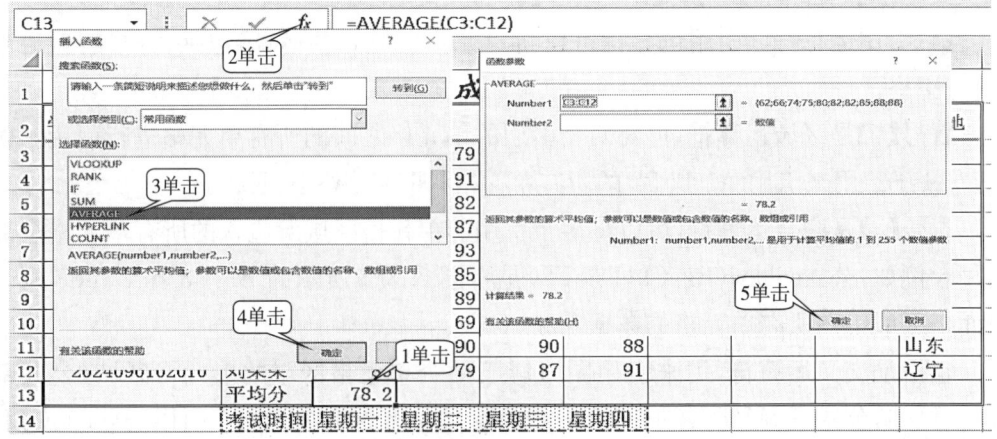

图 5.3.10

第5章 办公电子表格处理

任务 3　求和函数的使用

步骤　①单击要输入公式的单元格【G3】。②单击【插入函数】按钮【fx】，出现图5.3.11所示的【插入函数】对话框。③单击选择求和函数【SUM】。④单击【确定】，出现图5.3.11所示的【函数参数】对话框。⑤单击【确定】。

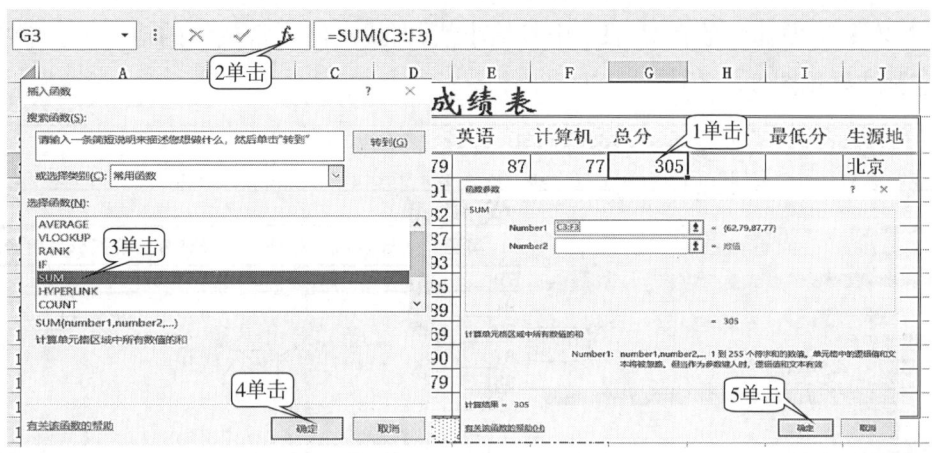

图 5.3.11

任务 4　最大值函数的使用

步骤　①单击要输入公式的单元格【H3】。②单击【插入函数】按钮【fx】，出现图5.3.12所示的【插入函数】对话框。③单击选择求最大值函数【MAX】。④单击【确定】，出现图5.3.12所示的【函数参数】对话框。⑤输入【C3：F3】，以便让函数在C3：F3中找最大值，即找出该同学成绩的最高分。⑥单击【确定】(见图5.3.12)，结果见图5.3.12。

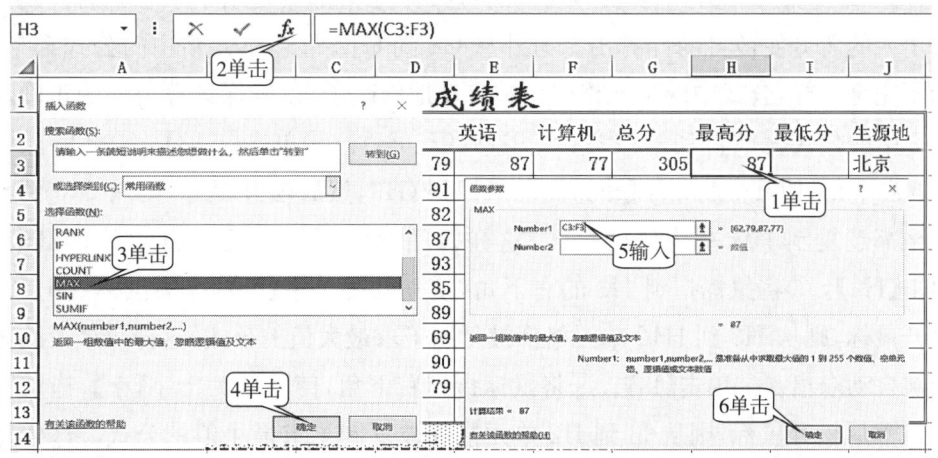

图 5.3.12

171

任务 5 最小值函数的使用

步骤 ①单击要输入公式的单元格【I3】。②单击【插入函数】按钮【𝑓ₓ】,出现图 5.3.13 所示的【插入函数】对话框。③单击选择【统计】。④拖动滚动条找到【MIN】。⑤单击选择【MIN】。⑥单击【确定】,出现图 5.3.13 所示的【函数参数】对话框。⑦输入【C3:F3】,以便让函数在 C3:F3 中找最小值,即找出该同学成绩的最低分。⑧单击【确定】,结果见图 5.3.13。

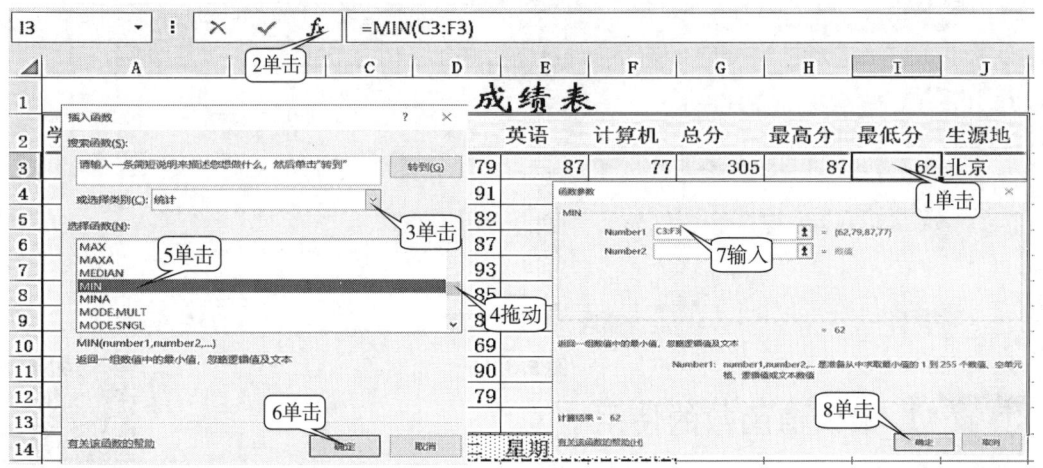

图 5.3.13

任务 6 函数(公式)的复制

步骤 ①单击【G3】。②将鼠标指到 G3 的右下角,使其变为十字【✚】,向下拖动鼠标到 G13,然后松开鼠标,则从 G3 到 G12 单元格都被复制了求总分的公式。这样每个人的总分便被自动计算出。另外从 G4 到 G12 每个单元格中的公式都与 G3 中的不完全一样,公式中的单元格引用被自动地修改了,以确保计算公式的正确。例如,G5 中的公式就被自动修改为:＝SUM(C5:F5)。③单击【C13】。④将鼠标指到 C13 的右下角,使其变为十字【✚】,拖动鼠标到 G13,然后松开鼠标,则从 C13 到 G13 单元格都被复制了求平均值的公式,这样每门课的平均分便被自动计算出来了。⑤单击【H3】。⑥将鼠标指到 H3 的右下角,使其变为十字【✚】,拖动鼠标到 H12,然后松开鼠标,则从 H3 到 H12 单元格都被复制了求最大值的公式,这样每个人的最高分便被自动求出。⑦单击【I3】。⑧将鼠标指到右下角,使其变为十字【✚】,拖动鼠标到 I12,然后松开鼠标,则从 I3 到 I12 单元格都被复制了求最小值的公式。这样每个人的最低分便被自动计算出来了(见图 5.3.14)。

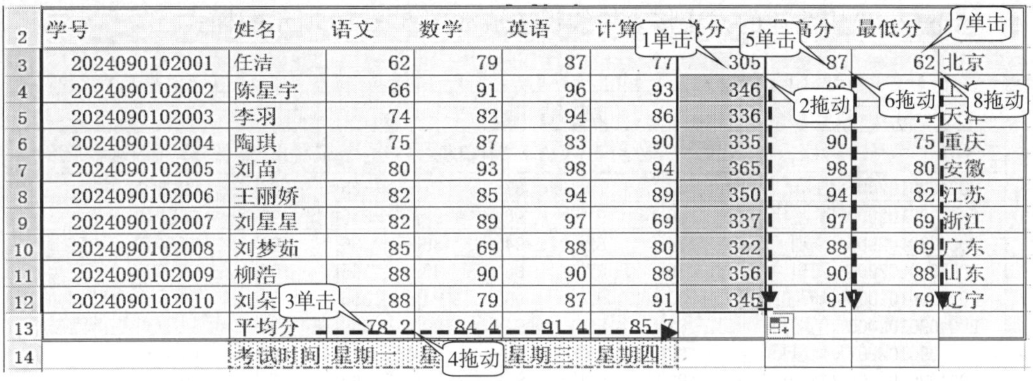

图 5.3.14

任务 7 格式刷的应用

步骤1 ①在【K2】单元格输入【等级】。②单击【J2】单元格。③单击【格式刷】按钮 ,这样【J2】单元格的底纹、线条、文本的设置信息便被复制到格式刷上了。④单击【K2】单元格,则【J2】单元格的底纹、线条、文本的设置信息便被复制到【K2】单元格上了。⑤单击【J11】单元格。⑥单击【格式刷】按钮 ,这样【J11】单元格的底纹、线条、文本的设置信息便被复制到格式刷上了。⑦在 K3:K12 单元格区域拖动鼠标,则【J11】单元格的底纹、线条、文本的设置信息便被复制到 K3:K12 单元格区域了,结果见图 5.3.15。

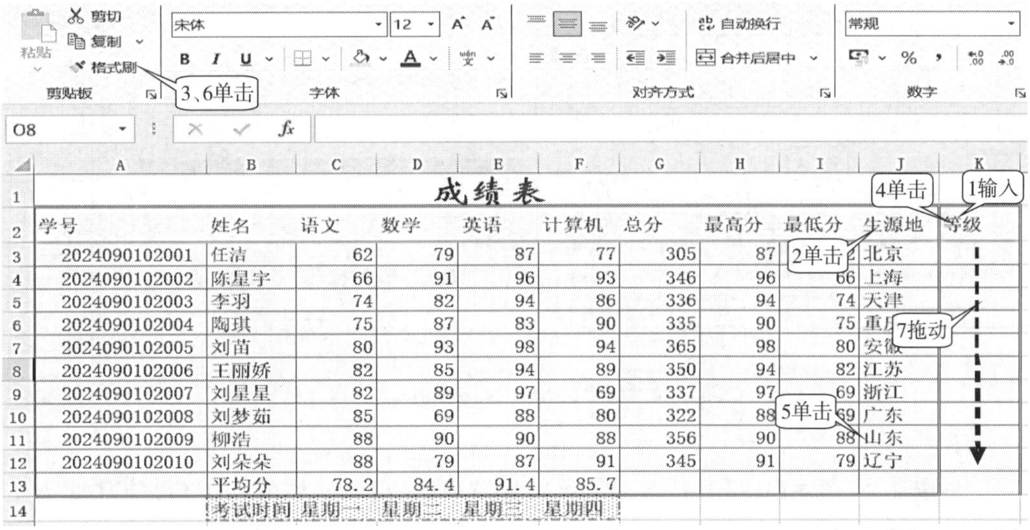

图 5.3.15

步骤2 再用前述的方法将表格线设置成如图5.3.16所示的样式。

	A	B	C	D	E	F	G	H	I	J	K
1					成绩表						
2	学号	姓名	语文	数学	英语	计算机	总分	最高分	最低分	生源地	等级
3	2024090102001	任洁	62	79	87	77	305	87	62	北京	
4	2024090102002	陈星宇	66	91	96	93	346	96	66	上海	
5	2024090102003	李羽	74	82	94	86	336	94	74	天津	
6	2024090102004	陶琪	75	87	83	90	335	90	75	重庆	
7	2024090102005	刘苗	80	93	98	94	365	98	80	安徽	
8	2024090102006	王丽娇	82	85	94	89	350	94	82	江苏	
9	2024090102007	刘星星	82	89	97	69	337	97	69	浙江	
10	2024090102008	刘梦茹	85	69	88	80	322	88	69	广东	
11	2024090102009	柳浩	88	90	90	88	356	90	88	山东	
12	2024090102010	刘朵朵	88	79	87	91	345	91	79	辽宁	
13		平均分	78.2	84.4	91.4	85.7					
14		考试时间	星期一	星期二	星期三	星期四					

图 5.3.16

任务 8 条件函数的应用

步骤1 ①单击要输入公式的单元格【K3】。②单击【插入函数】按钮【fx】,出现图5.3.17所示的【插入函数】对话框。③单击选择【IF】函数。④单击【确定】,出现图5.3.17所示的【函数参数】对话框。⑤输入【G3＞330】。⑥输入【优秀】。⑦输入【良好】。⑧单击【确定】,结果见图5.3.17。这个函数会判断总分的大小,如果总分大于330,则函数的值就是字符【优秀】,否则函数的值就是字符【良好】。

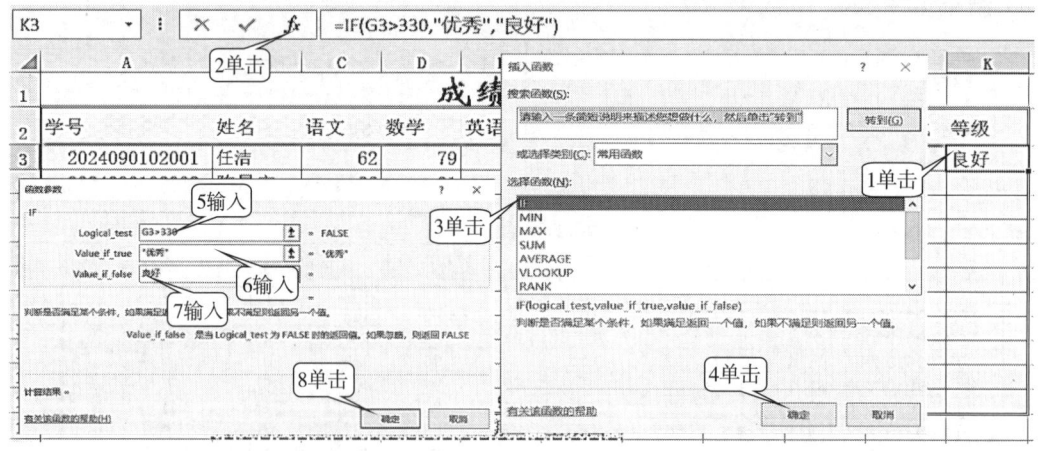

图 5.3.17

步骤2 ①单击【K3】单元格。②将鼠标移到【K3】单元格的右下角,使其变为十字形状【+】,并拖动鼠标到【K12】单元格(见图5.3.18),结果见图5.3.18。这样【等级】一列就被复制了相应的判断公式,同时得出了相应的结果。

第5章 办公电子表格处理

	A	B	C	D	E	F	G	H	I	J	K
1					成绩表						
2	学号	姓名	语文	数学	英语	计算机	总分	最高分	最低分	1单击	等级
3	2024090102001	任洁	62	79	87	77	305	87	62	北京	良好
4	2024090102002	陈星宇	66	91	96	93	346	96	66	上海	优秀
5	2024090102003	李羽	74	82	94	86	336	94	74	天津	优秀
6	2024090102004	陶琪	75	87	83	90	335	90	75	重庆	优秀
7	2024090102005	刘苗	80	93	98	94	365	98	80	安徽	优秀
8	2024090102006	王丽娇	82	85	94	89	350	94	82	江苏	优秀
9	2024090102007	刘星星	82	89	97	69	337	97	69	浙江	2拖动
10	2024090102008	刘梦茹	85	69	88	80	322	88	69	广东	良好
11	2024090102009	柳浩	88	90	90	88	356	90	88	山东	优秀
12	2024090102010	刘朵朵	88	79	87	91	345	91	79	辽宁	优秀
13		平均分	78.2	84.4	91.4	85.7					
14		考试时间	星期一	星期二	星期三	星期四					

图 5.3.18

任务 9 不同表格间数据的引用

步骤 1 ①单击【Sheet2】。②制作图 5.3.19 所示的表格,并将第一行字符设为【华文新魏】【22】;第二行字符设为【华文新魏】【黑色加粗】【16】;其他字符设为【宋体】【12】【黑色】;表格的外线设为【双线】,内部线为【单线】(见图 5.3.19);底纹和字体颜色可参考图 5.3.19 进行设置。

	A	B	C	D	E	F
1			成绩统计分析表			
2	等级	等级说明	语文 (人数)	数学 (人数)	英语 (人数)	计算机 (人数)
3	优秀	成绩≥90				
4	良好	成绩≥80且成绩≤89		2制作表格		
5	中等	成绩≥60且成绩≤79				
6	不及格	成绩< 1单击				

Sheet1　Sheet2　Sheet3

图 5.3.19

步骤 2 ①单击【C3】。②单击【插入函数】按钮,出现图 5.3.20 所示的【插入函数】对话框。③单击选择【统计】。④单击选择【COUNTIF】函数。⑤单击【确定】,出现图 5.3.20 所示的【函数参数】对话框。⑥输入【Sheet1!C3:C12】,表示统计 Sheet1 中 C3:C12 单元格区域中单元格的数量。⑦输入【>=90】,表示统计的条件是满足数据值≥90 的单元格。⑧单击【确定】(见图 5.3.20),该函数的功能是将 Sheet1 中 C3:C12 单元格区域中数值≥90 的单元格数量计算出来作为函数的值,这个值就是分数≥90 的人数。

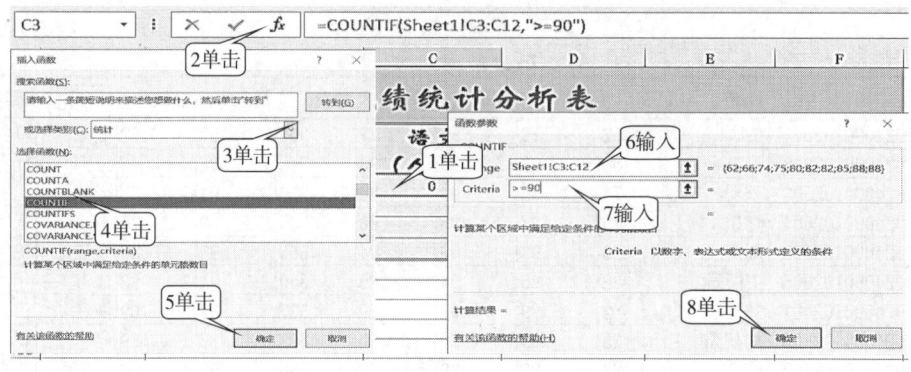

图 5.3.20

步骤3 ①单击【C3】。②将鼠标移到【C3】单元格的右下角,使其变为十字形状【+】,并拖动到【F3】(见图5.3.21),即可得到各门课成绩≥90的人数,结果见图5.3.21。

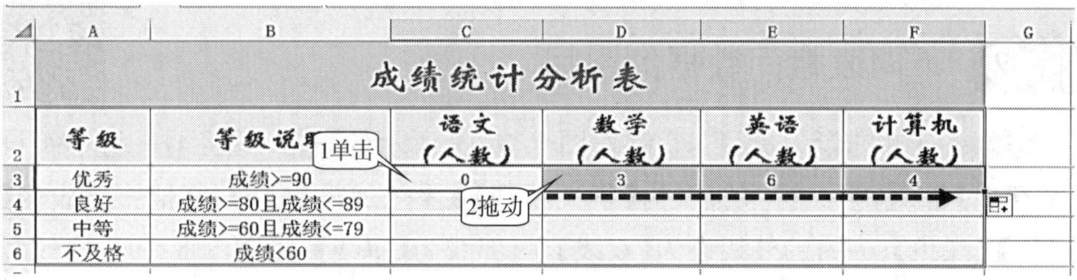

图 5.3.21

步骤4 ①单击【C4】。②在编辑栏中输入【=COUNTIF(Sheet1!C3:C12,">=80")-C3】,该公式的功能是将Sheet1中C3:C12单元格区域成绩≥80分的人数统计出来,减去C3中成绩≥90的人数,得到的就是89≥成绩≥80的人数。③单击【C4】。④将鼠标移到C4单元格的右下角,使其变为十字形状【+】,并拖动到F4(见图5.3.22),即可得到各门课的89≥成绩≥80的人数,结果见图5.3.22。这里采用了与之前不同的直接在编辑栏中输入公式的方法。注意:输入公式时标点符号不能有错或遗漏,公式中的引号是英文引号。

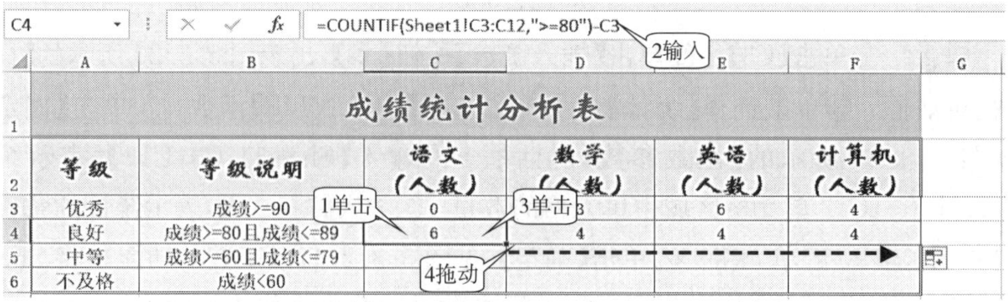

图 5.3.22

步骤5 ①单击【C5】。②在编辑栏中输入【=COUNTIF(Sheet1!C3:C12,">=60")-C3-C4】,该公式的功能是将Sheet1中C3:C12单元格中的数值(成绩)≥60分的人

数统计出来,减去 C3 中成绩≥90 的人数,再减去 C4 中成绩≥80 的人数,得到的就是 79≥成绩≥60 的人数。③单击【C5】。④将鼠标移到 C5 单元格的右下角,使其变为十字形状【+】,并拖动到 F5,即可得到各门课的 79≥成绩≥60 的人数,结果见图 5.3.23。

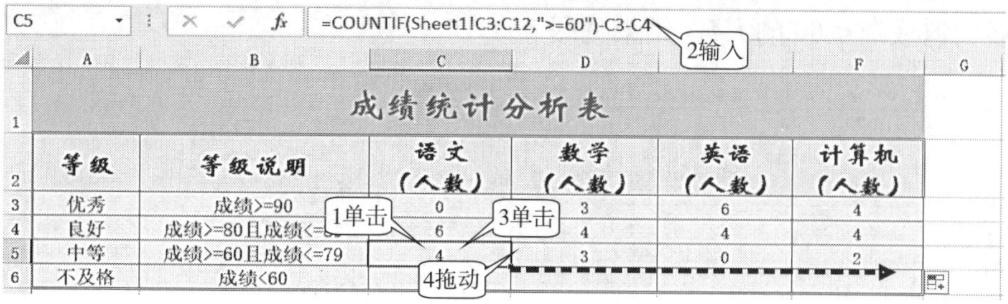

图 5.3.23

步骤 6 ①单击【C6】。②单击【插入函数】按钮【fx】,出现图 5.3.24 所示的【插入函数】对话框。③单击选择【统计】。④单击选择【COUNTIF】函数。⑤单击【确定】,出现图 5.3.24 所示的【函数参数】对话框。⑥单击折叠按钮【 】(见图 5.3.24),出现图 5.3.25 所示界面。

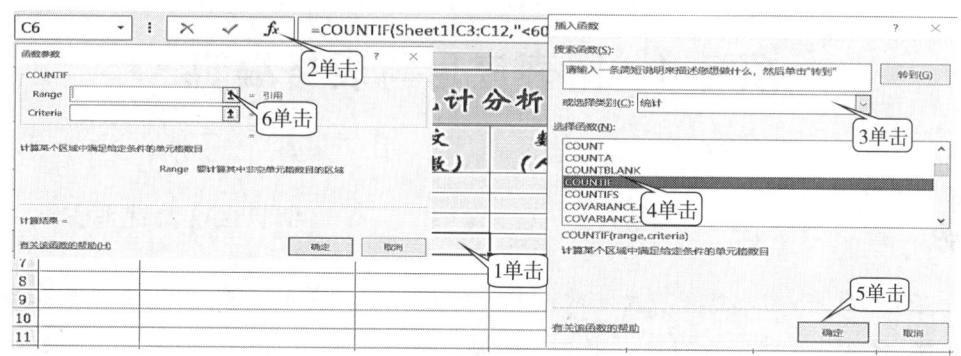

图 5.3.24

步骤 7 ①拖动选择【C3:C12】。②单击折叠按钮【 】(见图 5.3.25),出现图 5.3.26 所示界面。

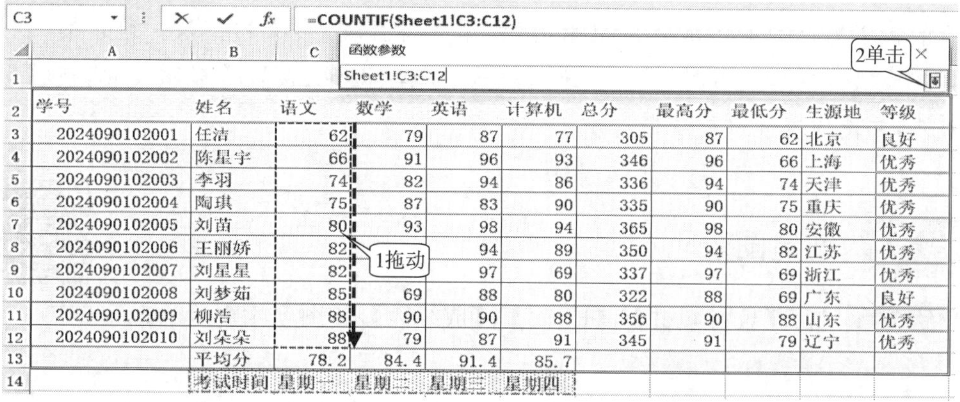

图 5.3.25

步骤8 ①输入【<60】,表示将Sheet1中C3:C12单元格区域中成绩<60的人数统计出来。②单击【确定】,得到的就是成绩<60的人数。③单击【C6】。④将鼠标移到C6单元格的右下角,使其变为十字形状【+】,并拖动到F6(见图5.3.26),即可得到各门课成绩<60的人数,结果见图5.3.26。

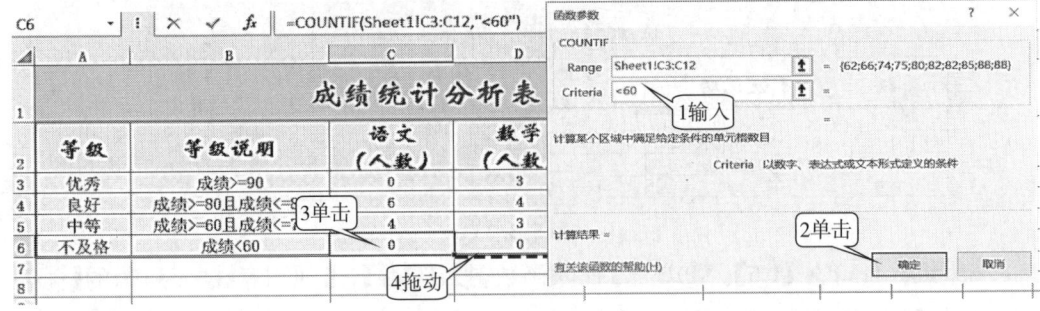

图 5.3.26

步骤9 拖动鼠标选定【F3:F6】,将该区域的右边线设为棕色、双线。

项目4 图表应用与表格编辑

项目任务描述与分析

在Excel中,图表是直观反映数据之间关系的一种图形工具,对于一张数据繁多的表格,很难从这些繁杂的数据中直观地看出数据的变化规律。如果将这些数据转换成图形,就能直观地看出这些数据的规律及其内在联系。而Excel提供的图表功能就是为了满足这一需求而设计的。它是依据选定的工作表单元格区域内的数据来生成图形的。生成的图形能够形象地反映出数据的对比关系及变化趋势。下面将讲解把表格中的数据用图形表示出来,使数据变得直观、形象的方法。通过插入柱形图,并对该图的标题、图例、坐标轴进行格式、字体、颜色、位置等多项美化,使柱形图更美观,并使内容表达更清晰。

任务1 创建图表

步骤1 打开【教材素材】\【Excel】\【成绩表】,如图5.4.1所示。

步骤 2 ①选定【B2:E12】。②单击【插入】。③单击【柱形图】按钮。④单击选择一种二维柱形图(见图5.4.1),出现图5.4.2所示的数据图。

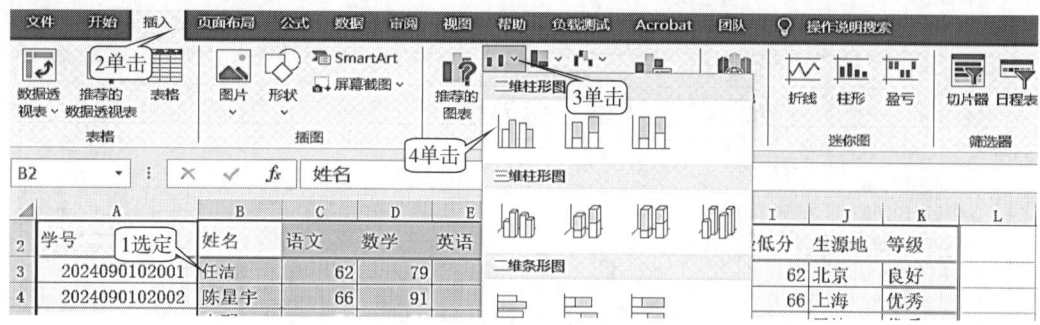

图 5.4.1

任务 2 美化图表

步骤 1 ①拖动图表竖边框中间的控点调整图表的宽度。②拖动图表横边框中间的控点调整图表的高度。③拖动图表的刻度线移动柱形图的位置。④拖动图表的图例移动图例位置。⑤拖动图表的边框移动图表位置(见图5.4.2)。

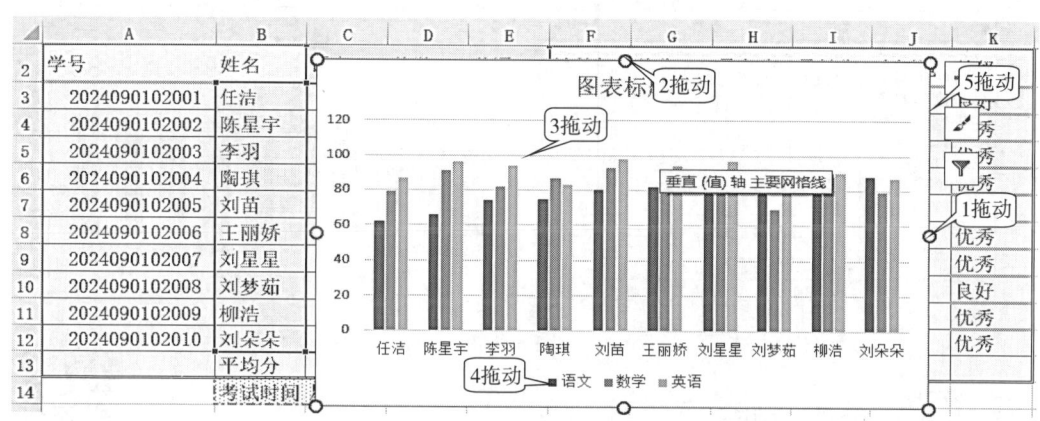

图 5.4.2

步骤 2 ①单击选中图例。②单击选择字体。③单击选择字号。④单击选择字符颜色。⑤单击选择图例的背景颜色。按照此方法将坐标轴的字体、字号、颜色、背景也进行相应的设置(见图5.4.3)。最终将图表移动到适当的位置,结果见图5.4.4。

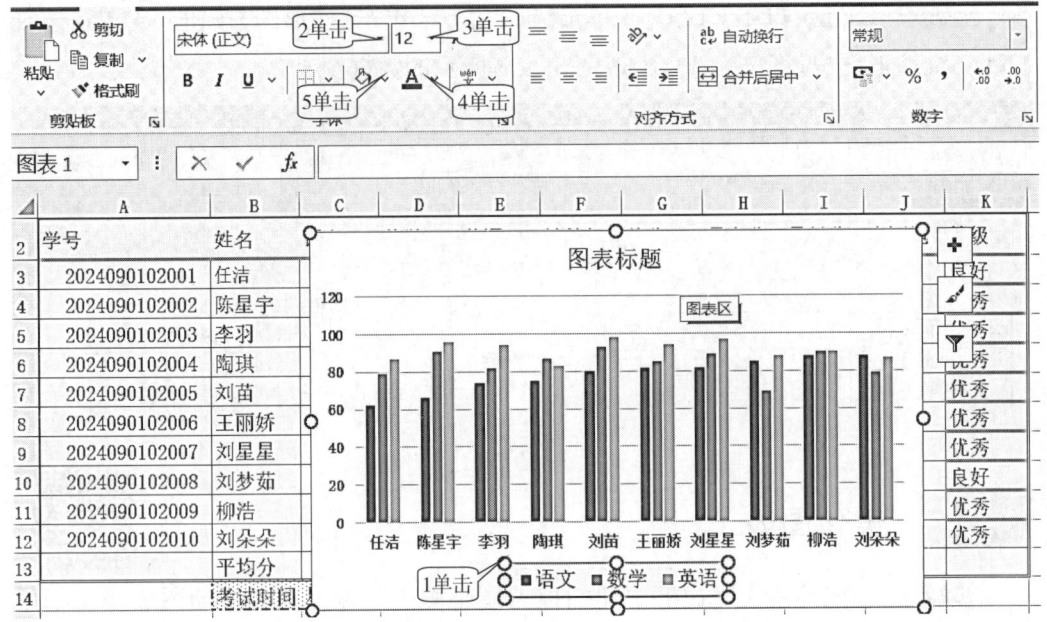

图 5.4.3

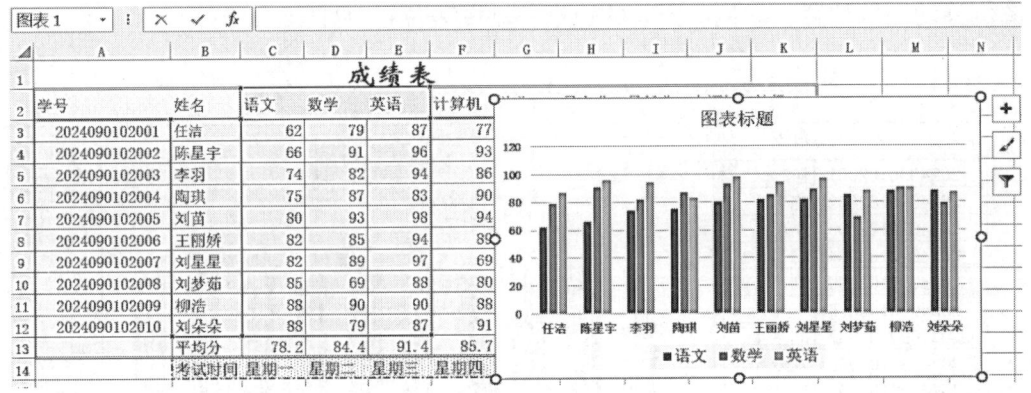

图 5.4.4

任务 3 添加、删除行与列

步骤 1 单击【开始】功能区。

步骤 2 ①按住【Ctrl】键拖动 Sheet1 到 Sheet3 右侧，可以复制一个与 Sheet1 一样的成绩表。②在行标 7~12 上拖动选定这几行（见图 5.4.5）。③单击【插入】，即可插入 6 行（见图 5.4.6）。如果要删除行，则可以在选定行之后，单击图 5.4.5 所示界面中的【删除】按钮。

步骤 3 ①在如图 5.4.6 所示界面中拖动选定 G 列和 H 列。②单击【插入】，即可插入两列（见图 5.4.6）。如果要删除列，则可以在选定列之后，单击图 5.4.6 所示界面中的【删除】按钮。

图 5.4.5

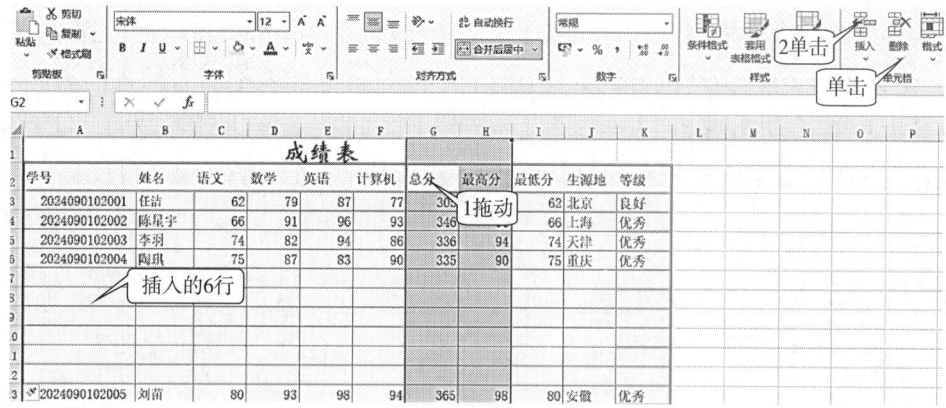

图 5.4.6

步骤 4 ①在表格中输入虚线框内相应的文字及数据。②选定【A6:A7】。③将鼠标指到 A6 的右下角，使其变为十字【+】，向下拖动鼠标到 A18，完成学号的自动填充（见图 5.4.7）。

图 5.4.7

步骤 5 单击【F20】，将鼠标指到 F20 的右下角，使其变为十字【✚】，向右拖动鼠标到 H20，完成星期的自动填充，然后将其边框底纹设置好，结果见图 5.4.7。

步骤 6 将 I3 中的函数修改为：【SUM(C3：H3)】，然后拖动 I3 右下角的填充柄到 I6 以复制函数；将 J3 中的函数修改为：【MAX(C3：H3)】，然后拖动 J3 右下角的填充柄到 J6 以复制函数；将 K3 中的函数修改为：【MIN(C3：H3)】，然后拖动 K3 右下角的填充柄到 K6 以复制函数；在 L7—L12 中输入：【浙江、青海、宁夏、黑龙江、海南、湖北】。

步骤 7 ①单击【I7】。②将鼠标指到 I7 的右下角，使其变为十字【✚】，拖动鼠标到 I18，然后松开鼠标，这样就把插入的所有数据的总分计算出来了。③单击【J7】。④将鼠标指到 J7 的右下角，使其变为十字【✚】，拖动鼠标到 J18，然后松开鼠标，这样就把所有插入的人的最高分计算出来了。⑤单击【K7】。⑥然后将鼠标指到 K7 的右下角，使其变为十字，拖动鼠标到 K18，然后松开鼠标，这样就把所有插入的人的最低分计算出来了。⑦单击【F19】。⑧将鼠标指到 F19 的右下角，使其变为十字【✚】，拖动鼠标到 H19，然后松开鼠标。这样就把每一门课的平均分计算出来了（见图 5.4.8）。

	A	B	C	D	E	F	G	H	I	J	K	L	M
2	学号	姓名	语文	数学	英语	计算机	历史	地理	总分	最高分	最低分	生源地	等级
3	2024090102001	任洁	62	79	87	77	88	80	473	88	62	北京	优秀
4	2024090102002	陈星宇	66	91	96	93	90	78	514	96	66	上海	优秀
5	2024090102003	李羽	74	82	94	86	98	[illegible]	[illegible]	[illegible]	74	天津	优秀
6	2024090102004	陶琪	75	87	83	90	77	69	481	90	69	重庆	优秀
7	2024090102005	席志林	88	70	58	90	67	90	463	90	58	浙江	
8	2024090102006	薄金鹏	75	87	83	90	59	95	[illegible]	95	59	[illegible]	
9	2024090102007	钟萍	88	60	77	89	78	[illegible]	[illegible]	89	[illegible]	[illegible]	
10	2024090102008	张杨	58	78	69	88	77	73	443	88	58	黑龙江	
11	2024090102009	安家歌	79	86	97	94	84	93	533	97	79	海南	
12	2024090102010	谭家鹏	89	90	91	87	89	89	535	91	87	湖北	
13	2024090102011	刘苗	80	93	98	94	94	76	535	98	76	安徽	优秀
14	2024090102012	王丽娇	82	85	94	89	90	88	528	94	82	江苏	优秀
15	2024090102013	刘星星	82	89	97	69	95	79	511	97	69	浙江	优秀
16	2024090102014	刘梦茹	85	69	88	80	84	87	493	88	69	广东	优秀
17	2024090102015	柳浩	88	90	[illegible]	88	[illegible]	77	512	90	77	山东	优秀
18	2024090102016	刘朵朵	88	79	[illegible]	91	[illegible]	91	[illegible]	91	79	辽宁	优秀
19		平均分	78.6875	82.1875	86.8125	87.1875	83.6875	82.75					
20		考试时间	星期一	星期二	星期三	星期四							

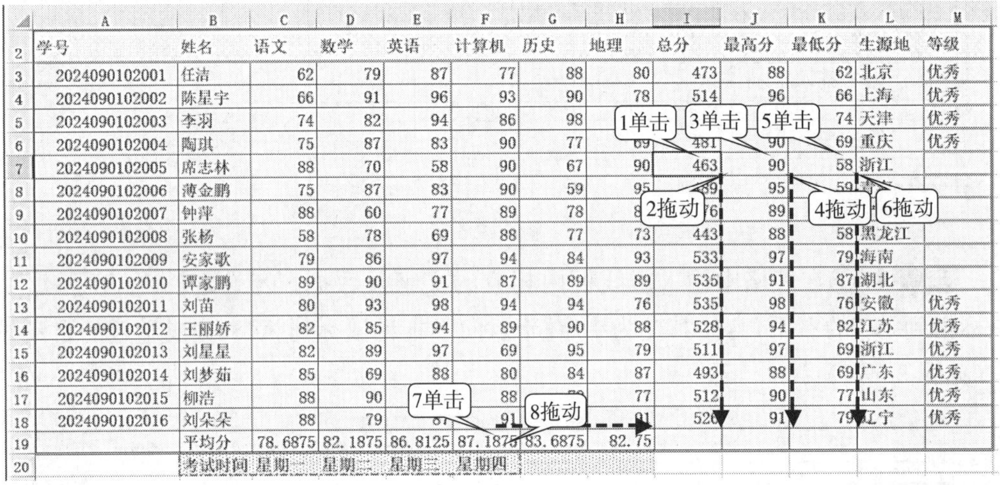

图 5.4.8

任务 4 设置列宽与行高

步骤 1 ①按住【Ctrl】键分别单击选定 B、L、M 列。②单击【格式】。③单击【列宽】。④输入【9.5】。⑤单击【确定】（见图 5.4.9），这样其列宽就被设为了 9.5。

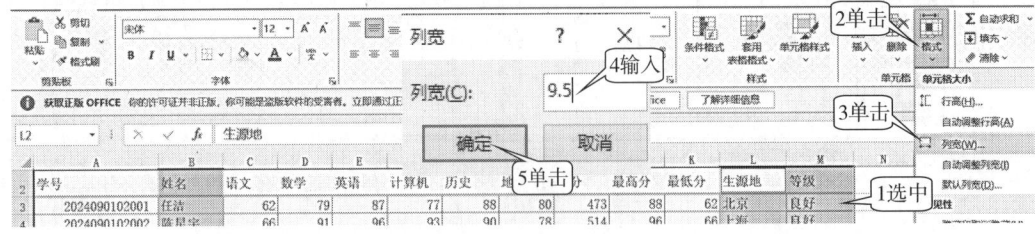

图 5.4.9

步骤 2 在列标 C~K 上拖动鼠标,以选定这几列,然后单击【格式】\【列宽】,输入【7.5】,单击【确定】,这样选定列的列宽就被设为了 7.5。

步骤 3 ①拖动选定 3~18 行。②单击【格式】。③单击【行高】。④输入【16】。⑤单击【确定】(见图 5.4.10),这样选定行的行高就被设为了 16。

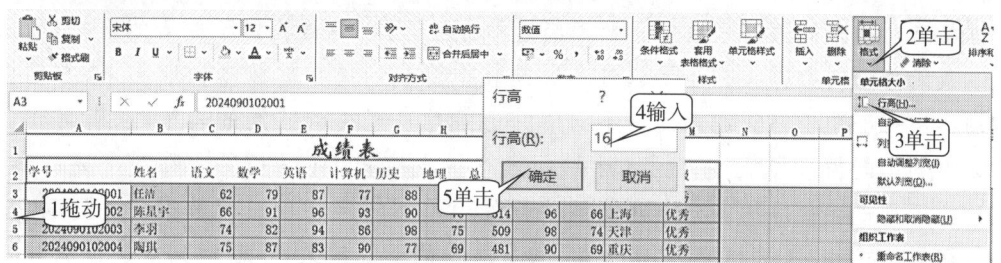

图 5.4.10

任务 5 修改公式

步骤 1 ①单击【M3】。②在编辑栏中将函数修改为【=IF(I3>520,"优秀","良好")】。③将鼠标指到 M3 的右下角,使其变为十字【+】,拖动鼠标到【M18】,然后松开鼠标(见图 5.4.11),这样就把所有人的等级计算出来了。

图 5.4.11

步骤 2 将表格以【成绩表】为名保存。

项目 5 数据处理与分析

 项目任务描述与分析

Excel 提供了强大的数据分析处理功能,利用这些功能可以实现对数据的排序、分类汇总、筛选及数据透视等操作。数据排序不仅帮助我们看清表格中的数据规律，并且排序的条件可以随意设置，这就给我们提供了较大的灵活性。通过对数据的不同排序，可以更加方便地进行数据查找。在对一个较大的数据表进行阅读和分析时，我们常常只想关注某些特定的数据。为了减少不相关数据的干扰，我们可以使用数据筛选功能来隐藏这些数据。数据经过筛选后，可以隐藏我们不关心的数据，而只显示我们关心的数据。相当于从这个数据表中将我们关心的数据抽取出来，并且重新制作出一个新表格。通过设置不同的筛选条件可以得到不同的表格，以满足我们对数据的不同需求。经过数据筛选后的表格重点突出，可以直观地看到需要的数据。分类汇总是在排序的基础上对相同字段的记录按指定字段进行数据汇总运算，得出所需要的求和、求平均值、求最大值、求最小值的运算结果，从而达到对数据的分析和挖掘的目的，以得到所需要的各种不同的数据。运用和制作数据透视表，则可以帮助我们来分析获得的各种计算数据。

任务 1 突出显示特定数据

步骤1 打开【教材素材】\【Excel】\【成绩表】。

步骤2 ①选定【C3:H18】单元格区域。②单击【条件格式】。③单击【突出显示单元格规则】\【介于】，出现图5.5.1所示的【介于】对话框。④输入【90】。⑤输入【100】。⑥单击【确定】，结果见图5.5.1。这样90分以上的数据都被标为了红色。从上述操作可以看出：通过设置条件格式可以将我们关心的数据，用特殊的颜色或者字体标示出来，以突出其重要性。

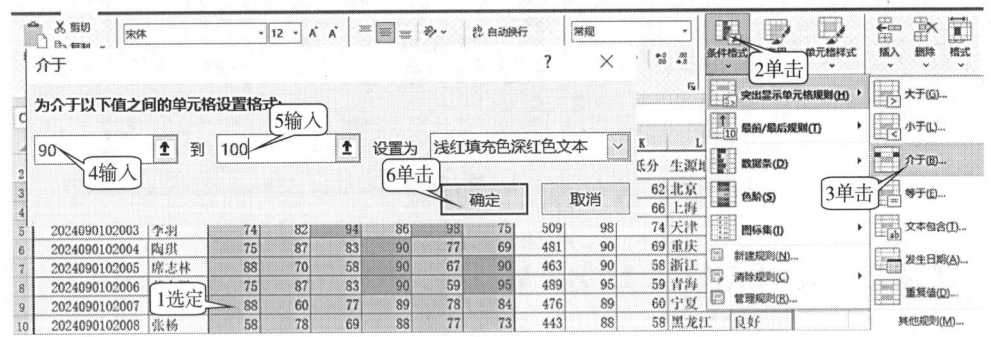

图 5.5.1

任务 2 冻结窗口查看数据

步骤1 ①单击【C3】。②单击【冻结窗格】。③单击【冻结窗格】(见图5.5.2)，则C3单元格左侧和上方均出现一根分割线，见图5.5.3。

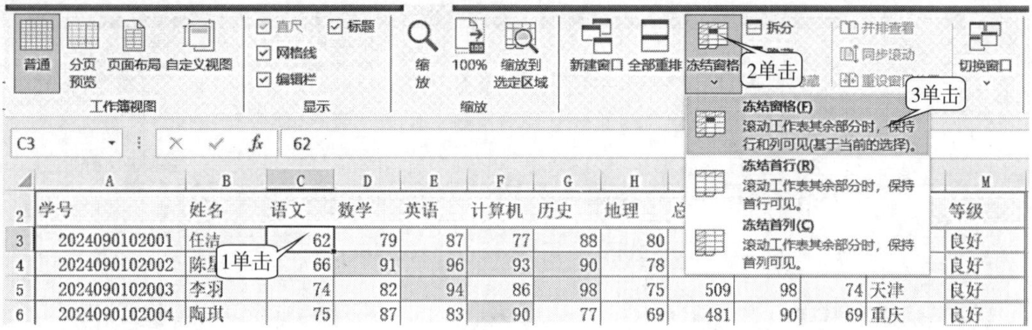

第5章　办公电子表格处理

图 5.5.2

步骤 2 ①拖动水平滚动条,可以发现姓名这一列始终固定不动,这样就可以方便地查看与姓名对应的最低分、生源地和等级信息。②拖动垂直滚动条,可以发现第二行(学号、姓名、数学、英语……)的信息会固定不动,这样就便于查询后面学生的成绩信息。冻结窗口的操作可以用于查看数据较多的表格。③单击【冻结窗格】。④单击选择【取消冻结窗格】(见图 5.5.3),就可以取消被冻结的窗口。

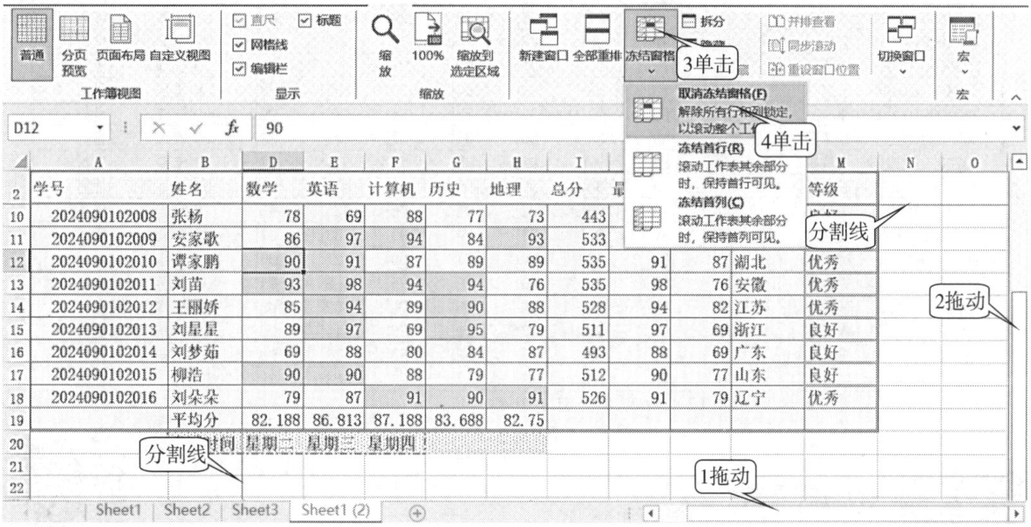

图 5.5.3

任务 3　数据排序

步骤　①选定【A2:M18】。②单击【开始】\【排序和筛选】。③单击【自定义排序】,出现如图 5.5.4 所示的【排序】对话框。④单击【添加条件】。⑤单击【主要关键字】下拉列表,选择【语文】。⑥单击【次要关键字】下拉列表,选择【数学】。⑦单击【次序】下拉列表,选择【降序】。⑧单击【次序】下拉列表,选择【降序】。⑨单击【确定】(见图 5.5.4),结果见图 5.5.5。从图中可以看出表格进行了重新排列。先根据语文成绩从高到低进行排列;如果语文成绩相同,则根据数学成绩从高到低进行排列。

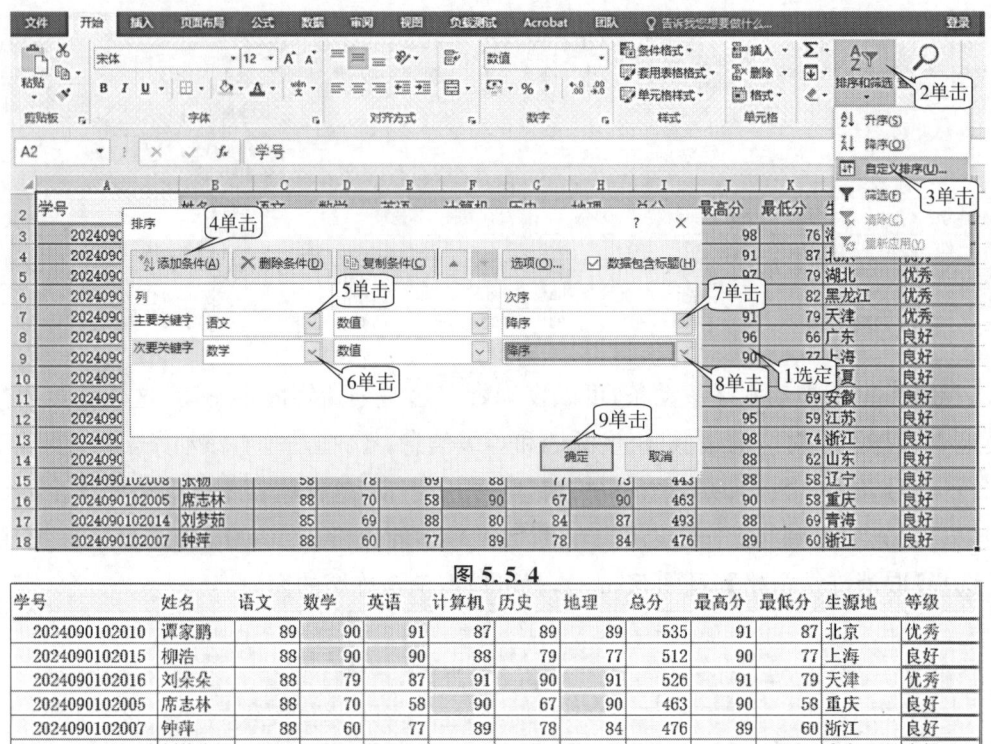

图 5.5.4

学号	姓名	语文	数学	英语	计算机	历史	地理	总分	最高分	最低分	生源地	等级
2024090102010	谭家鹏	89	90	91	87	89	89	535	91	87	北京	优秀
2024090102015	柳浩	88	90	90	88	79	77	512	90	77	上海	优秀
2024090102016	刘朵朵	88	79	87	91	90	91	526	91	79	天津	优秀
2024090102005	席志林	88	70	58	90	67	90	463	90	58	重庆	良好
2024090102007	钟萍	88	60	77	89	78	84	476	89	60	浙江	良好
2024090102014	刘梦茹	85	69	88	80	84	87	493	88	69	青海	良好
2024090102013	刘星星	82	89	97	69	95	79	511	97	69	宁夏	良好
2024090102012	王丽娇	82	85	94	89	90	88	528	94	82	黑龙江	优秀
2024090102011	刘苗	80	93	98	94	94	76	535	98	76	海南	优秀
2024090102009	安家歌	79	86	97	94	84	93	533	97	79	湖北	优秀
2024090102004	陶琪	75	87	83	90	77	69	481	90	69	安徽	良好
2024090102006	薄金鹏	75	87	83	90	59	95	489	95	59	江苏	良好
2024090102003	李羽	74	82	94	86	98	75	509	98	74	浙江	良好
2024090102002	陈星宇	66	91	96	93	90	78	514	96	66	广东	良好
2024090102001	任洁	62	79	87	77	88	80	473	88	62	山东	良好
2024090102008	张杨	58	78	69	88	77	73	443	88	58	辽宁	良好
	平均分	78.688	82.188	86.813	87.188	83.688	82.75					

图 5.5.5

任务 4　数据筛选

步骤1 ①单击【数据】功能区。②单击表格的任意单元格。③单击【筛选】，出现如图 5.5.6 所示的筛选按钮。

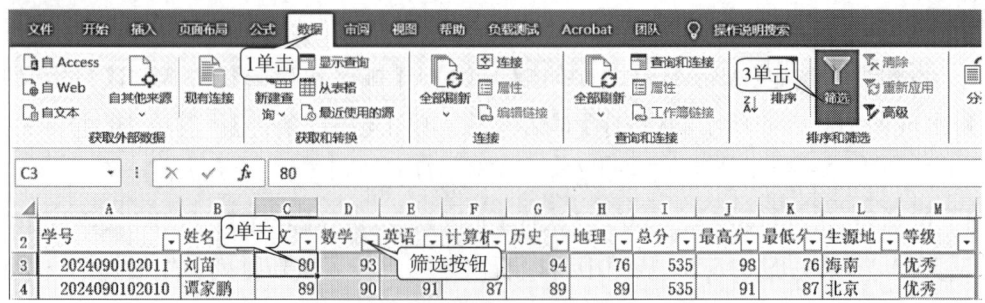

图 5.5.6

步骤2 ①单击【数学】筛选按钮。②单击【数字筛选】\【介于】,出现如图5.5.7所示的【自定义自动筛选】对话框。③单击【数学】下拉列表,选择【大于或等于】。④输入【80】。⑤单击【小于或等于】,选择【小于或等于】。⑥输入【95】。⑦单击【确定】(见图5.5.7),结果见图5.5.8。从图中可以看出筛选后只显示数学成绩大于80且小于95的学生的信息,其他学生的信息则被隐藏起来了。

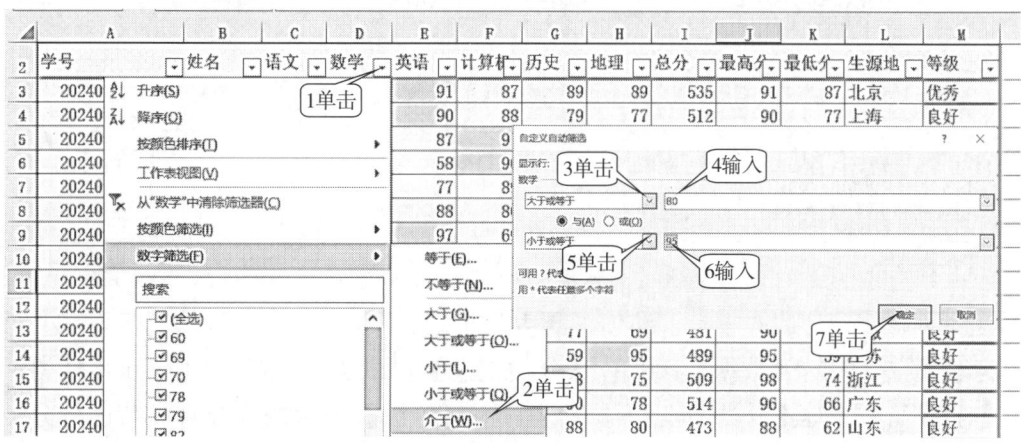

图5.5.7

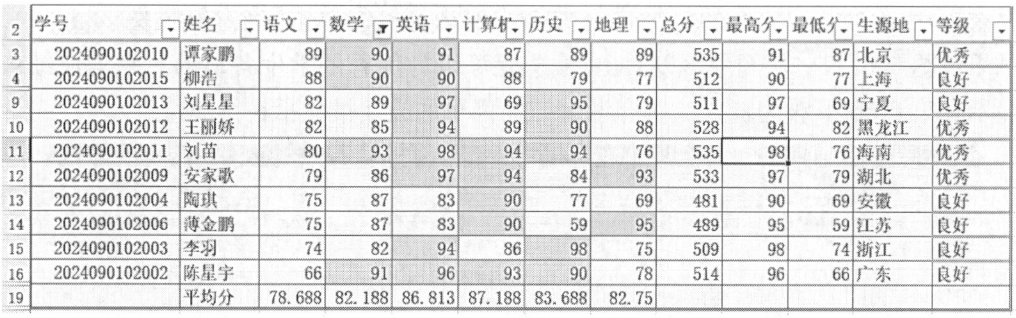

图5.5.8

步骤3 在图5.5.9所示界面中单击【筛选】按钮,即可取消筛选。

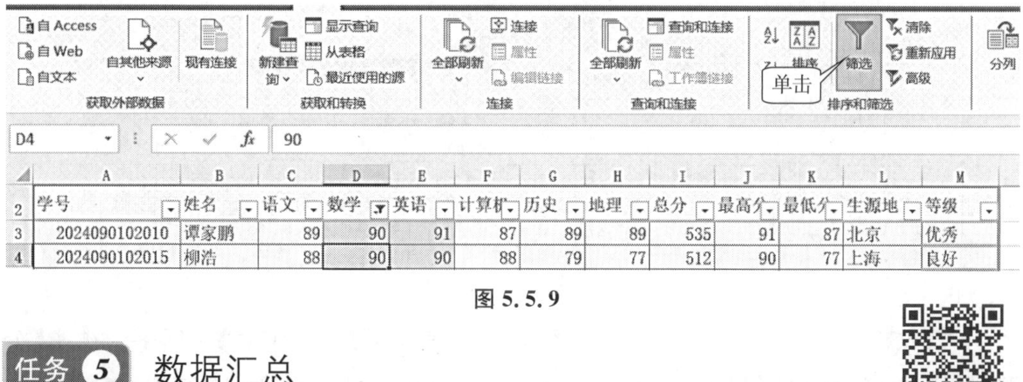

图5.5.9

任务5 数据汇总

步骤1 ①单击表格的任一单元格。②单击【排序】,出现如图5.5.10所示的【排序】对话框。③单击【排序依据】下拉列表,选择【等级】,则已设定表格的所有行都将根据【等级】这个字段重新排列。④单击【确定】(见图 5.5.10),结果见图 5.5.10。从图中可以看出所有等级为良好的学生都被排列在了一起,所有等级为优秀的学生都被排列在了一起。

图 5.5.10

步骤 2 ①单击【数据】。②单击【分类汇总】,出现如图 5.5.11 所示的【分类汇总】对话框。③单击【分类字段】下拉列表,选择【等级】,表示按等级对成绩进行分类汇总。④单击选择【平均值】。⑤单击勾选语文、数学、英语、计算机、历史、地理、总分复选框,表示对相应成绩的数据进行求平均值运算。⑥单击【确定】(见图 5.5.11)。结果见图 5.5.11。从图中可以看出,汇总后等级为优秀的学生各科的总平均成绩被显示在第 8 行,等级为良好的所有学生的各科平均成绩被显示在第 20 行。

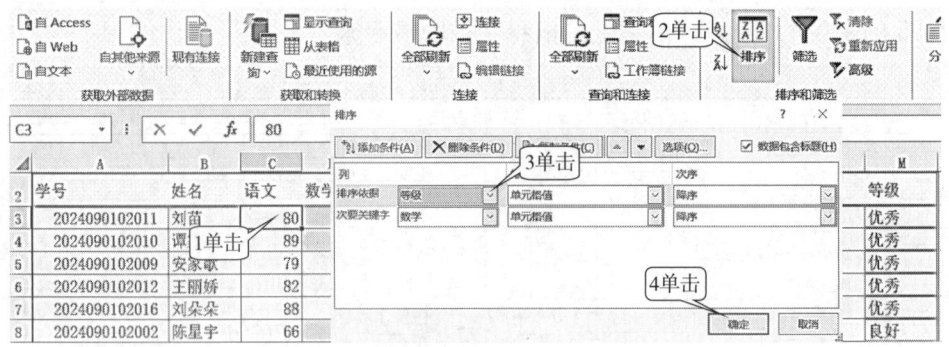

图 5.5.11

步骤 3 单击【分类汇总】,出现如图 5.5.11 所示的【分类汇总】对话框。单击【分类汇总】对话框中的【全部删除】按钮(见图 5.5.11),即可以删除汇总结果。分类汇总还能进行求和、求最大值、求最小值、计数、求方差等运算。

188

任务 6 用数据透视表分析数据

步骤1 打开【教材素材】\【Excel】\【销售报表】。

步骤2 ①单击任一单元格。②单击【插入】。③单击【数据透视表】按钮,出现如图5.5.12所示的创建数据透视表对话框。④单击【确定】(见图5.5.12),出现如图5.5.13所示的界面。

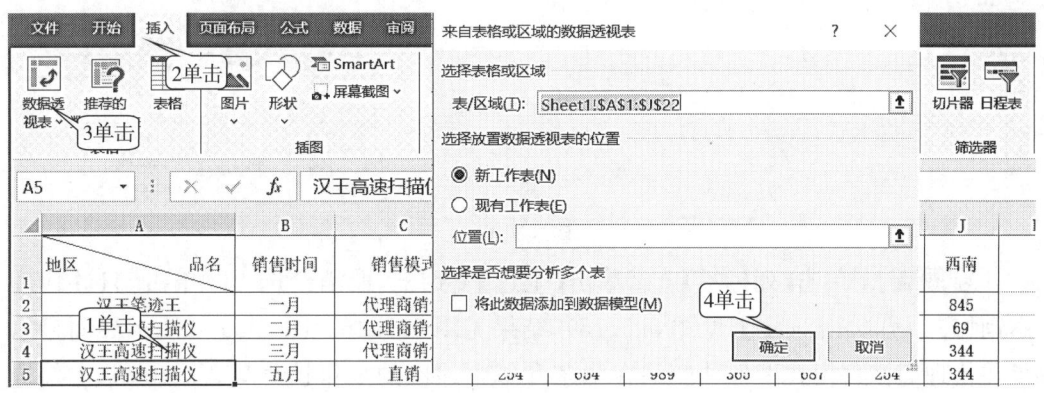

图 5.5.12

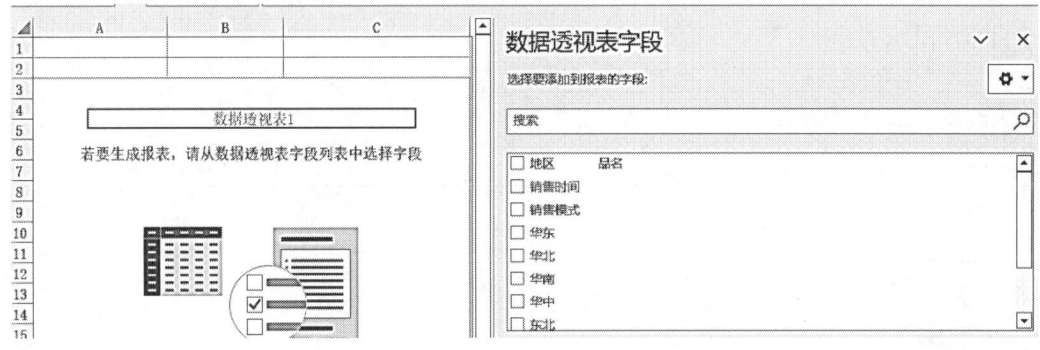

图 5.5.13

步骤3 ①单击勾选【地区　品名】,【地区　品名】就会出现在下方的【行】栏中。②拖动【销售时间】字段到【筛选】栏下方,【销售时间】就会出现在下方的【筛选】栏中。③拖动【销售模式】字段到【列】栏下方,【销售模式】就会出现在下方的【列】栏中。④单击勾选【华东】复选框,表示将把华东的值进行汇总(求和)运算。⑤单击勾选【华中】复选框,表示将把华中的值进行汇总(求和)运算(见图5.5.14)。图5.5.14所示界面显示了各种销售模式下各种产品在华东和华中地区的全年销售量。

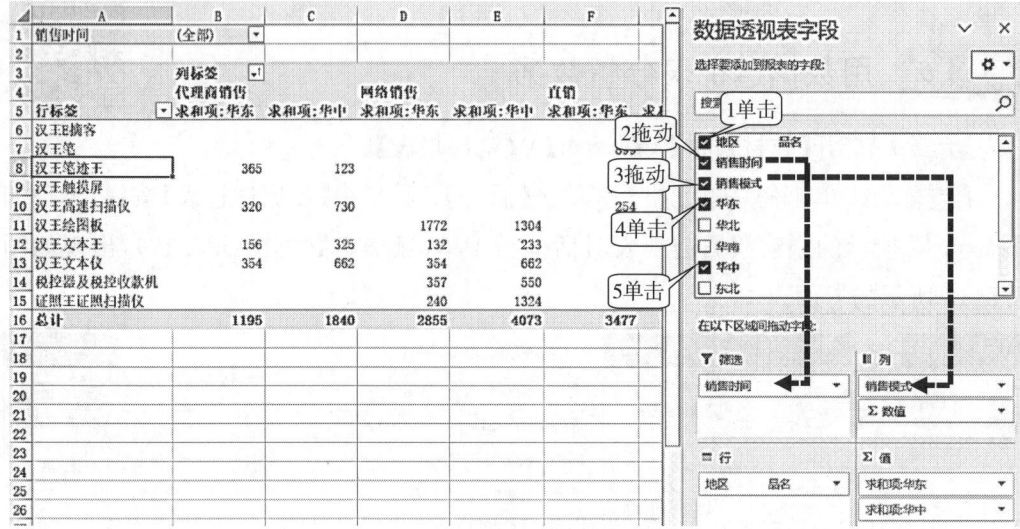

图 5.5.14

步骤 4 ①单击【列标签】。②单击【全选】复选框，取消全选。③单击勾选【代理商销售】。④单击【确定】(见图 5.5.15)，结果见图 5.5.16。图 5.5.16 所示界面显示了在代理商销售模式下各种产品在华东和华中地区的全年销售量。同理，单击勾选【直销】和【网络销售】，可以分别显示在直销和网络销售模式下各种产品在华东和华中地区的全年销售量；全选则显示在全部销售模式下各种产品在华东和华中地区的全年销售量。

图 5.5.15

	列标签			
	代理商销售		求和项:华东汇总	求和项:华中汇总
行标签	求和项:华东	求和项:华中		
汉王笔迹王	365	123	365	123
汉王高速扫描仪	320	730	320	730
汉王文本王	156	325	156	325
汉王文本仪	354	662	354	662
总计	1195	1840	1195	1840

图 5.5.16

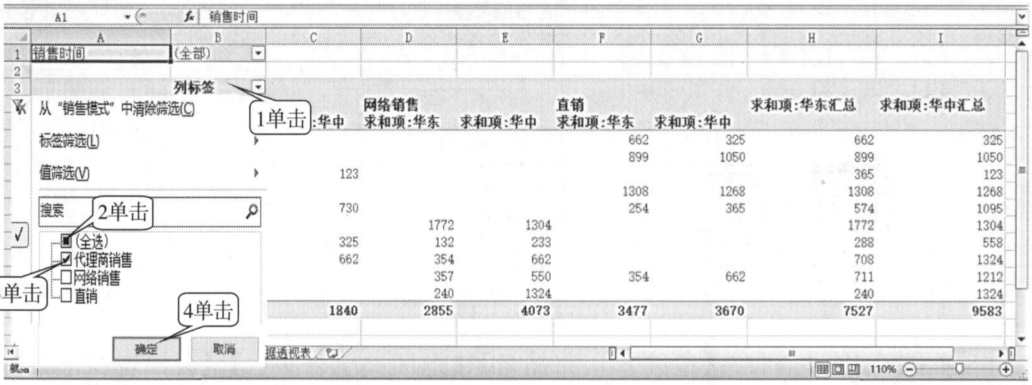

步骤 5 ①单击【销售时间】下拉列表。②单击勾选【选择多项】。③单击【全部】，去除【全部】复选框中的勾选。④单击勾选【二月】【六月】【八月】【十二月】。⑤单击【确定】(见图 5.5.17)，结果见图 5.5.18。图 5.5.18 所示界面显示了在代理商销售模式下二月、六月、八月、十二月各种产品在华东和华中地区的销售总量。

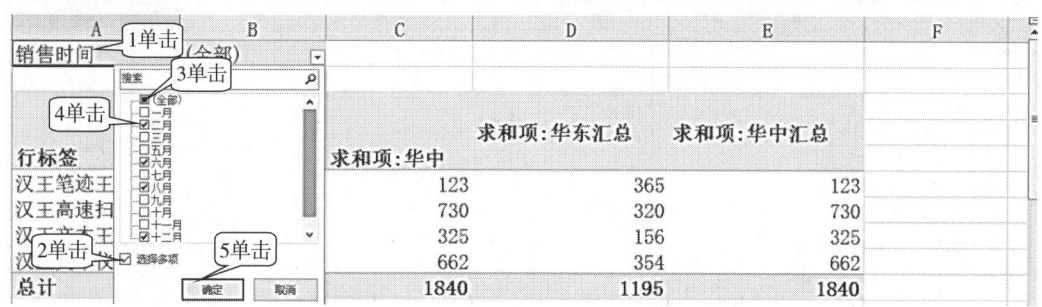

图 5.5.17

图 5.5.18

步骤 6 ①单击【销售时间】下拉列表。②单击【全选】复选框，则所有月份复选框均被勾选，表示显示全年的数据。③单击【确定】(见图 5.5.19)。

步骤 7 ①单击【列标签】下拉列表。②单击【全选】复选框，则所有销售模式复选框均被勾选，表示显示全部销售模式的数据。③单击【确定】(见图 5.5.20)。

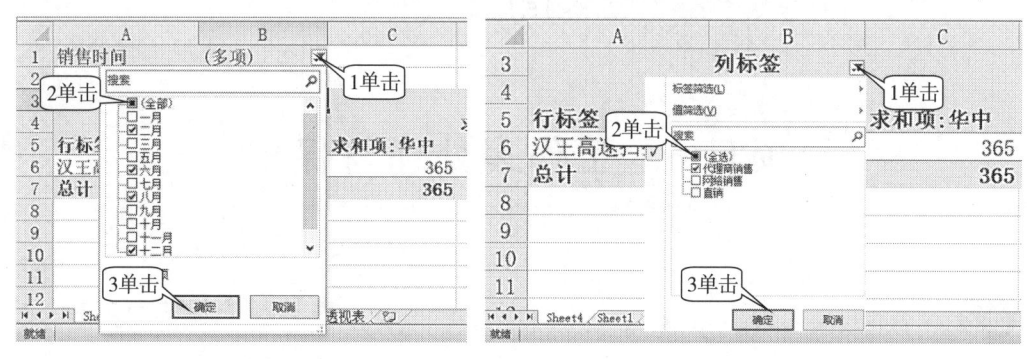

图 5.5.19

图 5.5.20

步骤 8 ①单击数据透视表中任一单元格。②单击【选项】。③单击【字段列表】。④单击【平均值项：华中】按钮。⑤单击【值字段设置】，出现图 5.5.21 所示的【值字段设置】对话框。⑥单击【平均值】。⑦单击【确定】(见图 5.5.21)，结果见图 5.5.22。

图5.5.22所示界面显示了三种销售模式下全部产品在华中地区的平均年销量以及在华东地区的年销量。

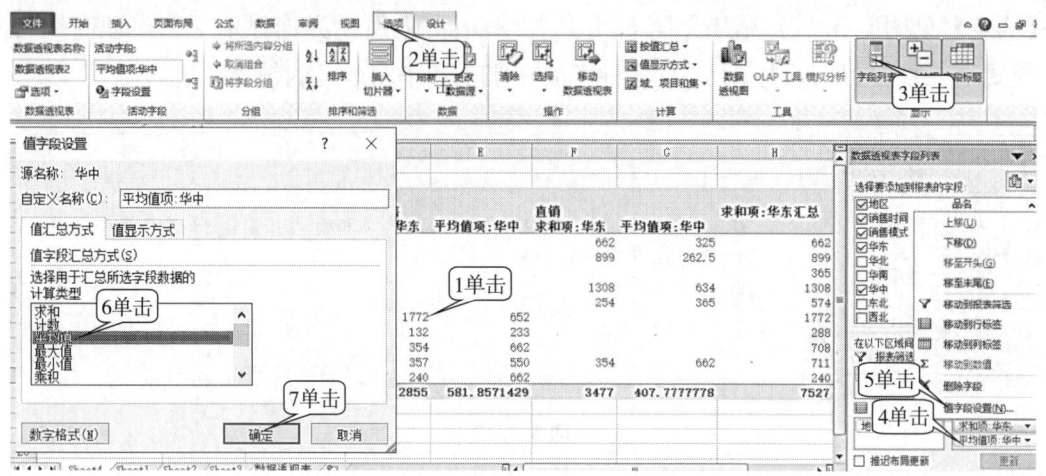

图5.5.21

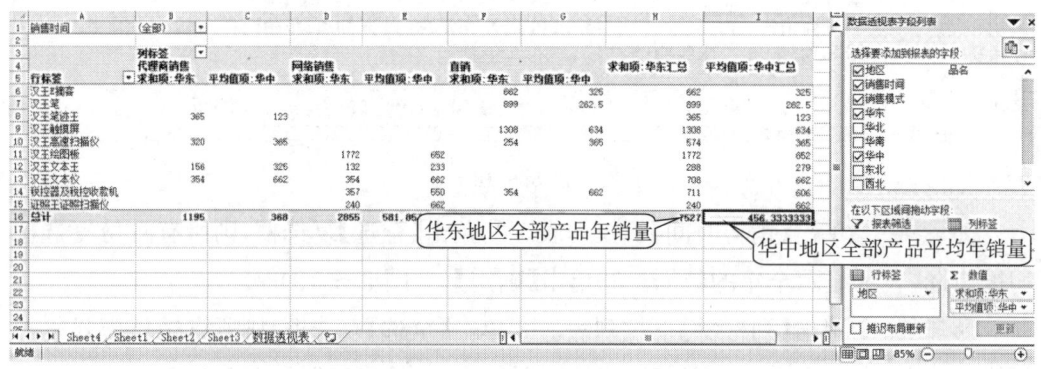

图5.5.22

项目6 工作表处理与保护

项目任务描述与分析

Excel默认的工作表名是Sheet1、Sheet2、Sheet3……通常插入的工作表也是以Sheet命名的。而这样的工作表名称不利于用户了解工作表内容。为此需要根据工作表内容给工作表重新命名，使其名称与内容相符。如果一个工作表的内容和新建的工作表的内容大致相同，即新的工作表可以由另外一个工作表进行修改而得到，就可以利用工作表的复制功能,将原工作表复制并进行修改而得到一个新的工作表,这样就会节省大量制作工作表的时间。同时为了便于工作表的查找和阅读,可以通过移动工作表的操作将工作表重新排列。对于不再需要的工作表则可以采用删除工作表的方法将其删除。为了防止工作表中的数据被有意或无意地更改或删除,可以通过 Excel 提供的加密功能对工作表和工作簿进行加密保护。

任务 1 工作表的重命名

步骤 1 打开【教材素材】\【Excel】\【销售报表】。

步骤 2 ①右击要改名的工作表名。②单击【重命名】。③输入【数据透视表】(见图 5.6.1)。

图 5.6.1

任务 2 工作表的复制与删除

步骤 1 按住【Ctrl】键拖动【数据透视表】到 Sheet3 的后面,就可以复制一张同样的数据透视表【数据透视表(2)】(见图 5.6.2),结果见图 5.6.3。

图 5.6.2

步骤 2 ①右击【数据透视表(2)】。②单击【删除】。③单击【删除】(见图 5.6.3),即可删除【数据透视表(2)】。

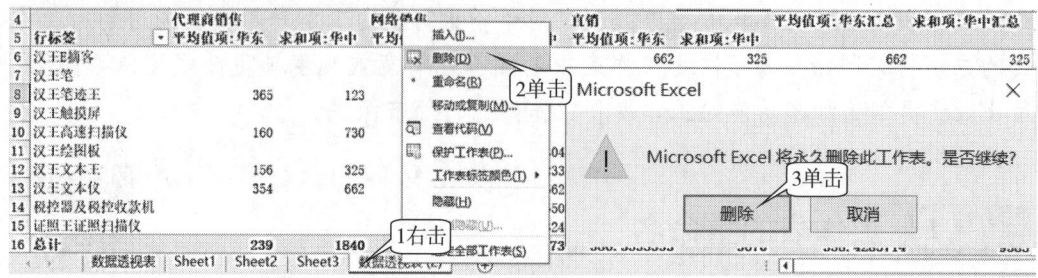

图 5.6.3

任务 3 工作表的移动与插入

步骤 1 拖动【数据透视表】到 Sheet3 的后面(见图 5.6.4),就可以把【数据透视表】移到 Sheet3 的后面。

图 5.6.4

步骤 2 ①右击【Sheet3】。②单击【插入】,出现图 5.6.5 所示的【插入】对话框。③单击【工作表】。④单击【确定】(见图 5.6.5),即可插入一张新的工作表。

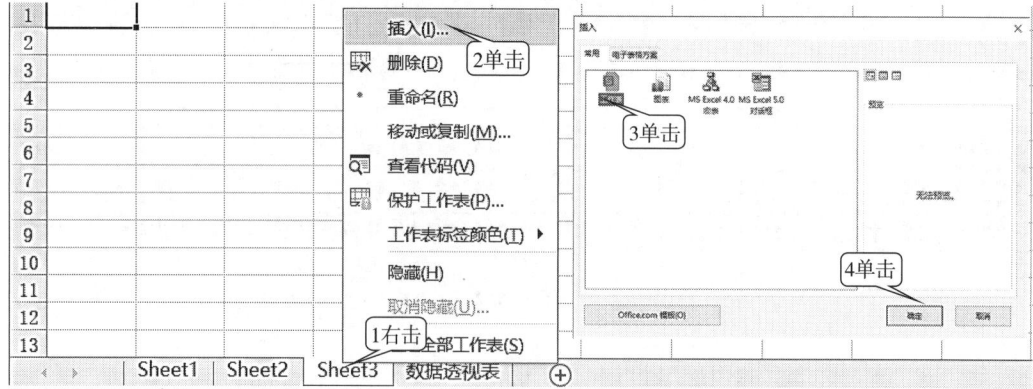

图 5.6.5

第5章 办公电子表格处理

任务 4 工作表的保护与撤销保护

1. 保护工作表

步骤1 ①单击要保护的工作表【Sheet1】。②单击【审阅】。③单击【保护工作表】,出现图 5.6.6 所示的【保护工作表】对话框。④输入密码【123】,表示如要撤销工作表保护必须输入密码。⑤单击【确定】,出现图 5.6.6 所示的【确认密码】对话框。⑥再次输入密码【123】。⑦单击【确定】,这样工作表就被保护起来了,此时不允许对表中的数据进行任何修改。

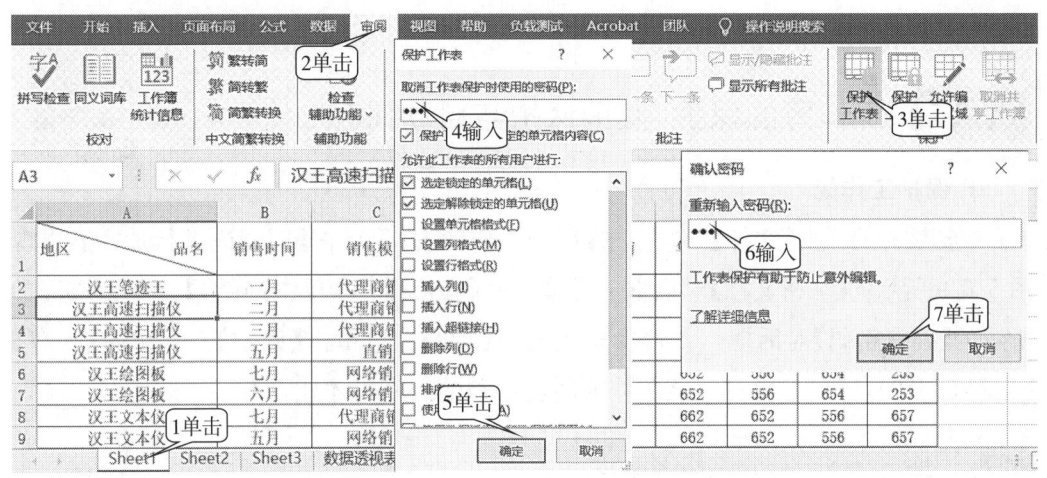

图 5.6.6

步骤2 ①单击某个单元格输入字符,会出现图 5.6.7 所示的警告对话框,表示工作表的单元格内容已被保护起来,用户此时无法修改。只有撤销工作表保护,单元格内容才能被修改。②单击【确定】(见图 5.6.7),关闭对话框。

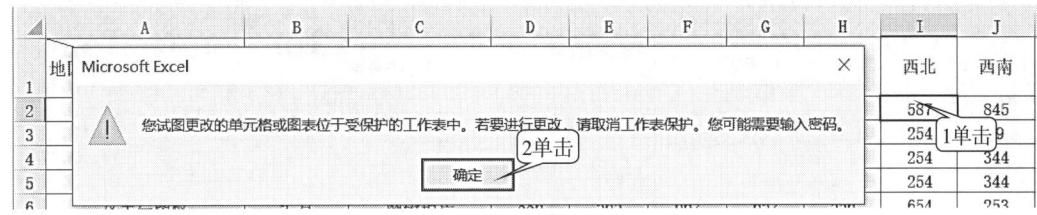

图 5.6.7

2. 撤销工作表保护

步骤1 单击要撤销保护的工作表名。

步骤 2 ①单击【审阅】。②单击【撤销工作表保护】。③输入密码【123】。④单击【确定】(见图 5.6.8)，就可将工作表保护撤销。

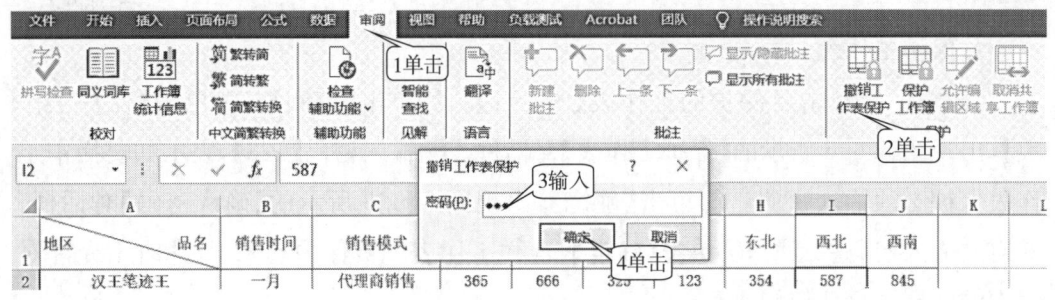

图 5.6.8

任务 5　工作簿的保护、撤销保护与自动保存

1. 保护工作簿

步骤　①单击【文件】。②单击【保护工作簿】。③单击【用密码进行加密】，出现图 5.6.9 所示的【加密文档】对话框。④输入密码【123】。⑤单击【确定】，出现图 5.6.9 所示的【确认密码】对话框。⑥再次输入密码【123】。⑦单击【确定】。⑧单击【保存】(见图 5.6.9)，这样下次打开该工作簿时就必须输入密码才能打开。

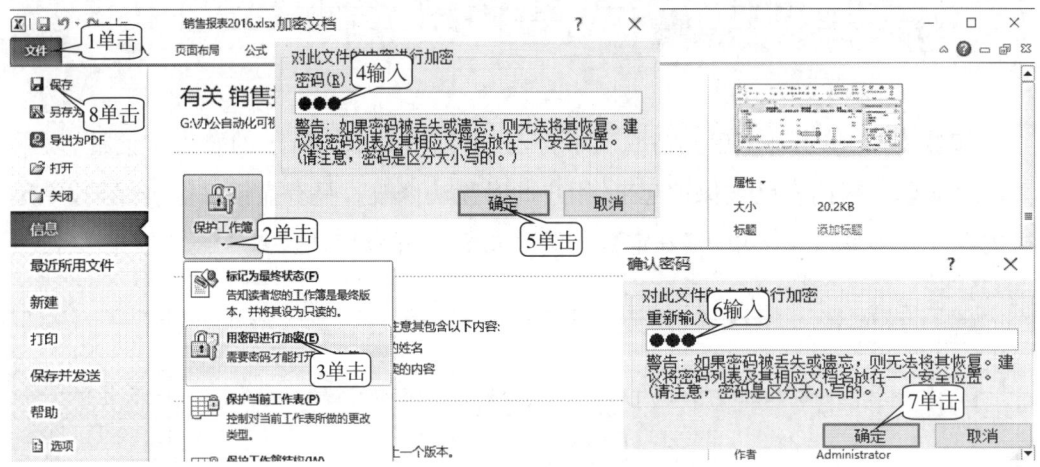

图 5.6.9

2. 撤销工作簿保护

步骤　①单击【文件】。②单击【保护工作簿】。③单击【用密码进行加密】，出现图 5.6.10 所示的【加密文档】对话框。④删除密码。⑤单击【确定】。⑥单击【保存】(见图 5.6.10)，这样下次打开该工作簿时就不用输入密码了。

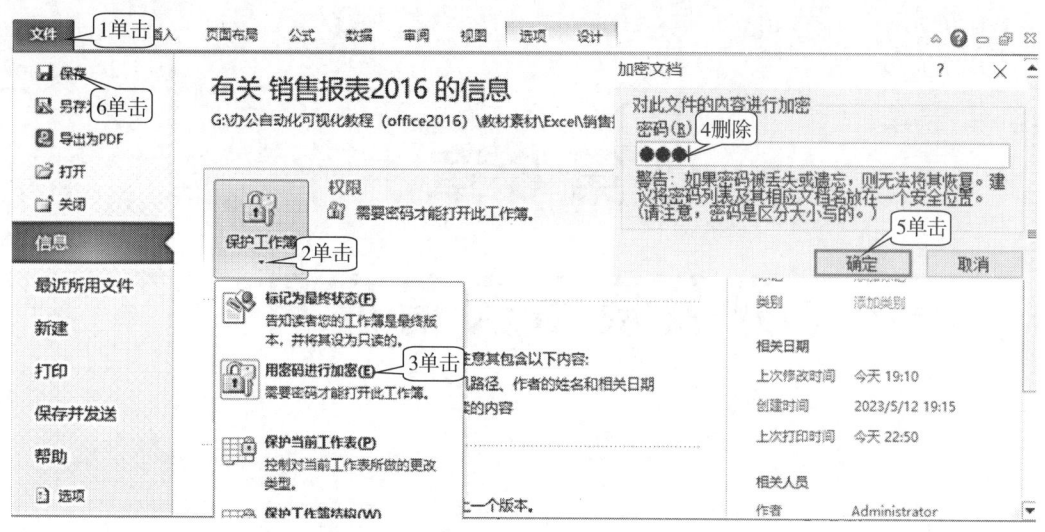

图 5.6.10

3. 自动保存工作簿文件

步骤 ①单击【文件】。②单击【选项】,出现图 5.6.11 所示的【Excel 选项】对话框。③单击【保存】。④输入【1】,表示每隔一分钟 Excel 会自动保存一次。⑤单击【确定】(见图 5.6.11)。通过这样的设置,我们就不必担心发生突然断电却未保存文件等意外造成的信息丢失了。因为每隔一分钟 Excel 会自动保存一次,所以如果发生意外断电或关机,最多只会丢失意外发生前最后一分钟输入的内容。

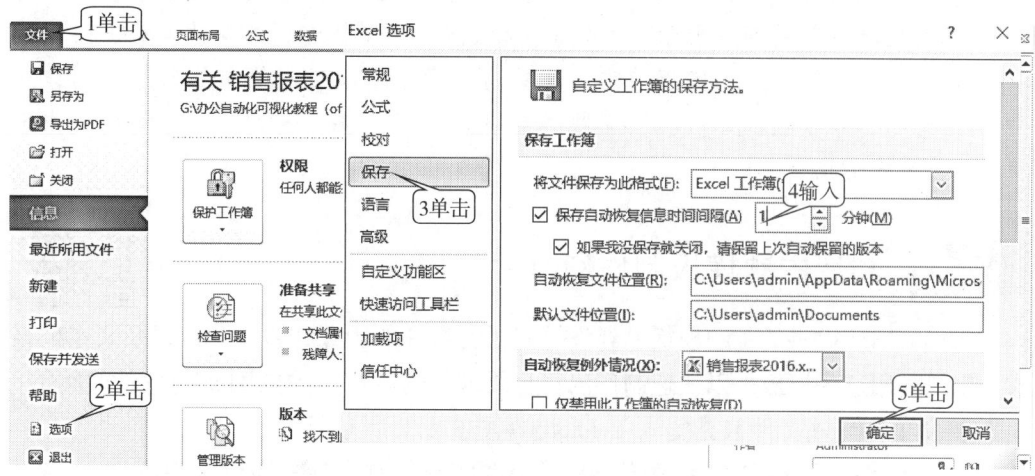

图 5.6.11

第 6 章

办公演示文稿应用

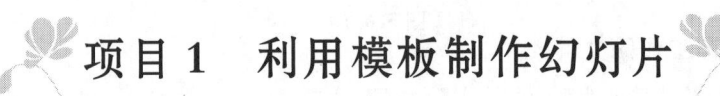 项目 1 利用模板制作幻灯片

 项目任务描述与分析

幻灯片在单位宣传、员工培训、工作总结汇报、市场营销方案讨论、会议讲演、技术方案研讨中都能发挥很好的作用。通过连接投影机、平板电视等大屏幕显示设备到电脑,将所要说明的问题展示在大屏幕上,以便观众能够看到相应的内容。幻灯片中可以应用多种多媒体素材,以使幻灯片更为生动。本项目从简单的幻灯片制作入手,并且通过样本模板、本地模板、主题的应用使读者能够快速、简单、方便地制作出满足工作需求的幻灯片。

任务 1 利用主题模板制作幻灯片

PowerPoint 提供的主题模板已经设计好了幻灯片的版式、图片、背景以及文本框格式。用户利用这些模板可以快速制作出符合要求的幻灯片,节约制作幻灯片的时间。

步骤 1 单击【文件】(见图 6.1.1),出现图 6.1.2 所示界面。

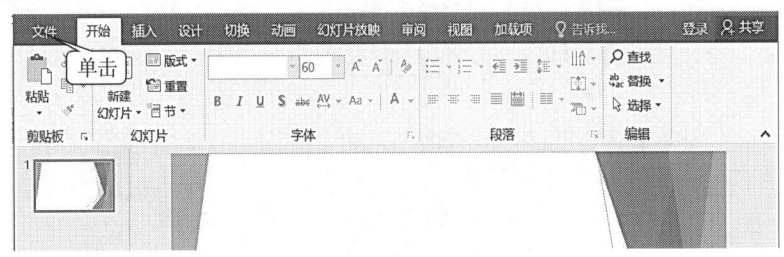

图 6.1.1

步骤 2 ①单击【新建】。②单击选择【平面】(见图6.1.2),出现图6.1.3所示界面。

步骤 3 单击【创建】(见图6.1.3),即可创建出如图6.1.1所示的主题模板。

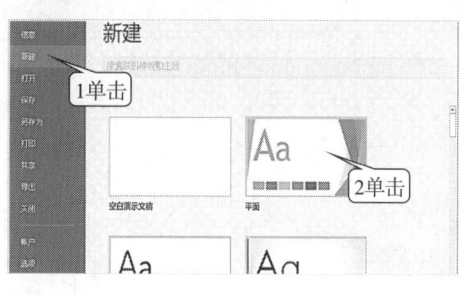

图 6.1.2　　　　　　　　　　　　　图 6.1.3

任务 2　利用联机模板制作幻灯片

PowerPoint 支持从网上下载模板,利用【联机模板】方式,用户能通过关键词搜索和目录检索两种方式下载所需模板。使用【联机模板】操作时应首先确保电脑正常连网,方法如下。

1. 通过关键词搜索快速找到所要的模板

步骤 1 单击【文件】(见图6.1.1),出现图6.1.4所示界面。

步骤 2 ①单击【新建】。②在框中输入关键词【人力资源】,回车。③拖动滚动条,找到【人力资源】模板。④双击【人力资源】缩略图(见图6.1.4),PowerPoint 就开始下载模板。这样用户就创建出了使用【人力资源】模板的幻灯片,结果见图6.1.7。

2. 通过模板目录寻找所要的模板

步骤 1 单击【文件】(见图6.1.1),出现图6.1.5所示界面。

步骤 2 ①单击【新建】。②单击【建议的搜索】中的【业务】(见图6.1.5),出现图6.1.6所示界面。

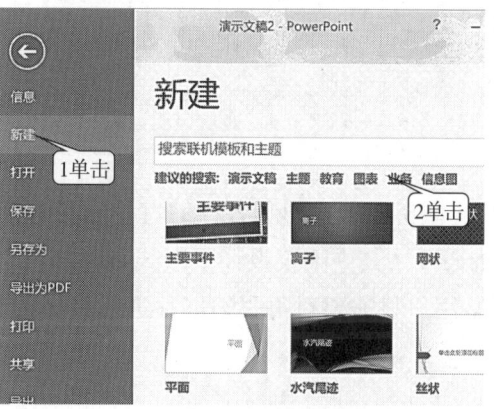

图 6.1.4　　　　　　　　　　　　　图 6.1.5

图 6.1.6

步骤3 ①拖动滚动条找到【业务计划】。②单击【业务计划】。③拖动滚动条找到【人力资源】。④双击【人力资源】缩略图(见图 6.1.6),即自动下载模板,结果见图 6.1.7。

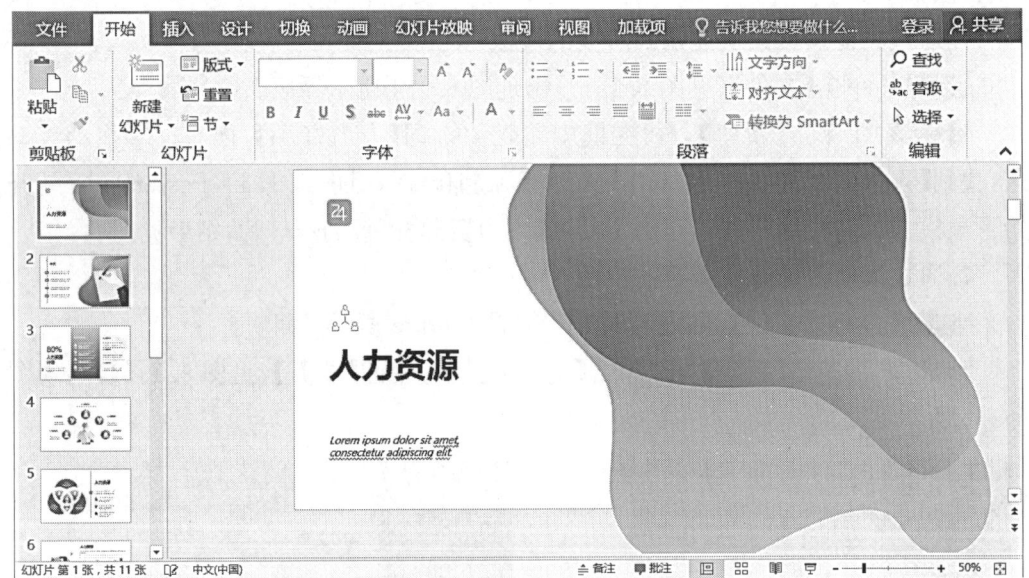

图 6.1.7

联机模板给出了各种幻灯片的参考模板。本书选择的【人力资源】模板包含十多页 PPT。其中不仅设计了版式,还设置了常规人力资源幻灯片应该含有的目录和标题,用户只需要对每张幻灯片进行具体内容的编辑细化即可。

项目 2　企业介绍幻灯片的制作

项目任务描述与分析

在会议、展览、宣传等场合,对企业的产品、文化、经营理念、销售模式、人才需求、发展战略等进行系统介绍,是宣传企业形象、推广产品、争取客户的重要机会。如何使展示更具有吸引力,是成功的关键因素之一。利用幻灯片的图文并茂、色彩纷呈、声像俱全的特点恰可以很好地提升显示效果。下面就以一个企业演示文稿的制作为例来学习相关功能的应用。本例中应用了字符与段落格式的设置、图片的插入及其效果的设置、表格与图表的效果设置和视频的添加等。

任务 1　幻灯片的添加、复制、移动与删除

步骤 1　打开 PowerPoint,单击工作区,生成如图 6.2.1 所示的空白演示文档,且有一张幻灯片。该幻灯片版式里面包含两个文本框。

步骤 2　①单击第 1 张幻灯片,按【Ctrl+C】键。②在第 1 张幻灯片下方单击,然后按两次【Ctrl+V】键,这样可以复制出两张同样的幻灯片。③拖动第 3 张幻灯片到第 1 张幻灯片下,可以移动第 3 张幻灯片的位置(见图 6.2.1)。

图 6.2.1

步骤 3　①在第 3 张幻灯片下方单击。②单击【新建幻灯片】图标按钮【  】,则在第 3 张幻灯片后插入了一张幻灯片。该幻灯片默认使用如图 6.2.2 所示的【标题和内容】布局版式。它包含一个【标题】文本框和一个【内容】文本框,内容文本框内有表格、图表、SmartArt 图形、图片、网络图片、视频六个多媒体占位符,单击占位符可以分别插入对应的媒体文件。【内容】文本框和多媒体占位符是可以删除的。③连续单击三

次【新建幻灯片】图标按钮,可以新建三张"标题和内容"幻灯片(见图6.2.2)。

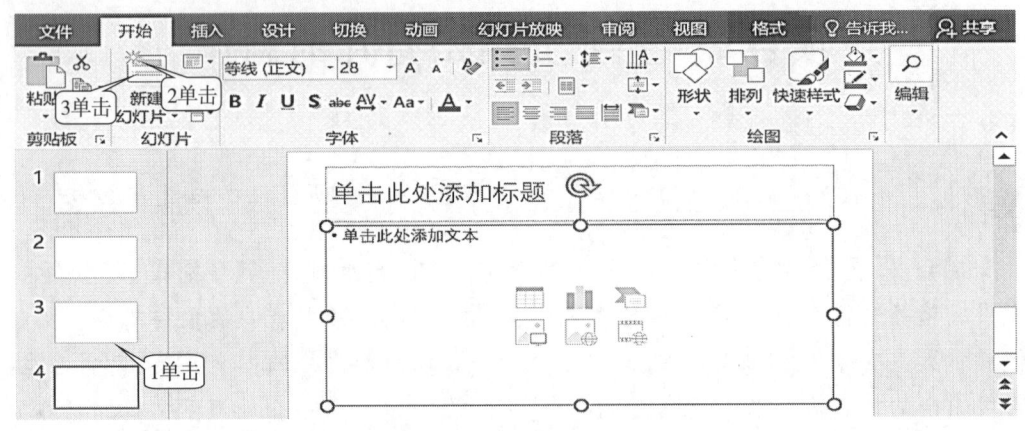

图 6.2.2

步骤4 ①单击【新建幻灯片】按钮的下拉按钮【▼】。②单击选择【空白】,可新建一张空白幻灯片(空白幻灯片没有文本框和多媒体占位符)。再进行一次这样的操作,可增加一张空白幻灯片。③拖动最后一张幻灯片到第4张幻灯片之后,即可将它移作第5张幻灯片。④按住【Ctrl】键再分别单击第3张和第4张幻灯片,就选定了这两张幻灯片,然后按【Delete】键(见图6.2.3),就删除了这两张幻灯片。

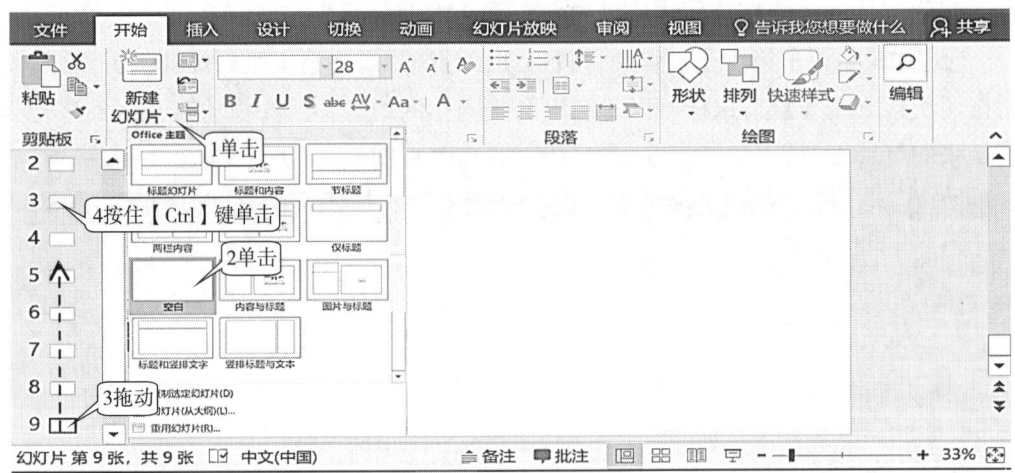

图 6.2.3

任务 2 文本框的复制、插入、移动与删除

步骤1 ①在第1张幻灯片的标题文本框中输入【奇瑞汽车】。②拖动【奇瑞汽车】文本框边框即可实现文本框的移动。③单击【副标题】文本框边框(见图6.2.4),按【Delete】键将其删除。用该方法将第2、5、7张幻灯片中不使用的文本框都删除。

图 6.2.4

步骤 2 ①单击第 2 张幻灯片。②单击【插入】。③单击【文本框】按钮。④单击【横排文本框】。⑤拖动鼠标画出文本框(见图 6.2.5),就可以插入一个新的文本框。

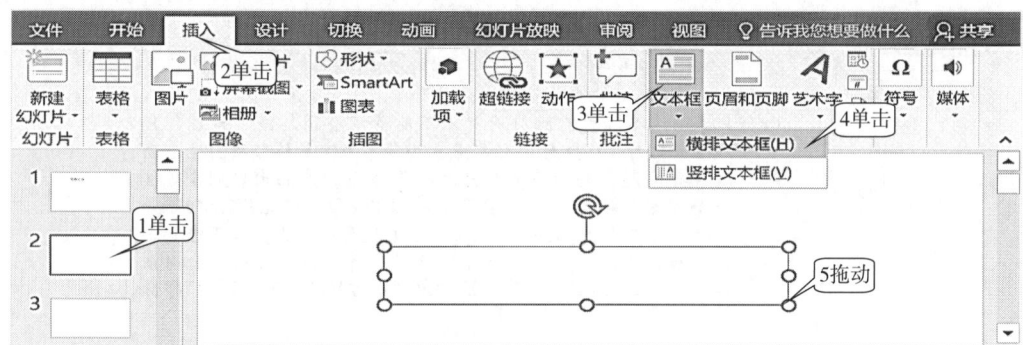

图 6.2.5

步骤 3 ①在文本框中输入文字【公司介绍】。②将鼠标移到文本框边框上,按住【Ctrl】键拖动文本框(见图 6.2.6),这样就可以复制出一个同样的文本框。

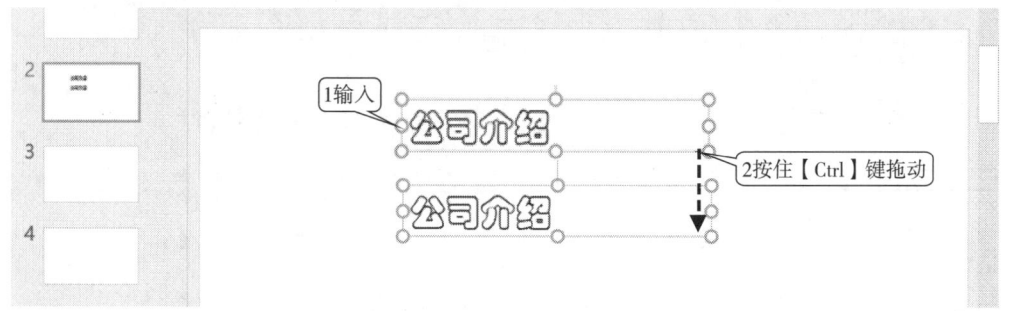

图 6.2.6

任务 3 文本框段落与字符格式设置

步骤 1 删除新复制文本框中的文字。

步骤 2 ①在第 2 张幻灯片的新复制的文本框中输入【奇瑞汽车股份有限公司（以下简称"公司"或"奇瑞"）成立于 1997 年 1 月 8 日。公司成立 20 多年来，始终坚持自主创新，逐步建立起完整的技术和产品研发体系，产品出口到全球 80 多个国家和地区，打造了艾瑞泽 ARRIZO、瑞虎 TIGGO 等知名产品系列和高端品牌 EXEED 星途及系列产品，旗下合资企业拥有捷豹、路虎、观致、凯翼等品牌。截至目前，公司累计销量达到 830 万辆，其中累计出口超过 160 万辆，连续 17 年保持中国乘用车品牌出口第一位。】。②单击【公司介绍】文本框边框。③拖动鼠标选定【公司介绍】。④单击【字体】按钮，选择【华文彩云】。⑤单击【字号】按钮，选择【44】。⑥单击第 4 张幻灯片（见图 6.2.7），出现图 6.2.8 所示界面。

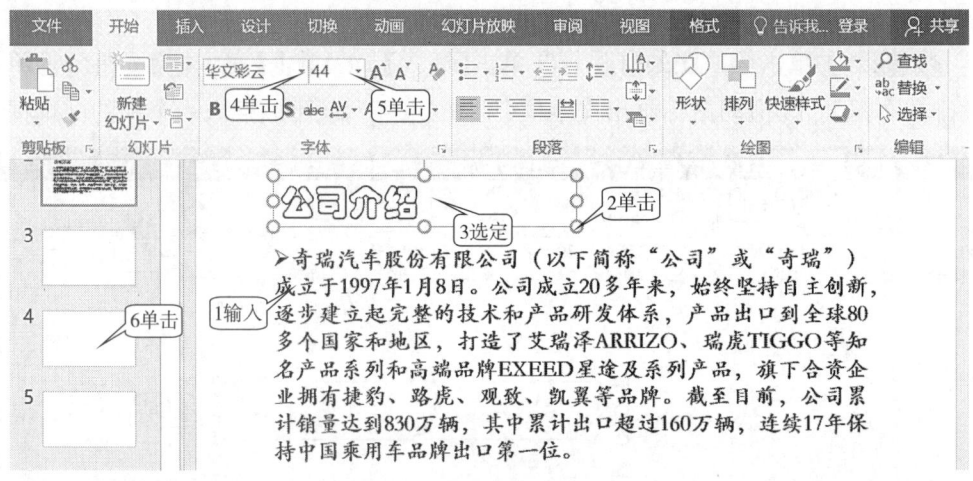

图 6.2.7

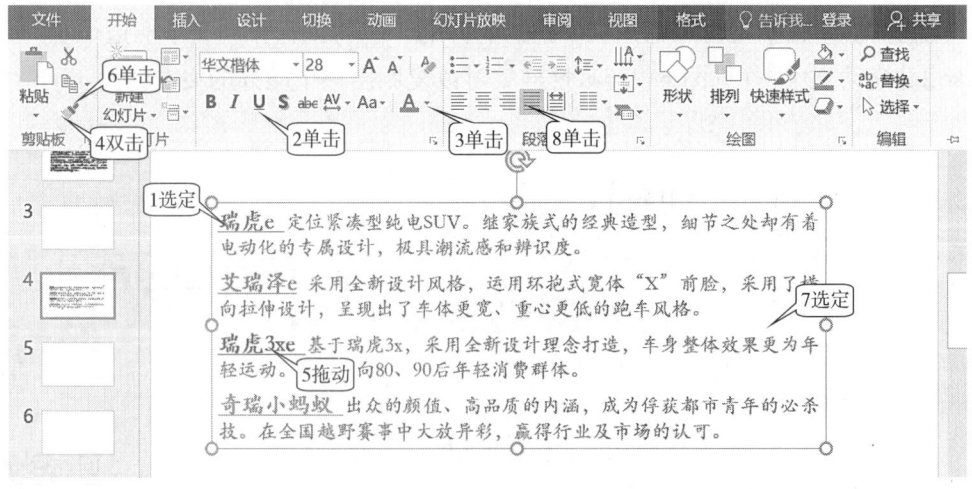

图 6.2.8

步骤 3 在第 4 张幻灯片的文本框中输入如图 6.2.8 所示的文字，然后选定文本框中所有的字符，将其设置为【24 号】【华文楷体】【蓝色】。

步骤 4 ①选定文本框中要设置的字符【瑞虎 e】。②单击【下划线】按钮，设置下划线。③单击【字体颜色】按钮，选择红色。④选定【瑞虎 e】，然后双击【格式刷】工具，将格式信息复制到格式刷上。⑤将格式刷在其他几个汽车名上拖动，其他字符就变成和【瑞虎 e】一样的格式，然后将【艾瑞泽 e】【瑞虎 3xe】和【奇瑞小蚂蚁】依次设为【绿色】【紫色】和【浅蓝色】。⑥单击【格式刷】按钮，取消格式复制。⑦选定文本框中所有字符。⑧单击两端对齐按钮(见图 6.2.8)，则文本框中的文字两端就会整齐排列，结果见图 6.2.8。

步骤 5 选定第 2 张幻灯片文本框，单击其他对齐按钮，并比较不同对齐效果。单击【左对齐】按钮【☰】，对齐效果如图 6.2.9 所示。单击【居中】按钮【☰】，对齐效果如图 6.2.10 所示。单击【右对齐】按钮【☰】，对齐效果如图 6.2.11 所示。单击【分散对齐】按钮【☰】，对齐效果如图 6.2.12 所示。

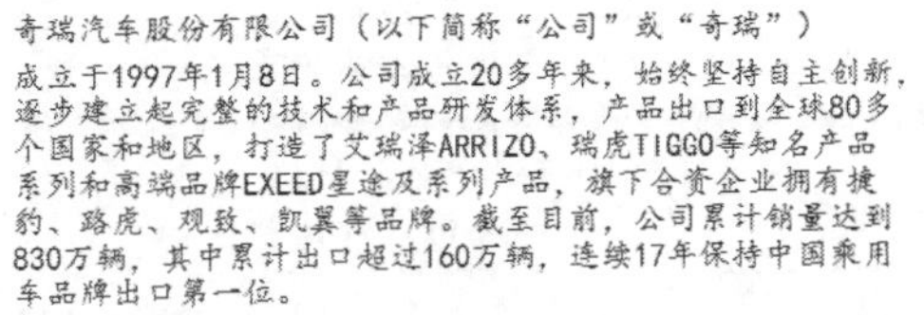

奇瑞汽车股份有限公司（以下简称“公司”或“奇瑞”）
成立于1997年1月8日。公司成立20多年来，始终坚持自主创新，逐步建立起完整的技术和产品研发体系，产品出口到全球80多个国家和地区，打造了艾瑞泽ARRIZO、瑞虎TIGGO等知名产品系列和高端品牌EXEED星途及系列产品，旗下合资企业拥有捷豹、路虎、观致、凯翼等品牌。截至目前，公司累计销量达到830万辆，其中累计出口超过160万辆，连续17年保持中国乘用车品牌出口第一位。

图 6.2.9

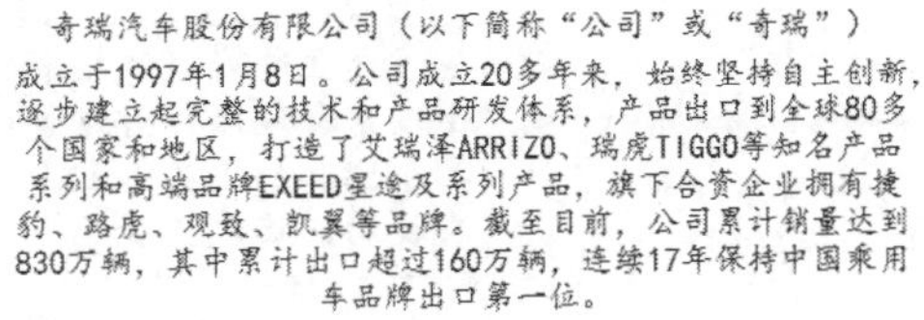

奇瑞汽车股份有限公司（以下简称“公司”或“奇瑞”）
成立于1997年1月8日。公司成立20多年来，始终坚持自主创新，逐步建立起完整的技术和产品研发体系，产品出口到全球80多个国家和地区，打造了艾瑞泽ARRIZO、瑞虎TIGGO等知名产品系列和高端品牌EXEED星途及系列产品，旗下合资企业拥有捷豹、路虎、观致、凯翼等品牌。截至目前，公司累计销量达到830万辆，其中累计出口超过160万辆，连续17年保持中国乘用车品牌出口第一位。

图 6.2.10

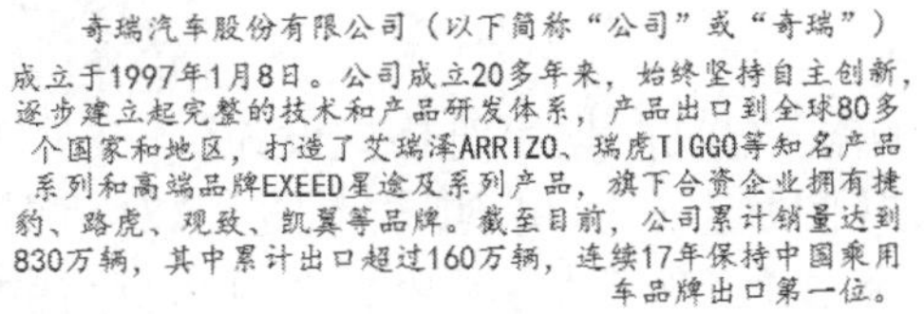

奇瑞汽车股份有限公司（以下简称“公司”或“奇瑞”）
成立于1997年1月8日。公司成立20多年来，始终坚持自主创新，逐步建立起完整的技术和产品研发体系，产品出口到全球80多个国家和地区，打造了艾瑞泽ARRIZO、瑞虎TIGGO等知名产品系列和高端品牌EXEED星途及系列产品，旗下合资企业拥有捷豹、路虎、观致、凯翼等品牌。截至目前，公司累计销量达到830万辆，其中累计出口超过160万辆，连续17年保持中国乘用车品牌出口第一位。

图 6.2.11

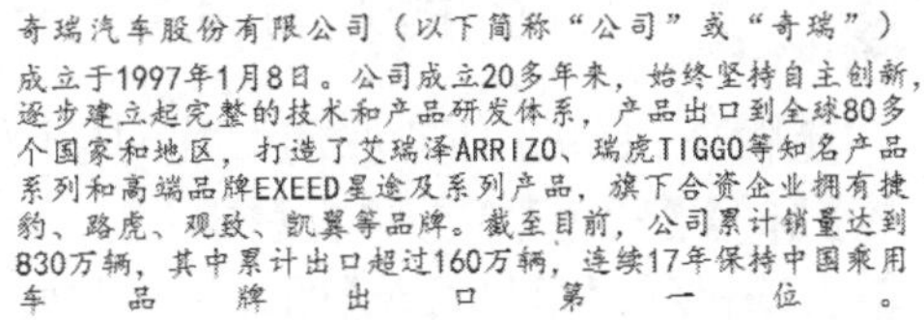

奇瑞汽车股份有限公司（以下简称“公司”或“奇瑞”）
成立于1997年1月8日。公司成立20多年来，始终坚持自主创新，逐步建立起完整的技术和产品研发体系，产品出口到全球80多个国家和地区，打造了艾瑞泽ARRIZO、瑞虎TIGGO等知名产品系列和高端品牌EXEED星途及系列产品，旗下合资企业拥有捷豹、路虎、观致、凯翼等品牌。截至目前，公司累计销量达到830万辆，其中累计出口超过160万辆，连续17年保持中国乘用车品牌出口第一位。

图 6.2.12

任务 4　文本框中编号与项目符号的设置

步骤 1 ①选定第 4 张幻灯片中文本框中的所有字符。②单击【编号】按钮。③单击选择如图 6.2.13 所示的编号样式，则选定的几个段落前就加上了相应编号(见图 6.2.13)。④单击第 2 张幻灯片，出现图 6.2.14 所示界面。

文件
开始
插入
设计
切换
动画
幻灯片放映
审阅
视图
格式
告诉我...
登录
共享
粘贴
新建幻灯片
剪贴板
华文楷体
28
字体
2单击
无
3单击
4单击
1选定
查找
替换
选择
编辑
样式
A. 瑞虎e 定位紧凑型纯电SUV
有着电动化的专属设计，极
B. 艾瑞泽e 采用全新设计风格
了横向拉伸设计，呈现出了
C. 瑞虎3xe 基于瑞虎3x，采用
为年轻运动。主要面向80、9
项目符号和编号(N)...

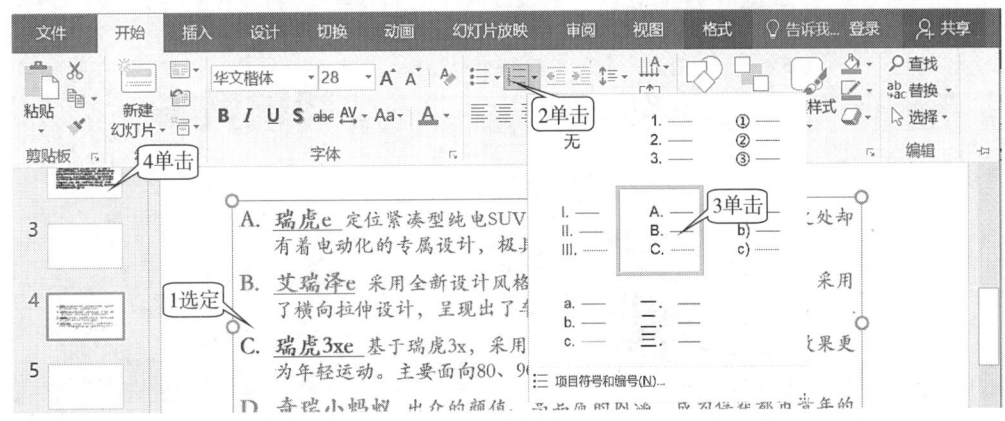

图 6.2.13

步骤 2 ①选定第 2 张幻灯片的两个段落。②单击【项目符号】按钮。③单击选择所要的项目符号。④单击【字体颜色】按钮,选择紫色。⑤单击【字体】按钮,选择【华文楷体】。⑥单击【字号】按钮,选择【28】(见图 6.2.14)。如果对所设置的项目符号和编号不满意,可以通过单击【项目符号和编号】按钮,再单击 项目符号和编号(N)... ,打开【项目符号和编号】对话框,选择其他样式的项目符号和编号。

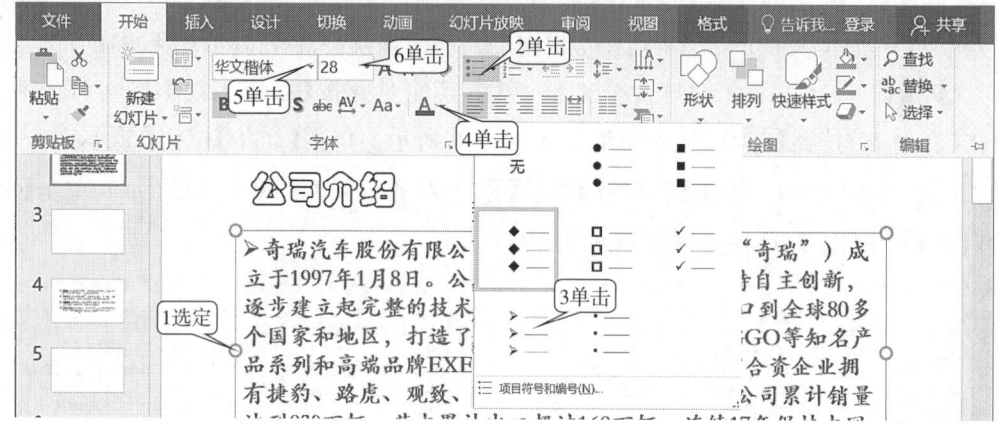

图 6.2.14

任务 5 图片的插入与设置

步骤 1 ①单击第 1 张幻灯片的标题文本框。②将标题字符格式设为【华文琥珀简体】【66】【紫色】。③单击【插入】。④单击【图片】按钮,出现【插入图片】对话框。⑤单击选择【教材素材】\【图片】文件夹。⑥双击【奇瑞新款】图片文件,则图片就被插入幻灯片中。⑦拖动插入图片的控点【○】,调整图片的大小。⑧拖动图片上方的控点【⟳】,可以旋转图片(这里不作调整)。⑨拖动图片,调整图片的位置。⑩将【教材素材】\【图片】\【奇瑞汽车 logo】插入(见图 6.2.15),并调整其大小和位置,结果如图 6.2.15 所示。

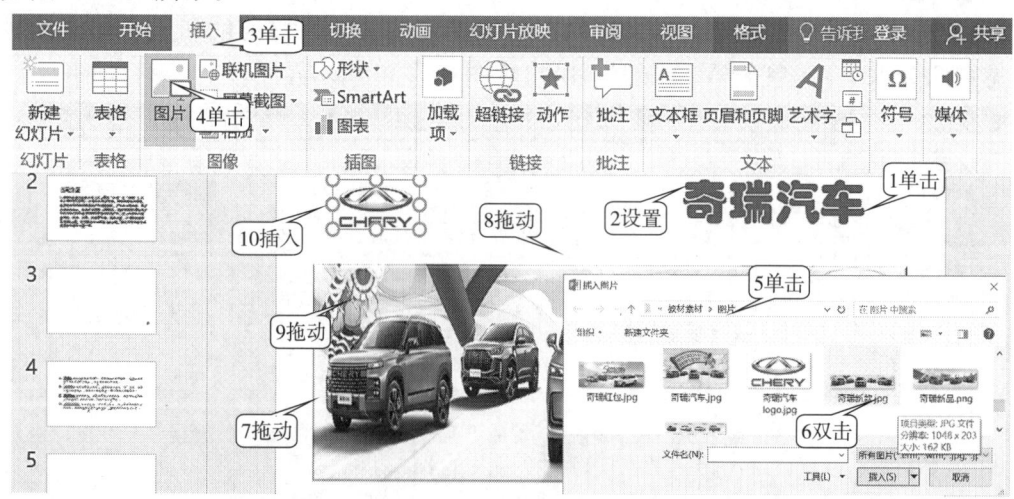

图 6.2.15

步骤 2 ①单击图片。②单击【格式】。③单击【图片效果】按钮。④单击【柔化边缘】。⑤单击【10 磅】(见图 6.2.16)。⑥单击【格式】\【图片效果】\【发光】,选择【绿色,18pt 发光,个性色 6】。

图 6.2.16

步骤 3 ①单击图片。②单击【格式】。③单击【大小】右下角的【大小和位置】按钮【 】,打开如图 6.2.17 所示的【设置图片格式】窗格。④单击【锁定纵横比】复选框,去除勾选。⑤输入高度【10 厘米】和宽度【28 厘米】。⑥单击【图片效果】。⑦单击【三维旋转】(见图 6.2.17)。⑧单击【右透视】。

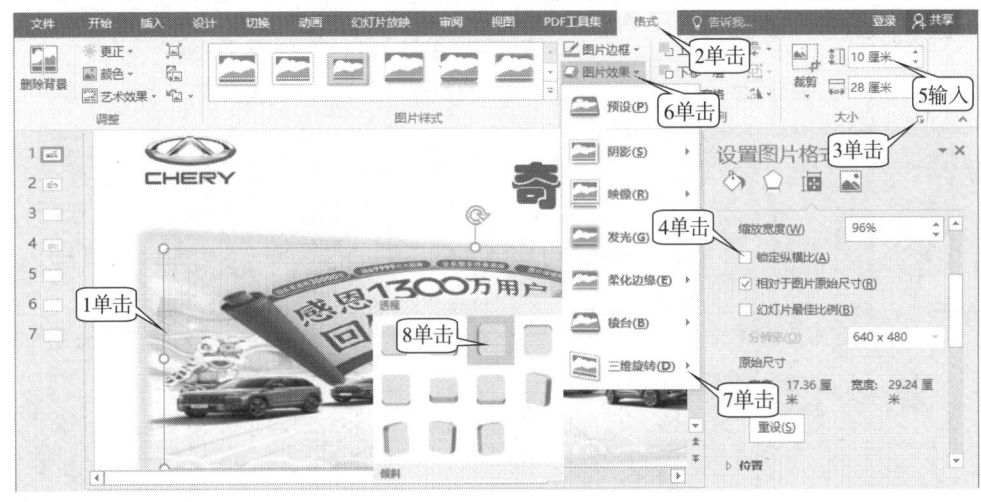

图 6.2.17

步骤 4 ①单击第 3 张幻灯片。②插入【教材素材】\【图片】\【奇瑞产品专区】文件。③拖动控点调整图片大小。④单击【格式】。⑤单击【图片边框】。⑥单击选择

【绿色、个性色1、淡色40%】。⑦单击【图片边框】。⑧单击【粗细】。⑨单击选择【6磅】(见图6.2.18)。

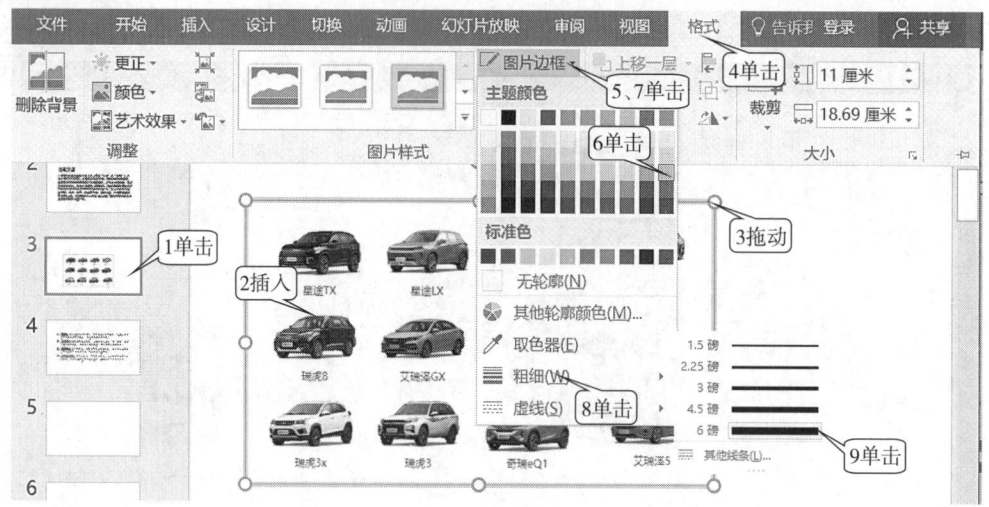

图 6.2.18

步骤5 ①单击【格式】\【图片效果】按钮。②单击【棱台】。③单击【三维选项】,出现如图6.2.19所示的【设置图片格式】窗格。④单击【三维格式】。⑤单击【顶部棱台】,选择【角度】。⑥单击【底部棱台】,选择【圆】。⑦输入【20磅】。⑧输入【15磅】(见图6.2.19)。

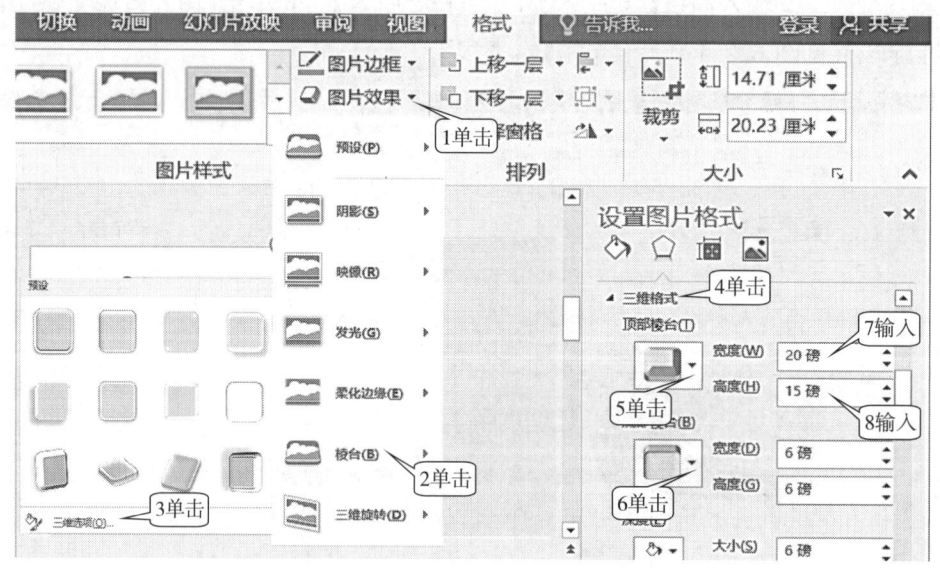

图 6.2.19

步骤6 ①拖动滚动条找到【发光】。②单击【发光】将其展开。③单击选择颜色为【橙色】。④输入【15磅】。⑤输入【60%】(见图6.2.20)。

图 6.2.20

任务 6 艺术字的插入与设置

1. 插入艺术字

步骤 1 ①单击第 4 张幻灯片。②单击【插入】。③单击【艺术字】按钮。④单击选择一种样式。⑤幻灯片中会出现一个艺术字输入框,输入文字【奇瑞新能源车型】。⑥拖动艺术字框到幻灯片的上部(见图 6.2.21)。

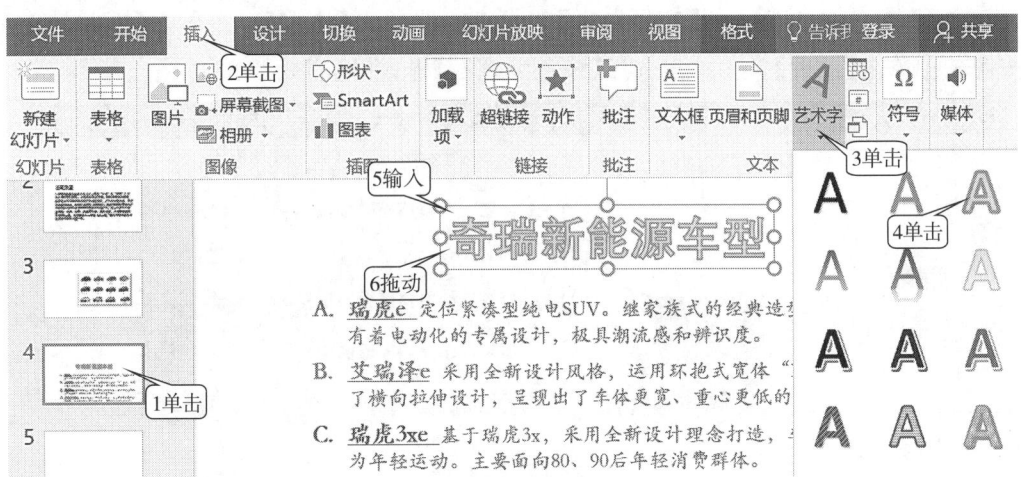

图 6.2.21

步骤 2 将艺术字设为【华文楷体】【60】。

2. 设置艺术字效果

步骤 1 ①单击选中艺术字。②单击【格式】。③单击【形状填充】按钮。④单击【图片】,出现如图 6.2.22 所示的【插入图片】对话框。⑤在【插入图片】对话框的搜索栏输入【瑞】,得到所有相关图片。⑥找到【教材素材】\【图片】\【瑞虎7】,并双击(见图6.2.22)。则图片就被插入艺术字框中作为艺术字的背景图了。插入背景图片后的效果见图6.2.22。

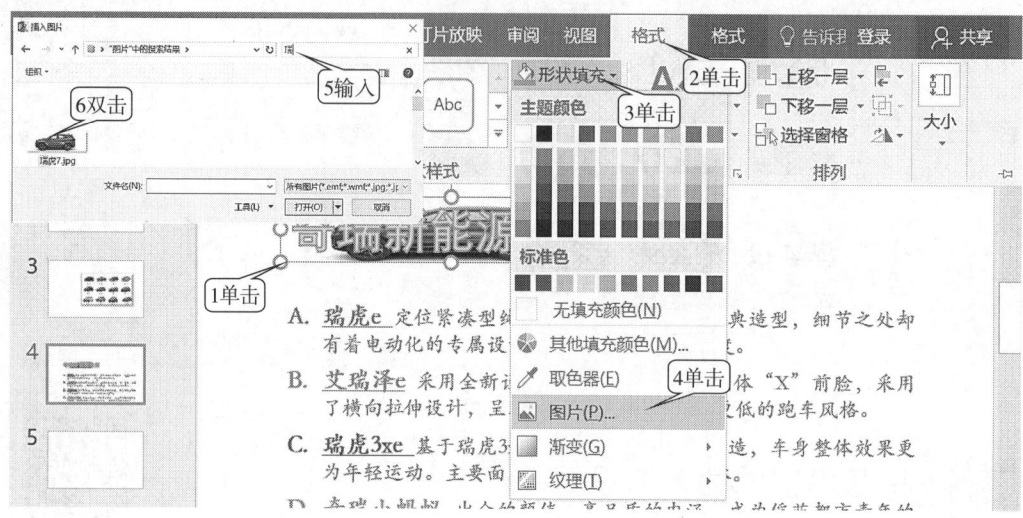

图 6.2.22

步骤2 在第3张幻灯片中插入艺术字,在艺术字框中输入文字【产品专区】;单击【开始】\【字体】按钮,选择【华文新魏】;单击【字号】按钮选择【54】;单击【绘图工具】\【格式】\【形状轮廓】\【白色】,设置粗细为【1磅】。

步骤3 ①单击插入的【产品专区】艺术字。②单击【格式】。③单击【形状填充】按钮。④单击【纹理】。⑤单击选择【绿色大理石】样式(见图6.2.23)。

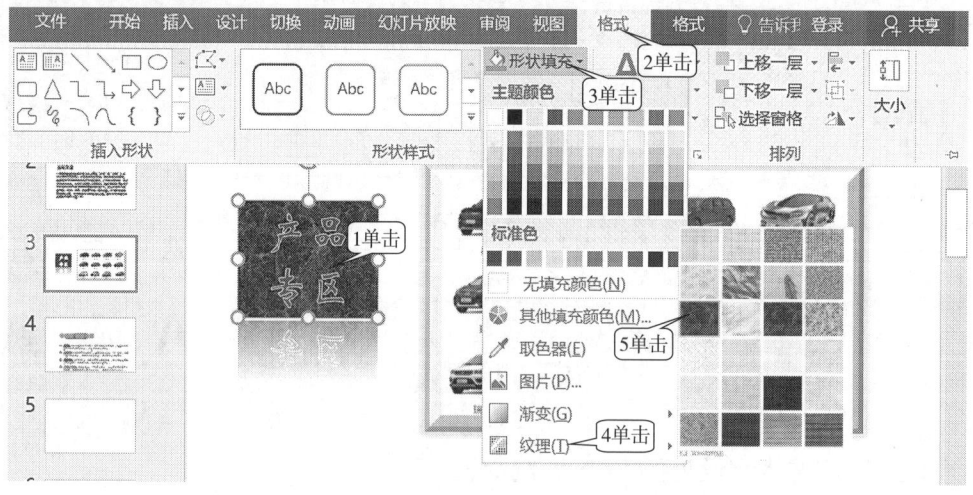

图 6.2.23

步骤4 ①单击插入的【产品专区】艺术字。②单击【格式】。③单击【形状轮廓】按钮。④单击【主题颜色黄色,淡色40%】。⑤单击【形状轮廓】\【粗细】\

【6磅】(见图6.2.24)。

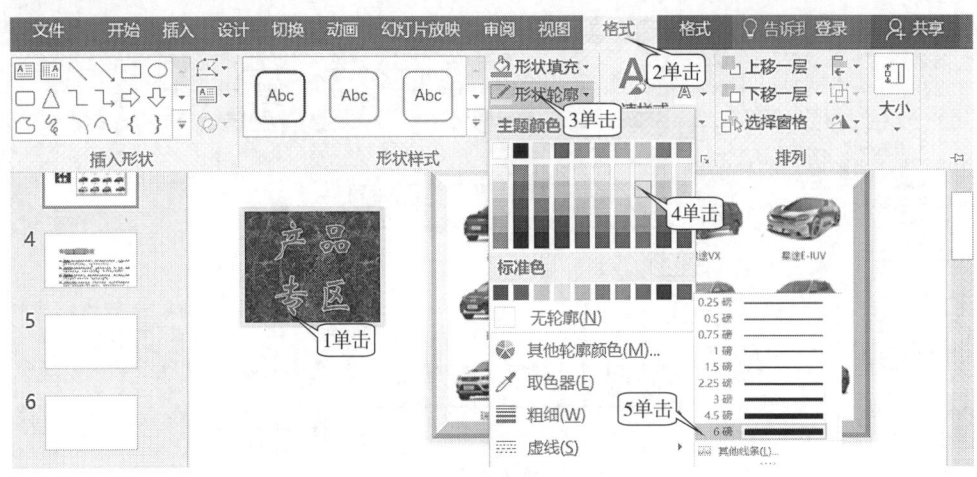

图 6.2.24

步骤5 ①单击【格式】。②单击【形状效果】按钮。③单击选择【映像】。④单击【映像变体2】。⑤单击【形状格式】右下角的【设置形状格式】按钮 ，打开【设置图片格式】窗格。⑥单击展开【发光】。⑦单击选择颜色为【浅绿】。⑧输入【大小】值为【18磅】。⑨拖动设置透明度为【60%】(见图6.2.25)。

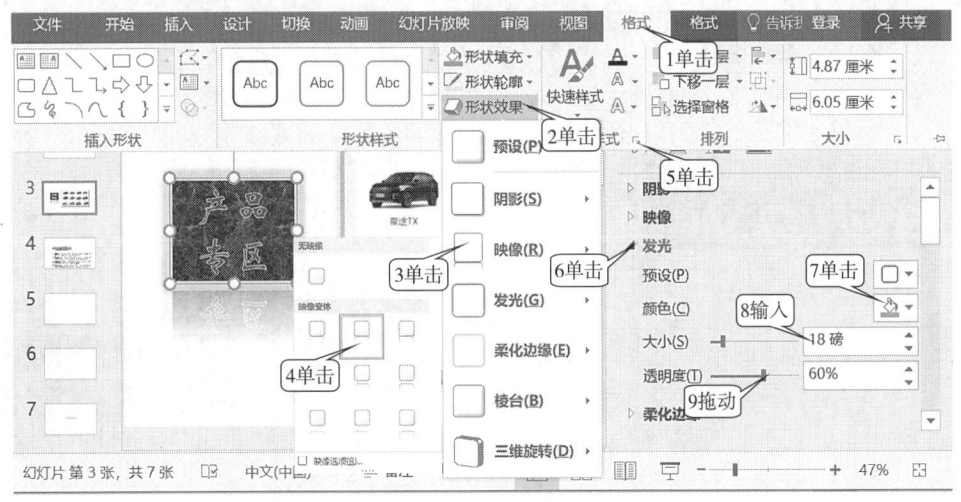

图 6.2.25

步骤6 在第5张幻灯片中插入【奇瑞汽车纵横大江南北】和【奇瑞汽车寄情祖国山水】两行艺术字,将其设为【华文楷体】【54号】【加粗】【阴影】;颜色依次设为【蓝色】【黄色】;形状填充设为【栎木】纹理;发光效果设为【橙色、5磅】;棱台效果设为【角度、6磅】。效果见图6.2.26。

步骤7 ①单击艺术字边框。②单击【格式】。③单击【艺术字样式】\【文字效果】按钮。④单击【转换】。⑤单击选择【倒V形】艺术字排列效果(见图6.2.26)。

步骤 8 用同样的方法将另一个艺术字形状设置为【正 V 形】艺术字排列效果。

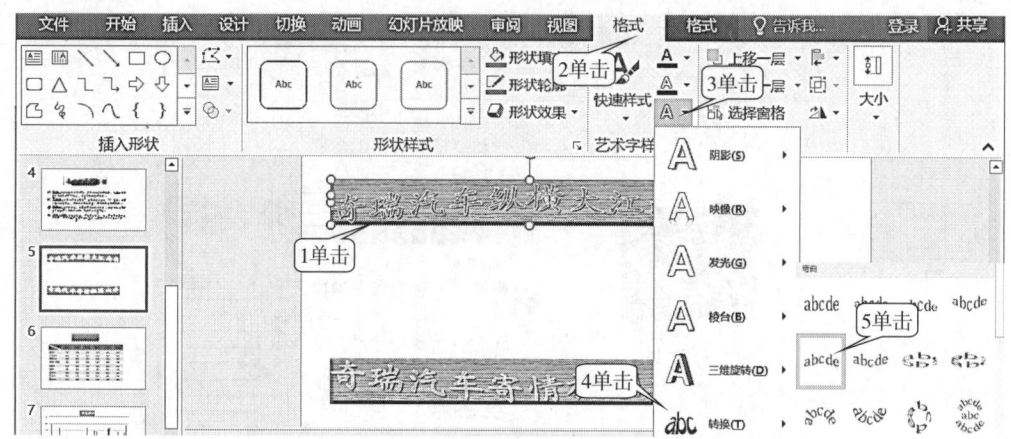

图 6.2.26

步骤 9 ①在第 6 张幻灯片中插入【销售业绩】艺术字,并将其设为【微软雅黑】,颜色设为【深黄】,字号设为【54】。②单击【形状样式】右下角的【设置形状格式】按钮【 】。③单击【渐变填充】单选钮。④单击【预设渐变】下拉按钮。⑤单击选择【中等渐变、个性色 6】(见图 6.2.27),结果见图 6.2.27。

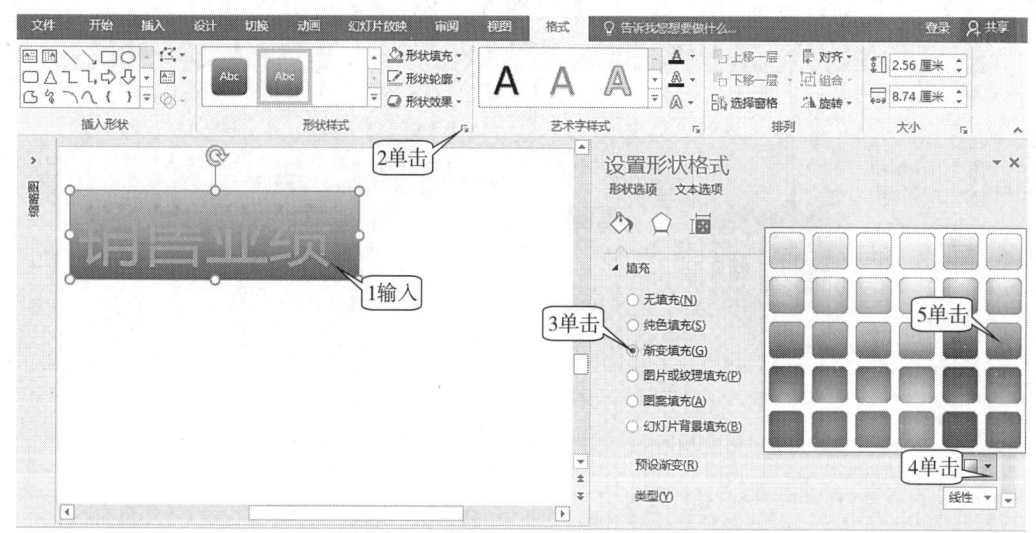

图 6.2.27

任务 7 视频、音频的插入与设置

步骤 1 ①单击第 5 张幻灯片。②单击【插入】。③单击【媒体】\【视频】按钮。④单击【PC 上的视频】,出现如图 6.2.28 所示的【插入图片】对话框。⑤单击选择【教材素材】\【视频】。⑥双击【视频-奇瑞形象片】视频文件。⑦分别拖动插入视频和其控点调整位置、大小。⑧右击插入的视频。⑨单击【置于底层】(见图 6.2.28)。

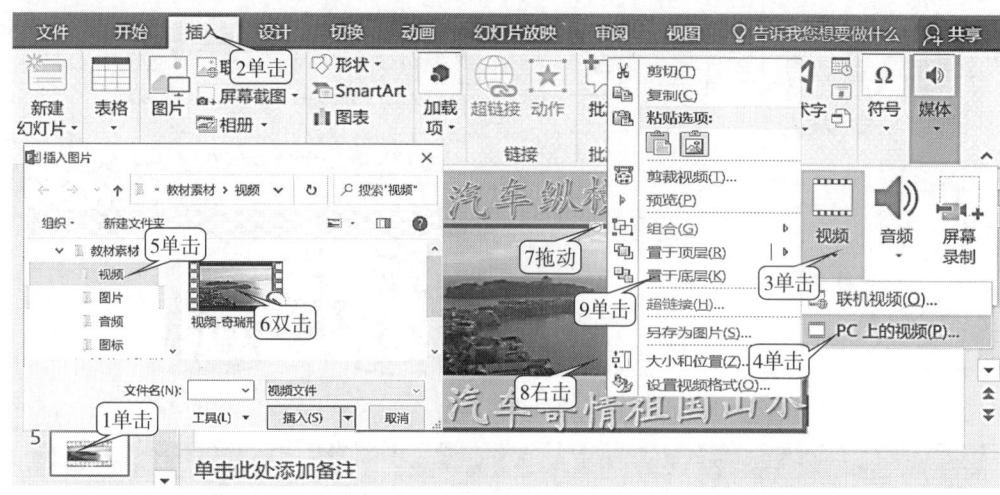

图 6.2.28

步骤 2 ①单击视频。②单击【格式】。③单击【视频样式】的【其他】按钮。④单击选择【中等】\【柔化边缘椭圆】(见图 6.2.29)。

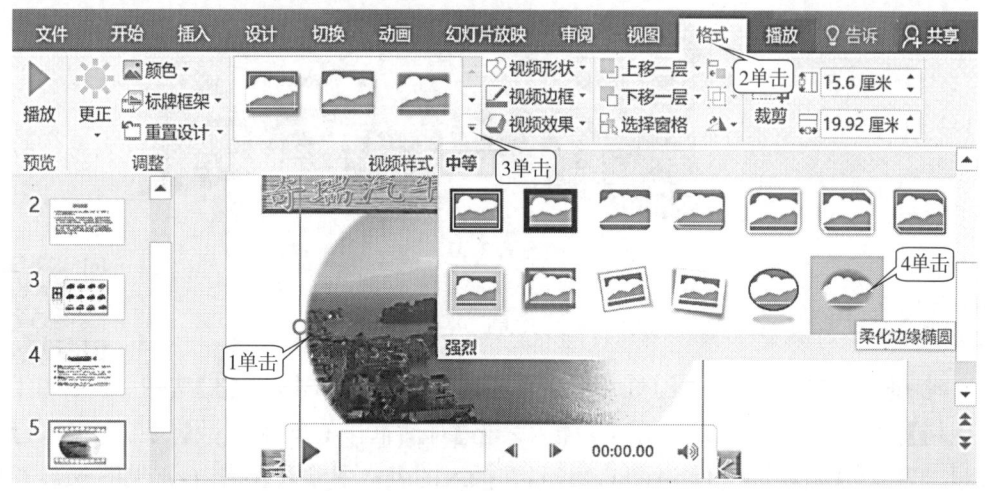

图 6.2.29

步骤 3 单击选中第 1 张幻灯片。

步骤 4 ①单击【插入】。②单击【媒体】\【音频】按钮。③单击【PC 上的音频】，出现如图 6.2.30 所示的【插入音频】对话框。④单击选择【教材素材】\【音频】。⑤双击【音频-奇瑞国际版配音】音乐文件(见图 6.2.30)，则幻灯片中就会出现如图 6.2.31 所示的代表该音乐文件的小喇叭。

步骤 4 ①单击【播放】。②单击【跨幻灯片播放】复选框，这样在播放幻灯片时，音乐就不会因为幻灯片的切换而停止，而是在幻灯片播放完才会停止。③单击【循环播放，直到停止】复选框，以设置音乐在幻灯片放完之前会自动从头循环播放，只有在幻灯片播放完，音乐才会停止。④单击【播完返回开头】复选框，这样在幻灯片播放完时，会自动回到第 1 张幻灯片。⑤单击【放映时隐藏】复选框，表示放映时小喇叭图标会隐藏。⑥单击【音量】按钮。⑦单击【高】(见图 6.2.31)。

图 6.2.30

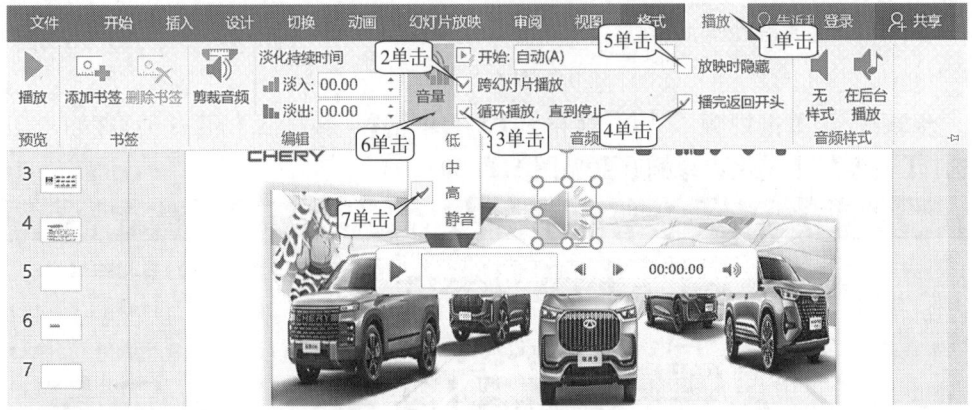

图 6.2.31

任务 8　表格、图表的插入与设置

步骤 1　①单击第 6 张幻灯片。②单击【插入】。③单击【表格】按钮。④单击【插入表格】，出现如图 6.2.32 所示的【插入表格】对话框。⑤输入列数【7】。⑥输入行数【10】。⑦单击【确定】。⑧参考图 6.2.37，在插入的表格中输入表格内容（见图 6.2.32）。

图 6.2.32

步骤 2 ①单击【设计】。②单击【表格样式】中的【其他】按钮(见图 6.2.33),在弹出的样式中单击选择【中度样式 2-强调 1】样式,则表格就被套用成了所选择的样式,结果见图 6.2.33。

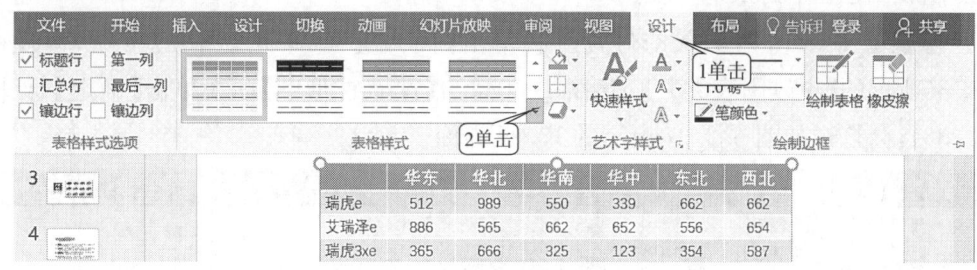

图 6.2.33

步骤 3 将表格中的表头部分设置为【微软雅黑】【紫色】,字号设为【24】;将表格的其他文字字号设为【20】,颜色设为【主题颜色,背景 5】。

步骤 4 ①选定表格除第 1 列的所有列。②单击【布局】。③在【表格列宽】框中输入列的宽度值【3.4 厘米】。④单击【对齐方式】\【居中】按钮(见图 6.2.34)。

图 6.2.34

步骤 5 同理,将表格第 1 列的列宽设为【4.5 厘米】;将表格第 1 行的行高设为【2.1 厘米】。

步骤 6 ①单击第 1 行第 1 列单元格。②单击【设计】。③单击【笔颜色】,选择【白色】。④单击【表格样式】中【边框效果】右侧的三角按钮【▼】。⑤单击选择【斜下框线】,则加入了表头斜线。⑥在斜线表头单元格中输入文字【地区品名】,并将其设为【紫色】【微软雅黑】【24】(见图 6.2.35)。

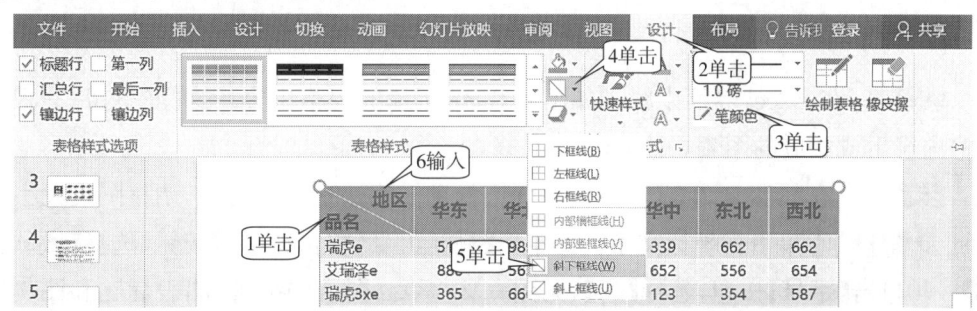

图 6.2.35

说明:PowerPoint 提供了强大的表格功能,允许用户对表格的行、列进行插入、删除和设置大小操作,并允许合并单元格、拆分单元格以及手绘复杂表格等操作,其制表功能和 Word 中的基本一样。

步骤7 ①单击第 7 张幻灯片。②单击【插入】。③单击【图表】按钮,出现图 6.2.36 所示的【更改图表类型】对话框。④单击【簇状柱形图】。⑤单击【确定】(见图 6.2.36),会打开如图 6.2.37 所示的 Excel 界面。

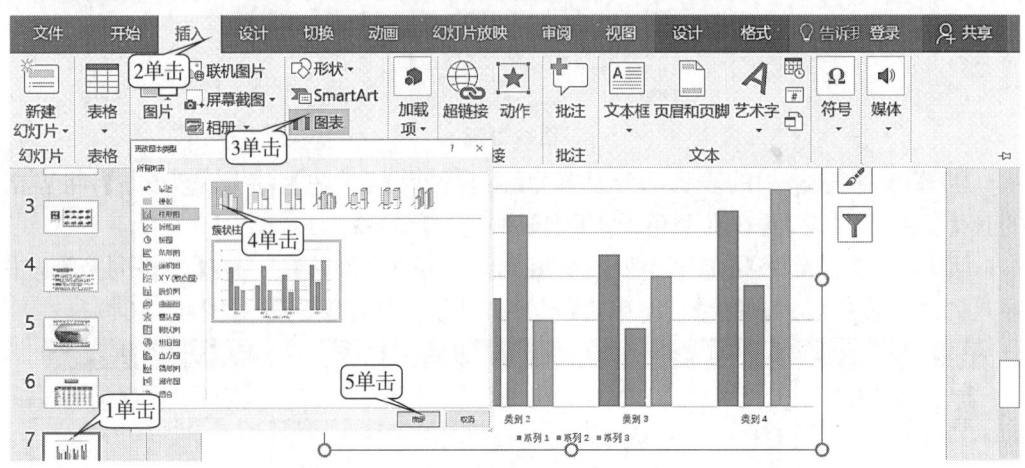

图 6.2.36

步骤8 根据上述表格的行列数拖动图 6.2.37 中提示的蓝框线的右下角,使得蓝框线包含的区间为【A1:G10】(见图 6.2.37)。

	A	B	C	D	E	F	G
1		华东	华北	华南	华中	东北	西北
2	瑞虎e	512	989	550	339	662	662
3	艾瑞泽e	886	565	662	652	556	654
4	瑞虎3xe	365	666	325	123	354	587
5	奇瑞小蚂蚁	354	247	550	547	236	254
6	瑞虎8	612	889	550	339	662	662
7	瑞虎7	786	365	762	352	556	254
8	星途TX	365	566	525	323	854	887
9	星途LX	454	647	550	647	336	754
10	星途VX	212	189	750	739	962	262

图 6.2.37

步骤9 在 Excel 界面中输入如图 6.2.37 所示的表格内容。这样幻灯片会根据表格内容生成相应的图表,见图 6.2.38。

步骤10 在如图 6.2.38 所示的界面中拖动图表边框上的控点,调整图表大小。

步骤11 ①单击横坐标文字。②单击【开始】。③单击【字体】按钮,选择【微软雅黑】。④单击【字号】按钮,选择【12】(见图 6.2.38)。图表的纵轴、图表标题和图例同样可以如此设置。

步骤 12 输入图表标题【销售图表】，并设为【微软雅黑】【32】【白色】。

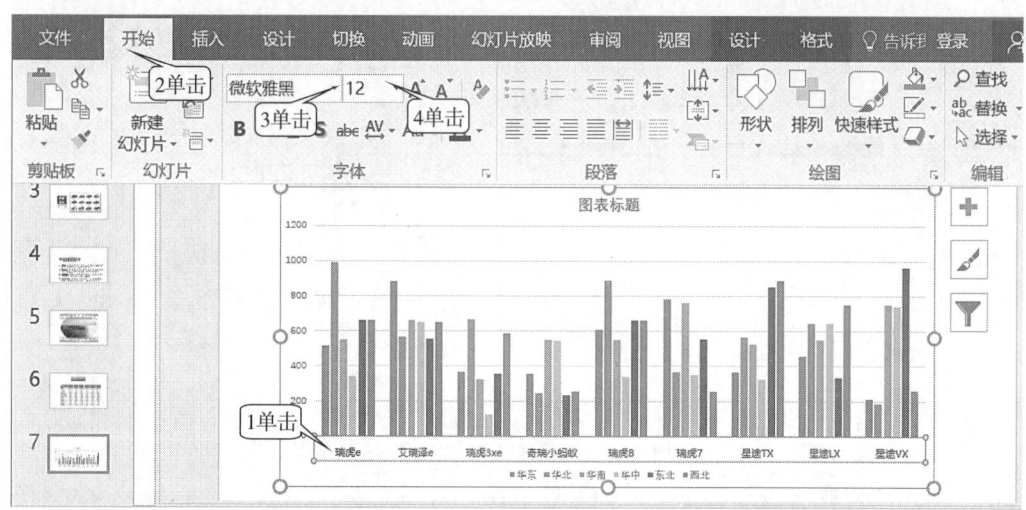

图 6.2.38

步骤 13 ①单击选定图表标题【销售图表】。②单击【格式】。③单击【形状样式】中的【其他】按钮【▼】，选择【强烈效果-橙色，强调颜色 4】样式(见图 6.2.39)。

图 6.2.39

步骤 14 在图 6.2.38 所示界面中，选定图表，单击图表右侧的【图表元素】按钮【+】，可以修改 PPT 上显示的图表元素；单击【图表样式】按钮【✎】，可以修改 PPT 上显示的图表样式和颜色；单击【图表筛选器】按钮【▼】，在弹出的框中可以勾选地区或品名，以突出显示被勾选的地区或品名的数据(未选定的其他地区或品名数据会虚化显示)。

任务 9 设置幻灯片背景

步骤 1 ①单击第 7 张幻灯片。②单击【设计】。③单击【自定义】。④单击【设置背景格式】，打开【设置背景】窗格。⑤单击【图片或纹理填充】。⑥单击【文件(F)...】，在【插入图片】对话框中选择【教材素材】\【图片】中的【幻灯片背景】，第 7 张幻灯片的背景就设置成了所选择的图片。⑦单击【全部应用】，则所有的幻灯片就有了相同

217

的背景(见图6.2.40)。

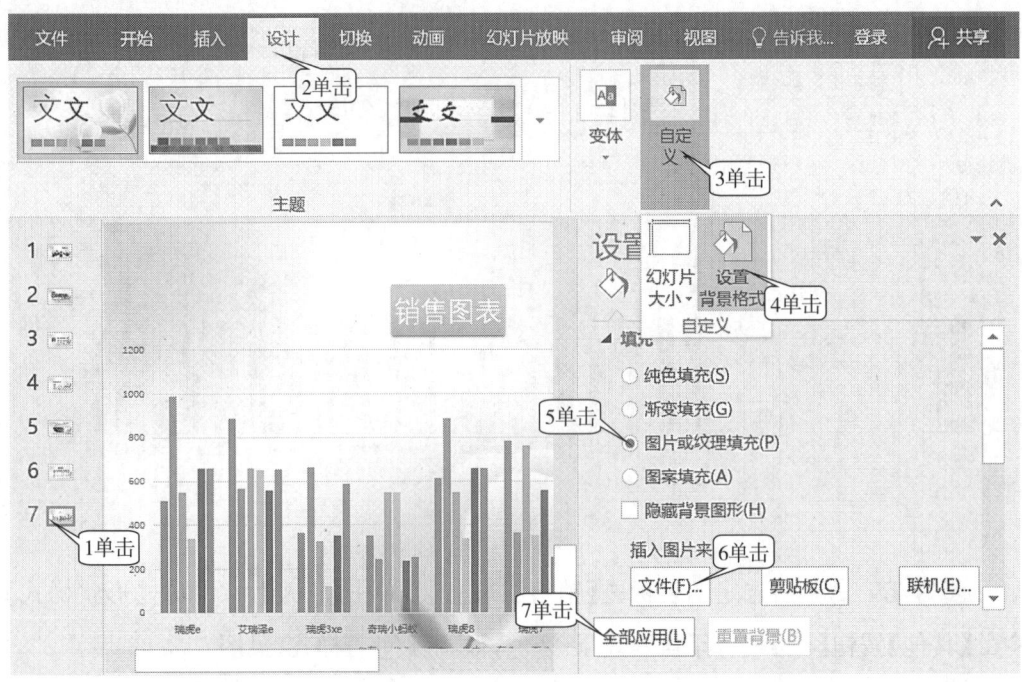

图 6.2.40

步骤 2 ①单击第1张幻灯片。②单击【设计】\【自定义】\【设置背景格式】。

图 6.2.41

③单击【图案填充】。④单击【小棋盘格】。⑤单击【前景】,选择【金色,个性 4,淡色 60%】。⑥单击【背景】,选择【绿色,个性 6,淡色 40%】。这样第 1 张幻灯片就有了与其他幻灯片不同的背景(见图 6.2.41)。

步骤 3 ①拖动第 1 张幻灯片中的【奇瑞汽车 logo】图片到图 6.2.42 所示的位置。②单击【格式】。③单击【颜色】。④单击【设置透明色】。⑤在【奇瑞汽车 logo】图片白色部分单击(见图 6.2.42)。

图 6.2.42

项目 3　多媒体幻灯片的制作

项目任务描述与分析

制作一个美观的幻灯片需要综合利用各种多媒体元素。可以通过插入图片来美化幻灯片的背景,优化版面效果;可以用绘图工具绘制各种图形;可以用文本框来添加文字说明内容;可以用艺术字来美化标题。通过插入视频、音频、Flash 动画,既可以使幻灯片更具有观赏性,把更多的信息传递给观众,也可以使幻灯片更为生动、活泼,更清晰地说明要展示的内容。通过对文本框、图片、视频、音频、Flash 动画、绘图、表格的应用,对图形的填充效果和边框线效果、表格线效果,以及图形大小的精确设定,使制作出的幻灯片效果更好,更为吸引人。掌握上述元素的插入与设置方法,以及综合应用方法,即为本项目所要学习和掌握的内容。

任务 1　设置图片的层次

步骤 1　打开 PowerPoint,新建一张【标题幻灯片】;单击【插入】;单击【图片】按钮,在弹出的【插入图片】对话框中,找到【教材素材】\【图片】\【计算机组装-封面】图片文件;双击该文件,则幻灯片中就插入了图 6.3.1 所示的图片。

如果插入的图片与幻灯片的大小不一致,可以单击【设计】\【幻灯片大小】,将幻灯片的纵横比调整为【标准 4∶3】或改变图片的大小。

步骤 2 ①右击插入的图片。②单击【置于底层】\【置于底层】,将图片置于底层,使文本框显示在图片上方。③单击标题文本框。④输入【龙芯计算机组装技术】,并将其设为【华文彩云】【加粗】【80】【紫色】(见图 6.3.1)。

图 6.3.1

步骤 3 删除多余的副标题文本框。

步骤 4 复制 3 张同样的幻灯片,将其中的文本框删除。

任务 2 多种图形的插入与设置

1. 平面图形的插入与设置

步骤 1 ①单击第 2 张幻灯片。②单击【插入】。③单击【形状】按钮。④单击【矩形】工具。⑤在幻灯片上拖动鼠标,画出矩形(见图 6.3.2)。

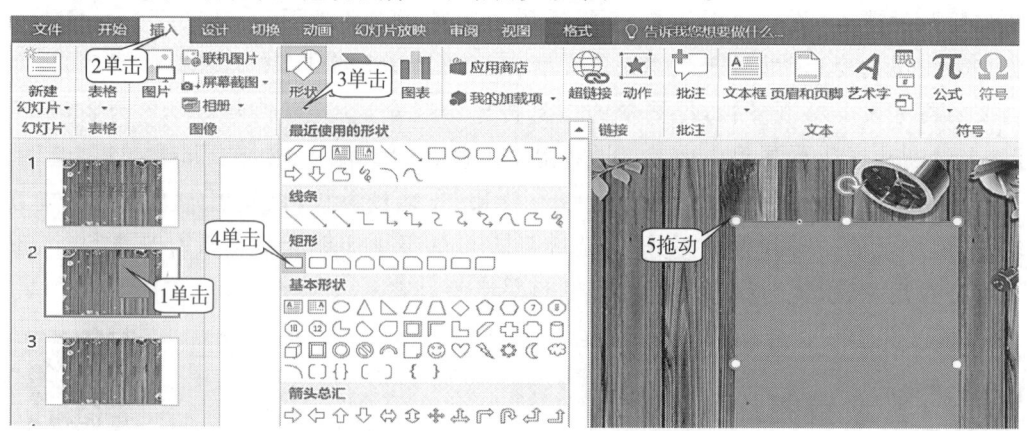

图 6.3.2

步骤 2 ①单击矩形。②单击【格式】。③单击【形状填充】按钮。④单击【纹理】。⑤单击选择【纸袋】。⑥在【形状高度】框中输入【16.5 厘米】。⑦在【形状宽度】框中输入【11 厘米】(见图 6.3.3),设置矩形的大小。

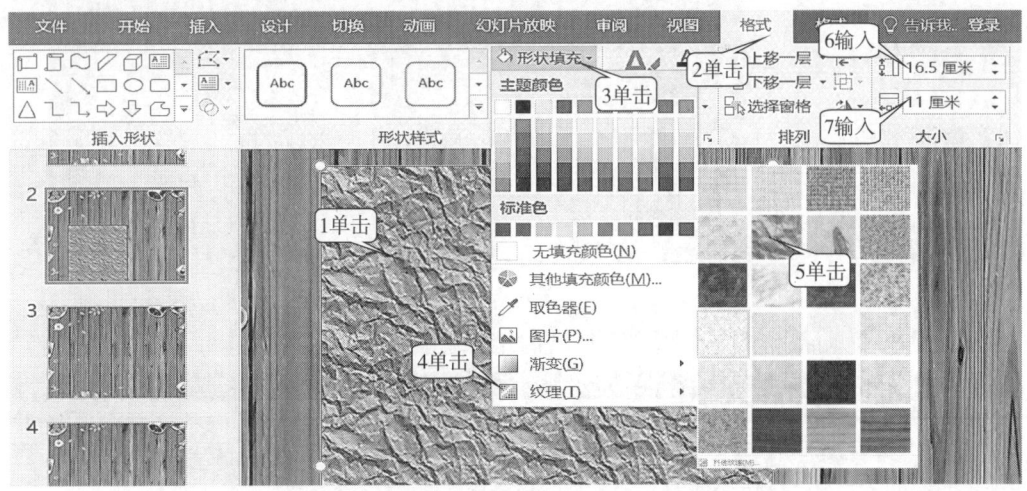

图 6.3.3

步骤 3 单击【形状轮廓】,选择黑色,将矩形的边线设为黑色,按住【Ctrl】键拖动复制一个同样的矩形。

2. 立体图形的插入与设置

步骤 1 ①单击第 2 张幻灯片。②单击【插入】。③单击【形状】按钮。④单击选择【立方体】工具。⑤拖动画出立方体。⑥拖动控点调整大小。⑦拖动黄色控点调整厚度(见图 6.3.4)。

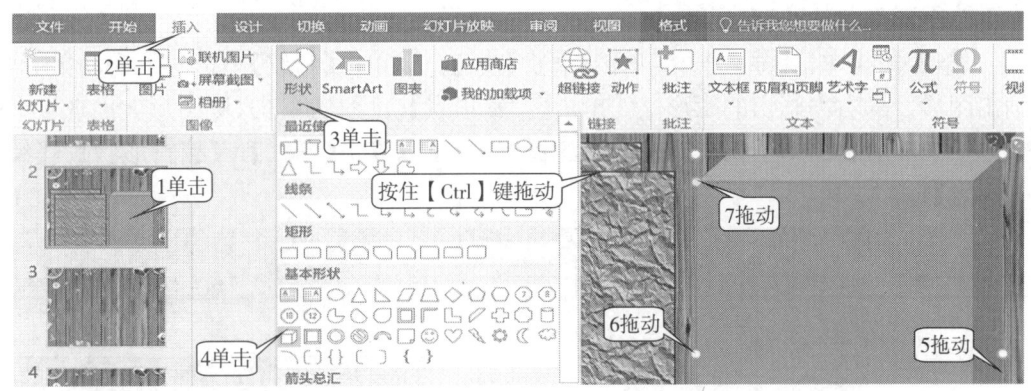

图 6.3.4

步骤 2 按上述方法将复制的矩形和立方体的尺寸均设为 16.5 厘米×11 厘米。

步骤 3 ①单击立方体。②单击【格式】。③单击【形状填充】,选择【白色,背景 1,深色 15%】。④单击【形状轮廓】,选择【无轮廓】。⑤右击上一步复制好的矩形。⑥单击【置于顶层】\【置于顶层】,将其设为在立方体的上层(见图 6.3.5)。

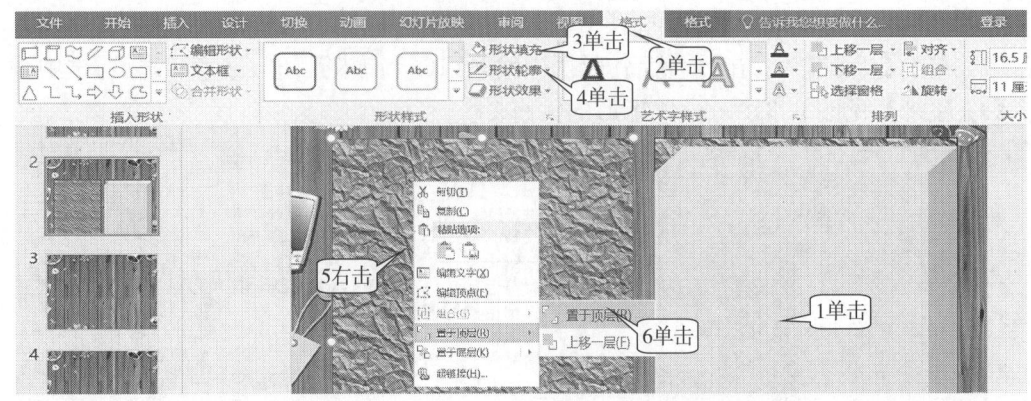

图 6.3.5

步骤 4 拖动各个图形到适当的位置,结果见图 6.3.6。

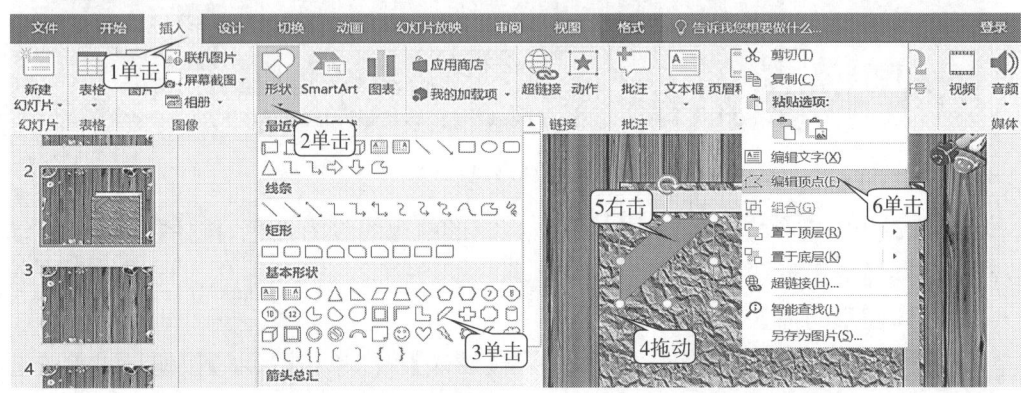

图 6.3.6

3. 图形形状的改变

步骤 1 ①单击【插入】。②单击【形状】按钮。③单击【斜纹】图形。④拖动鼠标,画出图形。⑤右击画出的图形。⑥单击【编辑顶点】(见图 6.3.6),则图形上出现多个如图 6.3.7 所示的用于编辑调整图形的控点(也可以单击【格式】\【编辑形状】\【编辑顶点】)。

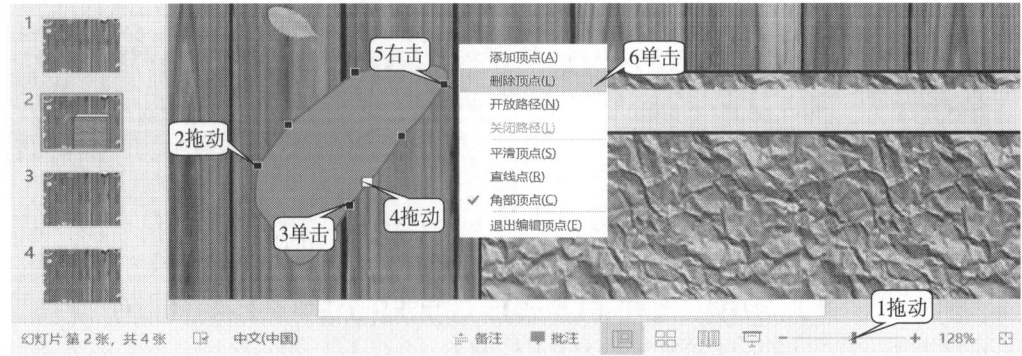

图 6.3.7

步骤 2 ①拖动【缩放】滑块,将画面放大以便于对图形进行编辑。②拖动控点以调整图形的形状。③单击控点,会在控点两侧出现两个白色控点。④拖动白色控点调整线段的弧度。⑤在线上右击控点。⑥单击选择【添加顶点】(或【删除顶点】)可以调整控点的数量,以便细调图形的形状(见图 6.3.7)。通过增加、删除、拖动和调节控点弧度,以及点选顶点后将其属性修改为平滑顶点、直线点、角部顶点,可绘制出任意复杂的图形。

步骤 3 将图 6.3.7 所示界面中编辑好的图形调整为图 6.3.8 所示的形状,填充设置为【新闻纸】,边线设为【黑色】【1.5 磅】。

步骤 4 右击图 6.3.7 所示界面中编辑好的图形,在弹出的快捷菜单中选择【置于底层】\【下移一层】。

步骤 5 再次右击图 6.3.7 所示界面中编辑好的图形,在弹出的快捷菜单中选择【置于底层】\【下移一层】;拖动该图形到如图 6.3.8 所示的位置。

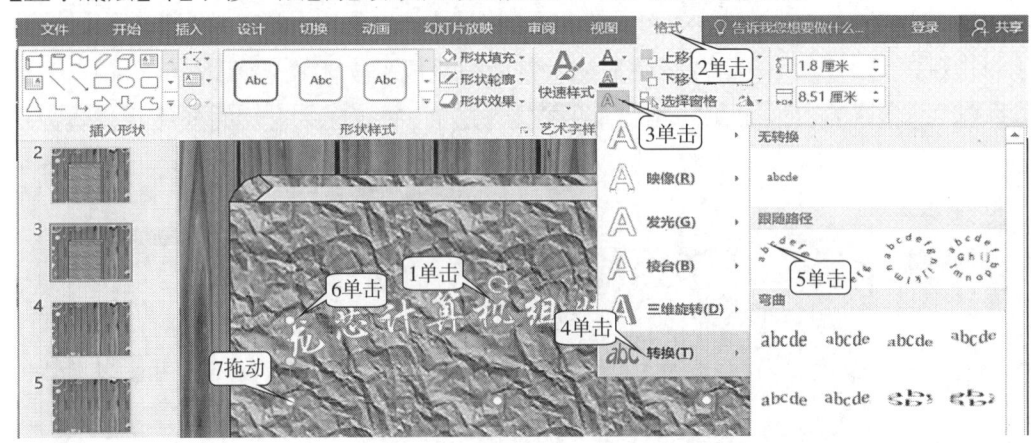

图 6.3.8

步骤 6 插入艺术字【龙芯计算机组装技术】;单击【开始】,单击【字体】按钮,选择【华文行楷】;单击【字号】按钮,选择【36】。

步骤 7 ①单击选中艺术字。②单击【格式】。③单击【文字效果】按钮。④单击【转换】。⑤单击【上弯弧】。⑥拖动左侧白色控点,调整大小。⑦拖动下方和左侧黄色控点,调整形状(见图 6.3.8)。

步骤 8 ①单击选中艺术字。②单击【格式】。③单击【文本填充】\【渐变】\【其他渐变】,展开文本格式窗格。④单击【渐变填充】单选按钮。⑤单击【类型】右侧的下拉按钮,选择【射线】。⑥单击【渐变光圈】上的【停止点】按钮【 】。⑦单击【颜色】右侧的下拉按钮【 】,选择颜色(见图 6.3.9),每个【停止点】都可以设置不同的颜色以达到显示渐变色的目的。【添加渐变光圈】按钮【 】(或【删除渐变光圈】按钮【 】)是用于添加(或删除)渐变【停止点】的。

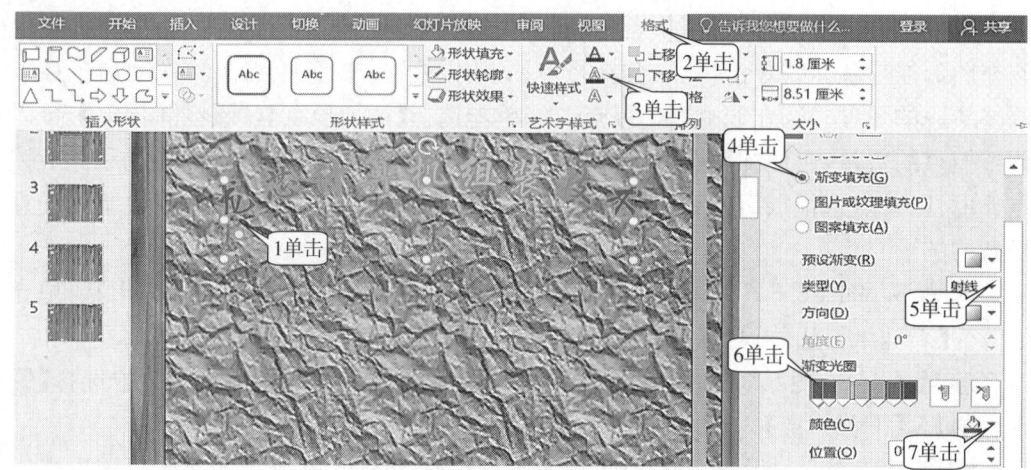

图 6.3.9

步骤 9 ①单击选中艺术字。②单击【格式】。③单击【文字效果】按钮【A】。④单击【棱台】。⑤单击选择【柔圆】,艺术字就被设成了立体效果(见图 6.3.10)。

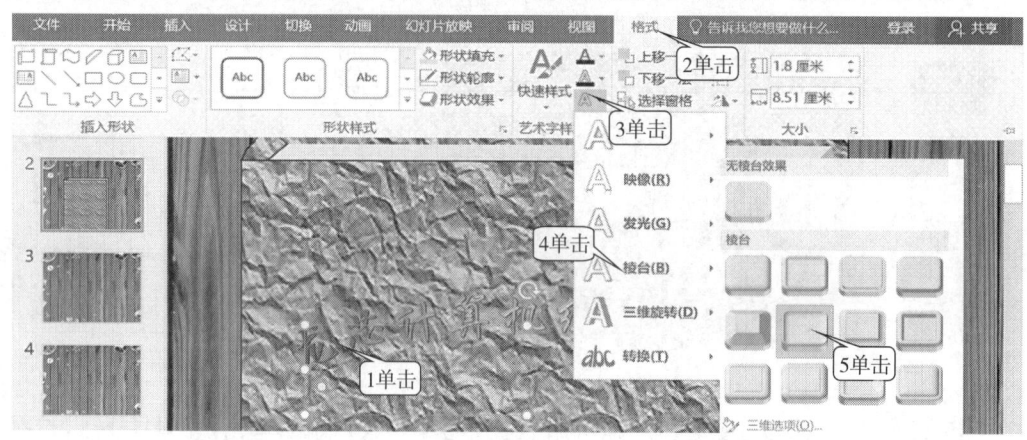

图 6.3.10

4. 图形与图片的组合

步骤 1 在艺术字下面插入一个圆,将圆的边线设为【点划线】【1.5 磅】【红色】,将圆的尺寸设为 6 厘米×6 厘米。

步骤 2 ①单击选中圆。②单击【格式】。③单击【形状填充】按钮。④单击【图片】,出现图 6.3.11 所示的【插入图片】对话框。⑤单击选择【教材素材】\【图片】。⑥双击文件【花朵】(见图 6.3.11),圆中便填入了图片。

步骤 3 将第 2 张幻灯片复制一张作为第 3 张幻灯片,删除第 3 张幻灯片中的圆。

步骤 4 ①单击第 3 张幻灯片。②按住【Ctrl】键拖动书的封面,复制一个同样的矩形,并将位置调整到如图 6.3.12 所示的位置。③单击【插入】。④单击【形状】按钮。⑤单击选择【波形】。⑥拖动鼠标画出波形(见图 6.3.12)。

第6章 办公演示文稿应用

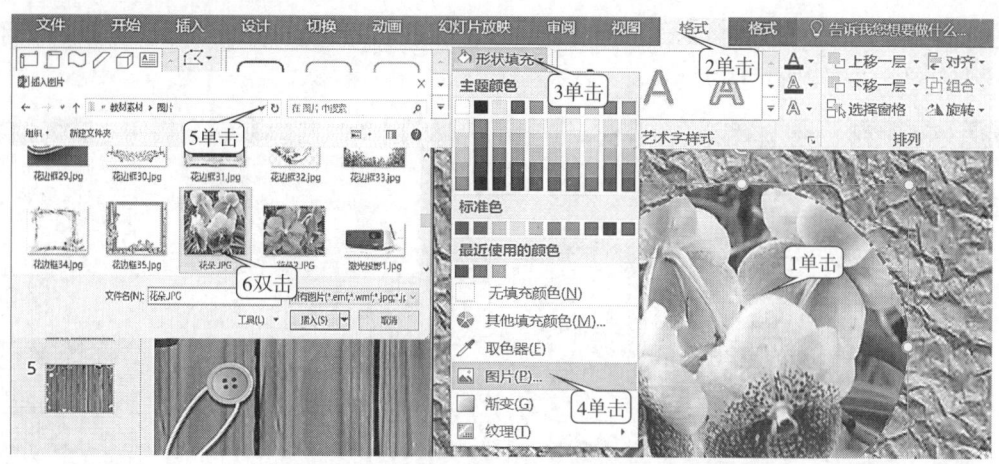

图 6.3.11

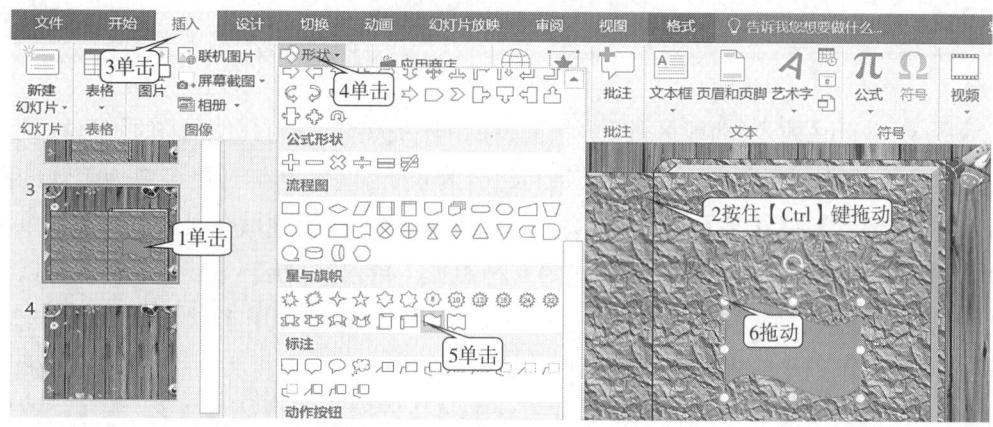

图 6.3.12

步骤5 ①单击图形。②单击【格式】。③单击【其他】按钮【▼】。④单击选择【强烈效果-蓝色,强调颜色1】。⑤拖动控点改变大小。⑥拖动图形轮廓中黄色的控点,调整图形的弧度(见图 6.3.13)。⑦单击【形状效果】,给图形添加【棱台】效果。

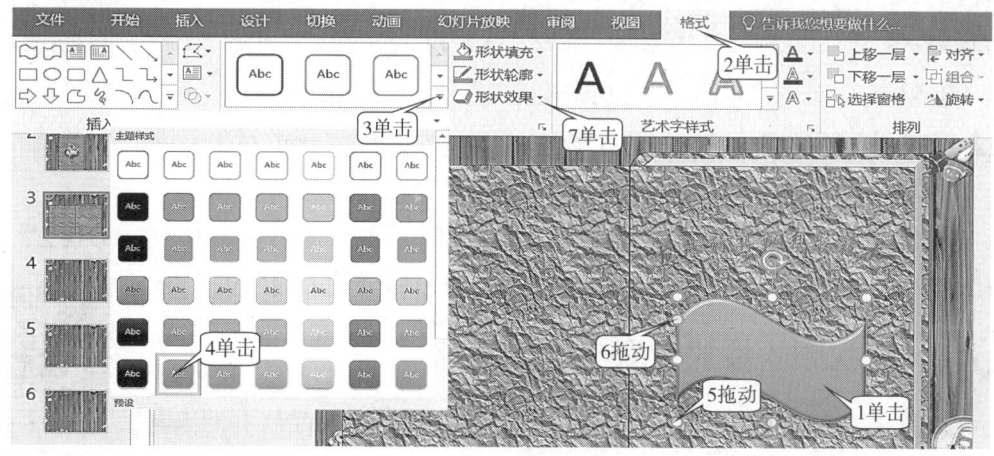

图 6.3.13

225

步骤6 将【教材素材】\【图片】\【75】文件插入,并拖动图片的控点,将图片缩小到如图 6.3.14 所示的大小。

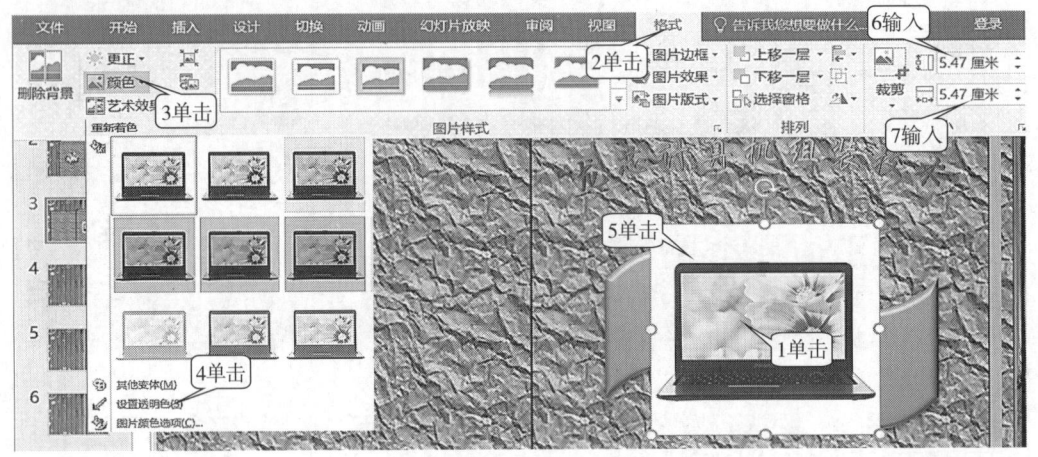

图 6.3.14

Powerpoint【插入】功能区的【形状】按钮中还提供了一些其他的图形工具,灵活运用这些工具绘制各种图形,并将其进行组合和设置,就可以得到更多更为美观的图形。单击【形状】\【线条】,可以绘制曲线、箭头、直线、自由曲线等 12 种线条。单击【形状】\【矩形】,可以绘制直角、圆角等 9 种矩形。单击【形状】\【基本形状】,可以绘制八角形、笑脸、心型、同心圆、棱台、立方体、括号等 43 种常用形状。单击【形状】\【箭头总汇】,可以绘制上箭头、下箭头、左箭头、右箭头、十字箭头、手杖剪头、右弧形箭头、左弧形箭头等 25 种箭头。单击【形状】\【流程图】,可以绘制准备、终止、文档、可选过程等 26 种流程图。单击【形状】\【公式形状】,可以绘制加、减、乘、除、等于等运算符号。单击【形状】\【星与旗帜】,可以绘制五角、四角、爆炸等 20 种星、旗。单击【形状】\【标注】,可以绘制椭圆形、云形、矩形、线形等 16 种标注图形。

任务 3 设置图片的大小与抠图

步骤1 ①单击选中图片。②单击【格式】。③单击【颜色】按钮。④单击【设置透明色】。⑤将鼠标移到图片的白色部分单击,将其设为透明。⑥输入【5.47 厘米】。⑦输入【5.47 厘米】,则图片的宽、高就都被设为 5.47 厘米了。

步骤2 插入【教材素材】\【图片】\【花边框 17】,放在图 6.3.15 所示的位置,并将图片的大小设为 5.5 厘米×8 厘米,将图片白色部分设为透明。

任务 4 视频的播放设置与剪裁

步骤1 ①单击【插入】。②单击【视频】按钮。③单击【PC 上的视频】。④单击选择【教材素材】\【视频】\【计算机组装】。⑤单击【插入】。⑥拖动控点调整大小。

⑦拖动视频到【花边框 17】内(见图 6.3.15)。

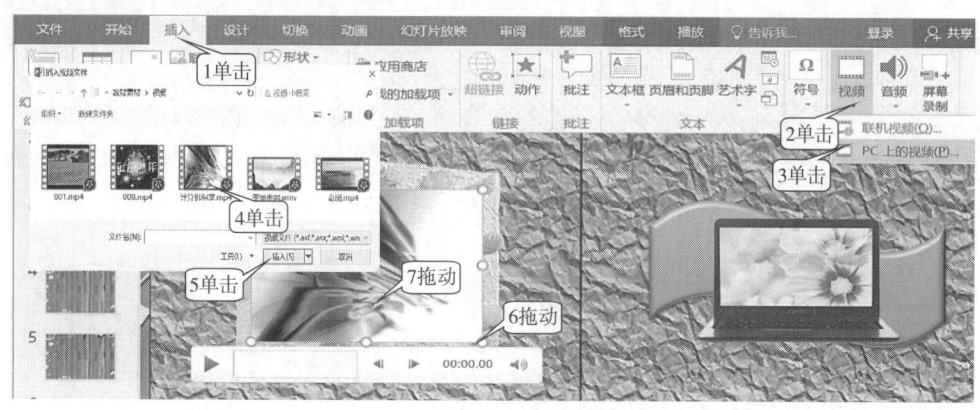

图 6.3.15

步骤 2 ①单击视频。②单击【播放】。③单击【开始】,选择【自动】,表示在播放到这张幻灯片时视频会自动播放。④单击【全屏播放】,则视频在播放时画面自动切换为全屏大小。⑤单击【音量】按钮。⑥单击【高】。⑦单击【剪裁视频】,出现图 6.3.16 所示的【剪裁视频】对话框。⑧拖动开始点滑块设定视频播放开始的时间点。⑨拖动结束点滑块设定视频播放结束的时间点,这样视频只播放开始点与结束点之间的部分。⑩单击【确定】(见图 6.3.16)。

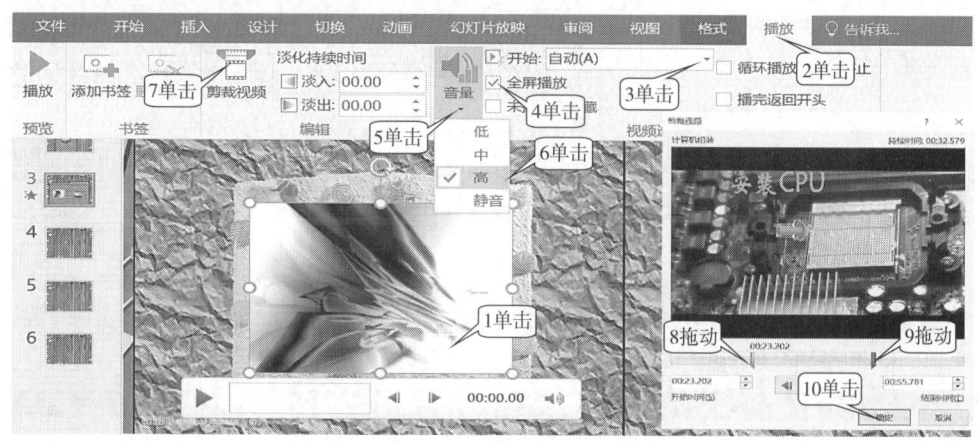

图 6.3.16

任务 5 GIF 动画的插入与设置

步骤 1 单击选择第 3 张幻灯片。

步骤 2 ①单击【插入】。②单击【图片】按钮,出现图 6.3.17 所示的【插入图片】对话框。③单击【教材素材】\【图片】,按住【Ctrl】键拖动选择【1.GIF】【2.GIF】【3.GIF】3 个动画文件。④单击【插入】按钮,将 3 个动画插入幻灯片中。因为是同时插入的,所以 3 个动画插入后是同时处于被选定状态的。⑤在其他地方单击以使这 3

个动画同时取消选定状态(见图 6.3.17)。

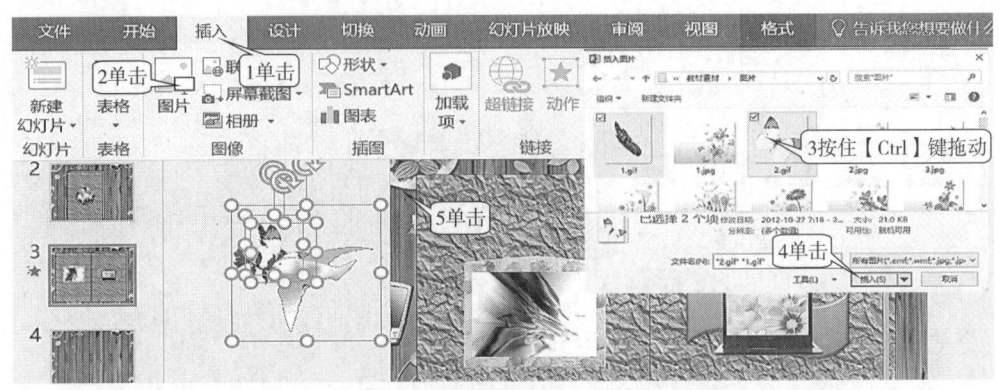

图 6.3.17

步骤 3 将 3 个动画拖动到图 6.3.18 所示的位置,并调整其大小,结果见图 6.3.18。

图 6.3.18

任务 6 表格线型、底纹设置与图表的插入设置

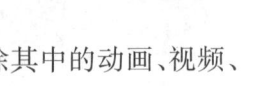

1. 插入与设置表格

步骤 1 将第 3 张幻灯片复制一张作为第 4 张幻灯片,并删除其中的动画、视频、图片、艺术字、图形,结果见图 6.3.19。

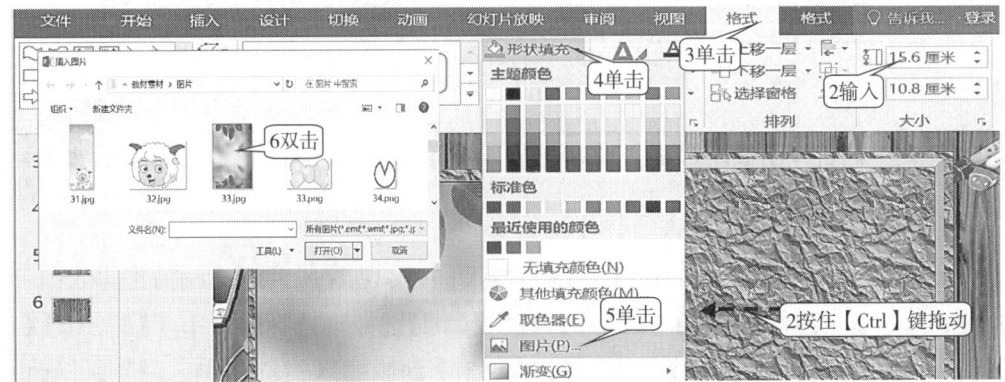

图 6.3.19

步骤 2 ①按住【Ctrl】键拖动复制一个矩形。②输入矩形的宽【15.6厘米】、高【10.8厘米】。③单击【格式】。④单击【形状填充】按钮。⑤单击【图片】,弹出【插入图片】对话框。⑥双击【教材素材】\【图片】\【33.jpg】(见图6.3.19)。

步骤 3 ①单击矩形。②单击【格式】。③单击【形状轮廓】按钮。④单击选择【无轮廓】,去除轮廓线(见图6.3.20)。

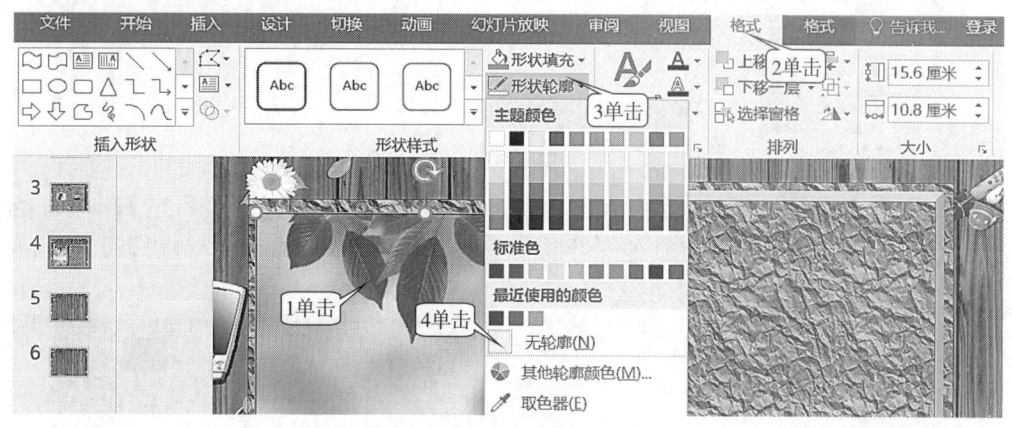

图 6.3.20

步骤 4 同理,将幻灯片右侧的矩形也进行同样的填充、大小和线型设置,结果见图6.3.21。

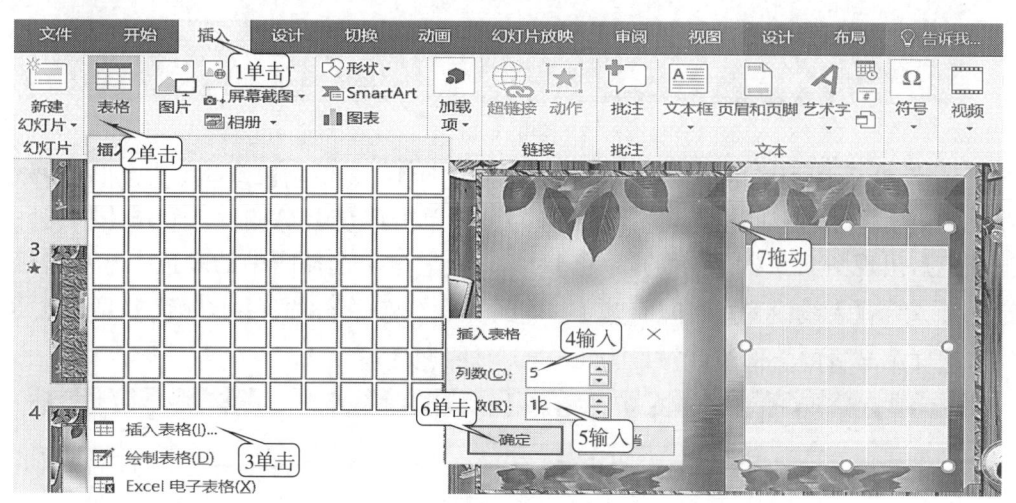

图 6.3.21

步骤 5 ①单击【插入】。②单击【表格】按钮。③单击【插入表格】,出现图6.3.21所示的【插入表格】对话框。④输入【5】。⑤输入【12】。⑥单击【确定】。⑦拖动表格到适当的位置(见图6.3.21)。

步骤 6 ①将鼠标移到表格边框使其变为十字箭头,然后单击选中表格。②单击【设计】。③单击【其他】按钮【▼】,找到【无样式无网格】样式。④单击【无样式无网格】(见图6.3.22),去除表格线。

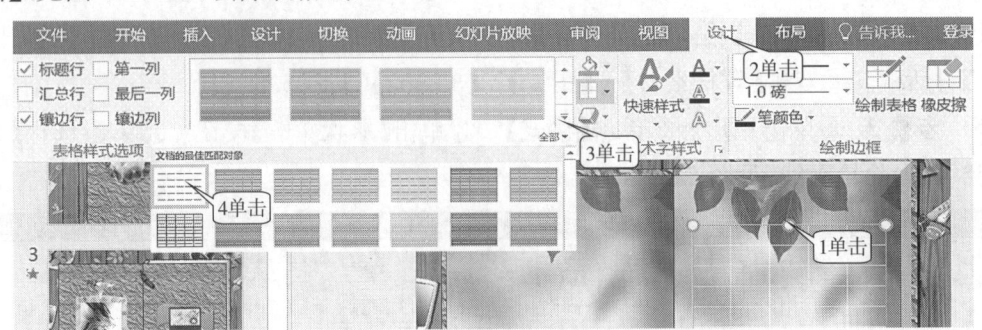

图 6.3.22

步骤7 参照图6.3.23输入表格内容,将第1行文字设为【华文行楷】【18】、自定义颜色RGB(152,204,0);将其他文字设为【黑体】【16】,各列颜色可自行设置;并将表格文字设为【居中】(见图6.3.23)。

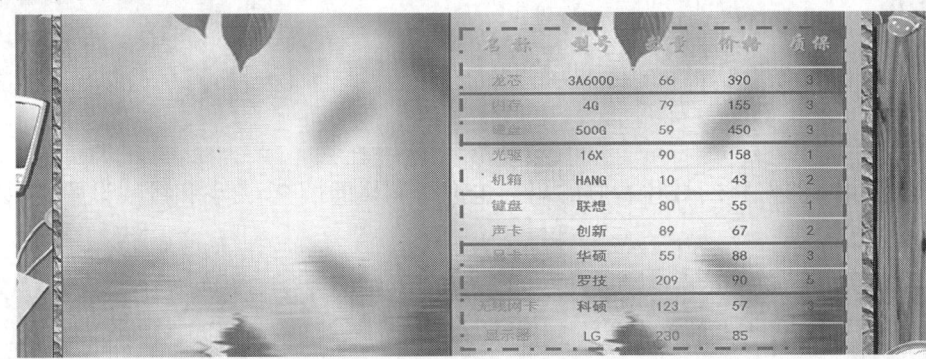

图 6.3.23

步骤8 ①选中表格的第2行。②单击【设计】。③单击【笔样式】按钮,选择实线。④单击【笔画粗细】按钮,选择【1.5磅】。⑤单击【笔颜色】按钮。⑥单击【其他边框颜色】,出现图6.3.24所示的【颜色】对话框。⑦单击选择图中的颜色。⑧单击【确定】。⑨单击【表线设置】按钮【 】右侧的三角。⑩单击选择【上框线】(见图6.3.24),这样第2行的上框线就被设为1.5磅、浅绿、实线。

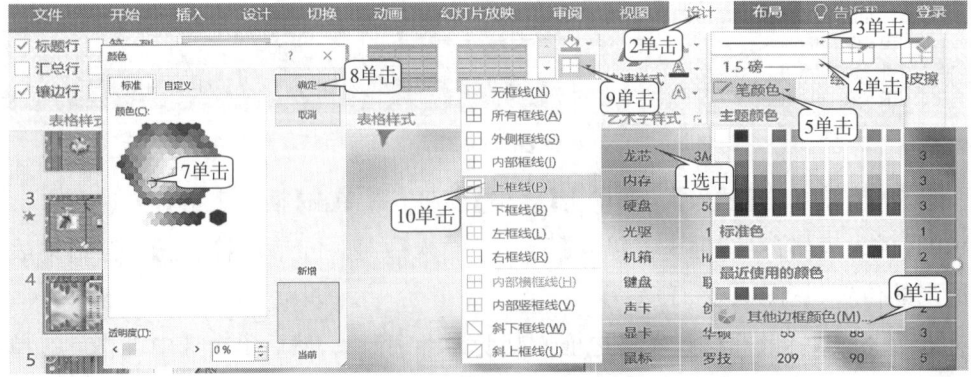

图 6.3.24

步骤9 同理,将第4、6、8、10行的上框线也进行同样的设置。

步骤10 ①单击表格。②单击【设计】。③单击【笔样式】按钮,选择实线。④单击【笔画粗细】按钮,选择【3.0磅】。⑤单击【笔颜色】按钮。⑥单击【其他边框颜色】,出现图6.3.25所示的【颜色】对话框。⑦单击【自定义】。⑧输入RGB值(0,128,0)。⑨单击【确定】,这时鼠标就变成了笔的形状。⑩用鼠标在第2、4、6、8、10行的下框线上拖动,将下框线设为3磅、深绿、实线(见图6.3.25)。

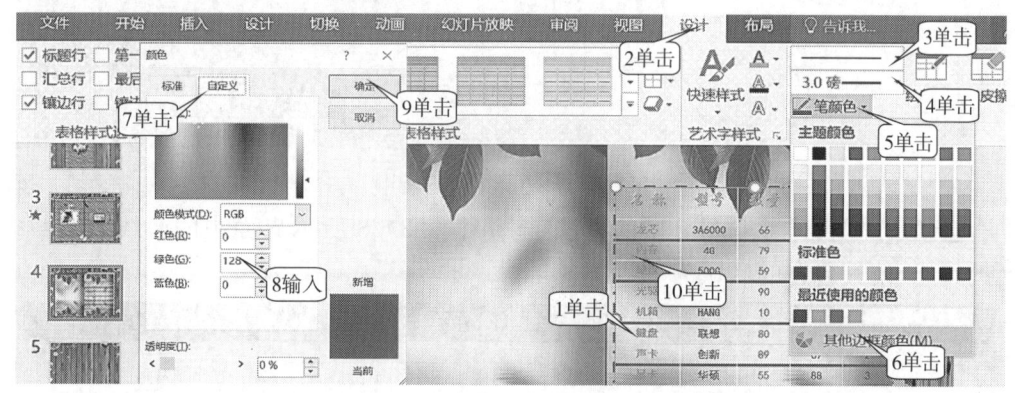

图 6.3.25

注意:在拖动鼠标时不要碰表格的竖边框,画笔接触竖边框会默认绘制表框。

步骤11 用同样的方法,将表格的外边框设置为【点划线】【3磅】【RGB(0,128,0)】(见图6.3.25)。

步骤12 ①拖动或单击(单击表格白色控点,或单击边框线)选定整个表格。②单击【设计】。③单击【底纹】按钮。④单击【其他填充颜色】,出现图6.3.26所示的【颜色】对话框。⑤单击选择图中的颜色。⑥单击【确定】(见图6.3.26)。

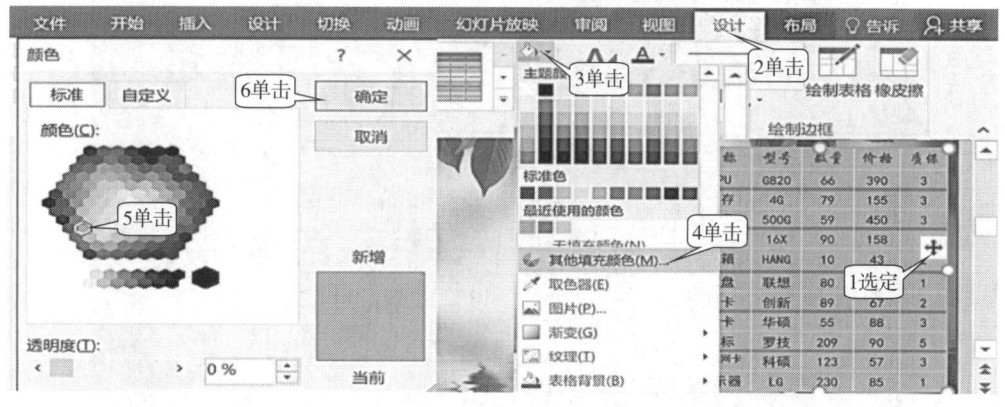

图 6.3.26

2. 插入与设置图表

步骤1 ①单击【插入】。②单击【图表】,出现图6.3.27所示的【插入图表】对话框。③单击选择【三维簇状柱形图】。④单击【确定】(见图6.3.27),会自动启动

Excel,出现图 6.3.28 所示的 Excel 界面。

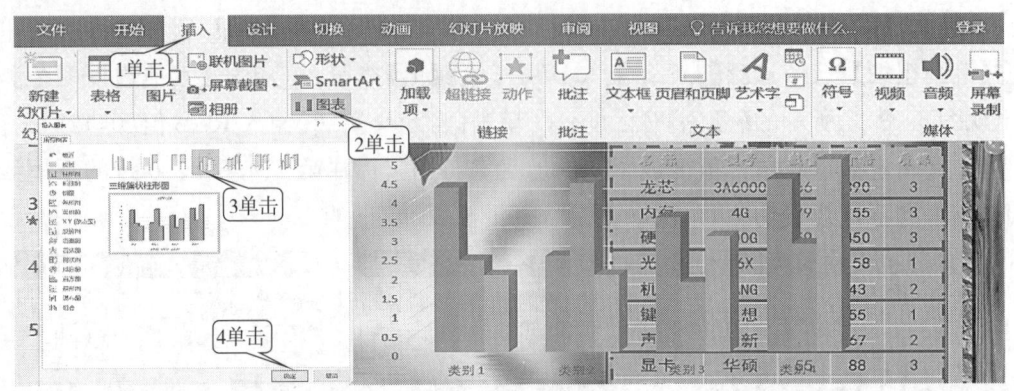

图 6.3.27

步骤 2 参照本章项目 2 中的方法,拖动图 6.3.28 所示界面中的蓝线改变数据区的大小,使其包含的区域为 A1:L3。

	A	B	C	D	E	F	G	H	I	J	K	L
1	名称	龙芯	内存	硬盘	光驱	机箱	键盘	声卡	显卡	鼠标	无线网卡	显示器
2	数量	66	79	59	90	10	80	89	55	209	123	230
3	价格	390	155	450	158	43	55	67	88	90	57	85

图 6.3.28

步骤 3 在 A1:L3 中输入图 6.3.28 所示的数据,关闭 Excel,就会出现图 6.3.29 所示的图表。

步骤 4 单击图表的横轴标题文字,缩小标题文字,将字体大小改为【9】,纵轴和图例文字也进行同样的调整,以便缩小图表(见图 6.3.29)。

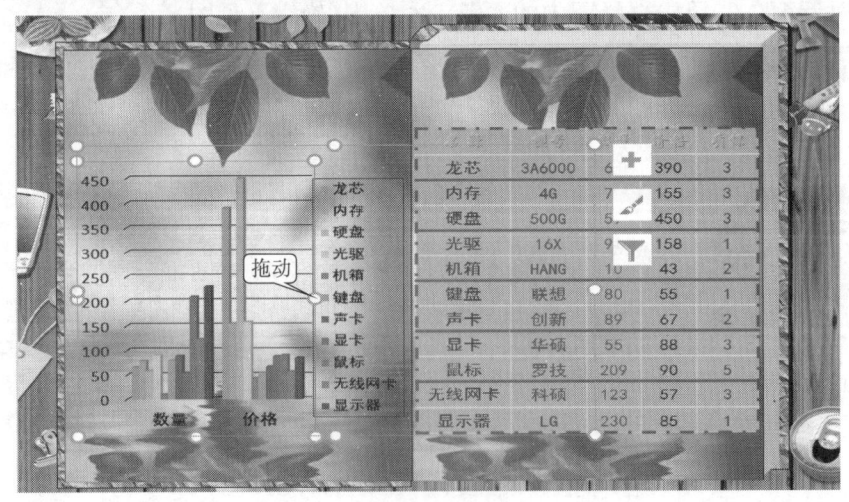

图 6.3.29

步骤 5 拖动图表边框线中间的控点调整图表的大小,最终将图表调整到图 6.3.29 所示大小。

步骤 6 选定图表,单击图表右侧【图表元素】按钮【+】【图表样式】按钮【 】【图表筛选器】按钮【 】,可以对图表显示的内容与形式进行设置(相关操作步骤可参照本章项目 2 中的"任务 8 表格、图表的插入与设置")。

步骤 7 双击图表元素,如坐标轴、绘图区、柱形、图例等,可在幻灯片右侧展开对应的【设置格式】窗格,单击选择【文本选项】【坐标轴选项】或【绘图区选项】等,可对图表的文本框、坐标轴、背景、线条、效果等进行设置。

步骤 8 单击第 5 张幻灯片。将文本框中的字体设为【宋体】,将字号设为【16】。

步骤 9 ①输入如图 6.3.30 所示的文字。②将【教材素材】\【图片】下的【W】【P】【S】和【WPS】4 个图片文件插入。③单击【WPS Office】图片。④单击【格式】。⑤输入【3 厘米】(见图 6.3.30)。

图 6.3.30

步骤 10 同理,将【W】【P】【S】3 个图片调整好位置,并将其大小都设为 2.5 厘米×2.23 厘米。

步骤 11 单击【插入】;单击【形状】按钮,选择直线工具,画出如图 6.3.31 所示的直线。

步骤 12 ①单击【格式】。②单击选择【主题样式 4】。③在文本框中输入【WWW.WPS.CN】,并拖放到相应的位置(见图 6.3.31)。

图 6.3.31

项目 4　制作含动画的幻灯片

项目任务描述与分析

PowerPoint 提供了丰富的动画效果,能够将抽象的理论、概念、微观现象和难以展现的宏观现象用动画的形式加以表现。学习和掌握 PowerPoint 提供的各种动画及其参数设置,并能综合应用各种动画,组合形成特定的动画效果,用以解释和说明特殊现象是十分有用的。PowerPoint 不但能对幻灯片中的文本框、图片、Flash 动画、艺术字、图形进行动画设置,还可以为这些动画配上声音或者音乐。

任务 1　添加与设置退出类动画效果

步骤 1　打开【教材素材】\【PowerPoint】\【计算机组装技术】。

步骤 2　①单击第 1 张幻灯片。②单击【缩小】按钮【—】,调整显示比例为 20%。③插入【教材素材】\【图片】下的【E 摘客】【74】【73】【汉王手写电脑】【创意星人 0806】【创意星人 0605】【全能文本王】文件。④拖动控点调整大小,参考图 6.4.1 对其余图片进行同样的调整。⑤拖动图片调整其位置,参考图 6.4.1 对其余图片进行同样的位置调整(见图 6.4.1)。

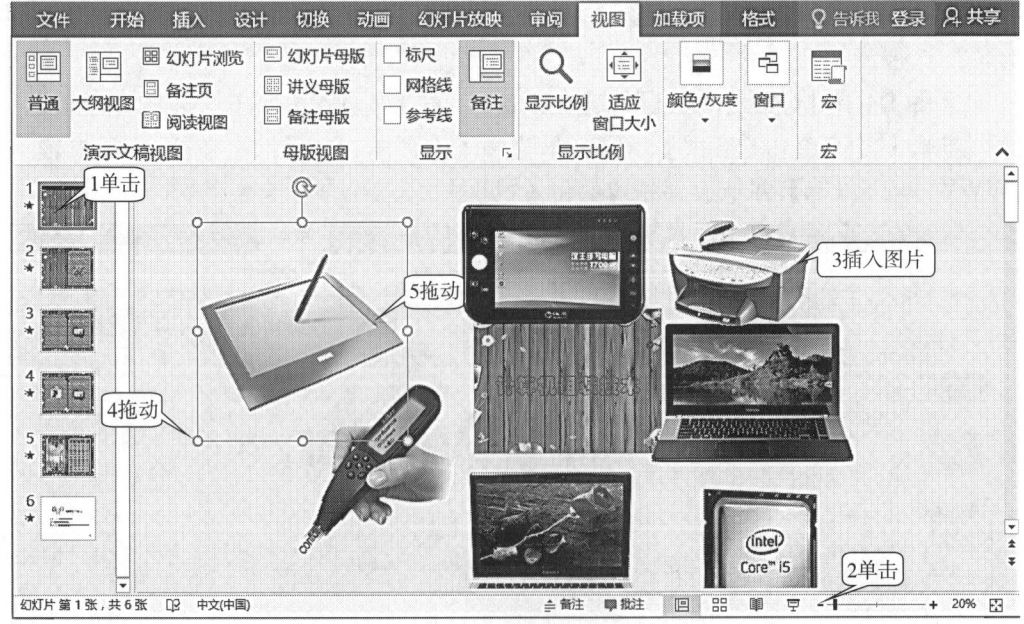

图 6.4.1

步骤 3 单击【图片工具】\【格式】;单击【颜色】;单击【设置透明色】;在每张图片的白色部分单击,去除图片的白底。

步骤 4 ①单击扫描笔图片。②单击【动画】。③单击【添加动画】按钮。④单击【更多退出效果】,出现如图 6.4.2 所示的【添加退出效果】对话框。⑤单击【缩放】。⑥单击【确定】。⑦单击选择【与上一动画同时】,设置动画会自动开始。⑧输入【05.50】,设置动画的持续时间为 5.5 秒。⑨单击【效果选项】按钮。⑩单击【幻灯片中心】,设置图片动画将从原位置缩小至屏幕中心消失(见图 6.4.2)。

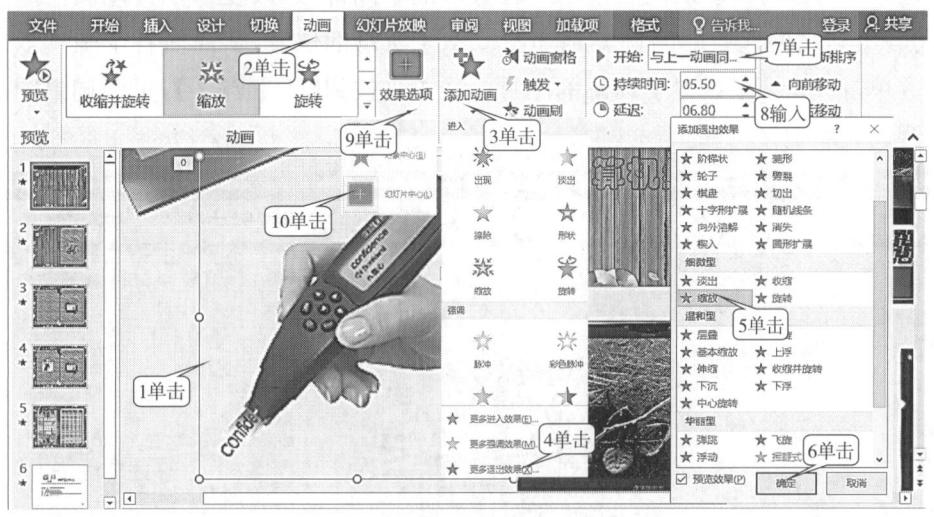

图 6.4.2

步骤 5 ①单击扫描笔图片。②双击【动画刷】按钮,动画刷与格式刷的功能一样。③单击图片。④单击图片。⑤单击图片。⑥单击图片。⑦单击图片。⑧单击图片,这样汉王手写电脑图片设置的动画效果就被传递到其他图片上了(见图 6.4.3)。

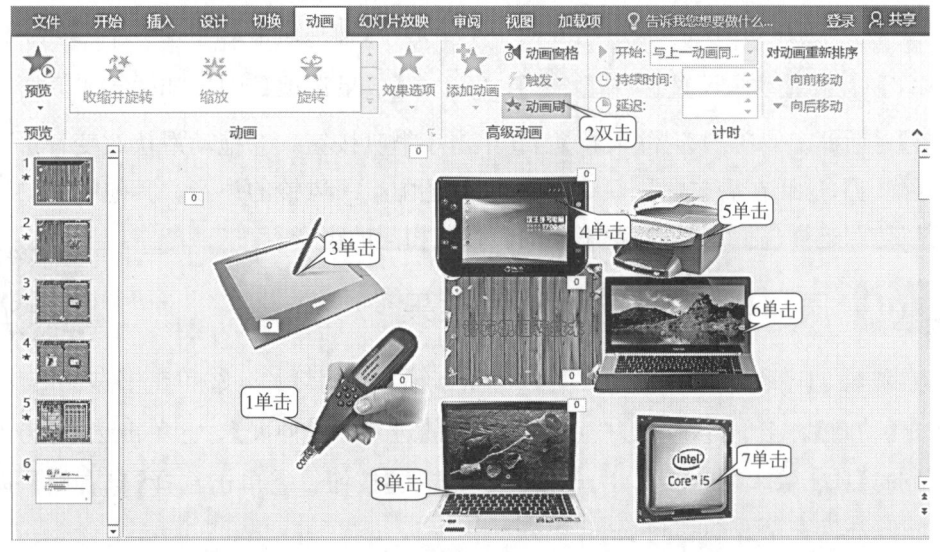

图 6.4.3

任务 2 设置动画的时间顺序与配音

步骤1 ①单击【动画窗格】按钮。②拖动框线调整窗格大小。③单击【秒】按钮。④单击【缩小】,直到动画窗格中的小长方形缩小到如图6.4.4所示的大小。⑤单击时间轴上的后退按钮【▶】可以将小长方形区域右移。⑥拖动小长方形的左、右边线调节动画的持续时间。⑦向右拖动小长方形的中间部分,改变该图片动画的起始时间,将各个动画的起始时间调整到如图6.4.4所示的位置,从而使各个图片依次出现。⑧单击选定某个设置了动画的图片。⑨单击按钮【▲】或【▼】,可以调整图片动画出现的先后顺序(见图6.4.4)。

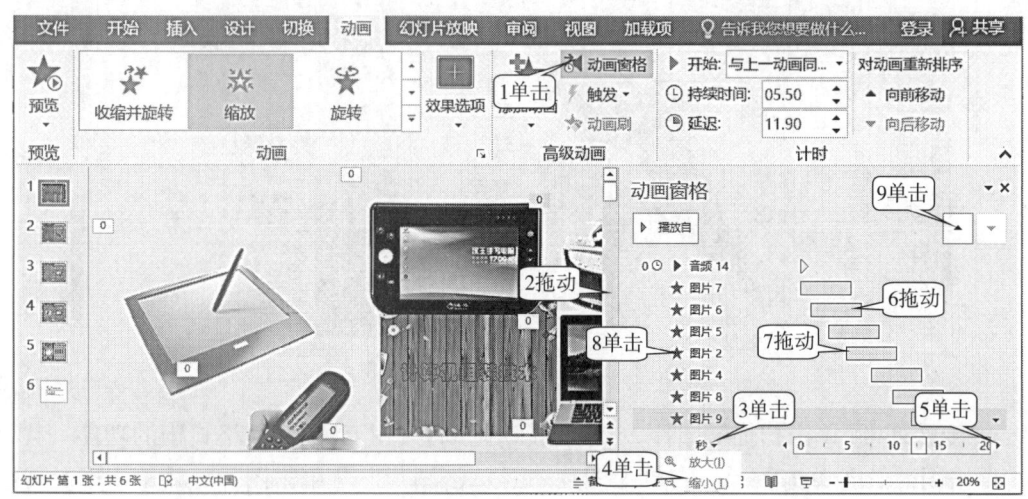

图 6.4.4

步骤2 ①在如图6.4.5所示界面中单击选中【动画窗格】中的【图片6】。②单击【图片6】右侧的【动画设置】按钮【▼】。③单击【效果选项】,弹出如图6.4.5所示的【缩放】对话框。④单击选择【风铃】。⑤单击小喇叭按钮。⑥拖动滑块改变音量。⑦单击【确定】,这样在播放图片6动画的同时,还配上了风铃的声音。其他图片的动画也可以仿照这样进行设置,配置不同的声音或相同的声音。

任务 3 添加与设置进入类动画效果

步骤 ①在如图6.4.6所示界面中单击第3张幻灯片。②单击书左侧的封皮。③单击【动画】。④单击【其他】按钮【▼】,选择【进入】\【伸展】。⑤单击选择【与上一动画同时】。⑥输入【03.00】。⑦单击【效果选项】按钮。⑧单击选择【自右侧】,以设置封皮从右向左翻开的动画效果。

第6章　办公演示文稿应用

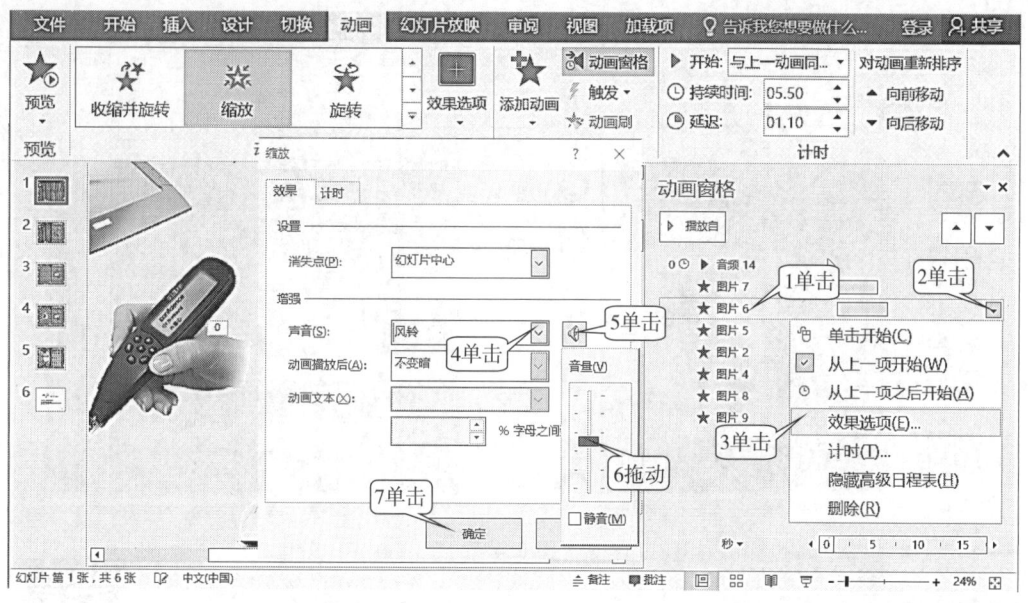

图 6.4.5

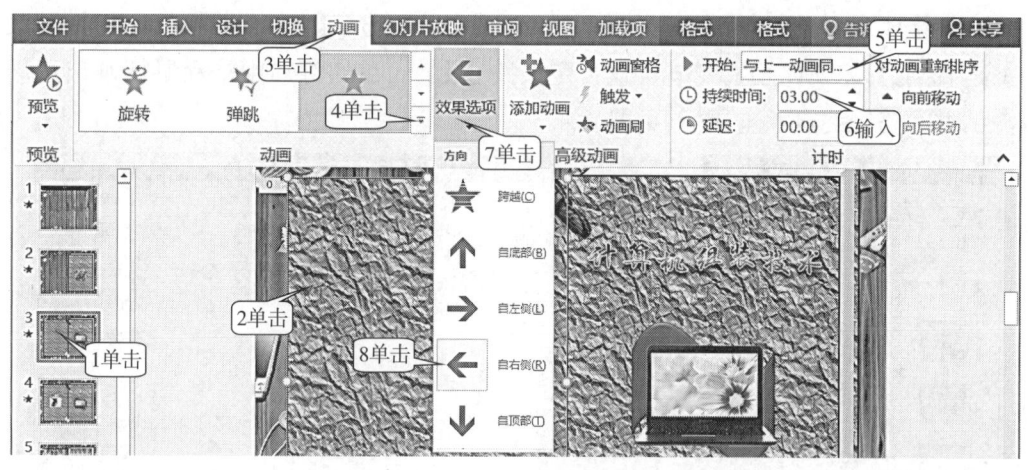

图 6.4.6

任务 4　添加与设置强调类动画效果

步骤　①单击第 4 张幻灯片。②单击书右侧封皮的笔记本电脑图片。③单击【动画】功能区。④单击【其他】按钮【▾】,选择【强调】\【陀螺旋】。⑤单击【效果选项】按钮。⑥单击【完全旋转】。⑦单击选择【与上一动画同时】。⑧输入【05.00】(见图 6.4.7)。

237

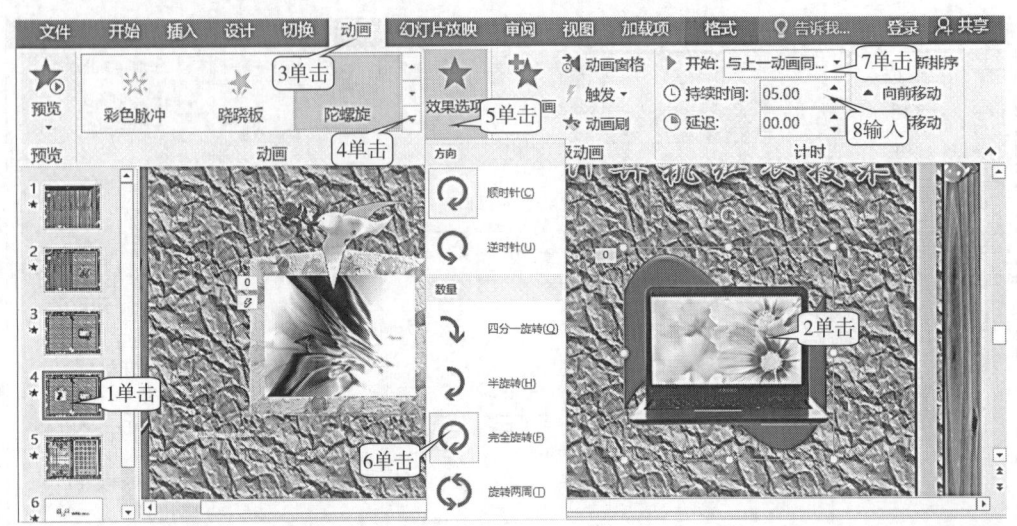

图 6.4.7

任务 5 添加与设置动作路径类动画效果

步骤1 ①单击蝴蝶图片。②单击【动画】。③单击【添加动画】按钮。④拖动滚动条，找到【自定义路径】。⑤单击【自定义路径】。⑥在幻灯片中拖动鼠标画出运动路径，并在路径终点双击鼠标（见图 6.4.8）。

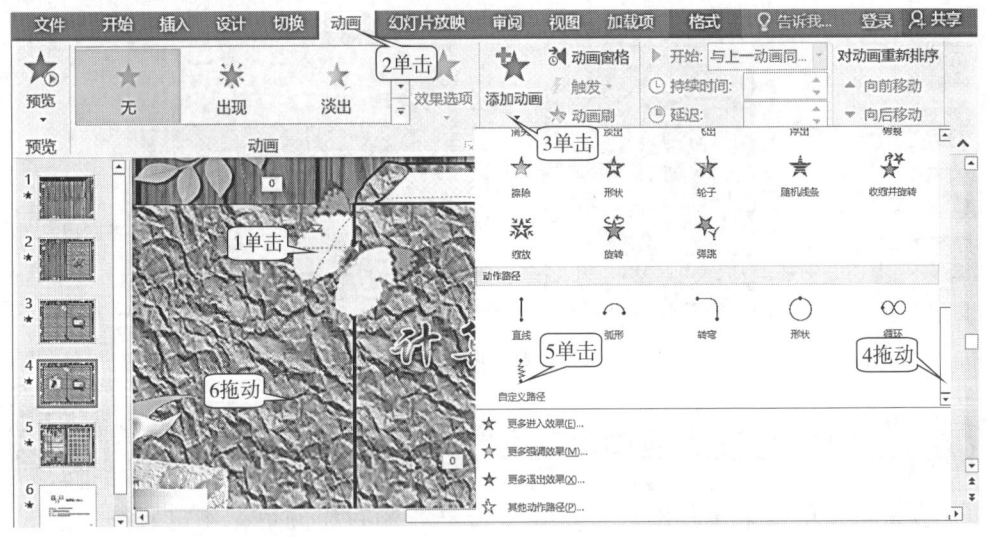

图 6.4.8

步骤2 ①单击蝴蝶图片。②单击选择【与上一动画同时】。③输入【18】（见图 6.4.9）。

步骤3 对于另一个蝴蝶图片和鸽子图片，也进行除路径设置不同外，其他设置一样的自定义路径动画设置。

步骤 4 单击第 5 张幻灯片,对书左侧的绿色书页设置一个翻页动画效果。

图 6.4.9

步骤 5 ①单击第 5 张幻灯片。②单击表格。③单击【动画】。④单击【其他】按钮【▼】,选择【进入】\【翻转由远及近】。⑤单击【效果选项】按钮。⑥单击【按系列中的元素】。⑦单击【动画窗格】按钮,打开动画窗格。⑧单击选择【与上一动画同时】。⑨输入【05.00】。⑩单击折叠按钮【⌄】(见图 6.4.10),出现图 6.4.11 所示界面。

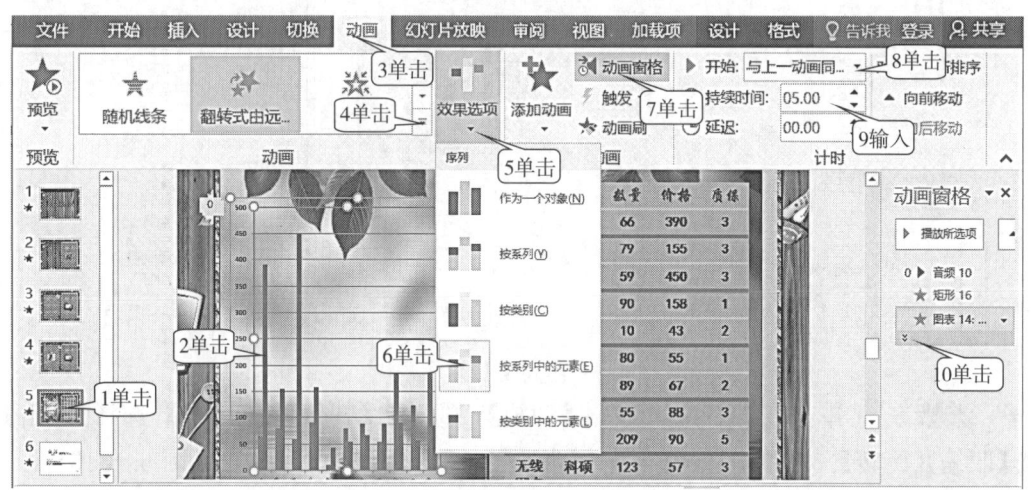

图 6.4.10

步骤 6 ①向左拖动动画窗格框线,以放大动画窗格。②单击【秒】。③单击【缩小】按钮几次,将动画窗格中的矩形条缩小。④拖动动画窗格中的矩形条,使其依次向右排列成如图 6.4.11 所示的样子,这样可以使图表中的每个柱子依次出现。⑤单击【动画窗格】(见图 6.4.11)。

步骤 7 ①单击第 6 张幻灯片。②单击【W】图片。③单击【动画】。④单击【其他】按钮【▼】。⑤单击【其他动作路径】,出现如图 6.4.12 所示的【更改动作路径】对话框。⑥单击选择【双八串接】。⑦单击【确定】。⑧单击选择【与上一动画同时】。⑨输入【05.00】(见图 6.4.12)。

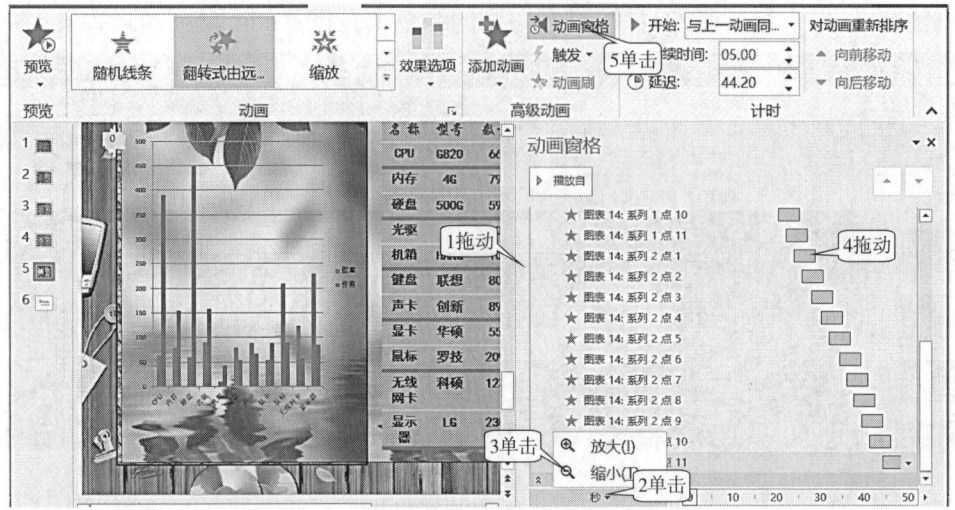

图 6.4.11

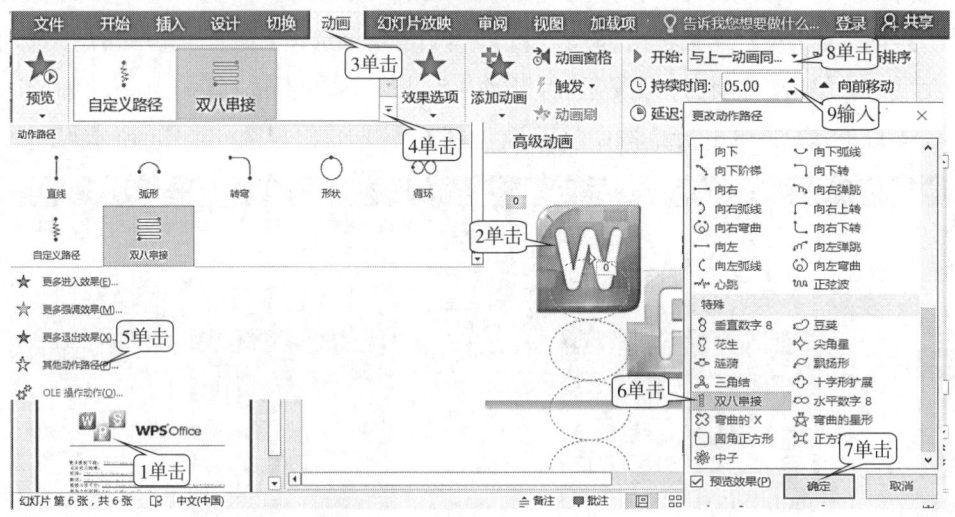

图 6.4.12

步骤 8 ①单击【P】图片。②单击【动画】。③单击【其他】按钮【▼】,选择【退出】\【收缩并旋转】。④单击选择【与上一动画同时】。⑤输入【05.00】(见图 6.4.13)。

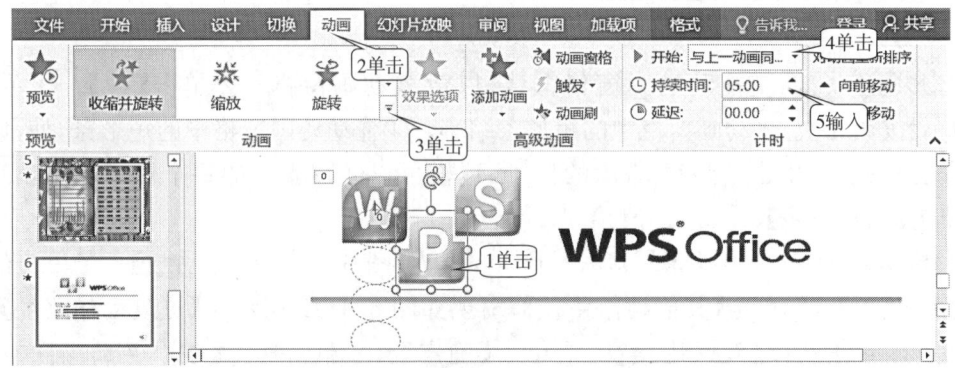

图 6.4.13

步骤9 ①单击【S】图片。②单击【动画】。③单击【其他】按钮【▼】,选择【退出】\【形状】。④单击【效果选项】按钮。⑤单击选择【切入】。⑥单击选择【与上一动画同时】。⑦输入【05.00】(见图 6.4.14)。

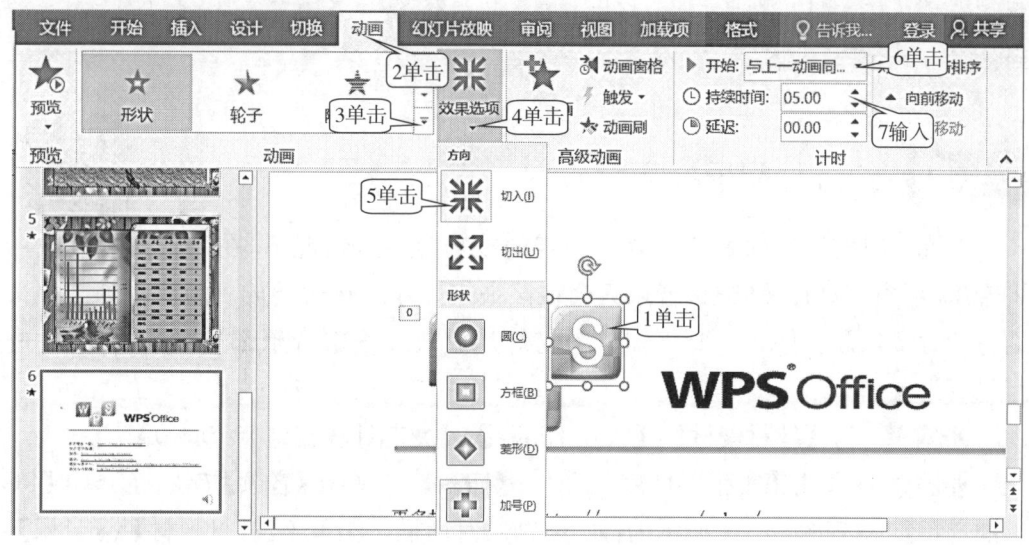

图 6.4.14

 知识拓展

PowerPoint 提供了丰富的动画效果,由于篇幅有限,这里并未介绍所有的动画效果、设置方法及应用实例。读者可以自己摸索每个动画的效果方法,并对比每个动画在进行了不同参数设置后的效果差异;根据实际需求来选择相应的动画效果,同时通过合适的参数设置得到自己需要的效果;还可以将各种动画效果组合在同一个对象上(在同一个对象上多次添加动画),使这个对象能够显示多个动画效果;或者通过对不同对象使用不同的动画组合来达到满意的效果。

项目 5　制作广告幻灯片

 项目任务描述与分析

幻灯片除了能够用于教学之外,还可以用于制作广告幻灯片。而在制作广告幻灯片时配乐是必不可少的,默认情况下,音乐只在插入音乐的幻灯片中播放,如果跳转到其他幻灯片,音乐就停止播放。为了使音乐在幻灯片切换后仍能连续不停地播放,就需要进行特殊设置。同时为了使广告幻灯片有配乐解说的效果,我们还可以利用录制旁白的功能,为每张幻灯片录制相应的解说。这样音乐和解说同时播放就构成了配乐解说的效果。由于广告是需要进行循环播放的,而我们又不能靠人工来循环播放幻灯片,因此,就需要设置幻灯片为循环播放模式。这样幻灯片就能自动循环播放,而无需人工控制。通过打包幻灯片中插入的视频、音频及动画素材,可以将幻灯片传到任何一台计算机上播放。

任务 1 幻灯片配乐技巧

设置一组幻灯片的配音需要有一定的技巧。一般情况下,在一张幻灯片中插入音乐后,当幻灯片放映时,音乐只会在该张幻灯片放映时播放。当放映到下一张幻灯片时音乐就会停止。要想在整个幻灯片放映过程中音乐都连续播放,就要进行以下设置。

步骤1 打开【教材素材】\【PowerPoint】\【龙芯计算机组装(动画)】。

步骤2 ①单击第1张幻灯片。②单击【插入】。③单击【音频】按钮。④单击【PC上的音频】,出现图6.5.1所示的【插入音频】对话框。⑤单击【教材素材】\【音乐】。⑥双击【05】。⑦拖动小喇叭控点调节大小,拖动小喇叭可以改变其位置。⑧单击【播放】按钮试听音乐(见图6.5.1),出现图6.5.2所示界面。

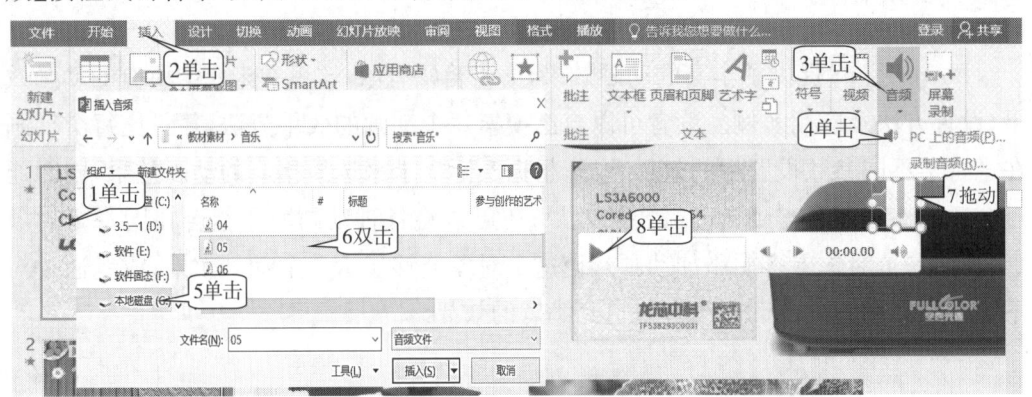

图 6.5.1

步骤3 ①单击小喇叭。②单击【播放】。③单击【在后台播放】,这样【开始】下拉列表会自动选择【自动】,同时【跨幻灯片播放】和【循环播放,直到停止】两个复选框会自动勾选。这就表示音频不会因为单击鼠标或播放到下一张幻灯片而停止,而且在幻灯片没有放映结束前音频会循环播放,实现了对一组幻灯片用一首音乐连续配乐的目的。④单击【放映时隐藏】复选框。⑤输入【05.00】。⑥输入【05.00】,表示音频开始播放时声音是由小变大的,而音频结束时声音是由大变小的,且这个过程需要5秒。⑦单击【音量】。⑧单击选择【高】(见图6.5.2)。

步骤4 单击【文件】\【另存为】,用【龙芯计算机组装(动画配乐)】作为文件名保存。

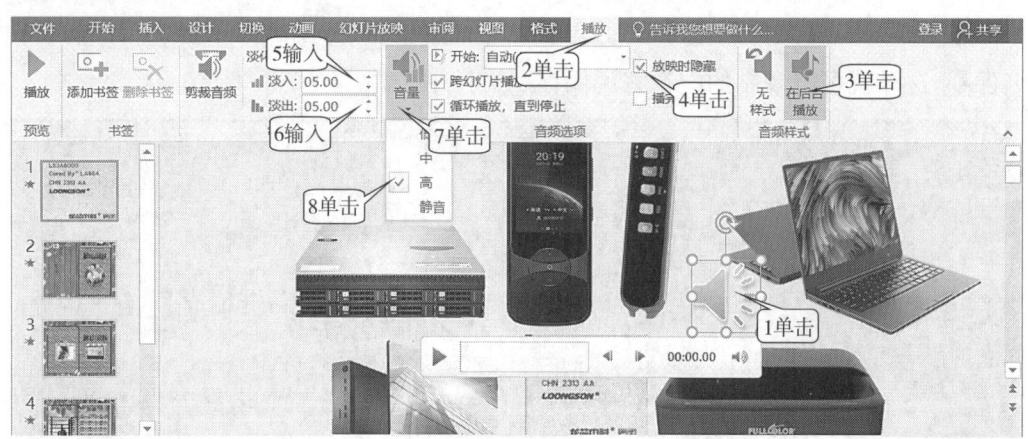

图 6.5.2

任务 2 幻灯片的配音解说

步骤1 打开【教材素材】\【PowerPoint】\【龙芯计算机组装(动画)】。

步骤2 ①单击第 1 张幻灯片。②单击【幻灯片放映】。③单击【录制幻灯片演示】按钮。④单击【从头开始录制】,出现图 6.5.3 所示的【录制幻灯片演示】对话框。⑤单击【开始录制】(见图 6.5.3),出现图 6.5.4 所示界面。

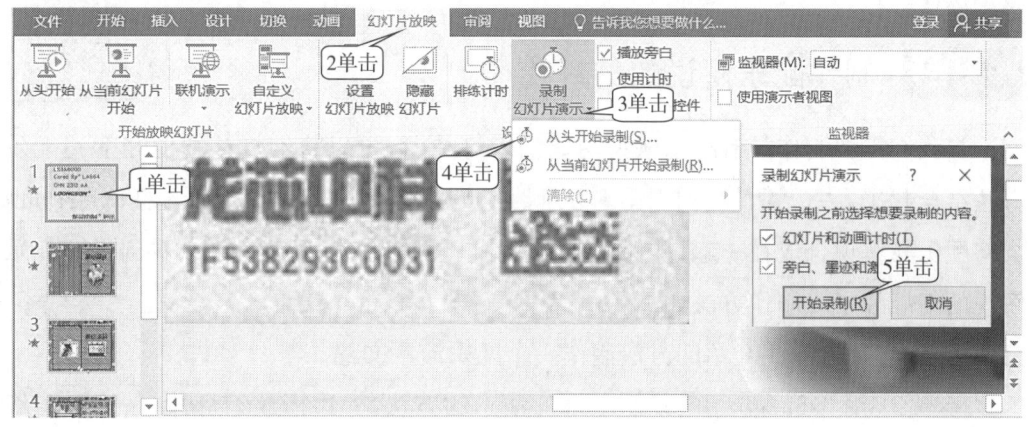

图 6.5.3

步骤3 在第 1 张幻灯片出现时,对照幻灯片的内容通过耳麦进行讲解,这样解说声音就被记录在这张幻灯片中了。

步骤4 单击【下一项】按钮,并继续进行讲解(见图 6.5.4)。

步骤5 按照这种方法,对后面的每张幻灯片进行配音解说,直到最后一张。需要说明的是,如果幻灯片中有动画的话,那么它会将这张幻灯片中的动画全部演示完才能进入下一张幻灯片,如果幻灯片中插入了视频,它会将全部视频播放完才进入下一张幻灯片。

步骤 6 单击【文件】\【另存为】,用【龙芯计算机组装(动画配乐解说)】作为文件名保存,这样就可将录制的配音解说保存到文件中了。

图 6.5.4

当我们播放【龙芯计算机组装(动画配乐解说)】幻灯片时,不需要人工操作控制播放,它会自动播放。利用这种功能可以制作自动连续播放的广告,以及自动播放的教学课件。

任务 3 制作配乐解说的幻灯片

当我们需要制作具有配乐解说功能的幻灯片时,可以将幻灯片解说和上述配乐方法结合起来,一边播放幻灯片,一边对照幻灯片内容进行解说。最终 PowerPoint 会将配乐与解说合成在一起,并保存在文件中。当放映时,观众就可以看到具有配乐解说的幻灯片了。制作方法如下。

步骤 1 用 6.5.1 介绍的方法制作一个配乐演示文稿。

步骤 2 用 6.5.2 介绍的录制幻灯片演示的方法,一边播放幻灯片,一边对照幻灯片内容用耳麦进行解说。

步骤 3 单击【文件】\【另存为】,用【龙芯计算机组装(动画配乐解说)】作为文件名保存。

任务 4 制作自动循环播放的配音广告

步骤 1 打开【教材素材】\【PowerPoint】\【龙芯计算机组装(动画配乐解说)】。

步骤 2 ①单击【幻灯片放映】。②单击【设置幻灯片放映】按钮,出现如图 6.5.5 所示的【设置放映方式】对话框。③单击【循环放映,按 ESC 键终止】复选框。④单击【确定】(见图 6.5.5)。这样在放映时,这个幻灯片文件就会自动循环播放,直到我们按 ESC 键它才终止放映。

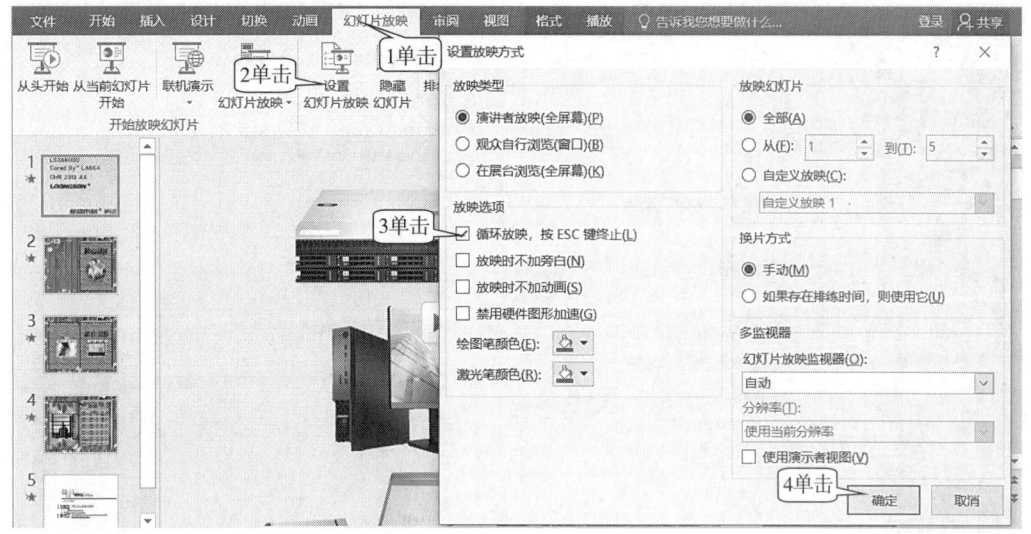

图 6.5.5

任务 5 演示文稿的打包

一般情况下,演示文稿的播放是在 PowerPoint 中进行的,在没有安装 PowerPoint 的计算机中演示文稿文件是无法播放的。为了让演示文稿在任何情况下都可以播放,我们可以将做好的演示文稿打包成可以独立播放的文件。打包就是将幻灯片中用到的音频、视频、Flash 动画和图片等素材文件以及 PowerPoint 播放器,放进同一个文件夹(这个文件夹就是打包后的文件夹)。打包后的文件夹在任何计算机上都可以正常放映。

当我们在演示文稿中加入音频、视频和 Flash 等素材时,如果用该演示文稿在其他计算机上播放,就会发现加入的音频、视频和 Flash 等均无法播放出来。其原因就是这些音频、视频和 Flash 并没有被保存到演示文稿文件中,而只是在演示文稿文件中给出了调用音频、视频和 Flash 文件的路径。由于其他计算机上并没有以上路径所指的文件,因此就无法调用这些音频、视频和 Flash 文件,也就无法正常播放。而打包功能就可以将这些音频、视频和 Flash 文件等素材都集中存放到一个打包文件夹中,这样在任何情况下,就都可以正常播放演示文稿中的音频、视频和 Flash 文件了。打包的操作步骤如下。

步骤 1 打开【教材素材】\【PowerPoint】\【计算机组装(动画配乐解说)】。

步骤2 ①单击【文件】。②单击【导出】。③单击【将演示文稿打包成CD】。④单击【打包成CD】，出现图6.5.6所示的【打包成CD】对话框。⑤输入文件夹名【演示文稿CD】。⑥单击【复制到文件夹】(见图6.5.6)，出现图6.5.7所示的【复制到文件夹】对话框。

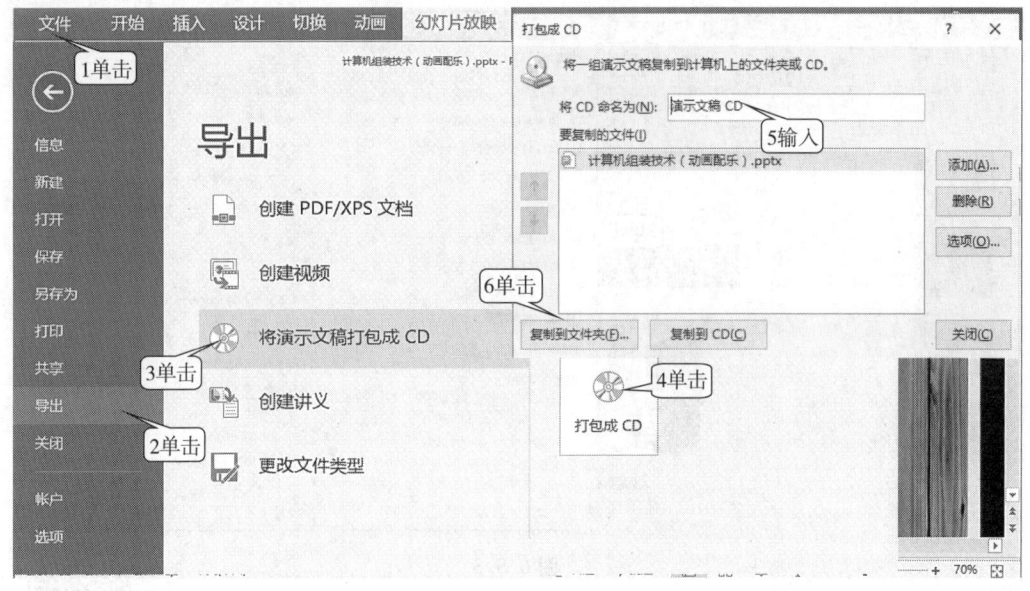

图 6.5.6

步骤3 ①单击【浏览】选择路径。②单击【确定】(见图6.5.7)，出现图6.5.8所示的对话框。

图 6.5.7

步骤4 单击【是】(见图6.5.8)，这样计算机就开始将所有的文件综合复制到名为【演示文稿CD】的文件夹中。复制完成后就结束了打包工作，这样演示文稿中的所有内容就都被打包到文件夹中了。

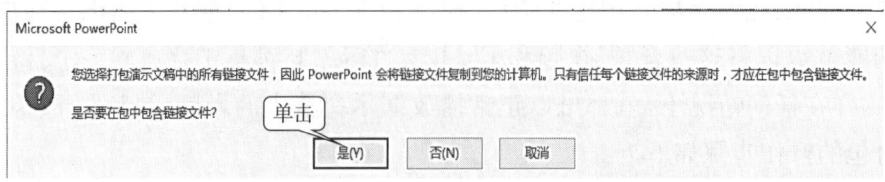

图 6.5.8

项目 6　形式多样的幻灯片放映手段

项目任务描述与分析

制作幻灯片的目的是播放幻灯片,为了满足播放幻灯片的个性化需求,可以对幻灯片播放进行相应的设置。例如,可以将多个主题制作成一个由许多张幻灯片组成的文件,并将每个主题包含的若干张幻灯片组成一组来放映。使用时可以根据不同的主题播放文件中不同组的幻灯片。在播放多张幻灯片组成的演示文稿时,为了使每张幻灯片的切换不以单一的跳出方式呈现给观众,可以将每张幻灯片设置成不同的切换方式,使幻灯片的切换具有动感,产生良好的视觉效果。在进行幻灯片演示讲解时有时还需要打开其他文档做辅助说明,为了在播放时能快速地打开其他文档(如 Word、Excel、PowerPoint 以及其他应用软件),可以对幻灯片的某个对象(如文本框、图片、艺术字等)设置超链接,以方便直接在幻灯片中打开 Word、Excel、PowerPoint 文件和其他应用软件。除此之外,在幻灯片播放时有时还需要在幻灯片之间迅速地跳转,这就要发挥动作按钮的作用了。而利用排练计时则可以制作出自动播放的幻灯片,下面就针对上述需求来介绍实现的方法。

 任务 1　幻灯片的放映

步骤 1　打开【教材素材】\【PowerPoint】\【龙芯计算机组装】。

步骤 2　①单击【幻灯片放映】。②单击【从头开始】按钮,即可从第一张幻灯片开始放映(见图 6.6.1)。

步骤 3　单击【从当前幻灯片开始】放映幻灯片,则可以从选中的幻灯片开始放映(见图 6.6.1)。

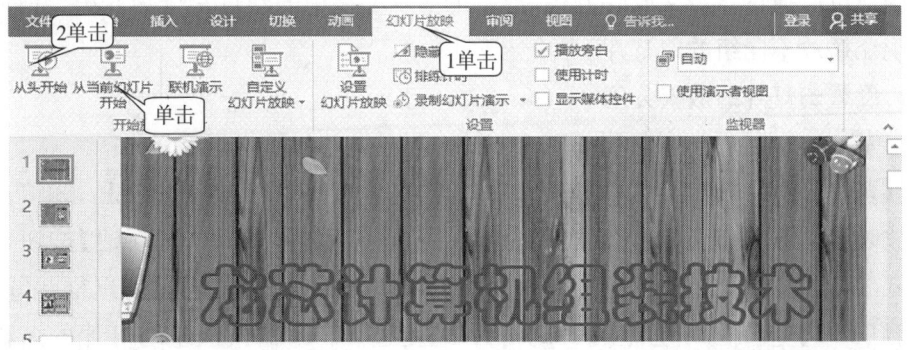

图 6.6.1

任务 2　幻灯片切换效果的设置

幻灯片切换效果是指在放映幻灯片时,切换幻灯片呈现的方式,以及由此给人的视觉和听觉感受。

步骤 1　①单击选择要设置切换效果的幻灯片。②单击【切换】。③单击【其他】按钮【▼】,选择【随机线条】。④单击【效果选项】。⑤单击【垂直】。⑥单击【声音】按钮,选择风铃。⑦输入【02.00】,表示以垂直方式切换的时间为 2 秒。⑧单击【设置自动换片时间】复选框。⑨输入【00:02:00】(见图 6.6.2)。

图 6.6.2

如果单击【🗔 全部应用】按钮,则以上幻灯片切换方案可应用于演示文稿中的全部幻灯片,若不单击【🗔 全部应用】按钮,则以上幻灯片切换方案只应用于当前幻灯片。

步骤 2　单击选择第 2 张幻灯片,参照以上方法,设置其切换方案为【淡出】,切换时间为【0.5】秒,切换时的声音为【激光】,换片方式为【单击鼠标时】。PowerPoint 提供了多种切换形式,可用同样的方法将剩下的幻灯片设置为不同的切换方式。

任务 3　分组放映幻灯片

用户可以通过自定义放映方式,把一个演示文稿中的幻灯片分为几组,并针对不同的观众播放不同组的幻灯片,方法如下。

1. 设置幻灯片的放映分组

步骤 1　打开【教学素材】\【PowerPoint】\【龙芯计算机组装】。

步骤 2　①单击【幻灯片放映】。②单击【自定义幻灯片放映】按钮。③单击【自定义放映】,出现图 6.6.3 所示的【自定义放映】对话框。④单击【新建】按钮,出现图 6.6.3 所示的【定义自定义放映】对话框。⑤单击【1.幻灯片 1】复选框。⑥单击【3.幻灯片 3】复选框。⑦单击【5.幻灯片 5】复选框。⑧输入该组幻灯片的名称【第 1 组】。⑨单击【添加】按钮。⑩单击【确定】(见图 6.6.3),会回到图 6.6.4 所示的【自定义放映】对话框。

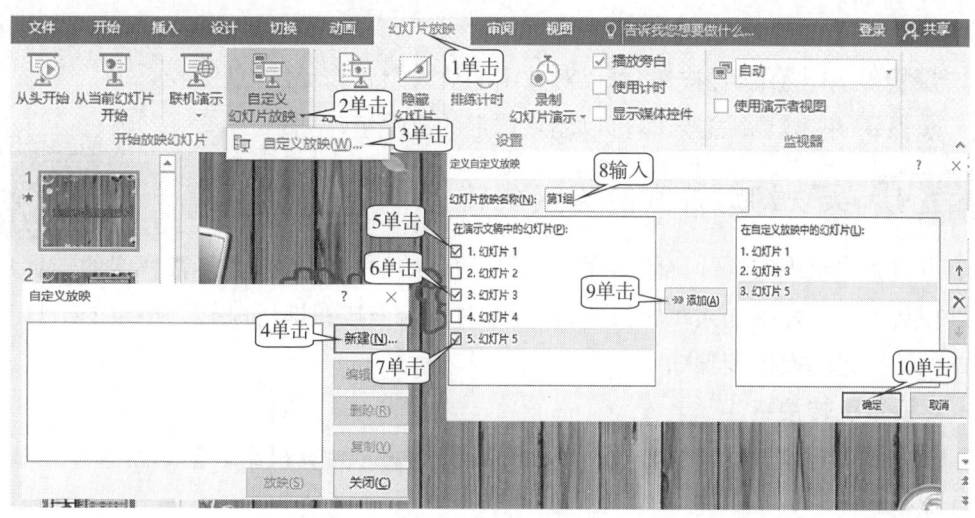

图 6.6.3

步骤 3 在图 6.6.4 所示【自定义放映】对话框中,再次单击【新建】,用同样的方法完成对【第 2 组】幻灯片的设置。在设置完成后,【自定义放映】对话框里就有了如图 6.6.5 所示的【第 1 组】和【第 2 组】两个放映组。

步骤 4 单击【关闭】按钮(见图 6.6.5)。

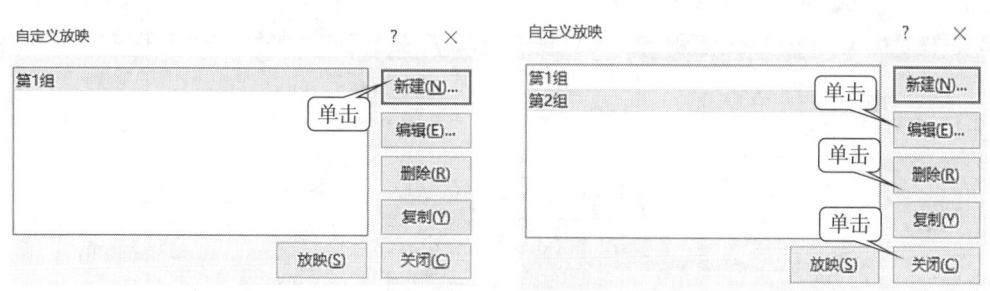

图 6.6.4　　　　　　　　　　　　　图 6.6.5

2. 分组放映幻灯片

步骤 ①单击【幻灯片放映】。②单击【自定义幻灯片放映】按钮。③单击【第 1 组】(见图 6.6.6),就可以放映第 1 组幻灯片了。

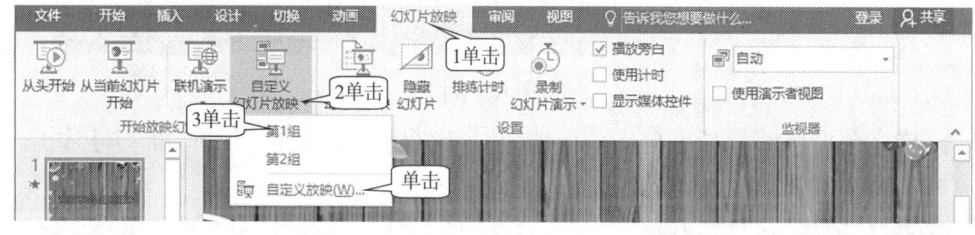

图 6.6.6

3. 幻灯片放映组的编辑

步骤 1 单击【自定义放映】\【自定义幻灯片放映】按钮(见图 6.6.6),就会出现如图

6.6.5 所示的【自定义放映】对话框。

步骤2 单击【编辑】按钮,可以对选定的放映组重新编组(见图 6.6.5)。

步骤3 单击【删除】按钮,可以删除选定的放映组(见图 6.6.5)。

任务 4 实现幻灯片间的直接跳转

当幻灯片组内幻灯片比较多时,为了在演示中快速找到其中某张特定的幻灯片,可以在某张幻灯片中加入跳转按钮,在放映时单击该按钮即可跳转到特定的幻灯片。设置跳转按钮的操作步骤如下。

1. 设置跳转按钮

步骤1 打开【教材素材】\【PowerPoint】\【龙芯计算机组装】,单击选择第 2 张幻灯片。

步骤2 ①单击【插入】。②单击【形状】。③单击【动作按钮:前进或下一项】按钮【▷】。④在幻灯片上拖动鼠标绘制一个动作按钮,同时弹出【操作设置】对话框。⑤单击【超链接到】下拉列表按钮。⑥单击【幻灯片】,会弹出如图 6.6.7 所示的【超链接到幻灯片】对话框。⑦单击选择【5. 幻灯片 5】。⑧单击【确定】,回到【操作设置】对话框。⑨单击【确定】(见图 6.6.7)。

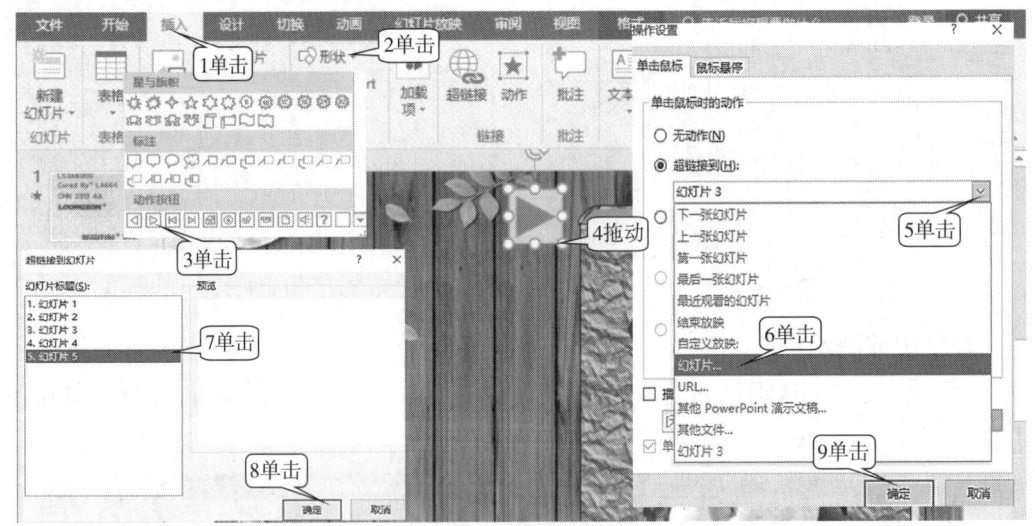

图 6.6.7

这样在第 2 张幻灯片中单击动作按钮时,就可以直接跳转到第 5 张幻灯片了。

2. 编辑与取消跳转链接

步骤1 右击已设置超链接的动作按钮,单击【编辑超链接】(见图 6.6.8),就会出现图 6.6.7 所示的【操作设置】对话框,通过这个对话框就可以像前面的操作一样来重新设置超链接。

步骤 2 右击已设置超链接的动作按钮,单击【取消超链接】(见图 6.6.8),即可取消动作按钮的超链接。

图 6.6.8

任务 5 在放映时用超链接打开其他文档

通过给幻灯片中某个对象设置超链接的方法,不仅可以实现本演示文稿中幻灯片之间的跳转,还可以实现不同演示文稿之间的跳转。这一功能对制作教学课件和各种讲座演示文稿是很有用的,超链接设置的操作步骤如下。

1. 与本演示文稿内幻灯片的超链接

步骤 1 打开【教材素材】\【PowerPoint】\【龙芯计算机组装】。

步骤 2 ①单击选择第 1 张幻灯片。②单击选中文本框。③单击【插入】。④单击【超链接】,出现图 6.6.9 所示的【插入超链接】对话框。⑤单击【本文档中的位置】。⑥单击【5.幻灯片 5】。⑦单击【确定】(见图 6.6.9),这样就建立了文本框对象与幻灯片 5 之间的超链接。

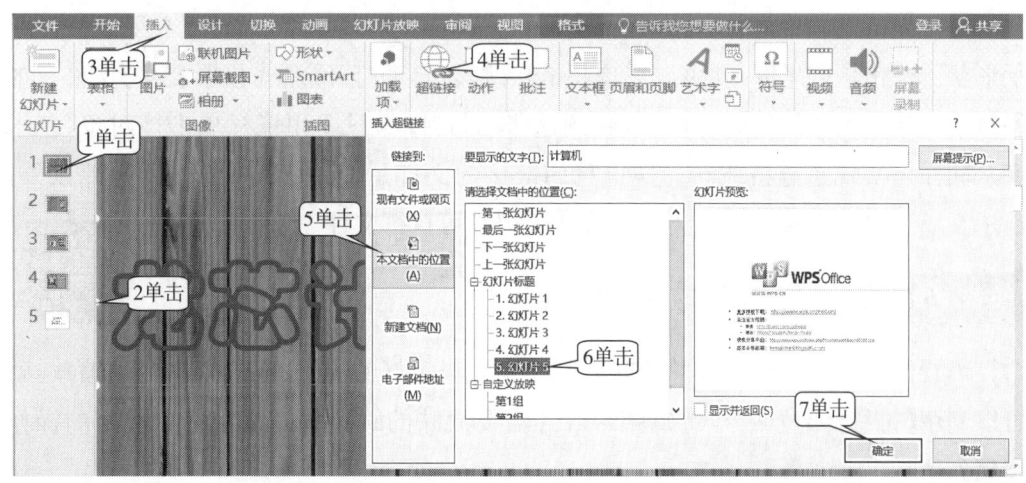

图 6.6.9

步骤 3 单击第 1 张幻灯片;单击窗口右下侧的【幻灯片放映】按钮【🖥】,放映设置了超链接的这张幻灯片。将鼠标指向设置了超链接的文本框,指针就会变成一个小手形状。单击文本框,就可以实现超链接跳转,即跳转到【幻灯片 5】。

2. 与其他文件的超链接

步骤 1 ①单击选中第 3 张幻灯片。②单击选中艺术字。③单击【插入】。④单击【超链接】,出现图 6.6.10 所示的【插入超链接】对话框。⑤单击【现有文件或网页】。⑥单击选择要链接的文件所在的文件夹。⑦单击【激光投影技术】。⑧单击【确定】(见图 6.6.10),这样就建立了选中的艺术字与【激光投影技术】文件之间的超链接。

图 6.6.10

步骤 2 单击第 3 张幻灯片;单击窗口右下侧的【幻灯片放映】按钮【🖥】,放映设置了超链接的这张幻灯片,将鼠标指向已设置超链接的艺术字,指针就会变成一个小手形状。单击该艺术字,就可以实现超链接跳转,自动打开【激光投影技术】文件。如果从头开始放映该组幻灯片,当放映到这张幻灯片时,只要用鼠标单击该对象(艺术字),同样可实现超链接跳转。这里我们链接的文件是 PowerPoint 文件,除此以外,演示文稿还可以链接 Word 文档、Excel 文档和可执行文件。

任务 6　幻灯片自动放映的设置

当我们希望每张幻灯片的放映时间是事先设定好的,在放映过程中自动播放,就可以利用【排练计时】命令,将每张幻灯片需要放映的时间事先设定好。设定的操作步骤如下。

步骤 1 打开【教材素材】\【PowerPoint】\【龙芯计算机组装】。

步骤2 ①单击第 1 张幻灯片。②单击【幻灯片放映】。③单击【排练计时】按钮，则幻灯片开始放映，并出现如图 6.6.11 所示的【录制】框。④单击【下一项】按钮【→】，跳转到下一张幻灯片，再次单击【下一项】按钮【→】，继续向后跳转。两次单击【下一项】按钮之间的时间就是该张幻灯片播放持续的时间。继续单击【下一项】按钮，直到最后一张幻灯片，会出现如图 6.6.11 所示的对话框。⑤单击【是】按钮，结束放映。

图 6.6.11

步骤3 单击【幻灯片浏览】按钮【▦】，出现图 6.6.12 所示界面。从图中可以看到每张幻灯片的播放时间被记录在幻灯片的右下方。这样在下次放映时，计算机就会按每张幻灯片右下角记录的时间自动放映，无需人工控制。

步骤4 单击【文件】\【另存为】，用【龙芯计算机组装（自动播放）】作为文件名保存，即可将记录的各张幻灯片的放映时间保存到文件中。

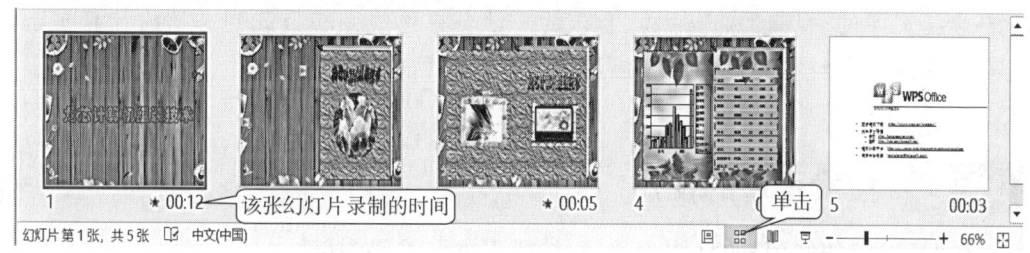

图 6.6.12

第 7 章 网络办公

项目 1 网络资源下载

项目任务描述与分析

网络时代的来临,为日常办公应用提供了极大的方便。办公所需要的各种资料信息都可以从网络中获得。同时与他人的办公信息交流也更为快速、便捷了。通过浏览器和搜索引擎我们从浩瀚的信息海洋中迅速找到我们所需要的各种资料,这些资料包括文字的、视频的、图片的、音乐的。学会将这些资料下载到自己的计算机上,就可以让这些资料在今后的办公应用中发挥重要的作用。

任务 1 搜索引擎的使用

【搜索引擎的使用】的具体步骤,请扫描下方二维码阅读。

任务 2 从网上下载资料

【从网上下载资料】的具体步骤,请扫描下方二维码阅读。

项目 2 QQ 的使用

项目任务描述与分析

即时通信软件 QQ 是一个非常好的交流工具。将 QQ 的各种功能应用于办公,会大大提高办公效率,使得单位之间、朋友之间、同学之间、同行之间的商务交流、办公交流、技术交流能够十分方便、及时、有效地进行。而将手机 QQ 应用于这种交流,就会使得这种交流更为流畅。不会因为交流双方不在电脑旁而耽误信息的接受和传递。QQ 的文字聊天可以和对方进行简单的交流。而通过语音则可以和对方进行详细交流,其效果如同电话交流。若结合文件传送功能,就可以和对方更为详细地讨论诸如:文章修改、技术方案、商务计划、工作计划等,双方在讨论中可以相互实时传送文件,并同时打开要讨论的文件,进行语音说明或修改。然后及时将修改的结果传送给对方。这与面对面的讨论与修改形式没有太大的差别。通过群语音或者群视频还可以和加入群中的人召开远程会议。

1. 文字聊天

步骤 1 打开 QQ,见图 7.2.1。

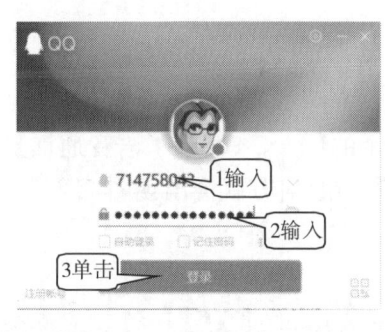

图 7.2.1　　　　　　　　　图 7.2.2

步骤 2 ①输入 QQ 号码。②输入密码。③单击【登录】按钮(见图 7.2.1),出现图 7.2.2。

步骤 3 ①输入 QQ 名。②双击要聊天的好友图标(见图 7.2.2),出现图 7.2.3。

步骤 4 ①输入文字。②单击【发送】按钮(见图 7.2.3),对方的计算机屏幕下方会出现一个闪动的图标。

步骤 5 对方单击闪动的图标,则计算机上就会打开聊天窗口,见图 7.2.4。上面是收到的信息,下面空白处是回复信息的输入区。

步骤 6 ①对方输入文字。②对方单击【发送】(见图 7.2.4),则对方输入的信息就被传送到你这里了。

图 7.2.3

图 7.2.4

2. 语音聊天

步骤 1 单击【发起语音通话】按钮 (见图 7.2.5)。

步骤 2 对方聊天窗口会出现如图 7.2.6 所示的【×××发起了语音通话】提示,并会出现【接听】和【拒绝】两个按钮。单击【接听】按钮,对方就会出现图 7.2.7。这样双方就可以通过耳麦进行对话。

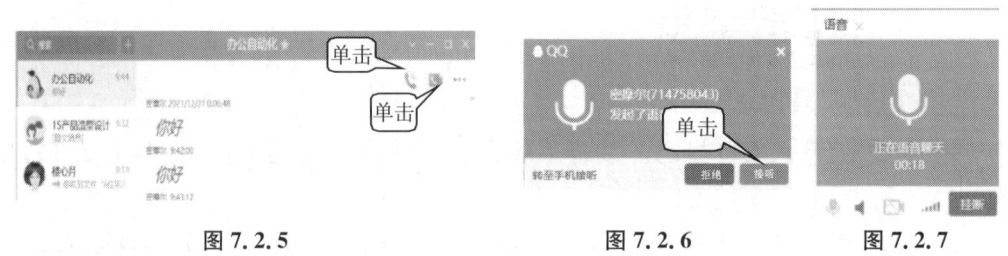

图 7.2.5　　　　　　图 7.2.6　　　　　　图 7.2.7

3. 视频聊天

步骤 1 ①单击【发起视频通话】按钮 (见图 7.2.5),会出现本机摄像头的画面,见图 7.2.8。

步骤 2 对方会出现如图 7.2.9 所示的【×××发起了视频通话】提示，单击【接听】(见图 7.2.9)。对方屏幕上就会出现自己摄像头的画面，而发起方的画面就会以小窗口显示，见图 7.2.10。

图 7.2.8

图 7.2.9

图 7.2.10

4. 发送文件

步骤 1 单击【传送文件】按钮 ▦ (见图 7.2.11)，可以打开如图 7.2.12 所示的文件选择对话框。

步骤 2 ①单击要传送的文件。②单击【打开】(见图 7.2.12)，出现图 7.2.13。

图 7.2.11

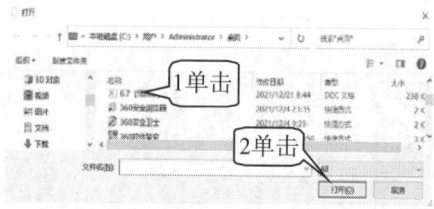
图 7.2.12

步骤 3 单击【发送】按钮，出现图 7.2.14。而对方聊天窗口右侧会出现如图 7.2.15 所示的【传送文件】提示，并会出现【另存为】等四个按钮。

步骤 4 单击【另存为】(见图 7.2.15)后会弹出对话框，指定保存路径即可。

图 7.2.13　　　　　　　　　　图 7.2.14

图 7.2.15

项目3　远程会议的使用

项目任务描述与分析

为了满足用户日益增长的云上办公需求,各类在线会议软件层出不穷,这里以腾讯会议为例,简单介绍在线会议软件的使用方法。腾讯会议是腾讯公司旗下的一款音视频会议软件,具有300人在线会议、全平台一键接入、音视频智能降噪、美颜、背景虚化、锁定会议、屏幕水印等功能。

任务1　腾讯会议的下载与安装

步骤1　登录腾讯会议官网(https://meeting.tencent.com/),单击图7.3.1中的【免费体验】,下载腾讯会议电脑版。

图7.3.1

步骤2　双击下载的安装包,按照提示进行安装。

任务2　腾讯会议的注册与登录

1. 注册

步骤1　双击【腾讯会议】图标,进入如图7.3.2所示的腾讯会议注册和登录界面。

步骤2　单击【注册/登录】按钮,进入账号密码登录页面,点击"新用户注册"进入官网注册页,根据要求填写对应的信息并完成注册。

2. 登录

腾讯会议有很多登录方式,可以根据需要选择【账号密码登录】【验证码登录】或【微信登录】。若是购买了企业版,也可以选择使用【SSO 登录】或【企业微信登录】。当用微信账号登录时,需要绑定账号才可以登录成功。成功登录后,就进入腾讯会议主界面,如图 7.3.3 所示。

图 7.3.2

图 7.3.3

3. 发起会议

(1)快速会议。单击如图 7.3.3 所示的【快速会议】,无需填写其他信息,即可开始一场快速会议。快速会议不会在会议列表显示,也就是说离开会议后不能在会议列表找到这个会议,但可以在会议开始一个小时内通过输入会议号加入会议的方式再次回到这个会议,当会议持续一小时后,若会议中无人,则系统会主动结束该会议。

(2)预定会议。预定会议相对于快速会议更偏向正式的会议。单击如图 7.3.3 所示的【预定会议】,填写会议主题、会议召开时间、会议密码与地点等会议内容,点击预定完成,会议就预定成功了。

4. 加入会议

(1)用链接加入会议。若已安装腾讯会议,则点击邀请链接,验证身份后即可直接进入会议。如果会议创建者创建的会议类型为预定会议,则单击下方的"添加到我的会议",即可将这个会议添加到会议列表,防止后续入会时忘记会议号。

(2)用会议号加入会议。在腾讯会议主界面(图 7.3.3)单击选择【加入会议】,输入会议号,并填写和勾选相应的入会前设置项,点击【加入会议】即可。

(3)用拨号方式加入会议。根据所处位置拨打入会号码,根据语音提示输入会议号入会。

输入会议号并按♯号键确认；输入参会者 ID，按♯号键确认。如不知道参会者 ID，可以直接按♯号键入会；收到语音提示："已加入会议，当前 N 人在会议中"代表入会成功。

5. 邀请成员

会中或在会议列表单击"邀请"，复制会议邀请信息，并通过微信、企业微信等即时聊天工具发送给被邀请人。被邀请人即可通过上述后两种方式加入会议。

6. 结束和离开会议

当身份是会议主持人时，单击会议界面的 结束会议 按钮，弹出如图 7.3.4 所示对话框。【离开会议】是指离开该会议，系统会在离开后随机指定一名成员获取主持人身份，【结束会议】则是将会议中的其他成员全部移出。

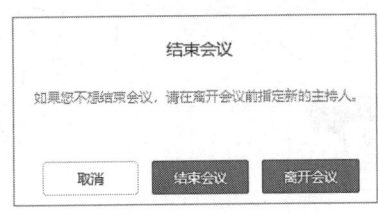

图 7.3.4

当身份是参会人员时，单击会议界面的 结束会议 按钮，即离开会议。

项目 4　线上多人协同文档编辑

在实际工作中经常会出现多个部门及人员共同服务于一个项目的情况，往往需要反复传输文件，传输过程中经常会出现文件丢失的情况。跨地域协同编辑则更难，资料不能及时共享，造成信息孤岛的现象。文档多人编辑后还会造成文档版本的混乱。如何安全高效实现文档协同编辑成为工作中的一大难题。

当我们需要多人同时处理同一个文档时，传统的方式是几个同事讨论划分工作量，等这个同事完成自己的板块后，再由另一个同事填写自己的板块，依次排队。独占式编辑解决了版本冲突问题，却做不到同时编辑。比如每年农业农村部都要收集各省农作物的产量，需要全国各地的数据采集员同时合作编制同一份文档，由总负责人建立汇总表后，其他采集员就可以在各自的 PC 端通过网络访问汇总表，并发起云编辑，完成自己负责的板块。这就是跨地域实时协作编辑文档。

在众多的办公软件中，腾讯文档脱离了本地客户端的使用条件，可以在线进行编辑、保存，完成文档和表格的制作，很大程度上方便了用户。实现多人实时协同编辑同一文档的功能。下面简单介绍腾讯文档的使用。

步骤1 在浏览器输入 http://docs.qq.com，即可进入腾讯文档的官网，如图7.4.1所示。

图 7.4.1

步骤2 单击【免费使用】，进入登录界面，选择相应的登录方式即可。登录后的界面如图 7.4.2 所示。

图 7.4.2

步骤3 ①单击【新建】按钮。②单击【在线文档】（见图 7.4.2），创建一个在线文档，即 Word 文档，界面如图 7.4.3 所示。

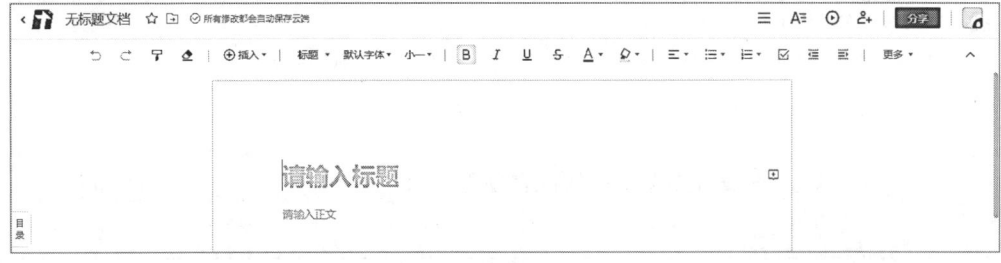

图 7.4.3

步骤 4 根据需要对文档进行内容的输入、编辑和排版。此时,无论断电还是死机,编辑的文档内容都会实时保存。

步骤 5 ①单击【文档操作】按钮 ≡。②单击【查看修订记录】(见图 7.4.4),可以将文档还原到任何版本。

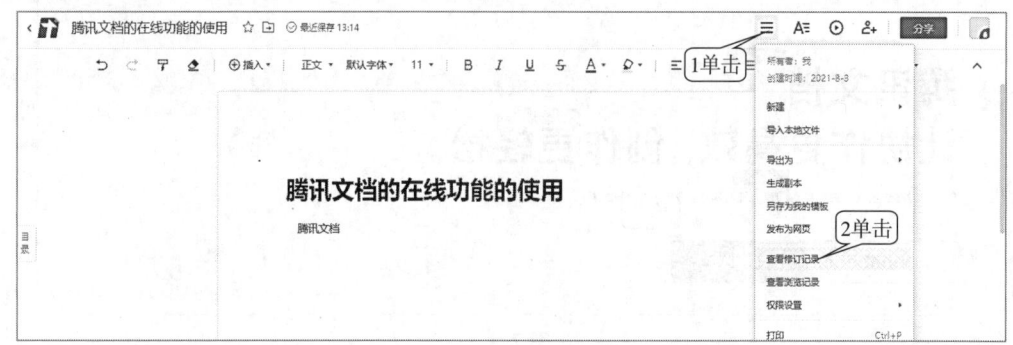

图 7.4.4

步骤 6 ①单击【分享】按钮。②单击【所有人可编辑】设置相应的编辑和查看权限。③单击选择分享方式(见图 7.4.5),即可邀请其他人协同编辑文档。

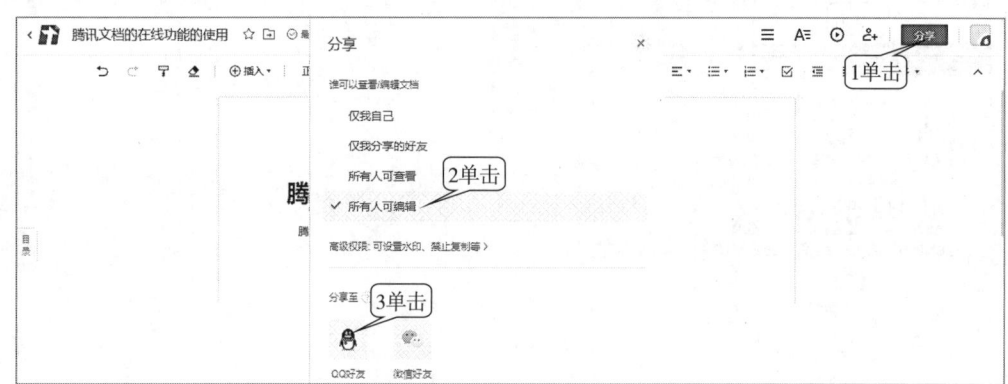

图 7.4.5

步骤 7 ①所有人完成在线文档的编辑后,单击【文档操作】按钮 ≡。②单击【导出为】。③单击【本地 Word 文档(.docx)】(见图 7.4.6),即将在线文档导出,生成本地文件。

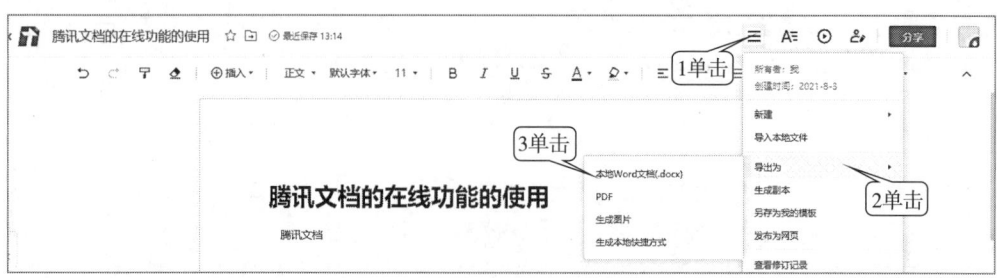

图 7.4.6

第8章 激光投影机

项目1 激光投影机的选购与使用

投影机是将计算机、平板电脑、DVD、机顶盒上的视频信号(显示信息)投射到大屏幕上的显示设备,主要用于需要大屏幕显示信息的场合,例如播放电视、电影等。在办公中主要用于产品、企业、政府形象宣传,各种报告讲演、教学、专业技术培训,各类活动、广告、演出等。图8.1.1~图8.1.4展示的是常用的超短焦单色激光投影机。

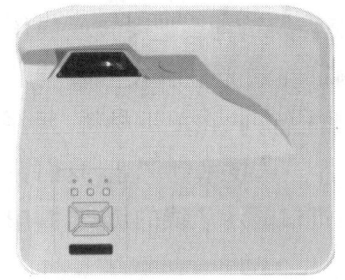

图 8.1.1

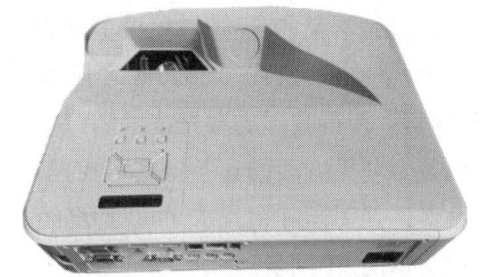

图 8.1.2

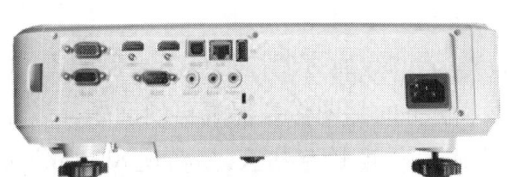

图 8.1.3

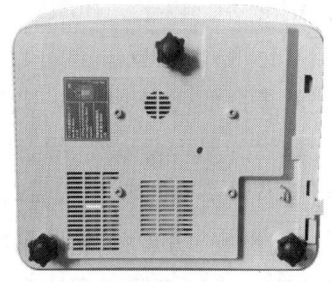

图 8.1.4

2021年对于激光显示产业来说是一个重要的转折点。以激光电视为首的激光显示产业，无论是在技术成熟度、市场认可度、厂商参与度，还是在国家政策支持力度等多个维度，都进入了一个相对成熟的节点。2021年，激光显示与新型显示、第三代半导体被共同列入科技部"新型显示与战略性电子材料""十四五"重点专项；从20世纪80年代的863计划（国家高新技术研究发展计划），激光显示被列入其中，到"十二五""十三五""十四五"规划，激光显示以产业方针的方式被支持，激光显示发展的"全方位"共识早已形成。

在传统电视机时代，无论是最早布局的黑白显示技术，还是随后的彩电显示技术，亦或21世纪初的数字显示技术，都是国外企业在引领和主导。中国人想看中国显示的"中国梦"一直没能实现。激光显示是自主可控打造的新一代显示产品和产业，圆了中国人看中国屏幕的"中国梦"。根据中国电子技术标准化研究院的报告，激光显示技术具有良好的舒适度，低视觉疲劳，并且没有短波蓝光的伤害。二十多年来，激光显示在我国经历了从原理可行、技术可行到产业可行三个发展阶段。目前国内已建成三基色激光显示生产示范线，2017年推出世界首台三基色激光投影产品。到2019年，我国激光显示企业已有27家，年产值超过150亿元。

习近平总书记在党的二十大报告中强调："教育、科技、人才是全面建设社会主义现代化国家的基础性、战略性支撑。必须坚持科技是第一生产力、人才是第一资源、创新是第一动力，深入实施科教兴国战略、人才强国战略、创新驱动发展战略，开辟发展新领域新赛道，不断塑造发展新动能新优势。"

我国科学家、工程师们积极贯彻党的二十大报告的精神。把科技发展作为第一生产力，坚持贯彻科教兴国、人才强国的重要战略。在激光显示技术领域里不断创新、探索。使得我国的激光技术和产业迈入国际领先行列，在关键材料、元件、技术、整机及专利等方面已具备自主可控发展产业的条件。从技术到产业，我们在这个领域已经达到了国际领先水平，我们已经有能力结束进口显示产线的历史，圆中国人看中国显示的"中国梦"。

在激光显示领域，中国申请和授权的激光显示专利超过7000项，占全球激光显示专利比例的50%以上。在激光显示时代，中国企业有望首次拥有全球产品的"知识产权和技术标准"话语权。激光显示正在开启"中国方案"时代。激光显示作为第四代显示技术革命的代表，将是未来显示市场的主角。

激光显示的原理是以红、绿、蓝三基色激光为光源，通过调控三色激光强度比、总强度和强度时空分布进行显示。激光显示技术解决的是图像高保真再现问题。激光光谱窄、方向性好、功率高，能够精准控制在人眼最佳视觉感知区，易实现8K高分辨率、高对比度。激光光源寿命达到超长的3万小时，是普通灯泡机的30倍以上。可以做到投影机终身使用，无需更换光源。也就是说投影机使用过程中无任何耗材。

这些特点是其他所有显示光源无法同时具备的。激光显示还有一个优势就是观看舒适度高、护眼，因为它是漫反射成像、全像素发光、无短波蓝光。激光具有亮度高、方向性好、单色性好三大特点。以激光为光源的激光显示代表了显示技术的发展方向，达到人眼的视觉分辨极限，实现了超高清、大色域、大颜色数的高保真视频图像再现，是唯一全面满足超高清显示国际标准 BT.2020 的显示技术，下一代显示产业的主流就是激光显示。中国在激光显示领域已经完成了弯道超车，实现了对全球激光显示创新的技术引领。

除了激光显示技术以外，还有液晶显示技术、OLED 显示技术和 LED 显示技术。列出了各种显示技术的优缺点和适应环境。读者可据此选择合适的显示设备。

表 8.1.1

技术指标＼类型	三色激光投影（六色）	单色激光投影	普通投影	LED 投影	液晶电视（液晶拼接屏）	LED 屏
亮度	1000—90000 流明	1000—20000 流明	10—20000 流明	100—2000 流明	10—20000 流明	100—100000 流明
色彩还原度	90%(98%)	40%	30%	30%	30%	30%
正常效果光源寿命	>30000 小时（高亮优质显示效果）	10000 小时（高亮优质显示效果）	<1000（高亮优质显示效果）	15000 小时（高亮优质显示效果）	15000 小时（高亮优质显示效果）	<2000（高亮优质显示效果）
对眼睛的伤害	漫反射，极窄的蓝光波长，对眼睛影响极小，保护视力	漫反射，极窄的蓝光波长，对眼睛影响极小	漫反射，对眼睛影响极小	漫反射，较宽的蓝光波长，对眼睛有一定的影响	直射蓝光，较宽的蓝光波长，对眼睛影响大，损伤视网膜	直射强蓝光，较宽的蓝光波长，对眼睛影响大，损伤视网膜
光源维修时间	终身免维护	终身免维护	500—1000 小时	20000 小时	15000 小时	>200 小时
开机速度	<9 秒	>20 秒	>60 秒	<9 秒	<9 秒	<9 秒
画面质量	4K—8K（画面清晰光滑细腻）	4K—8K（画面清晰光滑细腻）	2K	4K（画面清晰光滑细腻）	4K（有多条拼接黑线）	2K（有马赛克）
设备体积	很小	很小	很小	很小	特大	特大
设备重量	很轻	很轻	很小	很小	特大	特大
屏幕尺寸	60 寸—巨幕	60 寸—巨幕	60 寸—巨幕	60 寸—150 寸—巨幕	60 寸—巨幕	60 寸—巨幕
安装成本	极小	极小	极小	极小	很大	很大
对环境光的要求	室内、高亮环境光下	室内、较亮环境光下	室内较暗环境光下	室内暗环境	室外、室内亮环境光下	室外、室内高亮环境光下
电源功耗（使用成本）	小	小	大	小	大	很大
维护及耗材成本（以 8 年计算）	无成本	较小	很大（15000 元）	很小	无	是购买价格的 50% 左右

续表

技术指标＼类型	三色激光投影（六色）	单色激光投影	普通投影	LED投影	液晶电视（液晶拼接屏）	LED屏
免费质量保证时间	5年	1年	1年	1年	1年	1年
光源安全性	安全无爆灯风险	安全	有爆灯风险	安全	安全	容易坏
爆灯风险	无	无	有	无	无	无
维修还原性	可恢复原样	可恢复原样	可恢复原样	可恢复原样	可恢复原样	无法恢复原样,有色差
价格（同性能档次）	合理	合理	合理	合理	偏高	特高
光源种类	三基色激光	蓝色激光加荧光粉	卤素灯	LED	LED	LED
投影方式	正投、背投、超短焦超近距离投影、超远距离投射（1公里左右）	正投、背投、超短焦超近距离投影、超远距离投射（1公里左右）	正投、背投、超短焦超近距离投影	正投、背投、超短焦超近距离投影	无投射功能，正面直射	无投射功能，正面直射
应用场景	高端教室、会议厅、报告厅、展览厅、电影院、图书馆大屏显示；各个单位的入门、大楼大厅宣传和广告大屏显示；各单位的调度中心、指挥中心、控制中心的大屏显示。江面、湖面投射、水幕投射、以高层建筑的外墙作为屏幕景观视频照明	高端教室、会议厅、报告厅、展览厅、电影院、图书馆大屏显示；各个单位的入门、大楼大厅宣传和广告大屏显示；各单位的调度中心、指挥中心、控制中心的大屏显示	教室、会议厅、报告厅、展览厅、电影院、图书馆大屏显示；各个单位的入门、大楼大厅宣传和广告大屏显示；各单位的调度中心、指挥中心、控制中心的大屏显示	家庭、办公	会议厅、报告厅、展览厅、电影院、图书馆大屏显示；各个单位的入门、大楼大厅宣传和广告大屏显示；各单位的调度中心、指挥中心、控制中心的大屏显示	会议厅、报告厅、展览厅、图书馆大屏显示；各个单位的入门、大楼大厅宣传和广告大屏显示；各单位的调度中心、指挥中心、控制中心的大屏显示

任务 1　激光投影机的选购

1. 激光投影机的分类

目前市场上广泛使用的激光投影机按显示器件分可分为液晶投影机和数字光处理器投影机。液晶激光投影机又简称为 LCD 激光投影机，数字光处理器投影机又简称为 DLP 激光投影机。市场上投影机的品牌还是比较多的，大致可分为国内品牌和国外品牌。国外品牌主要有爱普生、索尼、松下、明基等。国内品牌主要有全色光显、光峰、中科、索诺克（Sonnoc）、海信、坚果、极米、小米、长虹等。

2. 激光投影机的主要技术指标

（1）分辨率。激光投影机的分辨率通常指该投影机内部核心成像器件的物理分辨率。激光投影机的物理分辨率（又称真实分辨率）一般有 SXGA（1280×824）、2K（2048×1080）、4K（4096×2160）这几种。分辨率越高，表示激光投影机显示精细图像的能力越强。而分辨率越高激光投影机的价格也越高。选择什么样的分辨力要根据具体的应用场合而定。作为一般的应用于产品演示、播放影片、教学的场合，只要选用分辨率为 SXGA（1 280×824）、2K（2048×1080）的机型即可，如果是用于三维动画教学、CAD 和电影欣赏的教学，则最好选用分辨率为 2K（2048×1080）、4K（4096×2160）的机型。

（2）亮度。表示激光投影机亮度的国际标准单位是 ANSI，即流明。随着激光投影机产品的发展，激光投影机的亮度大多数在 2000 流明以上，亮度最高的可以达到 80000 流明，一般情况下，激光投影机的亮度越高，投射到屏幕上的相同尺寸的图像越明亮，图像也越清晰，但是亮度越高其投影机的价格也就越高。用户应当根据投影机使用的环境条件，选择合适的亮度。除了要根据空间大小来选择亮度指标外，还要考虑使用环境的光线条件、屏幕类型等因素。同样的亮度，不同的环境光线条件和不同的屏幕类型会产生不同的显示效果。在同样的亮度环境下，采用金属幕的效果比采用普通玻珠幕的效果要好，但是金属幕的价格比普通玻珠幕高。在较亮的环境下宜采用抗光布。在比较暗的环境下可以采用白塑幕或者玻珠幕。画面亮度还与投影幕到激光投影机的距离有关，两者的距离越短，亮度就越高；投影画面的大小也与距离有关，距离越短投影的画面越小；投影画面的大小与亮度也有关系，投出的画面越小，亮度越高。

（3）对比度。对比度是亮区对暗区的比例，对比度反映了一个画面明暗变化的范围大小，好的对比度使得画面显得有很高的分辨率。对比度越大，效果越细微。目前大多数 LCD 投影仪产品的对比度都在 500∶1～1000∶1 之间，而大多数 DLP 投影仪的对比度都在 1000∶1～200000∶1 之间。

(4)均匀度。任何投影机射出的画面都会有中心区域与四角的亮度不同的现象。均匀度反映边缘亮度与中心亮度的比值,均匀度越高,画面的一致性越好。

(5)光源。激光投影分为单色、三色和六色激光投影,如图 8.1.5 所示。单色激光投影是指激光投影中的激光光源只有蓝色激光管,它用单个的蓝光激光管去激发红色和绿色荧光粉,产生红光和绿光基色。荧光粉和激光管的寿命不一样。荧光粉在长时间使用后,它的发光效率会降低,也就是说它的发光会衰减。而激光管的寿命可以达到 3 万小时,荧光粉的寿命大约在 1 万小时左右。所以当使用到 1000 小时左右时荧光粉的发光效率会下降,这样三基色中的红色和绿色的光强就会下降。而蓝激光管光强度不变,这样就会造成色彩失真。所以如果要以色彩这个标准来衡量的话,单色激光投影使用一段时间后就会产生偏色。

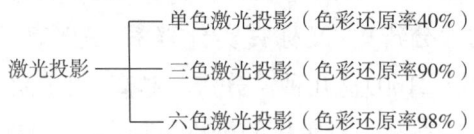

图 8.1.5

三色激光投影因为采用了红、绿、蓝三个激光管,它们的寿命都是一样的,所以不会在使用一段时间后产生色彩偏差和失真,这是三色以上激光投影机的最大优势。其色彩还原率可以做到 90%。也就是说自然界的颜色 90% 都可以在投影机上显示。

六色激光投影因为采用了红、绿、蓝、黄和另外两种颜色的激光管,它们的寿命都是一样的,所以不会在使用一段时间后产生色彩偏差和失真,色彩还原率可以做到 98%。也就是说自然界中所有色彩中 98% 的颜色都可以通过激光投影显示在屏幕上。

3. 激光投影机的应用

激光投影机除了可以用在办公、演艺活动、电影院、教学,以及作为家用电视使用之外,还可以通过融合技术充当展览馆巨幕显示屏,见图 8.1.6;展览馆或影院的球顶环形显示屏,见图 8.1.7;环幕电影院的环幕显示屏,见图 8.1.8;还可以远距离投射到建筑物上,将建筑物作为屏幕,构成景观照明的效果,见图 8.1.9。

图 8.1.6

图 8.1.7

图 8.1.8

图 8.1.9

4. 投影机的价格

激光投影机的价格从一万到几十万元不等。价格的高低和光源的亮度成正比，亮度越高，价格越高；同时也和激光投影机的分辨率成正比，分辨率越高，价格越高；还和激光光源中激光管的数量有关，三色激光投影机通常比单色激光投影机贵。2K 分辨率、4000 流明的教学单色激光投影机，其价格一般在 15000 元左右。三色、4K 分辨率、6000 流明的激光投影机，其价格一般在 40000 元左右，三色、4K 分辨率、1500 流明的家用激光投影机（又称激光电视），其价格一般在 12000 元左右。由于激光投影机可以非常轻松地实现 100 寸以上的大屏幕观影效果，同时 100 寸以上的激光投影机的价格只有液晶显示屏的 1/3 左右，因此国内的各大显示器和电视机厂商近年来都加大了激光投影机的研发和生产力度。随着激光投影机应用的日益广泛和产量的逐渐提高，各种档次的激光投影机价格会快速下降。在三到五年后，家用激光投影机的价格预计会下降到 5000 元左右。

任务 2　激光投影机的安装

1. 超短焦投影机的安装

(1) 正投。投影机位于屏幕正前方 40 到 50 厘米的位置，见图 8.1.10。这是放置投影机最常用的方式，安装快速且移动方便。这样安装的投影机一般需要调节投影角度，投影机配备三个调节支脚螺丝。这些调节支脚螺丝可以调节图像的高度、投影的角度，以及梯形失真。

(2) 吊装正投。投影机倒挂于屏幕正上方，见图 8.1.11。这种方法需要购买专用投影机吊架。

(3) 吊装背投。投影机倒挂于屏幕的背面正上方 40 到 50 厘米的位置，见图 8.1.12。这种方法需要购买专用投影机吊架

(4) 背投。投影机位于屏幕背面正前方 40 到 50 厘米的位置，见图 8.1.13。

图 8.1.10

图 8.1.11

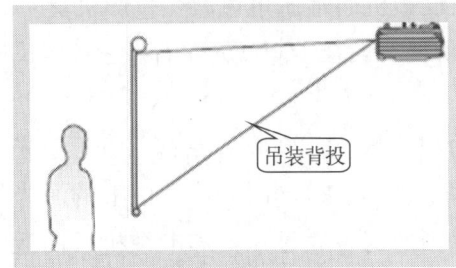

图 8.1.12

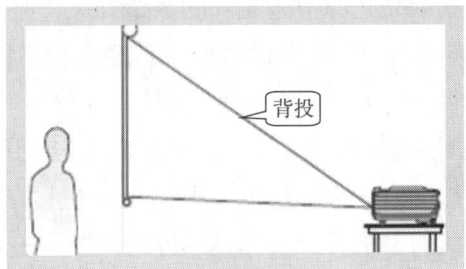

图 8.1.13

2. 长焦投影机的安装

（1）正投。投影机位于屏幕正前方 2 米到 3 米的位置，见图 8.1.14。这是放置投影机最常用的方式，安装快速且移动方便。这样安装的投影机一般需要调节投影角度，投影机配备三个调节支脚螺丝。这些调节支脚螺丝可以调节图像的高度、投影的角度，以及梯形失真。

（2）吊装正投。投影机倒挂于屏幕正前方 3 米到 4 米的位置，见图 8.1.15。这种方法需要购买专用投影机吊架。

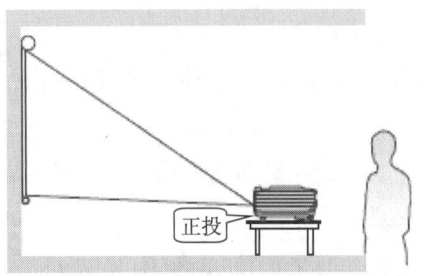

图 8.1.14

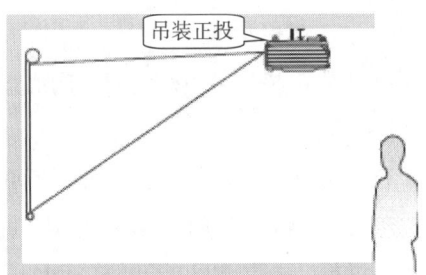

图 8.1.15

3. 投影机的信号线连接

图 8.1.16 给出了投影机与计算机、摄像机、交换机、音箱等设备的信号线连接图。从图 8.1.16 中可以看出：电脑的显卡输出，通过如图 8.1.17 所示的 VGA 线连接到了如图 8.1.16 所示的投影机 VGA 输入端，而图 8.1.16 所示的投影机的 VGA 输出端，则通过 VGA 线连接到了显示器。这样从计算机输出的 VGA 信号就会被同时送到投影机和显示器。因此我们就可以同时从投影机和显示器上看到计算机上的图像了。这种接法是将投影机作为电脑的显示设备来使用。

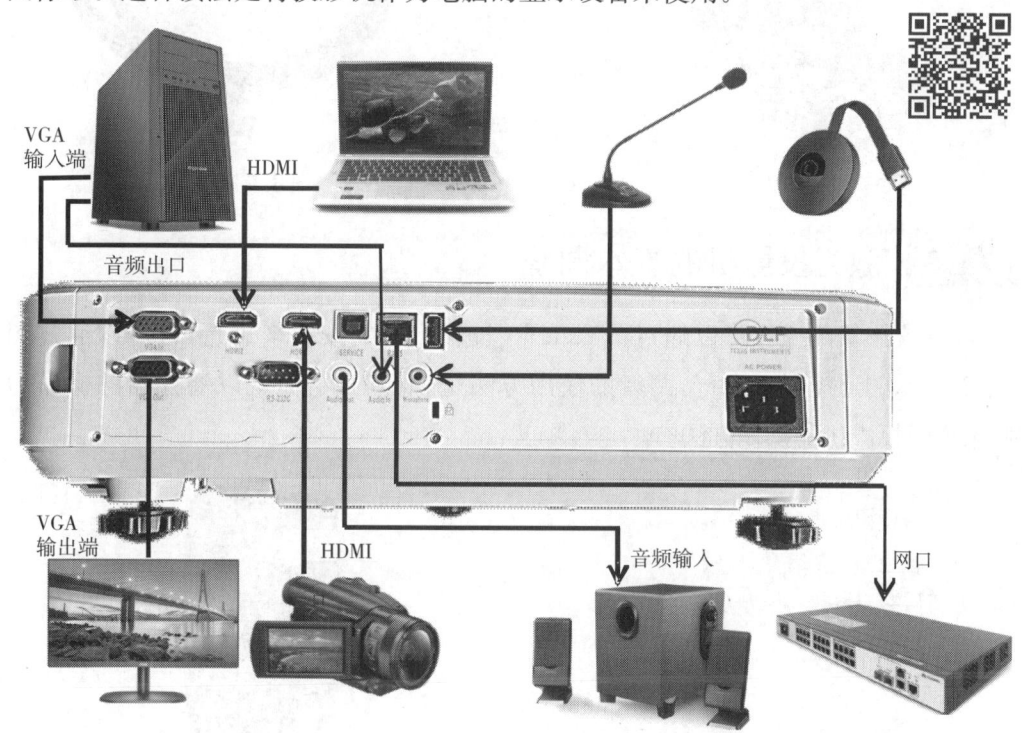

图 8.1.16

如果需要将投影机作为摄像机的显示设备，只需要将摄像机的 HDMI 音视频信号通过 HDMI 线接到如图 8.1.16 所示的投影机的 HDMI 端即可。

如果需要将投影机作为笔记本电脑的显示设备，只需要通过图 8.1.18 所示 HDMI 线将投影机的 HDMI 口和笔记本电脑的 HDMI 口连接即可。

如果需要将投影机的音频信号进行放大扩声，只需要通过音频线将音箱和投影机的 Audio Out 口连接即可。

如果需要通过投影机的喇叭来扩声，只需要将话筒插到投影机 Microphone 插口即可。

如果需要将投影机与网络连接，只需要通过网线将交换机和投影机的网口连接即可。

如果要使用投屏器，只需要将投屏器插入投影机的 USB 接口即可。

图 8.1.17

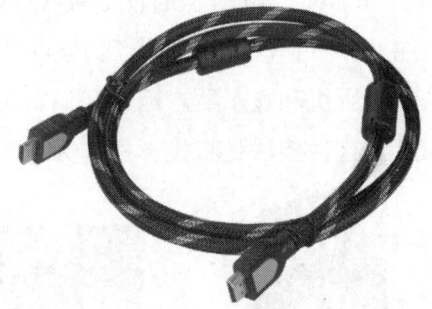

图 8.1.18

任务 3　激光投影机的基本调整

激光投影机的操作可以通过图 8.1.19 投影机上的按钮来进行，也可以通过图 8.1.20 所示的遥控器来进行，两者的使用方法是一样的，下面就以遥控器的操作为例，来说明投影机的操作方法。

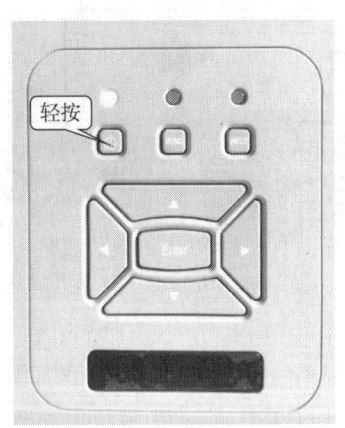

图 8.1.19

图 8.1.20

(1) 按电源按钮（见图 8.1.19），或按图 8.1.20 所示遥控器上的红色电源按钮，则投影机电源打开，经过几秒钟后屏幕上就可以看到投影出的图像了。

(2) 推动调焦杆，以使屏幕上的图像清晰（见图 8.1.21）。

(3) 移动调整投影机和屏幕的距离就可以放大或缩小画面。投影机与屏幕的距离在 30～70 cm 之间。

第 8 章　激光投影机

 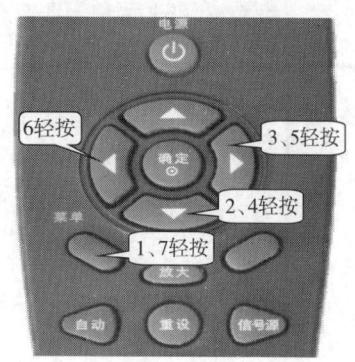

图 8.1.21　　　　　　　　　　图 8.1.22

任务 4　激光投影机投影方式的调整

激光投影机投射的画面根据投影机的放置方式,可以进行 180 度旋转。不同的投影方式画面会进行不同的旋转,这就是投影方式的设定。投影方式有 4 种:正投、吊装背投、背投、吊装正投。

步骤　①按【菜单】键,弹出设置界面。②按遥控器下箭头键▽,使加亮框跳到如图 8.1.23 所示的【屏幕】图标上。③按右箭头键▷,出现如图 8.1.23 所示的界面。④按遥控器上下箭头键△▽,使加亮条跳到如图 8.1.23 所示的【投影方式】上。⑤按右箭头键▷,出现如图 8.1.24 所示的界面。⑥再按左右箭头键◁▷,选择投影方式。⑦按【菜单】键 2 次,退回到如图 8.1.23 所示的界面(见图 8.1.22)。

任务 5　激光投影机画面的几何校正

激光投影机投射的画面由于投影机角度摆放不同,位置不同,会使画面产生一些几何失真。通过下面的操作可以消除画面的几何失真。

步骤1　①按遥控器【菜单】键,弹出设置界面。②按遥控器下箭头键▽,使加亮框跳到如图 8.1.26 所示的【屏幕】图标上。③按右箭头键▷,出现如图 8.1.26 所示的界面。④按上下箭头键△▽,使加亮条跳到【几何校正】。⑤按右箭头键▷,出现图 8.1.27。⑥按上下箭头键△▽,使加亮条跳到【边角调整】。⑦按右箭头按钮▷,出现图 8.1.28。⑧再按左右箭头键◁▷,使色块在网格的四角之间移动。如果某一个角失真,就把黄色的色块调到该角对应的小方格。⑨按【确定】按钮,黄色的小方块就变成如图 8.1.29 所示的红色小方块。⑩根据几何失真的情况,按四个箭头键进行调整,消除失真(见图 8.1.25)。

273

步骤2 按【菜单】键4次,退回到如图8.1.26所示的界面。

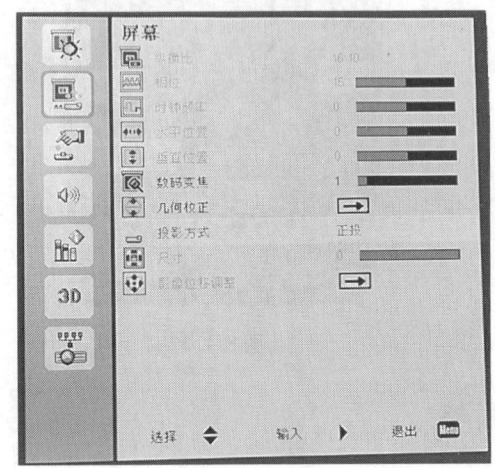

图 8.1.23

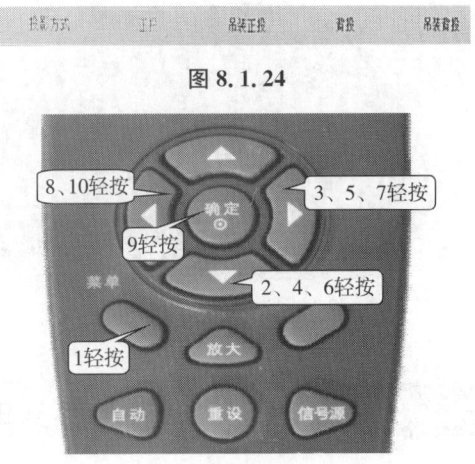

图 8.1.24

图 8.1.25

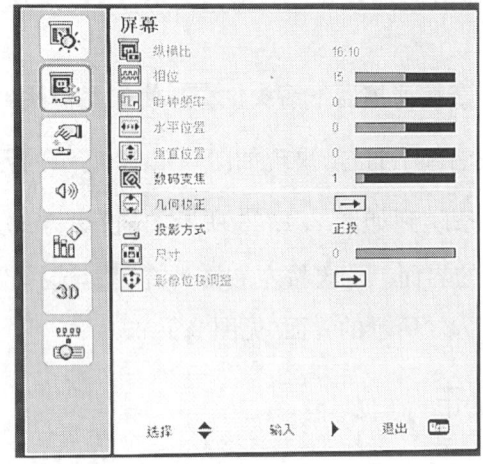

图 8.1.26

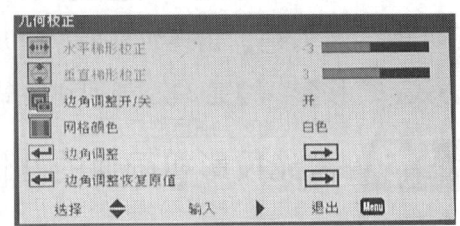

图 8.1.27

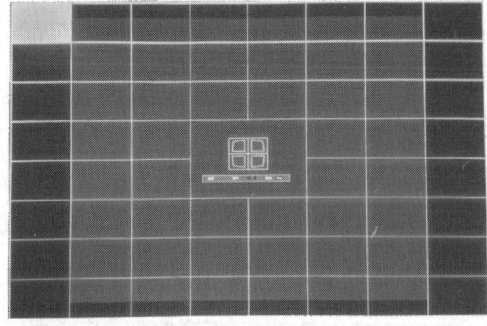

图 8.1.28

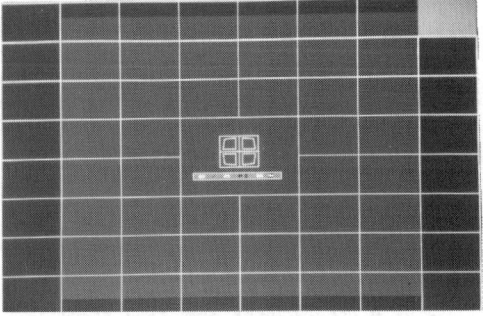

图 8.1.29

任务 6 激光投影机亮度、对比度的调整

步骤1 ①按【菜单】键,出现如图 8.1.31 所示界面。②按右箭头键▶,出现如图 8.1.32 所示界面。③按左右箭头键◀▶选择图像模式。④按【菜单】键退回到图 8.1.31 所示界面(见图 8.1.30)。

系统自带的几种图像模式(固定的亮度和对比度),适合大多数情况下使用。如果对亮度和对比度还需要更进一步调整,则需要继续进行下面的操作。

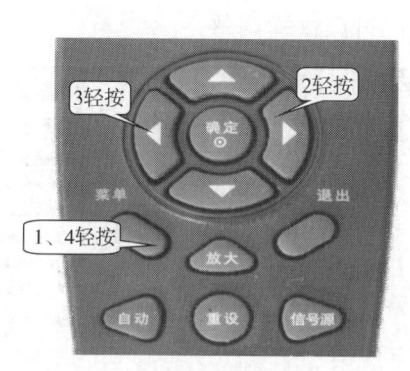

图 8.1.30

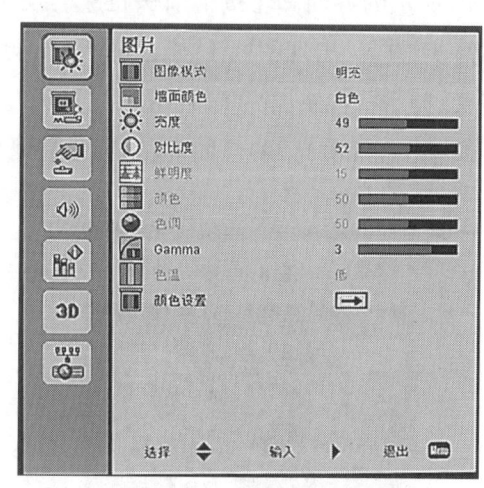

图 8.1.31

步骤2 ①按下箭头键▼,选择【亮度】,见图 8.1.34 所示界面。②按右箭头键▶,出现图 8.1.35 所示界面。③按左右箭头键◀▶调整亮度。④按【菜单】键退回到图 8.1.34 所示界面(见图 8.1.33)。

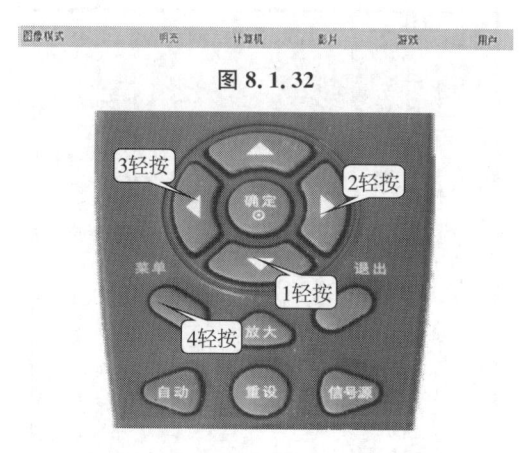

图 8.1.33

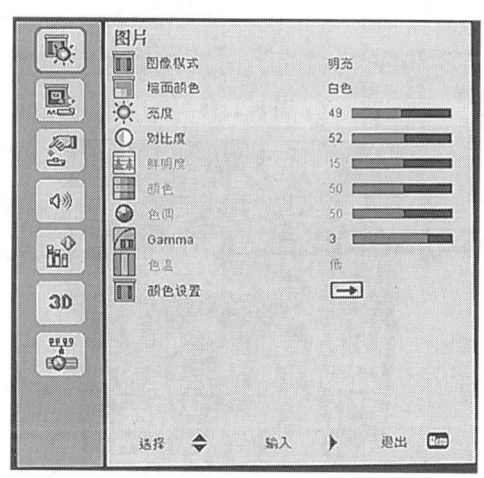

图 8.1.34

步骤3 ①按下箭头键▼,选择【对比度】,出现图 8.1.37 所示界面。②按右箭

头键▷。出现图 8.1.38 所示界面。③按左右箭头键◁▷调整对比度。④按【菜单】键退回到图 8.1.37 所示界面(见图 8.1.36)。

任务 7 激光投影机颜色的调整

步骤 1 ①按遥控器【菜单】键,弹出设置界面。②按遥控器上下箭头键▲▼,使加亮框跳到如图 8.1.40 所示的【图片】图标 上。③按右箭头键▷,出现如图 8.1.40 所示的界面。④按下箭头键▼,使加亮条跳到【颜色设置】,见图 8.1.40。⑤按右箭头键▷。出现图 8.1.42 所示界面。⑥按左右箭头键◁▷找到【红色】。⑦按上下箭头键▲▼,使加亮条跳到【色调】,见图 8.1.43 所示界面。⑧按左右箭头键◁▷进行调整(见图 8.1.39)。同理【饱和度】和【增益】都可以这样调整。

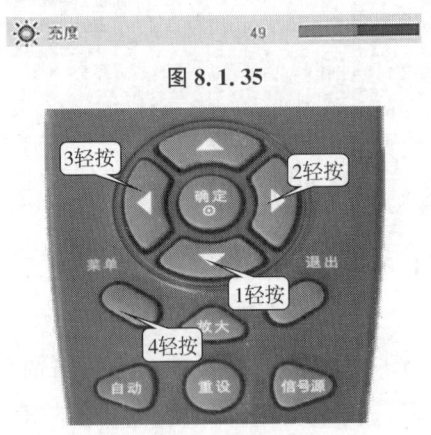

图 8.1.35

图 8.1.36

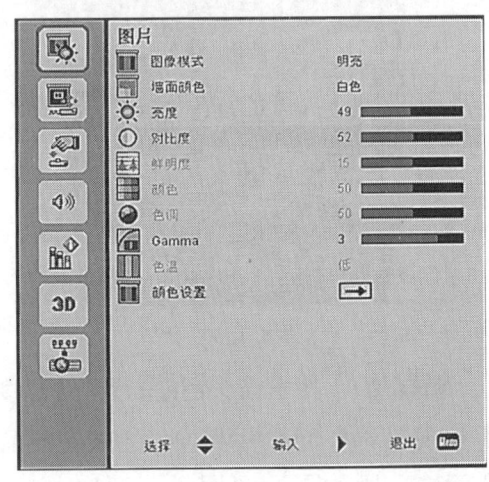

图 8.1.37

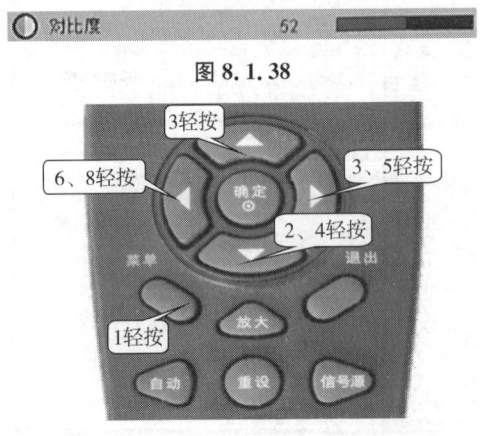

图 8.1.38

图 8.1.39

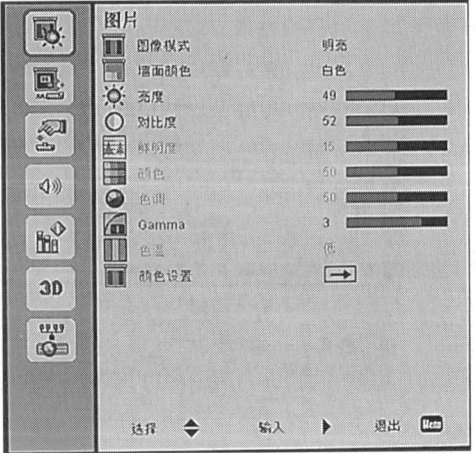

图 8.1.40

步骤 2 ①按上下箭头键▲▼把加亮条移到最上面,见图 8.1.44。②按左右箭

第8章 激光投影机

头键 ◁▷（见图8.1.41）找到【蓝色】，见图8.1.44界面。下面的调整方法与上面相同。同理，还可以调整【洋红】【绿色】和【黄色】。

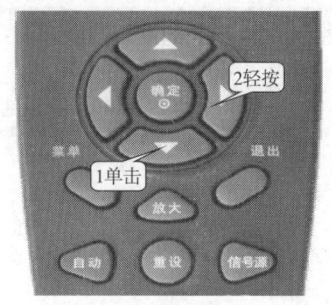

图 8.1.41

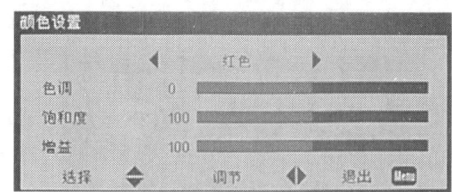

图 8.1.42

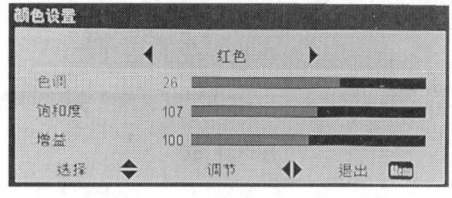

图 8.1.43

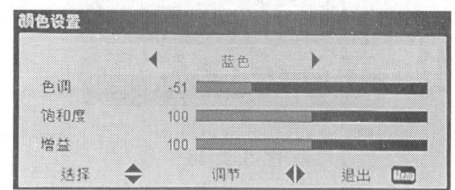

图 8.1.44

任务 8　激光投影机喇叭与麦克风音量的调整

步骤1　①按【菜单】键。②按下箭头键 ▽，使加亮框跳到如图8.1.46所示的【音量】图标 ◁» 上。③按右箭头键 ▷，出现图8.1.47所示界面。④按左右箭头键 ◁▷ 调整投影机喇叭音量。⑤按【菜单】键回到图8.1.46所示界面（见图8.1.45）。

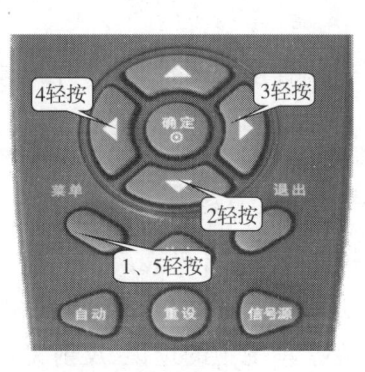

图 8.1.45

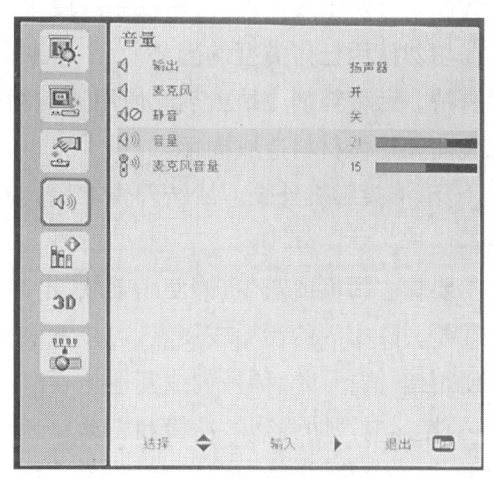

图 8.1.46

步骤2　①按下箭头键 ▽，使加亮框跳到如图8.1.49所示的【麦克风音量】。

277

②按右箭头键▶,出现图 8.1.50 所示界面。③按左右箭头键◀▶调整麦克风音量。
④按【菜单】键回到图 8.1.49 所示界面(见图 8.1.48)。

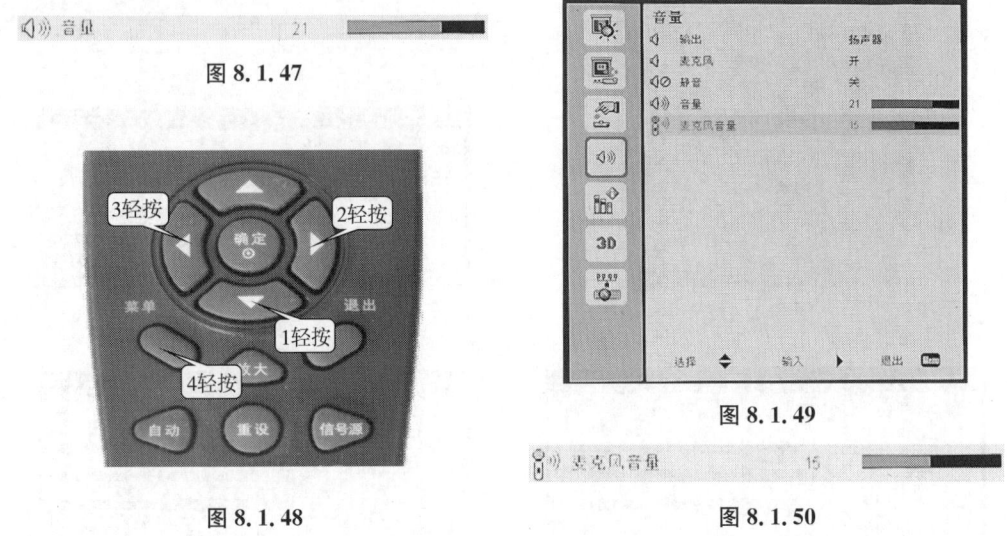

图 8.1.47

图 8.1.48

图 8.1.49

图 8.1.50

项目 2　投影机的基本维护与保养

对投影机的维护需要做到以下几点。
(1)清洁镜头。可在发觉镜头表面有污点或灰尘时清洁镜头,清洁的方法是:
①使用压缩空气罐来清除灰尘。
②如果有灰尘或污点,可用拭镜纸或湿软布沾些清洁剂轻轻擦拭镜头表面。
③切勿使用任何类型的磨砂百洁布、碱性/酸性清洁剂、去污粉或挥发性溶剂,例如酒精、苯、稀释剂或杀虫剂。使用这类物质或长时间接触橡胶或乙烯物质会对投影机表面和箱体材料造成损坏。
(2)清洁投影机外壳。清洁外壳之前,要按正确关闭程序关闭投影机,并拔掉电源线。
①要除去污垢或灰尘,请使用柔软、不起毛的布料擦拭外壳。
②要去除牢固的污垢或斑点,可用水和中性的清洁剂沾湿软布,然后擦拭外壳。切勿使用蜡、酒精、苯、稀释剂或其他化学清洁剂,这些物质会损坏外壳。
(3)搬运时严防强烈的冲撞和震动。因为强震能造成液晶片的位移,影响放映时三片 LCD 的会聚,出现 RGB 颜色不重合的现象,而光学系统中的透镜、反射镜也会产生变形或损坏,影响图像投影效果,而变焦镜头在冲击下会使轨道损坏,造成镜头卡死,甚至镜头破裂无法使用。

第 9 章

激光打印机

1971年11月,被人们誉为"激光打印机之父"的盖瑞·斯塔克维在施乐公司帕克研究中心研制出了世界上第一台激光打印机。1977年,施乐公司将9700型激光打印机投放市场,标志着打印机进入一个新的时代。

项目 1　激光打印机的选购

激光打印机(见图 9.1.1)是一种光、电、机一体、高度自动化的计算机输出设备。其结构较复杂,价格昂贵,但在打印精度、打印速度和设备的稳定性方面是办公设备中的佼佼者,深受办公用户的青睐。

近几年激光打印机的性能和质量稳步提高,价格却大幅下调,目前已在办公中广泛使用,并逐渐进入普通家庭。

图 9.1.1

任务 1　激光打印机的分类

按打印出的色彩划分,激光打印机可以分为黑白激光打印机和彩色激光打印机两大类。

按应用领域划分,激光打印机可分为家用激光打印机、中小企业激光打印机和高端商用激光打印机。家用激光打印机对输出质量要求不高,价格低廉;中小企业激光打印机侧重打印质量、双面打印和网络打印,价格要求适中;高端商用激光打印机侧重输出速度和输出质量,一般用于专业输出的打印部门或单位。

按打印输出速度划分,可将激光打印机分成三类:印刷速度小于20页/分钟的低速激光打印机、印刷速度在20～80页/分钟的中速激光打印机和印刷速度大于80页/分钟的高速激光打印机。

任务 2　激光打印机的主要技术指标

激光打印机由于噪声小(一般低于50dB)、打印速度快、分辨率高,因此成为目前办公自动化和激光印刷系统的主要打印设备,同时也是计算机网络的共享打印设备。其主要技术指标如下。

1. 分辨率

一般来说,激光打印机的价格随其分辨率、幅面不同而有很大的差别。在购买时建议首先考虑实际使用激光打印机所做工作的性质,再选择分辨率合适的激光打印机。市场上流行的激光打印机的分辨率有118印点/CM(300dpi)、157印点/CM(400dpi)和236印点/CM(600dpi)。少数激光打印机的分辨率可以达到1200dpi。如果只需要激光打印机打印常见的办公文件、图表、报表等,建议选择118印点/CM(300dpi)的激光打印机即可。

2. 打印速度

目前,一般台式激光打印机的输出速度约为15～20页/分钟。影响打印速度的因素一般有:主机CPU性能、应用软件、打印机驱动程序、数据通信方式等。

3. 内存

当进行打印时,信息是从计算机上被读取到打印机中的。如果打印内容多,打印机就不得不分步读取信息。因此,打印机内存越大,读取的内容就越多,从而可以提高打印速度。小型办公环境下,主流的激光打印机内存在4MB以上。

4. 最大打印幅面

激光打印机绝大部分都是A4幅面的,也有少量的激光打印机是A3幅面的,但是这种打印机价格非常昂贵。

任务 3　激光打印机的特点

与针式打印机和喷墨打印机相比,激光打印机有下列明显的优点。

1. 高分辨率

激光打印机的打印分辨率最低为300dpi,此外还有400dpi、600dpi、800dpi、1200dpi,以及2400dpi。

2. 高速度

激光打印机的打印速度一般为 15 页/分钟,有些激光打印机的打印速度高达 33 页/分钟。

3. 噪声低

噪声一般在 50dB 以下,非常适合在安静的办公场所使用。

项目 2　激光打印机的安装和使用

任务 1　激光打印机的安装

以某激光打印机为例,打印机的电源插座、数据线插座和电源开关均在打印机的背面。

步骤 1　将打印机电源线的一端插到打印机背部的电源插座上,另一端插到交流电源插座上,见图 9.2.1。

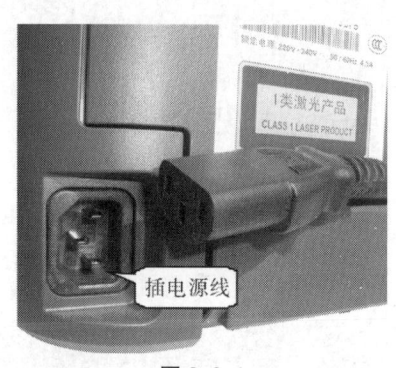

图 9.2.1

图 9.2.2

步骤 2　将数据线一端插到打印机的数据线插口上,另一端插到计算机的 USB 接口上,见图 9.2.2 和图 9.2.3。

任务 2　激光打印机驱动程序的安装

完成激光打印机的硬件连接后,还必须安装打印机驱动程序,只有正确的安装好打印机驱动程序后,才能正常打印。安装打印机驱动程序的方法如下。

步骤 1　将随机赠送的打印机驱动光盘放入光驱,会出现图 9.2.4 所示的安装界面。

步骤 2　单击【HL-2140】(见图 9.2.4),出现图 9.2.5 所示界面。

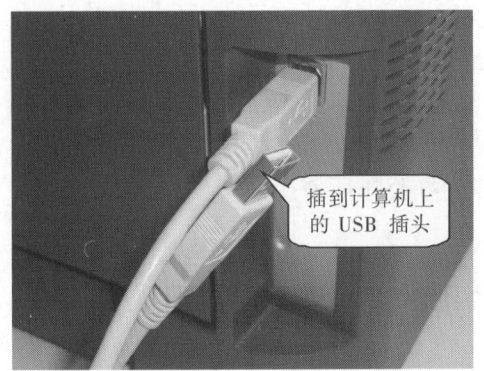

图 9.2.3　　　　　　　　　　　　　　图 9.2.4

步骤3　单击【选择语言/中文】(见图 9.2.5),出现图 9.2.6 所示界面。

步骤4　单击【USB 电缆用户】(见图 9.2.6),出现图 9.2.7 所示界面。

注意:如果此时打印机数据线是接上的,要把它暂时拔下。

步骤5　单击【安装打印驱动程序】(见图 9.2.7)出现图 9.2.8 所示界面,开始安装驱动程序,在图 9.2.8 所示的进度条结束后,出现图 9.2.9 所示界面。

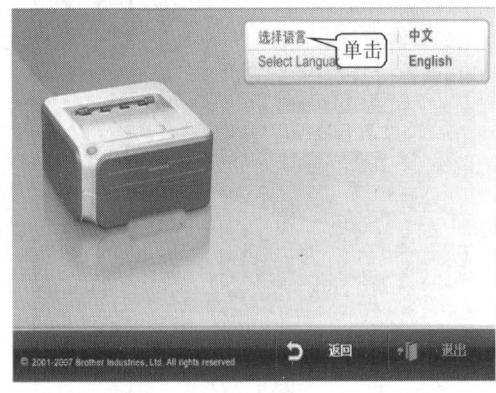 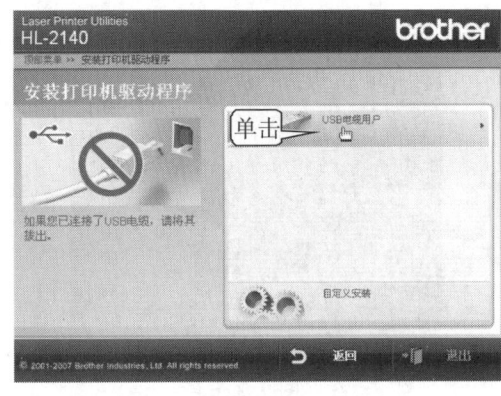

图 9.2.5　　　　　　　　　　　　　　图 9.2.6

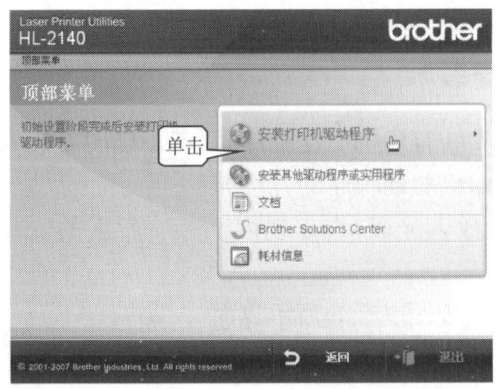 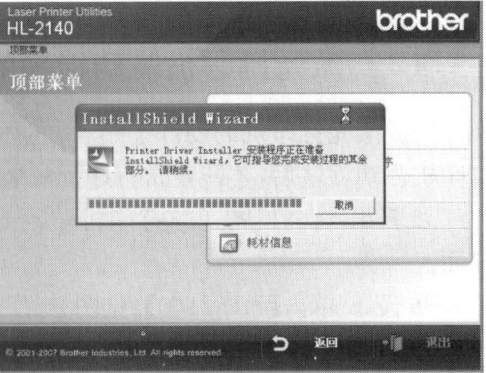

图 9.2.7　　　　　　　　　　　　　　图 9.2.8

第9章 激光打印机

步骤6 单击【是】(见图9.2.9)出现图9.2.10所示界面。在图9.2.10所示的进度条结束后,出现图9.2.11所示界面。

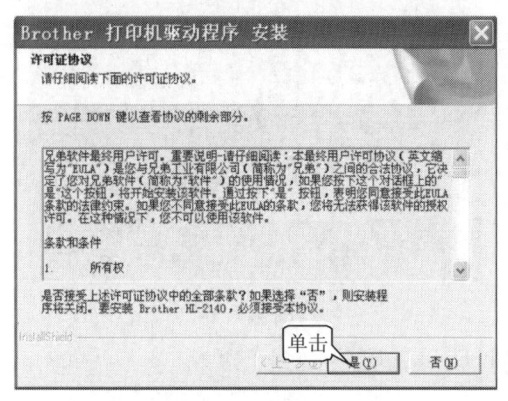

图9.2.9

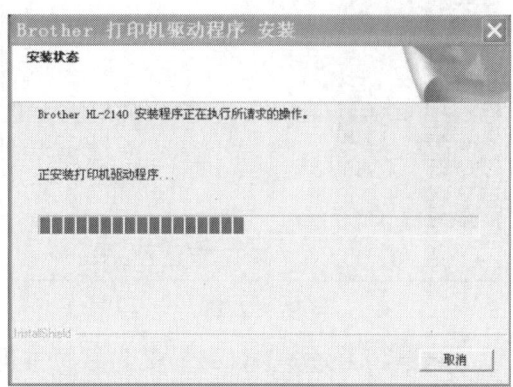

图9.2.10

步骤7 按图9.2.11所示界面中的要求,打开打印机电源,接好数据线,单击【下一步】,出现图9.2.12所示界面。在图9.2.12所示界面中的进度条结束后,出现图9.2.13所示界面。

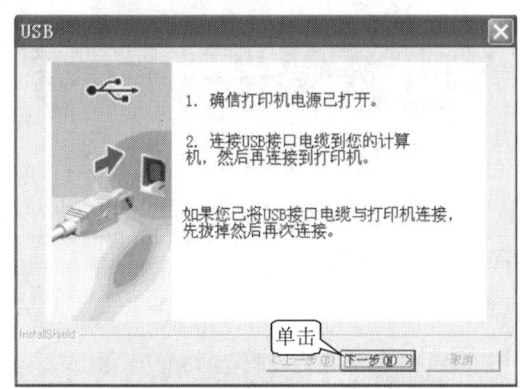

图9.2.11

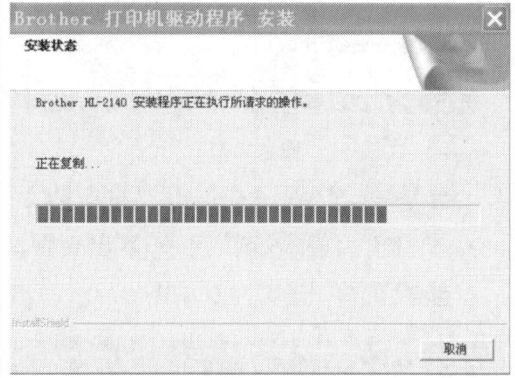

图9.2.12

步骤8 单击【完成】(见图9.2.13)。

在完成了打印机的硬件连接和驱动程序安装后,就可以使用打印机了。

任务 3 激光打印机的使用

步骤1 打开打印机背面的电源开关,参见图9.2.14。

步骤2 ①从打印机前方底部拉开纸匣。②调整导纸板的宽度,使其与放入的纸张等宽,见图9.2.15。

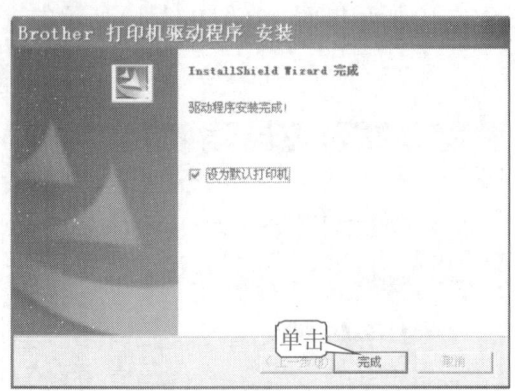
图9.2.13

图9.2.14

步骤3 ①放入 A4 纸。②将纸匣推进打印机，见图 9.2.16。

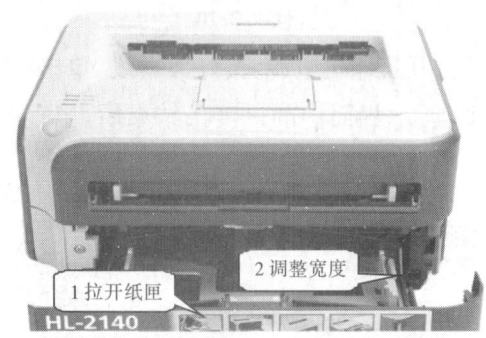

图9.2.15　　　　　　　　　　　图9.2.16

步骤4 在 Word 中打开要打印的文档。

步骤5 单击【文件\打印】，出现图 9.2.17。

步骤6 单击【属性】（见图 9.2.17）出现图 9.2.18。

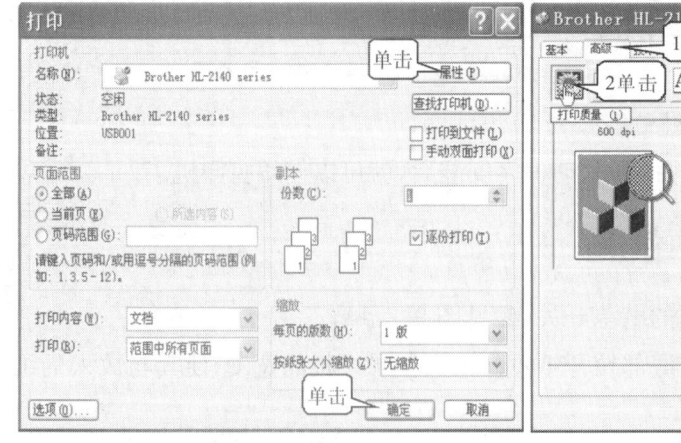

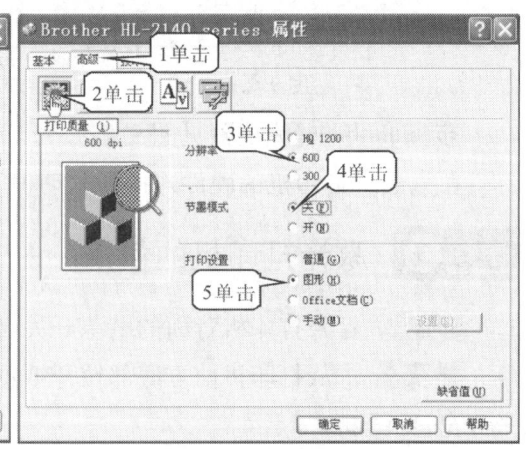

图9.2.17　　　　　　　　　　　图9.2.18

步骤7 ①单击【高级】选项卡。②单击【打印质量】选项卡。③单击【600】单选钮,设置可以打印带有照片的文档(如果想打印带有照片的文档,要选择该项或 HQ1200 项)。④单击【关】单选钮,设置关闭节墨功能。⑤单击【图形】单选钮(见图 9.2.18),设置可以打印带有照片的文档。上述设置也可以用于打印普通的不带照片的文档。

步骤 8 ①单击【双面打印】选项卡。②单击勾选【手动双面打印】复选框。③单击【左边翻页】单选钮(见图 9.2.19),设置用手动方式进行双面打印。

步骤 9 ①单击【水印】选项卡。②单击勾选【使用水印】复选框,如果不想要水印,可以不勾选【使用水印】复选框。③单击【绝密】,用以设置在打印的文档中增加【绝密】水印的字样。④单击【确定】(见图 9.2.20),回到图 9.2.17 所示界面。

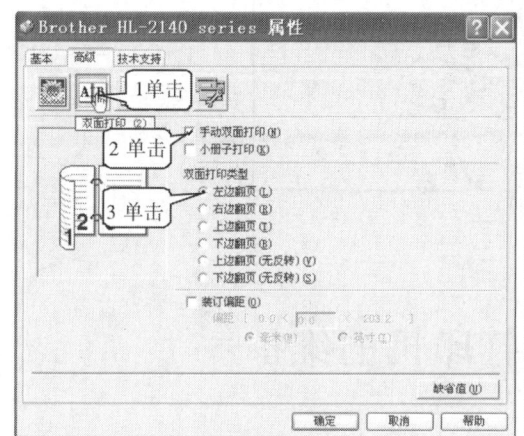

图 9.2.19

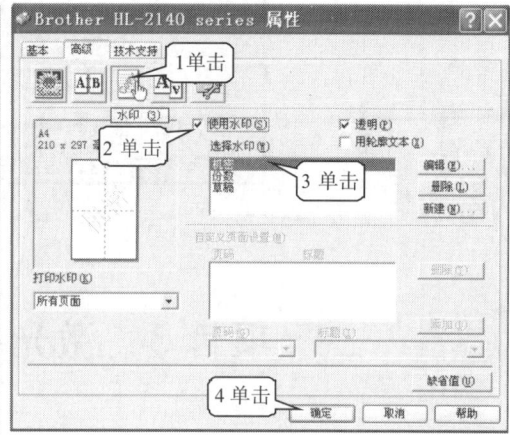

图 9.2.20

步骤 10 单击【确定】(见图 9.2.17),出现图 9.2.21 所示界面。

步骤 11 单击【确定】(见图 9.2.21),则打印机开始打印偶数页,打印的稿件从打印机顶部出纸,见图 9.2.22。偶数页打印好后,出现图 9.2.23 所示界面。

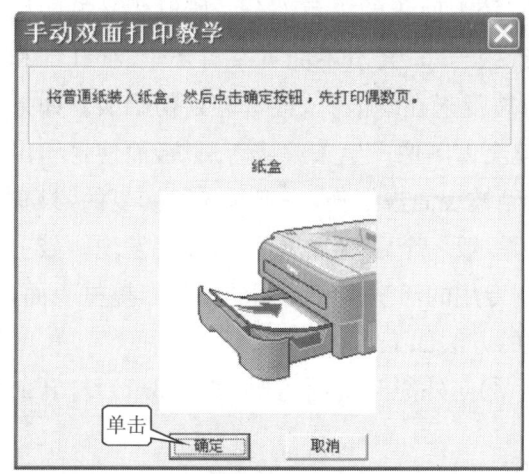

图 9.2.21

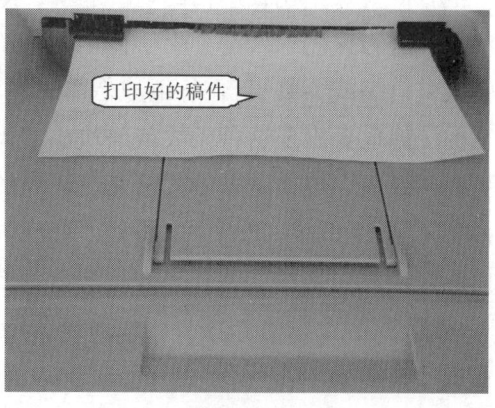

图 9.2.22

步骤 12 将打印好的偶数页按照图 9.2.23 提示的方向整理好,正面朝上,重新放入纸匣,然后单击确定(见图 9.2.23)。打印机便开始打印奇数页的内容。最终实现了双面打印。

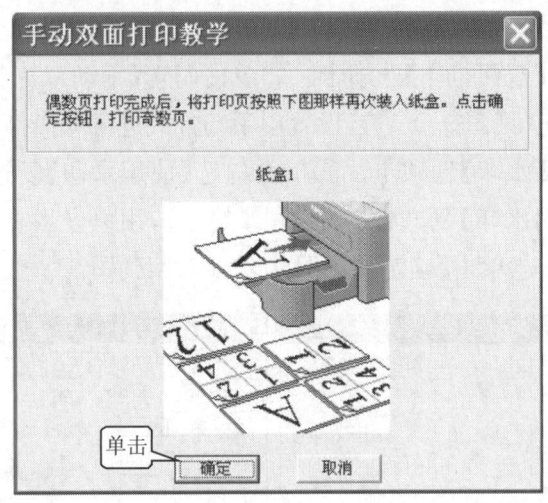

图 9.2.23

项目 3 激光打印机的维护

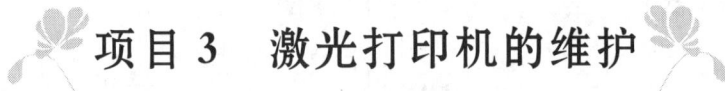

任务 1 硒鼓的维护

激光打印机使用过程中要特别注意纸张的使用,因为激光打印机里面的重要部件是硒鼓,硒鼓的寿命是有限的。如果硒鼓被弄脏或者被划伤,则打印机打印出来的稿件就会不清楚或者有多道条文,甚至会有较大面积的黑色部分。所以激光打印机对纸张的要求是比较严格的,主要是要求纸张干净、光滑不能夹杂有灰尘、纸纤维和沙粒。因为这些东西都会由于静电效应而被吸附在硒鼓上,或者会划伤硒鼓。如果硒鼓被划伤或弄脏了,在静电成像的时候就会使图像产生条纹或者斑块,而使打印出来的图像也会出现这种条纹或斑块。如果硒鼓表面被划伤,一般是无法修复的,只有更换硒鼓。而更换硒鼓的代价是比较高的,一般一个硒鼓要几百元,如果发现硒鼓上粘有灰尘、纸纤维,我们可以将硒鼓取出,用专用的清洗剂和专用的清洁布擦拭表面,使硒鼓恢复原来的光洁和亮度。清洁硒鼓的方法如下。

步骤 1 ①两手扣住打印机前盖两侧。②向外掰开机前盖(见图 9.3.1),打开前盖后的情形见图 9.3.2。

第9章 激光打印机

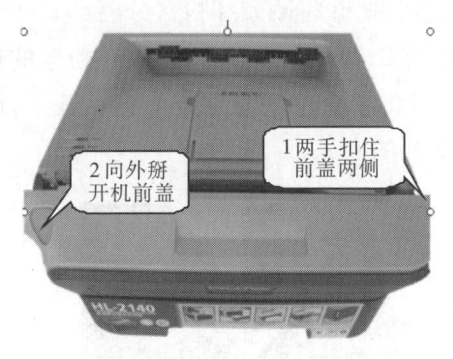

图 9.3.1

图 9.3.2

步骤 2 用手握住硒鼓和粉盒组件的把手,向外用力拉出硒鼓和粉盒组件(见图 9.3.3)。

步骤 3 按住组件左侧的小按钮,握住粉盒的把手向上提,就可以分离硒鼓和粉盒(见图 9.3.4),分离后的硒鼓和粉盒见图 9.3.5 和图 9.3.6。

步骤 4 用专用的清洁剂和清洁布擦拭硒鼓的表面,见图 9.3.5。

图 9.3.3

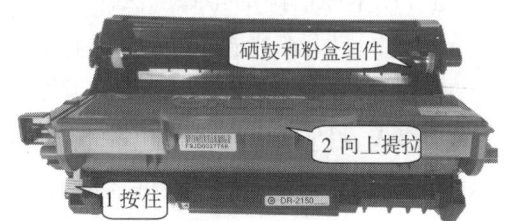

图 9.3.4

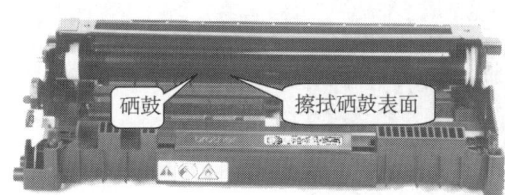

图 9.3.5

图 9.3.6

任务 2 添加碳粉

粉盒内的碳粉在使用一段时间后会被用完,这就需要及时添加碳粉,当发现打印的文稿字迹变淡,甚至看不清楚时,一般来讲就表示碳粉已经被用完了,需要及时补充碳粉,以保证打印机能继续使用。添加碳粉的方法如下。

步骤 1 按上面介绍的方法取出硒鼓和粉盒组件,并将硒鼓和粉盒分离。

步骤 2 将粉盒竖起,打开粉盒右侧的小盖,用纸做一个小漏斗,并放在粉盒的加粉口上,将碳粉倒入小漏斗,最后盖上小盖。然后将粉盒水平拿在手上摇动几下,使粉盒内的碳粉均匀地平铺在粉盒内,见图9.3.7和图9.3.8。

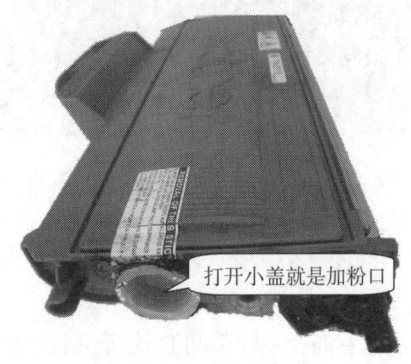 

图 9.3.7　　　　　　　　　　　　图 9.3.8

任务 3　卡纸故障的排除

卡纸是打印机中常遇到的故障,所以学会排除卡纸故障的方法是非常必要的。下面就介绍卡纸故障的排除方法。

步骤 1 打开激光打印机上部的前盖,见图9.3.1。

步骤 2 取出硒鼓和粉盒组件,见图9.3.4。

步骤 3 用手或者镊子取出被卡在打印机内部的纸张,见图9.3.9。

步骤 4 将硒鼓和粉盒组件还原,并盖上前盖。

图 9.3.9

第10章 数码复印机

项目1 数码复印机的选购与使用

数码复印机(见图10.1.1)是20世纪80年代发展起来的新一代复印机。它与传统的模拟式复印机不同,应用了数字化图像处理技术,因此使复印机具有了一些新的特殊功能。它通过电荷耦合器件(即CCD)将原稿的模拟图像信号通过光电转换变成数字信号,然后将经过数字处理的图像信号输入激光调制器,调制后的激光束对被充电的感光鼓进行扫描,在感光鼓上产生静电潜像,再经过显影、转印、定影等步骤,完成整个复印过程。数码复印机相当于把扫描仪和激光打印机融合在一起。同样由于它是通过激光扫描成像的,因此它既是一台独立的复印设备、又可作为输入/输出设备与计算机以及其他办公自动化设备联机使用,亦可成为网络的终端。数码复印机的出现是对传统复印概念的突破,为复印技术的发展开辟了新路。

图 10.1.1

任务 1 数码复印机的选购

1. 数码复印机的分类

数码复印机按颜色划分,可分为单色和彩色两种;按成像原理划分,可分为数码复印机和模拟复印机两种。其中模拟复印机已渐渐地退出市场,取而代之的是功能更强大的数码复印机。

2. 数码复印机的特点

(1) 一次扫描,多次复印:数码复印机只需对原稿进行一次扫描,便可一次复印达 999 次之多。因为减少了扫描次数,所以减少了扫描器产生的磨损总量及噪声总量,同时减少了卡纸的机会。

(2) 整洁、清晰的复印质量:具有文稿、图片/文稿、图片、复印稿、低密度稿、浅色稿等多种模式,充分保证了复印品的整洁、清晰。

(3) 电子分页:一次复印,分页可达 999 份。

(4) 先进的环保系统设计:无废粉、低臭氧、自动关机节能,图像自动旋转,减少废纸的产生。

(5) 强大的图像编辑功能:具有自动缩放、单向缩放、自动启动、双面复印、组合复印、重叠复印、图像旋转、黑白反转、25%~400%缩放倍率。

3. 数码复印机的主要技术指标

(1) 复印速度:中端数码复印机一般在 25 张/分钟~35 张/分钟,低端的一般在 15 张/分钟左右。因此购买之前应分析一下大概的复印量是多少、复印高峰期每小时要复印的份数有多少,这些数据将决定购买何种档次的复印机,然后根据分析结果来选购机型。

(2) 复印精度:复印精度由扫描分辨率和输出分辨率决定。扫描分辨率可以保证输出原稿的清晰度。对于黑白数码复印机来说,一般为 600dpi。目前的数码复印机的输出分辨率都在 600dpi 以上。主流数码复印机已经达到了 1200dpi,甚至 2400dpi。其中 600dpi 已经可以满足普通文本和图像的复印输出,而 1200dpi 的分辨率对于日常办公来说绰绰有余。

(3) 复印幅面:主流的数码复印机都具有 A3 以上幅面的复印能力,而目前低端便携机的复印幅面多为 A4,还有 A0 幅面的机器可以复印工程类图纸。

(4) 特殊功能:具有按特定比例缩放复印、双面复印、多份原稿一次性成套复印等功能,具备送稿器、双面器、分页装订器。

4. 数码复印机的价格

数码复印机的价格差异较大,从几千元到几万、十万不等。机器的价格会因为复印速度(价格 10 万的复印速度可达 A4:82 张/分钟)、复印精度(价格 10 万的复印分辨率可达 1800×600dpi)、是否自动翻页、是否双面复印、缩放比例大小、是否有送稿器、连续复印数(价格 10 万的可达 9999 张)、纸盒的多少(价格 10 万的可达 500 张纸盒两个、1500 张纸柜两个、100 张手送纸盒)等而不同。

任务 2　数码复印机的使用

下面以京瓷 KM-2050 数码复印机为例介绍复印机的使用方法。

1. 装纸

复印前,请在适当的纸盒中放置复印纸。该款复印机有两个纸盒,分别是可以放置 A3 复印纸的 A3 纸盒,以及可以放置 A4 复印纸的 A4 纸盒,见图 10.1.2。

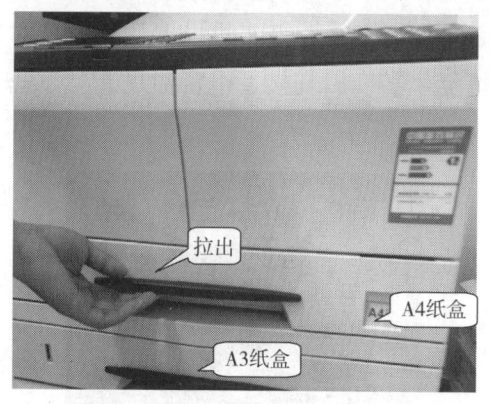

图 10.1.2

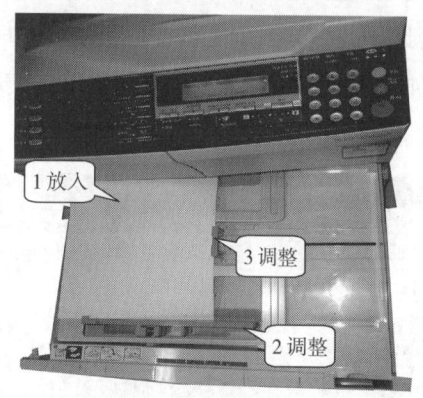

图 10.1.3

步骤 1 拉出 A4 纸盒,见图 10.1.2。

步骤 2 ①将 A4 纸放入纸盒当中,注意要将纸张整齐地放在盒内。②调整纵向导纸板,使其紧贴复印纸。③调整横向导纸板,使其紧贴复印纸(见图 10.1.3),关闭 A4 纸盒。

步骤 3 拉出 A3 纸盒,见图 10.1.2。

步骤 4 ①将 A3 纸放入纸盒当中,注意要将纸张整齐地放在盒内。②调整纵向导纸板,使其紧贴复印纸。③调整横向导纸板,使其紧贴复印纸(见图 10.1.4),关闭 A3 纸盒。

2. 复印

步骤 1 打开电源开关,使复印机预热 25 秒左右。

步骤 2 ①打开复印机上盖。②将要复印的原稿有内容的一面朝下,放在复印机的玻璃稿台上,然后盖上复印机上盖,见图 10.1.5。注意要把原稿的左上角与玻璃稿台的左上角对齐。这样可以确保复印后的稿件内容在复印纸的正中位置。确保不会发生复印后的稿件在复印纸上发生偏离,或者是只复印了稿件的一部分的现象。

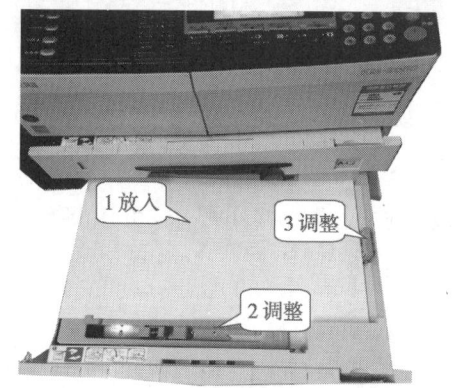

图 10.1.4

图 10.1.5

步骤3 按数字键盘上的数字键,输入相应的份数,则液晶显示屏上就会显示要复印的份数,见图10.1.6。图10.1.7中【停止/清除】键的作用是在输入的数字不对时,通过按【停止/清除】键,清除刚刚输入的数字。这个键还可以用于在复印过程中,人为地中止复印。而【复位】键的作用是在我们做好各项复印前的设置后,开始复印前,如果发现设置有较大的错误,就可以通过【复位】键,回到接通电源时的初始状态,以重新进行设置。

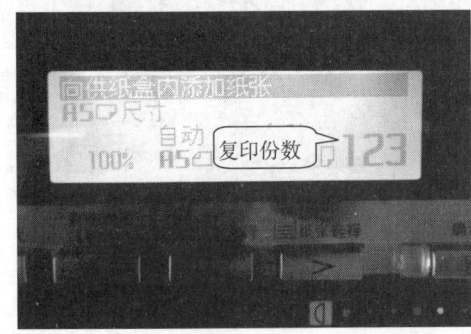

图10.1.6

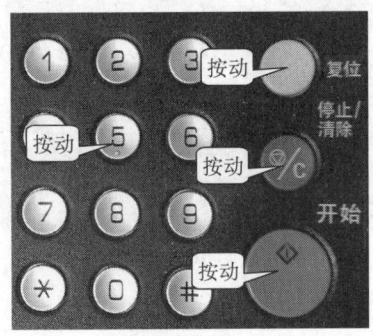

图10.1.7

步骤4 ①按【纸张选择】键,选择是用A4纸盒中的纸,还是用A3纸盒中的纸来复印稿件,注意原稿的大小不能大于你所选择的纸盒中纸张的大小。②按【原稿尺寸选择】键。③按【▲】和【▼】键,用来选择原稿的尺寸,以告诉复印机原稿的尺寸大小,同时液晶屏上会显示原稿尺寸,见图10.1.9。④按【确认】键(见图10.1.8)。

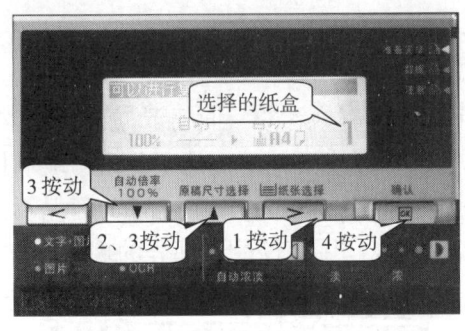

图10.1.8

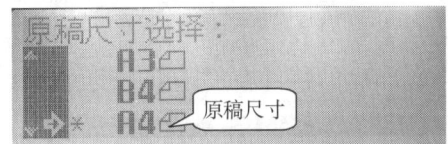

图10.1.9

步骤5 ①按【＞】键,可以连续增加缩放比例(25%～200%),见图10.1.11。②按【＜】键,可以连续减小缩放比例(25%～200%)。我们可以根据需要用上述两个键来设定原稿的放大或缩小比例。如果对原稿没有放大或者缩小要求,可以将放大和缩小的比例设为100%。③按【确认】键(见图10.1.10)。

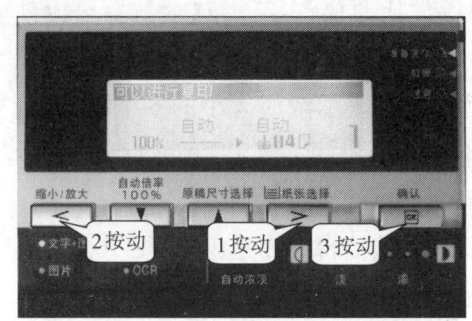

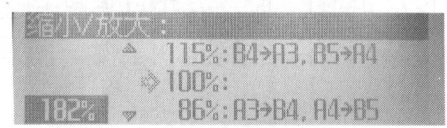

图 10.1.10　　　　　　　　　　图 10.1.11

步骤6　①按【缩小/放大】键。②按【自动倍率】键。③按【▼】键(自动倍率),可以对原稿进行分等级缩小,具体有下列几个等级:100%、86%、81%、70%、50%、25%。按动该按键,液晶屏上会有一个箭头在这几个固定等级上跳动选择,箭头所指的数字就是所设定的缩小比例等级。④按【▲】键(原稿尺寸选择),可以对原稿进行分等级的放大,具体有下列几个等级:115%、122%、141%、200%(见表10.1.1)。按动按键,液晶屏上会有一个箭头在这几个缩放等级上跳动,箭头所指的数字就是所设定的放大等级,见图10.1.13(见图10.1.12)。⑤按【确认】键(见图10.1.12)

表 10.1.1

缩放等级	规格变化规律	缩放等级	规格变化规律
200%	A5→A3	86%	A3→A4,A4→B5
141%	A4→A3,B5→B4	81%	B4→A4,B5→A5
122%	A4→B4,A5→B5	70%	A3→A4,B4→B5
115%	B4→A3,B5→A4		

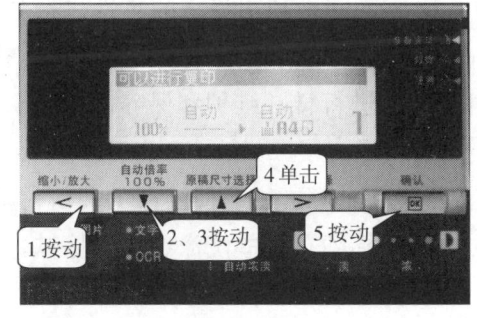

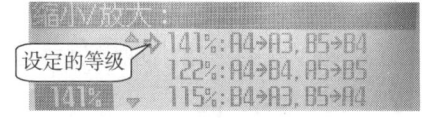

图 10.1.12　　　　　　　　　　图 10.1.13

用分级设置放大缩小,可以方便我们对原稿按常用纸张规格进行放大和缩小。例如,如果要把A4规格大小的图像放大复印到A3规格大小的纸上,或把B5规格大小的图像放大复印到B4规格大小的纸上,我们就可以将分级比例设为:"141%:A4→A3,B5→B4",见图10.1.13。表10.1.1给出了各个缩放等级对应的规格变化规律。

步骤7　①按【浓】键,可以使复印出来的稿件比原稿深。②按【淡】键,可以使复印出来的稿件比原稿浅。我们可以根据需要来设置复印件的深浅,如果原稿的深浅符合要求的话,就不需要进行浓淡设置了。面板上有表示浓淡大小的6个指示灯,当中间的指示灯亮时表示对原稿的复印既不加深也不调浅。当右边的灯亮时表示加深,当左边的灯亮时表示调浅(见图10.1.14)。

步骤8　按【启动】键,开始复印,复印后的成品从稿台下面送出,见图10.1.15。

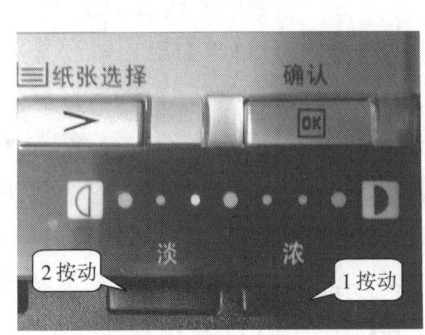

图10.1.14

图10.1.15

项目2　数码复印机的基本维护与保养

数码复印机是集光学、机械、电子技术为一体的精密办公设备,通过使用颗粒小的静电墨粉,利用静电原理,在感光材料上形成静电潜像,使微小的墨粉附在感光材料上,再将其转印到纸上,从而得到复印副本。这个工序是利用静电的特性进行的。因此,机器内部的传动部件、光学部件,以及高压部件上容易附着纸屑、漂浮的墨粉等,这些会影响复印的质量。所以用户需要对复印机进行日常维护和保养,下面介绍日常维护和保养的几个方面及注意事项。

(1)清洁盖板:由于盖板接触各种原稿且被手抚摸,因此,容易使洁白的塑料衬里变黑,造成复印件的边角出现黑色污迹。此时可以用棉纱布蘸些洗涤剂反复擦拭,然后用清水擦拭,再擦干。

注意:不要用酒精、乙醚等有机溶剂擦拭清洁。

(2)清洁稿台玻璃:由于稿台玻璃容易受到稿件和手的沾污,同时也容易被划伤,所以应定期清洁保养才能保证良好的复印效果。在工作中要避免用手直接接触稿台玻璃,如有装订,应将原稿上的大头针、曲别针、订书钉等拆掉,并放在指定位置。涂改后的原件一定要等到涂改液干了以后再复印。清洁稿台玻璃时,应避免用有机溶剂擦拭。稿台玻璃上涂有透光涂层和导电涂层，这些涂层不溶于水，而溶于有机物质。

(3)清洁内部机电系统：内部机电系统因长时间在高压下工作，吸附了大量的粉尘，从而造成电子元件间的电阻率降低，可能引起电流击穿电子元件，烧毁线路板，也可能会造成光学系统、机械系统、进纸系统、出纸系统的各种故障，所以要定期进行清洁。另外还需要在必要的部件上加注润滑油。以上的这些清洁工作应请专业技术人员定期进行。

(4)更换部件：复印机中有一些易耗性零件（如：清洁刮片、电极丝、分离爪(片)、搓纸轮等，这些零件在保修期内不属于免费更换部件），在复印到一定张数后，由于磨损，可能需要进行必要的更换。而这类维修及零配件费用的支出，是正常的，不应认为是设备的质量问题。另外复印机的硒鼓也是有寿命的，当印数达到一定张数后，复印的质量就会严重下降，稿件上会出现黑色条纹或大面积的黑色斑块，这时就可以考虑更换硒鼓。由于硒鼓的价格较为昂贵，所以更换时要准确地判断故障的原因是否是硒鼓老化。

(5)复印机的耗材是墨粉和纸，墨粉是放在复印机的粉盒中的。粉盒容量有限，在使用一段时间后墨粉就会被用完。当我们发现复印的字迹变淡时，应及时添加墨粉，添加墨粉的方法也很简单，只要打开复印机的前盖，将墨粉盒取出，再将墨粉倒入粉盒即可。

另外复印纸的选用也很重要，一定要选专用的优质复印纸，不要选用普通纸张和劣质的复印纸。因为专用的复印纸是经过一定处理的，上面不会有纸屑和灰尘，更不会有砂粒，可以保护复印机的硒鼓。而复印纸上的纸屑、灰尘和砂粒会通过静电的作用吸附到硒鼓上，造成硒鼓的污染，甚至划伤硒鼓，造成复印稿件上出现各种条纹，因此，选用优质的复印纸是非常重要的。另外还需要注意复印纸一定要放在干燥的地方，如复印纸含水量过大，墨粉就不能完全粘在纸上，造成复印品的图像暗淡。复印机对复印纸的挺度也有一定要求。挺度是指复印纸的坚挺程度，是保证复印过程中不发生卡纸的重要因素。挺度过低，会使纸张在复印传输过程中起皱阻塞通道，出现卡纸故障。

(6)用户要学会处理卡纸故障的方法，因为它是常见的故障，而复印纸的湿度过大、不平整、挺度不够等原因都会造成卡纸。所以只有及时排除卡纸故障，才能使复印机正常工作。排除卡纸故障的方法也比较简单，只要打开复印机的侧板或者抬起复印机的机头，就可以看到卡在复印机中的纸张了。取出这些卡住的纸张，就可以使复印机正常工作了。如果发现是纸张质量问题造成卡纸，要及时更换纸张。

第11章 数码相机

项目1 数码相机的选购与使用

数码相机(Digital Camera,DC)是数码照相机(Digital Still Camera,DSC)的简称,又名数字式相机,是一种利用电子传感器把光学影像转换成电子数据的照相机,如图11.1.1和图11.1.2所示。它集成了影像信息的转换、存储和传输等部件,具有数字化存取模式、与电脑交互处理和实时拍摄等特点。

与普通照相机在胶卷上靠溴化银的化学变化来记录图像的原理不同,数码相机的传感器是一种光感应式的电荷耦合器件(CCD)或互补金属氧化物半导体(CMOS),这种成像元件的特点是,在光线通过时,能根据光线的不同转化为相应的数字信号,数字信号通过影像运算芯片储存在存储设备(闪存)中。

图 11.1.1

图 11.1.2

任务 1 数码相机的选购

1. 数码相机的分类

根据用途划分,数码相机可分为单反数码相机、普通数码相机和长焦数码相机三类。在日常生活中,使用最为普遍的是普通数码相机。下面就简单介绍一下上述三类数码相机。

(1)单反相机:即单反数码相机,指的是单镜头反光数码相机,英文缩写为DSLR,是数码相机中的高端产品,一般为摄影专业人士所用。单反数码相机最大的特点就是镜头可拆卸,可以换上不同规格的镜头,使其具有不同的性能。例如,广角镜头,焦距短、视角较宽,而景深却很深,比较适合拍摄较大场景的照片,如建筑、风景等题材;如果换上长焦镜头,就可以用来拍摄较远的景物。这一点是单一镜头的普通数码相机所不能比拟的。

(2)普通数码相机:普通数码相机不是专业的照相设备,分为普通机型和卡片机。卡片机镜头小,成像质量会比普通机型差一点,不过普通用户是分辨不出来的。

(3)长焦相机:即长焦数码相机,指的是具有较大光学变焦倍数的机型。其光学变焦倍数越大,能拍摄的景物就越远。长焦数码相机和望远镜的原理相似,均通过镜头内部镜片的移动而改变焦距。镜头越长的长焦相机,内部的镜片和感光器移动空间就越大,变焦倍数也更大。

2. 数码相机的主要指标

(1)像素。像素是衡量数码相机的最重要指标之一。像素指的是构成数码相机中一幅图像的点,如图 11.1.3 所示。数码相机中一幅图像就是由很多纵横整齐排列的像素点构成的。

相机里的光电传感器上有很多的光敏元件,一个光敏元件对应一个像素点,光敏元件数目越多,对应的像素点就越多,图像也就越清晰。因此像素越大,意味着光敏元件越多,相应的成本就越大。一般数码相机中使用的成像器件有CCD(电荷耦合器件)和CMOS(互补金属氧化物半导体)。真实的感光元件图片如图 11.1.4 所示。

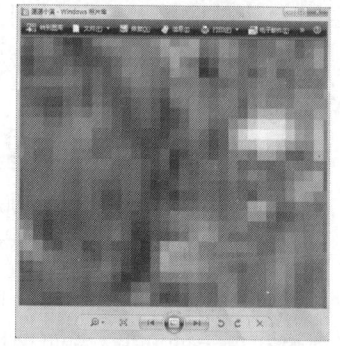

图 11.1.3

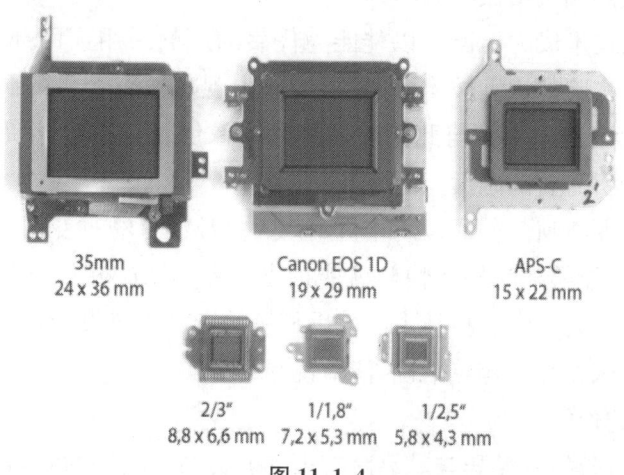

图 11.1.4

数码相机的像素数指标表示方法：一是物理像素，它指的是数码相机所选用的CCD上面的感光单元个数，也称为CCD像素数；二是有效像素数，由于镜头设计等方面的原因，CCD上面的所有像素只有部分被利用，被利用的这部分的像素数目称为有效像素数。数码相机最后的成像由有效像素决定，表示为照片长宽两边的像素数的乘积。中文全称为图像元素。

像素是构成数码影像的基本单元，通常以每英寸上的像素数（PPI）为单位来表示影像分辨率的大小。

例如，1200×1200PPI分辨率，即表示水平方向与垂直方向上每英寸长度上的像素数都是1200，也可表示为一平方英寸内有1200×1200个像素。

（2）镜头。数码相机镜头的变焦倍数直接关系到数码相机对远处物体的抓取水平。数码相机变焦越大，能拍清楚的物体就越远，反之亦然。数码相机变焦分为光学变焦（物理变焦）和数码变焦。其中真正起作用的是数码相机的光学变焦，数码变焦只是使被摄物体在取景器中显得大点，对物体的清晰程度没有任何作用，要注意区分。数码相机镜头口径也需要注意。口径小的数码相机，即使再大的像素，在光线比较暗的情况下也拍摄不出好的效果。

（3）液晶取景器。数码相机液晶取景器的主要要求就是亮度要够高，像素要够大，还有面积也要大，现在比较流行的是2.5寸到3寸。

3. 数码相机的新特点

随着数码相机技术的高速发展，普通数码相机除了大家所知道的机型小巧、携带方便、机身超薄等特点之外，那些以往只配备于专业单反相机的高端的技术与性能，也已经成为数码相机的主流配置。

（1）液晶显示面积增大。目前数码相机的液晶屏实现了真正的大画面，有效解决了视角和显示问题，方便拍摄和回放。当然大屏幕也有负面影响，尺寸变大使得功耗上升，影响了数码相机拍摄的时间。

（2）脸部识别技术成为标配。以佳能为代表的厂商采用了面部优先技术。所谓面部优先技术，或称脸部识别技术，即只要人脸出现在数码相机的画面中，几乎是瞬间，图像引擎就能识别出来。与此同时，对焦、图像优化等也已经完成，只需按下快门，瞬间就能拍下所需要的画面，几乎没有时滞。

（3）光学防抖保清晰。普通数码相机用户大多都没有经过专门的摄影培训，因此他们需要的是一台能够随时按下快门就能拍出清晰画面的相机，但这仅靠面部优先技术还是不够，还需要光学防抖技术。数码相机的光学防抖设计，让普通用户也能像摄影高手一样，张张相片都焦点准确，清晰锐利。

4. 数码相机的价格

普通数码相机价格的差异与其品牌有很大的关系。国外的知名品牌有日本的佳能、尼康、索尼、富士、松下和韩国的三星等。这些品牌的普通消费级自动相机的主流机型的价位一般在1000～4000元。专业使用的数码相机价格在5000～60000元。大家在选购数码相机的时候,应该购买最适合自己的,而不是盲目追求品牌。

任务 2 数码相机的基本使用

本任务以某微型单反相机为例进行讲解。

1. 安装镜头

步骤 1 取下镜头保护盖和机身上的镜头保护盖。

步骤 2 将镜头上的白色安装标志与相机机身上的白色安装标志对齐,顺时针旋转镜头直到听到咔嚓一声,镜头卡到位,左右旋转镜头,镜头不会转动即表明镜头已经卡到位(见图11.1.5)。

2. 拆卸镜头

按下镜头释放按钮的同时,逆时针旋转接头,即可取下镜头(见图11.1.6)。

图 11.1.5

3. 安装存储卡与电池

数码相机拍摄的照片或视频是存储在存储卡里的,常用的存储卡有SD卡等,所以使用数码相机前要先装存储卡。

SD卡中文翻译称为安全数码卡,是一种基于半导体快闪记忆器的新一代记忆体,拥有高记忆容量、快速数据传输率、极大的移动灵活性,以及很好的安全性。

步骤 1 向图11.1.6箭头所指的方向滑动,打开存储卡/电池仓盖。

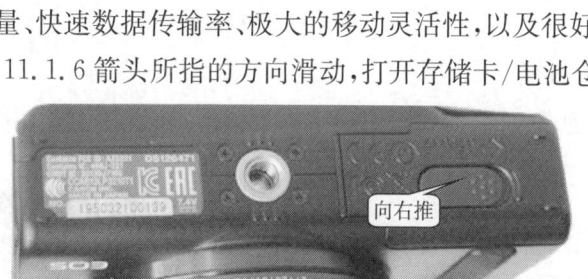

图 11.1.6

步骤 2 将电池的金属触点端朝下,将电池的金属触点与电池仓盖内的金属触点对准,插入电池,直到发出"咔嚓"声,表示电池锁定到位。

步骤 3 将存储卡的标签面朝向相机的前面,将其向下按压直到锁定。

步骤 4 关闭存储卡/电池仓盖,向左推动电池仓盖,锁住仓盖。

4. 取出电池与存储卡

步骤 1 关闭电源。

步骤2 打开存储卡/电池仓盖。

步骤3 推动图 11.1.7 中的电池锁定扣,电池弹出,拔出电池即可。

步骤4 向下按压存储卡,存储卡就会向上弹出,拔出存储卡即可(见图 11.1.7)。

图 11.1.7

图 11.1.8 是该相机的电源开关、转盘、外接闪光灯灯座的位置。

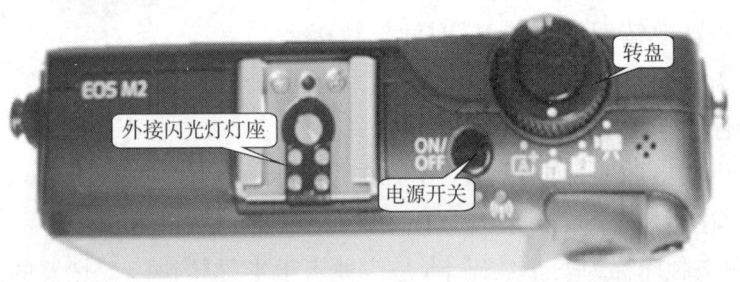

图 11.1.8

5. 设置时间和日期

步骤1 将转盘拨到图 11.1.9 中的【场景智能自动模式】位置 。

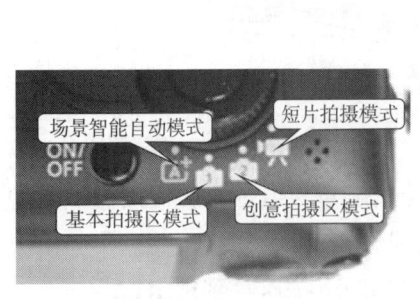

图 11.1.9

图 11.1.10

步骤2 按下机身上的【MENU】按钮(见图 11.1.10),出现图 11.1.11。

步骤3 ①点击 图标。②点击【日期/时间/区域】(见图 11.1.11),出现图 11.1.12。

步骤 4 ①点击年份。②点击【▼】按钮，改变年份数值；月、日、时、分、秒的设置方法同年的设置方法相同。③点击【确定】，回到图 11.1.11（见图 11.1.12）。

步骤 5 按图 11.1.10 中机身上的【MENU】按钮，完成设置。

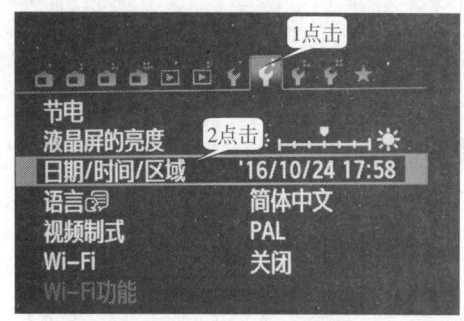

图 11.1.11　　　　　　　　　　　图 11.1.12

6. 设置自动对焦方式

步骤 1 将转盘拨到图 11.1.9 中的【场景智能自动模式】位置。

步骤 2 按下机身上的【MENU】按钮（见图 11.1.10），出现图 11.1.13。

步骤 3 ①点击图标。②点击【自动对焦方式】（见图 11.1.13），出现图 11.1.14。

步骤 4 点击【自由移动 AF】（见图 11.1.14），回到图 11.1.13。

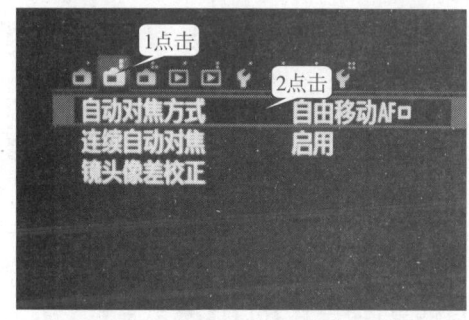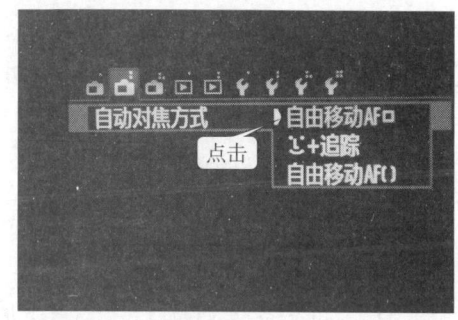

图 11.1.13　　　　　　　　　　　图 11.1.14

步骤 5 按图 11.1.10 中机身上的【MENU】按钮，完成设置，出现图 11.1.15。

图 11.1.15

步骤6 用手拖动图11.1.15中的对焦框,对准画面中的对焦物体,相机就会以画面中的该物体为对焦点来进行对焦,确保所拍摄的物体清晰。

7. 设置图像画质

相机拍摄照片的分辨率是可以设置的,照片的分辨率也就是图像的画质,画质越高,分辨率越高。而分辨率高的照片,文件容量就大。点击图中不同的图标可以设置不同的分辨率。

步骤1 将转盘拨到如图11.1.9所示的【场景智能自动模式】位置 。

步骤2 按下机身上的【MENU】按钮(见图11.1.10),出现图11.1.16。

步骤3 ①点击 图标。②点击【图像画质】(见图11.1.16),出现图11.1.17。

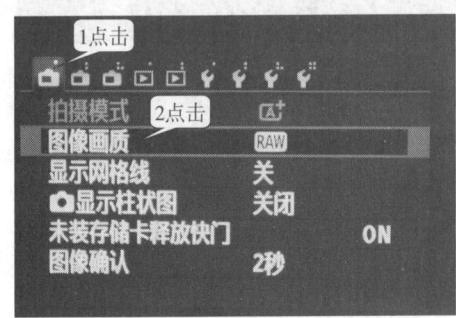

图11.1.16

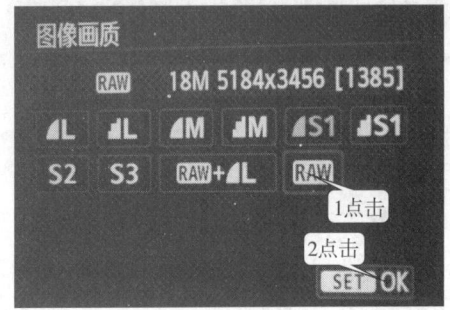

图11.1.17

步骤4 ①点击【RAW】,就可以将分辨率设为5184×3456,在此分辨率下照片的文件大小为18M,是最高的画质。②点击【OK】(见图11.1.17),回到图11.1.16。

步骤5 按图11.1.10中机身上的【MENU】按钮,完成设置。

8. 设置图像确认时间

为了能够在显示器上看到拍摄的照片效果,可以设置拍摄后的图像在显示器上停留的时间。

步骤1 将转盘拨到图11.1.9中的【场景智能自动模式】位置 。

步骤2 按下机身上的【MENU】按钮(见图11.1.10),出现图11.1.18。

步骤3 ①点击 图标。②点击【图像确认】(见图11.1.18),出现图11.1.19。

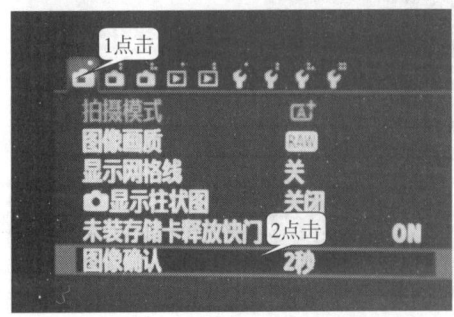

图11.1.18

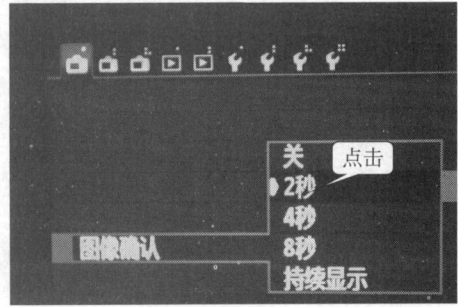

图11.1.19

第11章　数码相机

步骤4　①点击【2秒】,就可以使拍摄后的图像在显示器上停留2秒(见图11.1.19)。

步骤5　按图11.1.10中机身上的【MENU】按钮,完成设置。

9. 删除图像

步骤1　将转盘拨到图11.1.9中的【场景智能自动模式】位置【　】。

步骤2　按下机身上的【MENU】按钮(见图11.1.10),出现图11.1.20。

步骤3　①点击▶图标。②点击【删除图像】(见图11.1.20),出现图11.1.21。

步骤4　①点击【选择并删除图像】(见图11.1.21),出现图11.1.22。

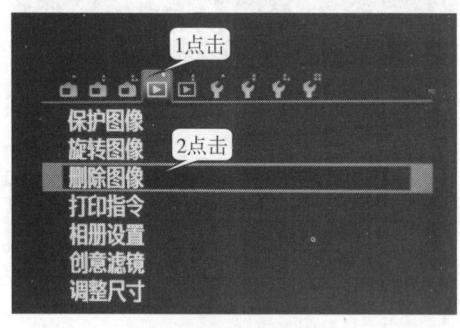
图11.1.20

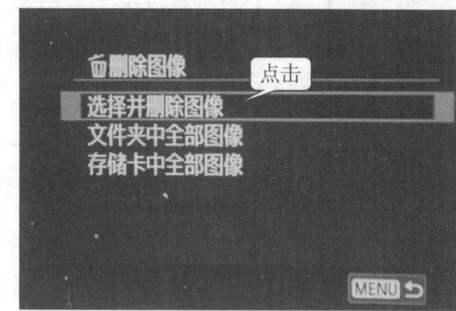
图11.1.21

步骤6　①用手指在屏幕上滑动,找到要删除的图像。②点击【删除】图标。③点击【OK】(见图11.1.22),出现图11.1.23。

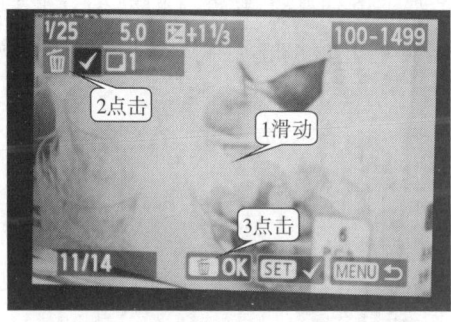
图11.1.22

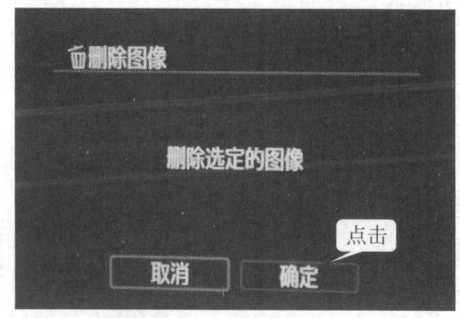
图11.1.23

步骤7　点击【确定】(见图11.1.23),回到图11.1.21。

步骤8　按图11.1.10中机身上的【MENU】按钮,完成设置。

10. 设置视频制式

数码相机也可以用来拍摄视频,由于中国使用的电视制式是PAL制式,所以在拍摄时应该把视频制式设为PAL制式。

步骤1　将转盘拨到图11.1.9中的【场景智能自动模式】位置【　】。

步骤2　按下机身上的【MENU】按钮(见图11.1.10),出现图11.1.24。

步骤3 点击图标。②点击【视频制式】(见图11.1.24),出现图11.1.25。

步骤4 点击【PAL】(见图11.1.25),回到图11.1.24。

步骤5 按图11.1.10中机身上的【MENU】按钮,完成设置。

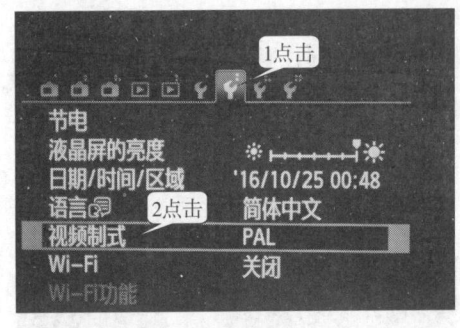

图 11.1.24

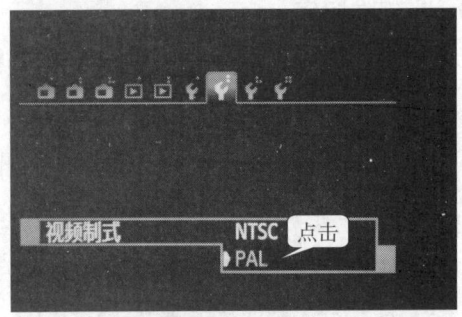

图 11.1.25

11. 自动拍摄方式

将转盘拨到如图11.1.9所示的位置。数码相机处于自动拍摄方式,无需调整光圈速度即可拍摄。

步骤1 将转盘拨到如图11.1.9所示的【场景智能自动模式】位置。

步骤2 旋转图11.1.26中镜头变焦的变焦环,可以将被摄体拉近或者推远,使其达到满意的距离。

步骤3 半按住图11.1.26中的快门按钮(半按快门是指将快门按下一点,但不要按到底),这时屏幕上会出现一个图11.1.15所示的对焦小方框。拖动小方框到画面中要对焦的部分,直到小方框变成绿色(表示对焦完成),然后将快门按到底,即可拍摄。

图 11.1.26

12. 查看照片

步骤1 按下图11.1.10中的按钮,屏幕上就会出现拍摄的图像。

步骤2 用手左右滑动即可翻看拍摄的照片。

任务 3 数码相机的高级使用

1. 根据不同场景拍摄

该数码相机为没有摄影技术的用户设置了多种场景模式，用户可以根据所处的场景选择对应的模式来拍摄，从而获得最佳的拍摄效果。

步骤 1　将转盘拨到如图 11.1.9 所示的【基本拍摄区模式】位置【　】。

步骤 2　按下【MENU】按钮（见图 11.1.10），出现图 11.1.27。

步骤 3　①点击【　】图标。②点击【拍摄模式】（见图 11.1.27），出现图 11.1.28。

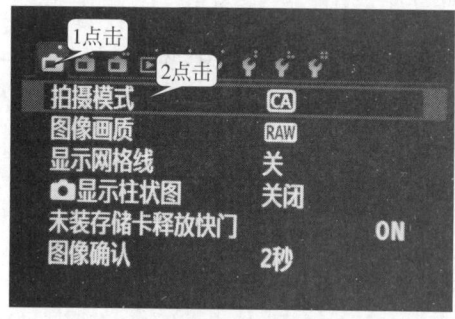
图 11.1.27

图 11.1.28

步骤 4　点击【》】图标（见图 11.1.28），出现图 11.1.29。

步骤 5　点击【》】图标（见图 11.1.29），出现图 11.1.30。

步骤 6　①点击【HDR 逆光控制】。②点击【OK】（见图 11.1.30）。

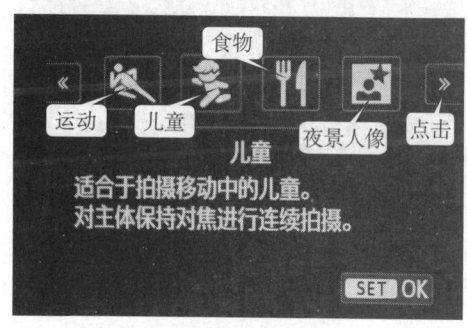
图 11.1.29

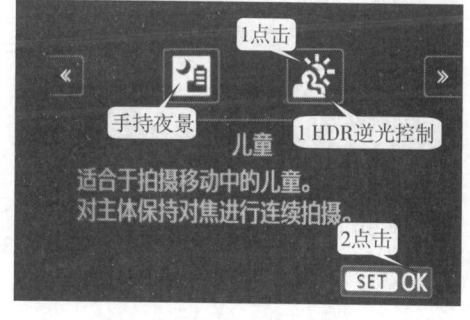
图 11.1.30

步骤 7　点击【PAL】（见图 11.1.24）。

步骤 8　按图 11.1.10 中机身上的【MENU】按钮，完成设置。

图 11.1.28 和图 11.1.29 中有各种模式，它们的使用方法如下。

人像：适合拍摄人物，以使背景模糊，主题突出，肤色和头发显得平滑。

风光：可以拍摄景深广阔（前景—背景均合焦）清晰的图像。

微距：适合花卉等较小物体的微距拍摄，尽可能靠近物体拍摄。

运动：适合拍摄移动中的物体，对物体保持对焦，进行连续拍摄。

食物：用于美食的摄影，让食物看起来鲜艳悦目。

儿童：适合拍摄移动中的儿童，对主体保持对焦进行连续拍摄。

夜景人像：用于在夜景下拍摄主体，需要闪光灯，并建议使用三脚架。

手持夜景：在夜景中不用三脚架，而用手持相机的方式拍摄，相机可连续拍摄四张。

HDR逆光控制：在逆光条件下拍摄，即拍摄的物体背对着光，可连续拍摄三张。

2. 设置手动对焦模式

步骤1 将转盘拨到如图11.1.10所示的【基本拍摄区模式】位置【📷】。

步骤2 按下机身上的【MENU】按钮（见图11.1.10），出现图11.1.31。

步骤3 ①点击📷图标。②点击【对焦模式】（见图11.1.31），出现图11.1.32。

步骤4 ①点击【MF】，相机被设置成手动对焦状态（【AF】对应自动对焦状态，【AF+MF】对应自动对焦状态，并可在自动对焦后再进行手动对焦）。②点击【OK】（见图11.1.32）。

步骤5 按图11.1.10中机身上的【MENU】按钮，完成设置。

在拍摄时，旋转镜头前面的对焦环来进行对焦。它适合拍摄很近的物体，用自动对焦的方式不能够清晰对焦的情形。

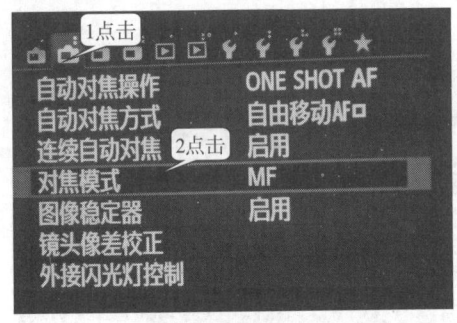

图11.1.31

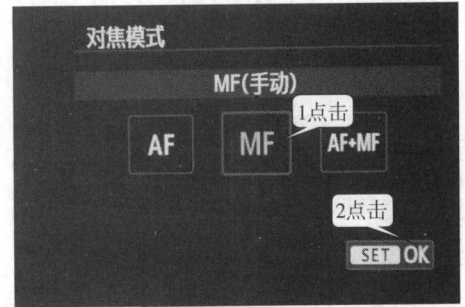

图11.1.32

3. 手动调整光圈与速度

为了充分发挥摄影者的创作技巧，该相机还允许摄影者不用自动设置的模式，而采用手动方式来设置光圈与速度，已达到任意发挥摄影者创作意图，拍出最佳效果的目的。

步骤1 将转盘拨到图11.1.9中的【创意拍摄区模式】位置【📷】。

步骤2 按下机身上的【MENU】按钮（见图11.1.10），出现图11.1.33。

步骤3 ①点击【📷】图标。②点击【拍摄模式】（见图11.1.33），出现图11.1.34。

步骤4 ①点击【M】，相机被设置成手动曝光状态（见图11.1.34），②点击【OK】（见图11.1.34），回到图11.1.33。

步骤5 按图 11.1.10 中机身上的【MENU】按钮,完成设置,出现图 11.1.35。

步骤6 单击【速度】图标(见图 11.1.35),出现图 11.1.36。

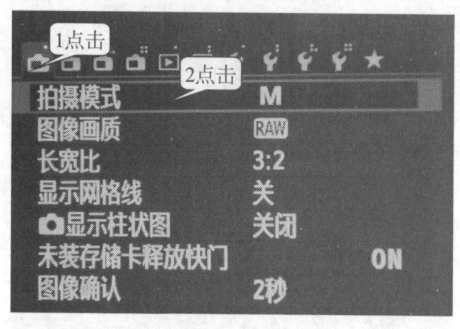
图 11.1.33

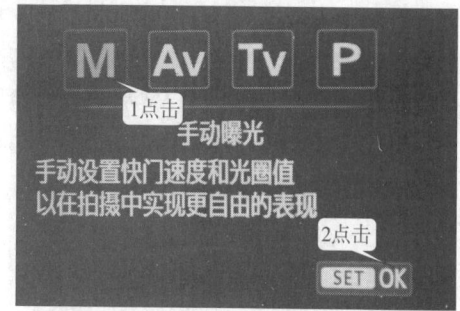
图 11.1.34

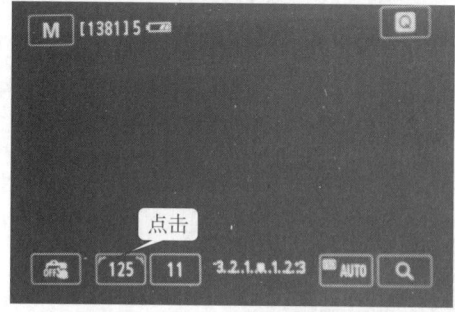
图 11.1.35

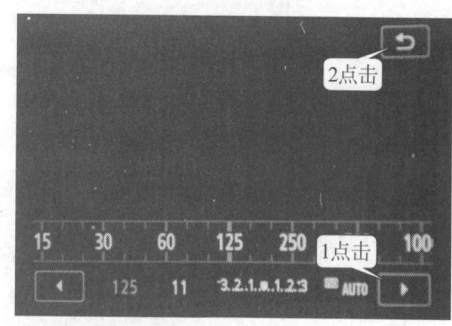
图 11.1.36

步骤7 ①点击【▶】按钮,设置速度。②点击【↩】按钮(见图 11.1.36),出现图 11.1.37。

步骤8 ①点击【光圈】。②点击【▶】按钮,设置光圈值。③点击【↩】按钮(见图 11.1.37),返回图 11.1.35 所示的拍摄状态。

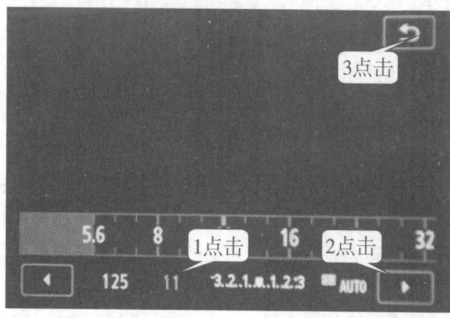
图 11.1.37

4. 设置液晶屏节电

该相机是使用液晶屏取景的,在取景拍摄时液晶屏必须打开才能取景。但是不取景时,开着的液晶屏会大量耗电。所以相机可以设置液晶屏的开启时间,只有按下快门时,液晶屏才打开,并保持开启一定的时间。设置较小的开启时间可以节电。

步骤1　将转盘拨到图11.1.9中的【创意拍摄区模式】位置【 】。

步骤2　按下机身上的【MENU】按钮(见图11.1.10)，出现图11.1.38。

步骤3　①点击【 】图标。②点击【节电】(见图11.1.38)，出现图11.1.39。

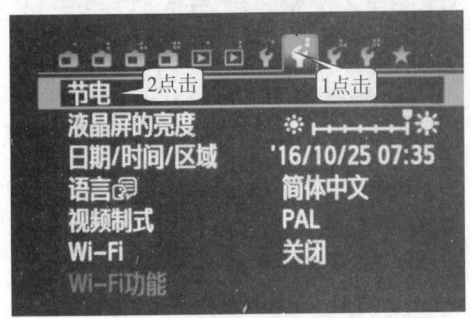

图11.1.38

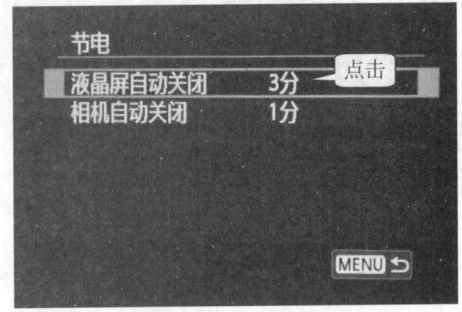

图11.1.39

步骤4　点击【液晶屏自动关闭】(见图11.1.39)，出现图11.1.40。

步骤5　点击【3分】(见图11.1.40)，回到图11.1.39。

步骤6　点击【MENU】，回到图11.1.39，完成设置。

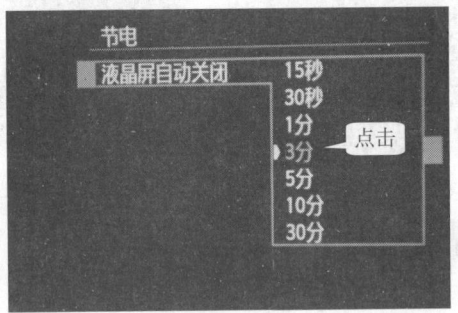

图11.1.40

5. 设置启用闪光灯

步骤1　将转盘拨到图11.1.9中的【创意拍摄区模式】位置【 】。

步骤2　按下机身上的【MENU】按钮(见图11.1.10)，出现图11.1.41。

步骤3　①点击【 】图标。②点击【外接闪光灯控制】(见图11.1.41)，出现图11.1.42。

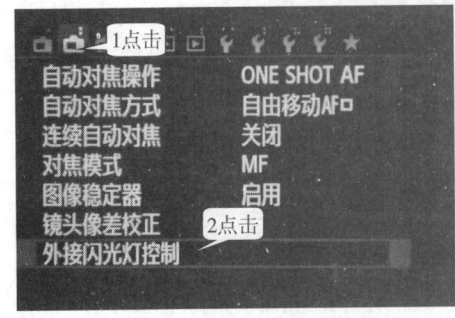

图11.1.41

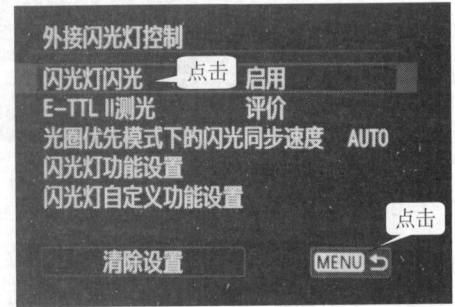

图11.1.42

步骤4 点击【闪光灯闪光】(见图11.1.42),出现图11.1.43。
步骤5 点击【启用】(见图11.1.43),回到图11.1.42。
步骤6 点击【MENU】,完成设置。

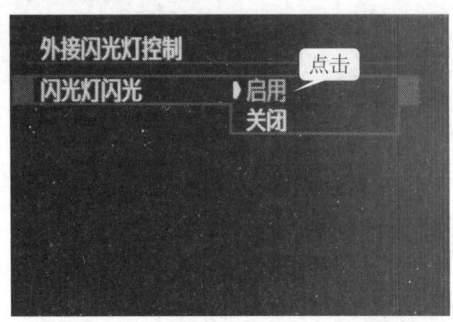

图11.1.43

项目2 数码相机的维护与保养

数码相机是精密仪器,使用时需要注意以下几点。

(1)大家平时在使用完数码相机之后,是不是拿在手上,或者揣进兜里?其实这样做都是不好的。我们可以为相机配备一个摄影包,用来装相机、数码存储卡、电池套件、辅助镜头等,而且最好为数码相机的液晶显示屏配置专门的皮套。

(2)在使用、携带和保管数码相机的过程中都应当注意避免剧烈震动,并防热、防晒、防尘和有害气体。长期不用的相机,在梅雨季节,应把相机和皮盒分开。

(3)镜头是任何一款相机最主要的部件。镜头的光学玻璃硬度不高,不能碰撞,不能随便擦拭。应尽量避免灰尘、水滴、指印等弄脏镜头。如果有灰尘,可吹气球,再鼓风吹掉,或者用软毛刷轻轻拂拭。在万不得已时,要选用好的镜头纸或脱脂棉哈气后轻轻擦拭。

(4)霉菌在生长过程中分泌的酸性物质可以腐蚀透镜玻璃和其他金属部分。保持相机的干燥状态是防止霉菌的根本方法,最好放一些干燥剂。冬季携带相机进入温暖的室内,如果立刻打开照相机,镜头表面会生成一层微小水珠,温差越大,水珠也随之越多。只能待镜头水珠自然挥发,不能在火炉或暖气旁烘烤。

(5)只能使用推荐的电池和推荐的电源。不配套的电池和电源可能会伤害相机。长期不用相机,应取出电池,因为电池可能漏液,会影响电路连接,使相机无法正常工作。并且电池即使不使用,也应当充满电,并每1~2个月充一次电。保持电池处于满的状态,有助于延长电池的使用寿命。不要拆开或改装相机。

第12章 数码摄像机

在影像产品中,数码相机和扫描仪作为图像捕捉设备,其作用都是生成静态的图像。而数码摄像机(见图 12.1.1)则是集数字信号处理技术、大规模集成电路设计制造技术和精密机械技术等高科技于一体的机电产品,主要用于捕捉景物的连续活动,生成活动图像,即电视图像。所以说数码摄像机是用来拍摄视频的专用设备。但是现在许多非专业的数码摄像机在拍摄电视的同时也具有数码相机的功能,也就是说还可以拍摄静态的数码照片。数码摄像机在办公中可以用来记录各种活动现场的视频,拍摄培训用教学片和各种技术资料片等。

图 12.1.1

项目 1 数码摄像机的选购与使用

任务 1 数码摄像机的选购

1. 数码摄像机的分类

按数码摄像机的外观形状划分,可将数码摄像机简单分为两种类型:专业摄像机和微型掌中宝式摄像机。微型掌中宝式摄像机是家用摄像机中最常见的机型,摄像者可以右手持机,左手辅助调节。

目前存储卡已是摄像机记录视频图像的主流载体,它将拍摄的视频信号进行数字化处理以后,再进行压缩编码,最后生成视频数据文件,保存在摄像机自带的各类存储卡中。存储卡的容量一般为 8GB~128GB。

按记录图像的清晰度划分,数码摄像机可分为:高清数码摄像机、标清数码摄像机、4K 数码摄像机。高清数码摄像机拍摄的图像可以达到高清晰度电视的标准,而标清数码相机所拍摄的图像只能达到普通电视的清晰度标准。4K 数码摄像机拍摄的图像可以达到超清 4K 电视的标准。

2. 主要技术指标

(1)光学变焦。数码摄像机的光学变焦有 10 倍~35 倍不等,光学变焦倍数越大,其所能拍摄的景物就越远,即镜头推拉的距离就越大,性能也越好。

(2)格式标准。格式标准是数码摄像机清晰度的指标。如果格式为标清,则视频分辨率为 720×576。如果格式为高清,则视频分辨率为 1920×1080。如果格式为超清 4K 电视,则视频分辨率为 3840×2160。

(3)存储介质。数码摄像机的存储介质目前主要为存储卡。64G 的存储卡能记录 120~280 分钟的视频。

(4)文件格式。目前,各类数码摄像机都采取压缩文件格式,即我们最常见的 MPEG2、MPEG4、MOV 格式,这种格式的文件可以十分方便地在计算机中利用视频处理软件进行编辑和处理。

(5)动态有效像素。数码摄像机的动态有效像素在 200 万~600 万,像素数越高,图像越清晰。

3. 数码摄像机的价格

数码摄像机的价格,根据其用途和性能,差别很大,普通家用数码摄像机的价格通常为两千到一万,而专业数码摄像机的价格为一万到十几万。

任务 2　数码摄像机的使用

本任务以某数码摄像机为例,介绍数码摄像机的使用方法,其他数码摄像机的使用方法类似。

1. 电池的安装与充电

步骤 1　将电池按图 12.1.2 所示箭头的方向装入,注意电池有金属触点的那头对着机身有金属触点的位置。

步骤 2　取出电池时,只要向左滑动图 12.1.3 中的锁扣然后推出电池即可。

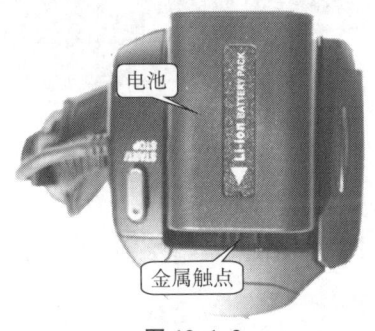

图 12.1.2

图 12.1.3

步骤 3 ①装入电池。②将 USB 延长线与摄像机的 USB 线连接(见图 12.1.4)。

步骤 4 将 USB 延长线另一端与充电器连接,并插到交流电源上充电。

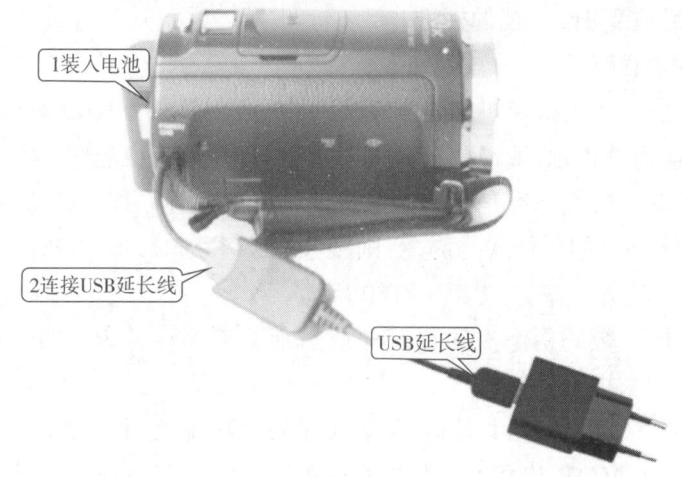

图 12.1.4

2. 存储卡的安装

本机自带存储卡,当自带存储卡存满时,可插入外接存储卡记录。

步骤 1 打开存储卡盖子(见图 12.1.5)。

步骤 2 插入存储卡,向里按压存储卡,直到发出"咔嚓"声(见图 12.1.5)。

步骤 3 合上盖子。

在拍摄前要决定是用自带的存储卡,还是插入外接的存储卡。

图 12.1.5

3. 设置日期和时间

步骤 1 打开显示屏(当屏幕是触摸屏时,直接用手点击即可)。

步骤 2　点击【MENU】(见图 12.1.6),出现图 12.1.7。

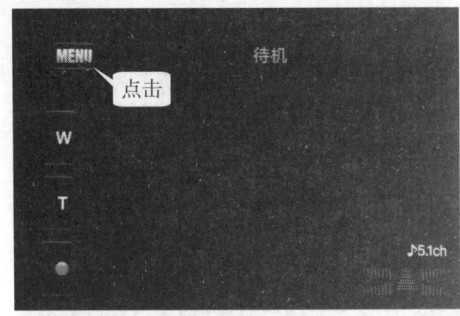
图 12.1.6

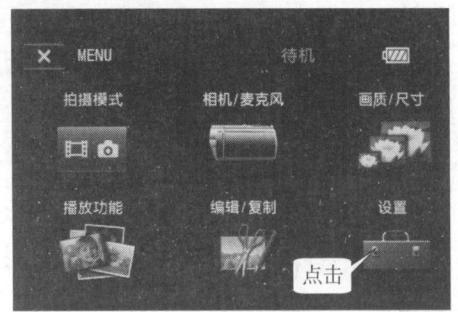
图 12.1.7

步骤 3　点击【设置】(见图 12.1.7),出现图 12.1.8。

步骤 4　①点击【∧】按钮,找到【日期和时间设置】。②点击【日期和时间设置】(见图 12.1.8),出现图 12.1.9。

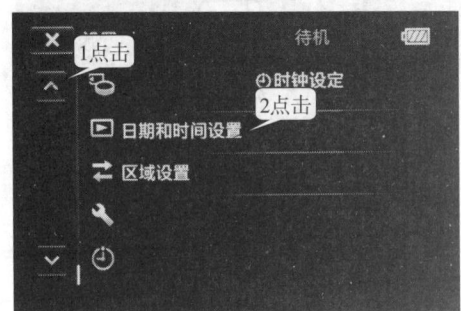
图 12.1.8

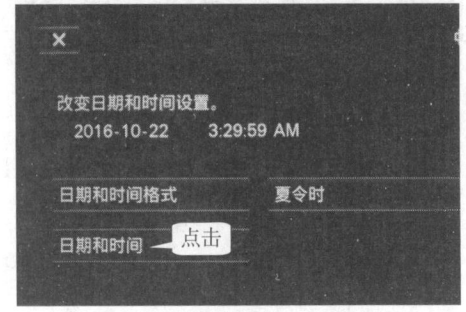
图 12.1.9

步骤 5　点击【日期和时间】(见图 12.1.9),出现图 12.1.10。

步骤 6　①点击年份。②点击【∧】按钮,调整年。月、日、时、分的调节用同样方法。③点击【OK】(见图 12.1.10),完成设置。

4. 存储卡的选择

步骤 1　点击【MENU】(见图 12.1.6),出现图 12.1.7。

步骤 2　点击【设置】(见图 12.1.7),出现图 12.1.11。

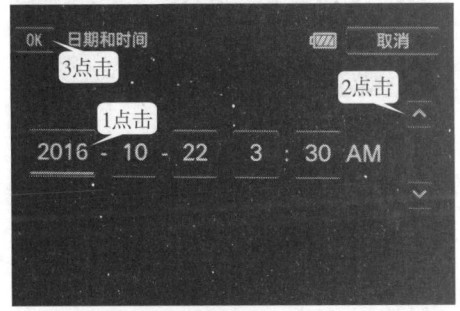
图 12.1.10

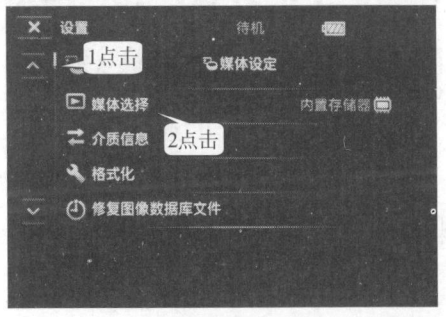
图 12.1.11

步骤3 ①点击【∧】按钮,找到【媒体选择】。②点击【媒体选择】(见图12.1.11),出现图12.1.12。

步骤4 ①点击【内置存储器】,表示用内置存储器;点击【存储卡】,表示用插入的存储卡。②点击【✕】按钮(见图12.1.12),完成设置。

5. 拍摄画质设置

步骤1 点击【MENU】(见图12.1.6),出现图12.1.7。

步骤2 点击【设置】(见图12.1.7),出现图12.1.13。

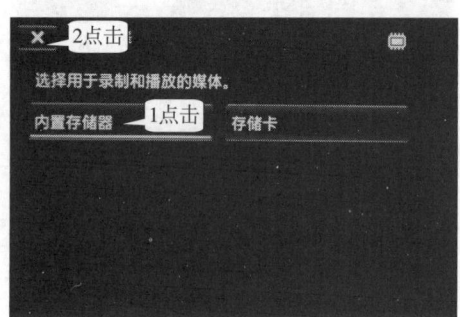

图12.1.12

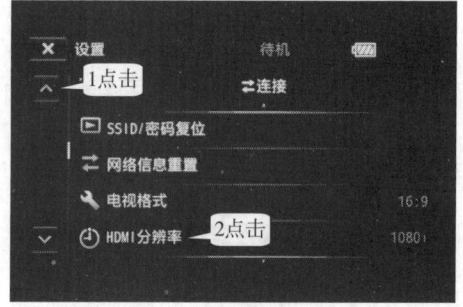

图12.1.13

步骤3 ①点击【∧】按钮,找到【HDMI 分辨率】。②点【HDMI 分辨率】(见图12.1.13),出现图12.1.14。

步骤4 ①点击【1080i】。②点击【✕】按钮(见图12.1.14),完成设置。

6. 拍摄模式设置

步骤1 点击【MENU】(见图12.1.6),出现图12.1.7。

步骤2 点击【拍摄模式】(见图12.1.15),出现图12.1.16。

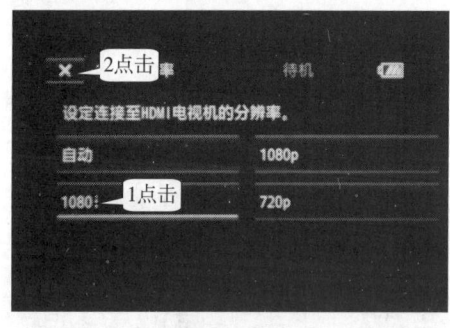

图12.1.14

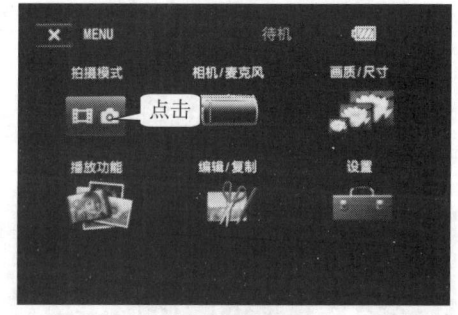

图12.1.15

步骤3 ①点击【动画】,表示将摄像机设置成拍摄视频状态,如点击【照片】,则表示将摄像机设置成拍摄照片状态(见图12.1.16)。②点击【✕】按钮,完成设置。

7. 拍摄视频

步骤1 打开显示屏。

步骤 2 按一下图 12.1.17 中的【START/STOP】按钮,开始拍摄。

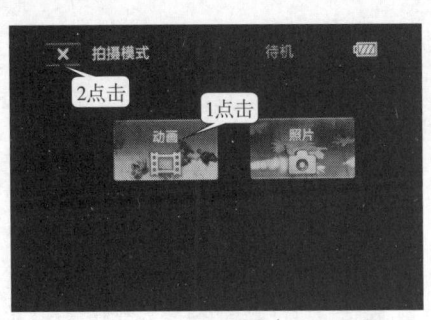
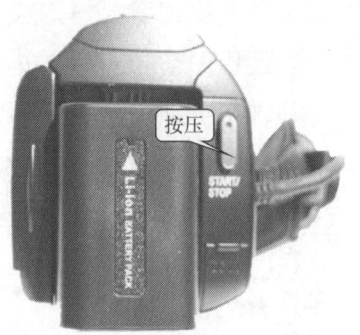

图 12.1.16　　　　　　　　　　　　　　图 12.1.17

步骤 3 按照图 12.1.18 中箭头所指的方向扳动电动变焦控制杆,可以推拉镜头。

步骤 4 再次按一下图 12.1.17 中的【START/STOP】按钮,暂停拍摄。

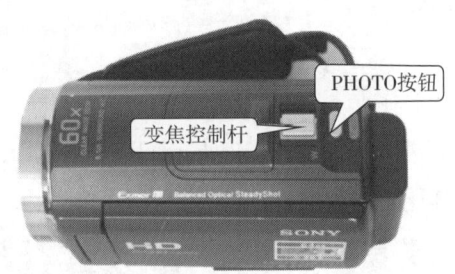

图 12.1.18

8. 拍照片

步骤 1 打开显示屏。

步骤 2 轻按图 12.1.18 中的【PHOTO】按钮,开始对焦,对焦后图像清晰,然后将【PHOTO】按钮按到底,即可完成照片拍摄。

9. 播放视频和照片

步骤 1 打开显示屏。

步骤 2 按图 12.1.19 中的【播放】按钮,显示屏出现图 12.1.20 所示的画面。

图 12.1.19

步骤3 ①点击【◀】按钮,找到拍摄时间。②点击显示屏中间的图片部分(见图 12.1.20),出现图 12.1.21。

步骤4 ①点击【▼】按钮,找到要看的照片或视频。②点击要看的照片或视频,即可播放相应的照片或视频(见图 12.1.21)

图 12.1.20

图 12.1.21

10. 连接电视播放

步骤1 打开存储卡盖子。

步骤2 将 HDMI 线插入图 12.1.22 所示的【HDMI OUT】中,将 HDMI 线的另一端插入电视机的【HDMI】插口。

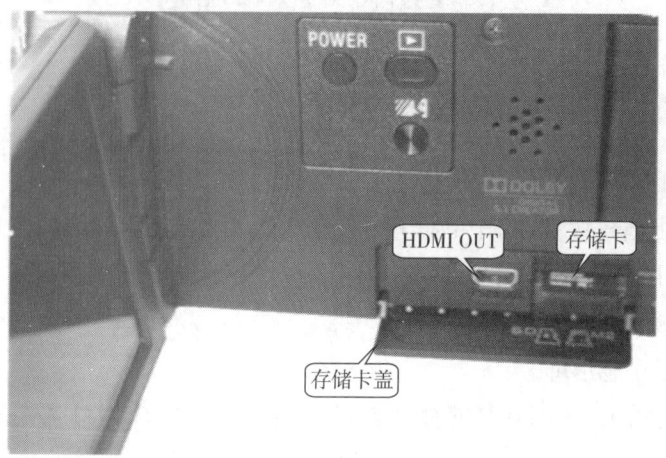

图 12.1.22

11. 导出拍摄的视频和图片

如果选择将拍摄的视频和图片存储到外接存储卡上,只要取出存储卡,然后将存储卡放入读卡器,就可在计算机上对拍摄的视频和图片进行播放和后期编辑处理了。

如果选择了将拍摄的视频和图片存储到【内置存储器】上,则需要按图 12.1.4 的接法,用 USB 延长线将摄像机与计算机连接起来,并打开摄像机电源。这样摄像机中的视频和图片文件就可以像 U 盘中的文件一样被复制到计算机上处理了。

任务 3　摄像技巧的运用

1. 拿稳摄影机

拍摄时最好是用两只手来把持摄像机,这绝对比单手要稳,或利用身边可支撑的物品,或用摄像机机架,无论如何做其目的都是尽量减轻画面的晃动,尽量避免边走边拍的方式,这也是许多人常犯的毛病。边走边拍的拍摄方式只是在特殊情况下才运用的,千万记住画面的稳定是动态摄影的第一要件。

2. 固定镜头

固定镜头即镜头对准目标后,做固定点的拍摄,即不做任何移动进行拍摄。一般也不做镜头的推近拉远动作或上下左右的扫动拍摄。平常拍摄时以固定镜头为主,不需要做太多变焦动作,以免影响画面稳定性。拍摄全景时摄像机靠后一点,想拍其中某一部分时,摄影机就往前靠一点。对一个物体的拍摄可以根据需要采用变换位置的方法。如从侧面、高处、低处等不同的位置对其进行拍摄。这样拍摄后呈现的效果也就不同,画面也会更丰富。如果因为场地的因素无法靠近所拍摄的物体,就要用到变焦镜头将物体画面拉近或给以特写。但是切记,不要固定站在一个点上,用变焦镜头不停地拉近推远拍摄。

3. 正确运用镜头

在对活动物体或者是人物拍摄的时候,不要将镜头始终跟随其移动。因为这样拍摄出来的画面会使人有晃动感。如果要拍摄的对象移动到另外一个位置,可以先暂停摄像机的拍摄,然后再移动摄像机对准被测物体开始拍摄。对一个物体拍摄的时间一般不要少于 8 秒,因为若时间过短,拍摄的画面在播放时就会给人一闪而过的感觉。不要逆光拍摄,因为逆光拍摄会使被拍摄物体发黑,以至于看不清楚所拍摄的物体。例如当一个人站在窗口时,如果我们正对着这个人进行拍摄,那么拍摄的结果会使人的脸部轮廓十分暗淡,看不清楚。解决的方法是变化拍摄角度,不要让镜头正面迎着较强的光线。

一般情况下,拍摄大多采用自动对焦。但是在特殊情况下,如隔着铁丝网或玻璃,抑或摄像机与目标之间有人不停地移动等,往往会让画面焦距一下清楚一下模糊,因为自动对焦的情形下,摄像机是依据前方物体反射回来的讯号判断距离,然后调整焦距的,所以才会发生上述情形。因此只要将自动对焦切换到手动对焦,再将焦距锁定在固定位置(由于各品牌显示及调整的方式不同,具体方法请参照说明书),焦距就不会变来变去了。

如果需要拍摄扫动镜头,摄像机的扫动(运动)一定要慢。切忌不停地来回扫动或者是快速扫动,扫动的速度标准可以这样来确定:例如当我们的镜头要扫动 90 度时,其扫动的时间要大于 10 秒,否则拍摄出来的效果就会给人一闪而过的感觉。

4. 各种拍摄位置的运用

如果我们要拍摄地面上的物体,可以采取卧拍的方式,即俯卧在地面上进行拍摄。如果我们要拍摄仰视效果,就可以蹲在地上,将摄像机拿到与脚面等高的位置,将摄像机的液晶显示器旋转,使液晶面朝上,以便拍摄者方便地观看显示器中的图像(见图12.1.23)。如果我们要拍摄游行或者活动场面,可以利用人体作为支架进行俯拍,也就是将摄像机举过头顶,液晶显示器旋转使其面朝下,这样拍摄者就能够仰头看到画面进行拍摄(见图12.1.24)。

图 12.1.23　　　　　　　　　　图 12.1.24

项目 2　数码摄像机的维护与保养

数码摄像机属于精密设备,无论在电路还是机械上,都比其他电器产品精密得多,使用上也应更加注意,以防故障发生,从而延长使用寿命。一般在使用中应特别注意以下几点。

(1)注意防潮。潮湿是摄像机的大敌,过分潮湿会造成摄像机内部的金属部分生锈,电路部分短路,镜头部分的镜片发霉等。因此摄像机应随时注意防潮,在存放摄像机的包里最好能放一点防潮剂。冬天将摄像机从寒冷的环境带入温暖的环境里时最好将机器放置30分钟再使用。在海边、河边,以及雨天使用时应避免机器溅水。

(2)注意防振。振动会对摄像机的机械部分产生不良影响。现在的数码摄像机机械部分十分精密,有的机械元件厚度不到0.5毫米,而其导柱的定位精度是以微米计算,因此较强烈的振动有时会造成机械错位,甚至电路板松脱。所以在使用时应尽量避免强烈的振动,特别要防止机器摔到地上。

(3)注意防电击。乍听起来有点不可思议,摄像机还能被电击?的确如此。摄像机不同于其他电器,要经常地与监视设备(如电视),记录设备(如录像机)进行连接。现在的数码摄像机还经常和计算机进行连接。如果在连接过程中,所连接的设备漏电,那么在连接的过程中极易将摄像机烧毁,严重时甚至会造成摄像机报废!因此连接上述设备时最好能在其电源插头拔掉的情况下进行,以免造成不必要的损失。

(4)镜头保护。镜头在不使用时,最好盖上镜头盖,以保护镜头不被污染,减少清洗的次数。清洗镜头时,先使用软刷和吹气球去除尘埃颗粒,然后再使用镜头清洗布。滴一小滴镜头清洗液擦拭(注意不要将清洗液直接滴在镜头上),然后用一块干净的镜头纸擦净镜头,直至镜头干爽为止。如果没有专用的清洗液,可以在镜头表面哈口气,虽然效果不比清洗液,但同样能使镜头干净。

注意:务必使用镜头纸,而且在擦洗时,不要用力挤压,因为镜头表面覆有一层比较易受损的涂层。另外,大家千万别用硬纸、纸巾或餐巾纸来清洗镜头。这些产品都包含有刮擦性的木质纸浆,会严重损害镜头上的易损涂层。在清洗摄像机的其他部位时,切勿使用溶剂苯、杀虫剂等挥发性物质,以免机器变形,甚至溶解。

(5)电池保养。不管在什么情况下,不要使用非厂家指定的电源及电池。特别是市场上销售的一些电池、电瓶,尽管其标称的电压符合摄像机的供电要求,但一些电池刚刚充满时的空载电压很高,在接入摄像机的瞬间极易将机器烧毁。

①电池的充电要求:充电时间取决于所用充电器和电池,以及使用电压是否稳定等因素。通常情况下给第一次使用的电池(或好几个月没有用过的电池)充电,锂电池一定要超过6小时,尽量不要重复充电,以确保电池寿命。

②电池的使用:使用过程中要避免出现过放电情况。过放电就是一次消耗电能超过限度。否则即使再充电,其容量也不能完全恢复,对于电池是一种损伤。由于过放电会导致电池充电效率变低,容量降低,为此摄像机均设有电池报警功能。所以在出现此类情况时应及时更换电池,尽量不要让电池耗尽而使摄像机自动关机。

③电池的保存:当您打算长时间不使用数码摄像机时,必须将电池从数码摄像机中或是充电器内取出,并将其充满电,然后存放在干燥、阴凉的环境中。

第13章 多功能一体机

多功能一体机(MFP，Multi Function Perherial，或译作多功能事务机)可集成打印、复印、扫描、传真、电话等多种功能。一般集成了两种以上功能的，即可称为一体机。常用的一体机大多数是打印、复印、扫描三功能合为一体的机型，价格范围在300～4000元。应用较广的产品多集中在350～2000元。

项目1　多功能一体机的选购与使用

本项目内容请扫描下方左侧的二维码阅读，内容讲解请扫下方右侧二维码观看。

项目2　多功能一体机的维护与保养

本项目内容请扫描下方的二维码阅读。

第14章

传 真 机

　　传真机是应用扫描和光电变换技术,把文件、图表、照片等静止图像转换成电信号,通过电话线路传送到接收端的传真机上的设备。

　　传真机将需发送的原件按照规定的顺序,通过光学扫描系统分解成许多微小单元(称为像素),然后将这些微小单元的亮度信息由光电变换器件顺序转变成电信号,经放大、编码或调制后送至电话线路的信道中。接收机将收到的信号放大、解码或解调后,按照与发送机相同的扫描速度和顺序,以记录形式复制出原件的副本。

　　传真机按其传送色彩,可分为黑白传真机和彩色传真机。按占用频带可分为窄带传真机(占用一个话路频带)和宽带传真机(占用 12 个话路、60 个话路或更宽的频带)。占用 1 个话路的文件传真机,按照不同的传输速度和调制方式可分为以下几类:①采用双边带调制技术,每页(16 开)传送速度约 6 分钟的,称为一类机;②采用频带压缩技术,每页传送速度约 3 分钟的,称为二类机;③采用减少信源多余度的数字处理技术,每页传送速度约 1 分钟的,称为三类机;④将可与计算机并网、能储存信息、传送速度接近于实时的传真机,定为四类机。按用途可分为气象图传真机、相片传真机、文件传真机、报纸传真机等。记录方式多用电解、电磁、烧灼、照相、感热和静电记录等。

　　传真机能直观、准确地再现真迹,并能传送不宜用文字表达的图表和照片,操作简便。

项目 1　传真机的选购与使用

本项目内容请扫描下方的二维码阅读。

项目 2　传真机的维护

本项目内容请扫描下方的二维码阅读。

第15章 一体化速印机

一体化速印机主要用于快速印刷小批量文档,如印刷文件、试卷、问卷等。从外形上看,一体化速印机和复印机非常相似,尤其在制版时,同样也是将原稿放在玻璃稿台上。在功能上,一体化速印机与复印机也有许多相似之处,但一体化速印机的工作原理和复印机有着本质的差别。一体化速印机通过数字扫描、热敏成像制版的方式工作,它将原稿进行数字扫描,然后制成印刷底版,再通过本机印刷,其印刷清晰度较高,制作底版的版纸一般能印刷 3000 张左右,印刷成本较低,印刷速度可达每分钟 100 张。绝大多数机型还支持电脑打印直接输出,同时具有缩放印刷、拼接印刷、图文自动辨别、自动分纸控制等多种功能。

 ## 项目1 一体化速印机的选购与使用

本项目内容请扫描下方的二维码阅读。

 ## 项目2 一体化速印机的维护与保养

本项目内容请扫描下方的二维码阅读。

附录　MS Office 2016 案例集萃与使用技巧视频

友情提醒：建议在扫描时，设法遮挡其余二维码。

一、办公文字处理案例集锦

案例1　制作诗词欣赏彩页	案例2　报名表制作	案例3　个人简历制作
案例4　产品宣传彩页制作		案例5　杂志目录制作

二、办公文字处理技巧荟萃

1.不规则表格修改	2.标尺与段落缩进	3.表格文字转换	4.邮件合并	5.公式输入
6.样式	7.生成目录	8.文章修改与审阅	9.页面设置	

三、办公电子表格处理案例集锦

1.面试表制作	2.付款单制作	3.工资表制作

四、办公演示文稿应用——制作个性化通用的幻灯片

1.母版制作	2.组合图形	3.图形叠放	4.在图形中填充图片